2019年
上海市体育社会科学研究成果报告

上海市体育局　编

2019 NIAN SHANGHAISHI
TIYU SHEHUIKEXUE YANJIU CHENGGUO BAOGAO

上海大学出版社
·上海·

图书在版编目(CIP)数据

2019年上海市体育社会科学研究成果报告/上海市体育局编.—上海：上海大学出版社,2020.11
ISBN 978-7-5671-3958-9

Ⅰ.①2… Ⅱ.①上… Ⅲ.①体育运动社会学—研究报告—上海—2019 Ⅳ.①G80-05

中国版本图书馆CIP数据核字(2020)第227816号

责任编辑　傅玉芳
封面设计　柯国富
技术编辑　金　鑫　钱宇坤

2019年上海市体育社会科学研究成果报告

上海市体育局　编
上海大学出版社出版发行
(上海市上大路99号　邮政编码200444)
(http://www.shupress.cn　发行热线021-66135112)
出版人　戴骏豪

*

南京展望文化发展有限公司排版
上海华业装潢印刷有限公司印刷　各地新华书店经销
开本 787mm×960mm　1/16　印张33　字数557千
2020年11月第1版　2020年11月第1次印刷
ISBN 978-7-5671-3958-9/G·3175　定价 78.00元

版权所有　侵权必究
如发现本书有印装质量问题请与印刷厂质量科联系
联系电话：021-57602918

编委会名单

主　编　徐　彬
副主编　罗文桦
编　委（以姓氏笔画排序）
　　　　　王才兴　刘建平　肖焕禹
　　　　　余诗平　张　蓓　陆小聪
　　　　　赵文杰　赵荣善　曹可强
编　辑　路　宁

坚持办人民满意的体育，加快推进全球著名体育城市建设

（代序）

上海市体育局党组书记、局长 徐 彬

体育是中华民族伟大复兴的标志性事业，是丰富城市文化、提振城市精神、彰显城市品质、促进国际交流的重要抓手，是提升市民群众获得感、幸福感最直接最有效的途径之一。上海市委、市政府高度重视体育发展，2015年7月，《上海市人民政府关于加快发展体育产业促进体育消费的实施意见》首次提出全球著名体育城市的建设目标；2017年5月，市第十一次党代会进一步明确要加快建设全球著名体育城市。"建成什么样的全球著名体育城市""如何建设全球著名体育城市"，是新时代上海体育发展的重大命题。

一、充分认识全球著名体育城市的内涵特征

全球著名体育城市是一个相对动态且综合的概念，随着社会经济文化的发展而不断变迁。目前国际上相对成熟、认可度较高的全球著名体育城市评估机构有三家，即英国 Sportcal 公司"全球体育城市影响指数"、英国体育商业公司"世界顶级体育城市排行榜"、博雅体育与国际体育媒体 ATR 联合发布的"世界体育城市排行榜"，各评估机构评估标准各有侧重。世界公认的五个著名体育城市依次是伦敦、东京、巴黎、纽约、洛杉矶。这五个城市在全球范围内具有极强体育特色，能够承担高层次专业化体育服务功能，在全球体育文化生态网络中占据主导地位，在国际上具有较强体育影响力和辐射力，其核心特征表现为：是全球优质体育资源的集聚与扩散中心、高端体育产品与服务的生

产与消费基地,也是全球体育文化传播与交流的枢纽。具体分析,主要有以下六个共同特征:

(一)都是世界公认的全球城市,经济社会发展水平高,综合实力强

从知名管理咨询公司科尔尼(A. T. Kearney)近年来发布的全球城市排行榜来看,五座著名体育城市全部进入全球城市排行榜前 10 位,著名体育城市的排名和全球城市的排名高度相关。全球城市指数评价指标体系主要围绕商业活动、人力资本、信息交换、文化体验与政治参与等五大维度共 27 个具体观测指标,综合评估城市的全球竞争力。其中直接与体育相关的观测指标是国际体育比赛的数量,同时国际比赛还会直接影响另一项观测指标即国际游客的数量。

(二)举办或承办具有重大国际影响力的综合性运动会或单项顶级赛事

五座城市中除纽约外,全部举办过奥运会。伦敦是历史上首座三度举办奥运会的城市,成功申办 2024、2028 年夏季奥运会的巴黎、洛杉矶将第三次举办奥运会,东京也将第二次举办奥运会,足见奥运会与全球著名体育城市的高关联度。同时,伦敦、巴黎、洛杉矶都曾是足球世界杯的举办城市。另外纽约、伦敦、巴黎是网球四大满贯赛事举办城市,纽约、东京和伦敦则是马拉松六大满贯赛事举办地。

(三)体育生活化特征明显,体育人口众多

市民包括青少年在内,经常参加体育运动的人口比例非常高,体育运动成为人们的一种生活方式。这得益于西方悠久的体育文化传统、深入人心的运动健康理念。同时,发达的体育社会组织、数量众多的社区体育俱乐部,包括体育场馆设施在内的完善的体育公共服务体系,则为人们参与体育提供了组织基础与物质载体。厚实的群众基础又为竞技体育、职业体育、体育产业的发展以及大型赛事的举办提供了源源不竭的动力。

(四)体育产业高度发达,体育消费旺盛

五座城市的体育产业规模大,结构合理,体育产业增加值一般都占当地

GDP的3%左右,其中体育服务业增加值占体育产业增加值的70%以上,表明体育产业的价值创造更多得益于体育服务业的发达和成熟。观看体育赛事、参加体育健身、体育旅游等消费,是城市居民重要的消费领域。

(五)职业体育市场巨大,职业俱乐部享誉世界

纽约是拥有美国四大职业体育联盟(棒球、美式橄榄球、篮球、冰球)球队最多的城市之一,"洋基"(Yankee)棒球队世界知名;伦敦堪称英国的足球之都,拥有切尔西、阿森纳等多个英超俱乐部,这些职业体育市场的品牌效应构成了城市重要的软实力。

(六)体育基础设施完备,体育场馆国际一流

伦敦温布利球场、伦敦碗,纽约大都会橄榄球球场、麦迪逊广场花园体育馆,洛杉矶玫瑰碗球场、斯台普斯中心等,都是世界知名体育场馆,其多元的场馆功能、全产业链的价值模式、广泛的参与人群,推动场馆成为城市重要的文化地标性建筑和公共生活空间。

二、准确把握上海建设全球著名体育城市的优势和差距

本世纪初,上海提出了建设亚洲一流体育中心城市的目标,并制定与实施了一系列举办大型赛事、提升竞技体育、促进全民健身和发展体育产业的政策措施,经过多年探索实践,取得明显成效。建设全球著名体育城市是对前期目标的政策延续,着眼未来,与现有的顶级城市相比,上海存在着巨大潜力与优势,也还存在差距。

(一)上海城市综合实力不断增强,为建设全球著名体育城市提供了最为重要的支撑

在2019年全球城市500强榜单中,上海名列第12位。《上海市城市总体规划(2017—2035年)》明确提出建成"卓越的全球城市、具有世界影响力的社会主义现代化国际大都市"的目标。上海经济社会持续发展,城市经济总量在全国率先迈上3万亿元台阶,基础设施持续完善,城市精细化管理不断加强,市民体育健身需求日趋旺盛,为发展体育事业和产业提供强大支撑。

（二）上海大型体育赛事体系日趋完善，赛事已成为城市的最佳名片，为建设全球著名体育城市构筑了先发优势

上海大型体育赛事的数量与级别在国内保持领先地位，赛事布局日趋合理，组织运营水平居全国前列，平均每年承办国家级以上赛事160场左右，其中近50%为国际性赛事。F1中国大奖赛、ATP1000上海大师赛、上海国际马拉松赛等赛事影响力不断提升，引领作用明显，对提高市民生活质量、促进体育消费、扩大城市国际影响发挥了积极作用。积极筹办的国际足联俱乐部世界杯、世界赛艇锦标赛、亚足联亚洲杯等国际重大赛事将让上海更具影响力。

（三）上海持续加大体育公共服务投入，积极推动全民健身计划，为建设全球著名体育城市夯实群众基础

截至2019年底，本市人均体育场地面积从2013年的1.72平方米，增加到2.22平方米，累计建成各类市民健身步道（绿道）、骑行道总长度1 680公里，建成市民益智健身苑点16 487个、市民球场2 228片、市民健身步道（绿道）1 426条、社区市民健身中心84个、市民游泳池35个、市民健身房186个。本市经常参加体育锻炼的人数比例，从2014年的38.4%增加到2018年的42.8%。在2005年、2010年、2014年三次国民体质监测中，上海市民体质综合指数获得"三连冠"。

（四）上海竞技体育核心竞争力不断增强，优秀体育人才辈出，为建设全球著名体育城市提供精神力量

改革开放以来，上海体育健儿在国际国内大赛中取得骄人成绩，上海共有302人次参加九届奥运会，共获得16.5枚金牌。先后涌现出"上海高度"姚明、"上海速度"刘翔、"上海力度"王励勤、"上海深度"常昊等优秀运动员，这些家喻户晓的体育明星成为上海一张张亮丽的名片。2018年雅加达亚运会，获得19人次金牌，为中国体育代表团保持亚运会金牌榜第一作出了贡献；2019年第二届全国青年运动会，获得73枚金牌、72枚银牌、76枚铜牌。此外，上海足篮排"三大球"项目成绩不断提升，史无前例地包揽2017年全运会足球四枚金牌，上海上港足球俱乐部荣获2018赛季中超联赛冠军；上海绿地申花足球俱乐部夺得2017年、2019年中国足协杯冠军；上海男排成就"十五冠王"的传奇。

（五）上海体育产业保持快速增长势头，体育消费日趋活跃，为建设全球著名体育城市提供了新的动力

近年来，上海体育产业保持高速增长，2014～2018年，本市体育产业总规模从767.05亿元增长到1 496.11亿元，年均增长率为18.2%；增加值占本市GDP的比重每年保持0.1个百分点的增速，由2014年占比1.3%提升至2018年占比1.7%。产业结构不断优化，2018年体育服务业总产出占体育产业总产出的75.8%，基本达到西方发达国家水平，上海体育产业市场前景十分广阔。

虽然工作目标明确，发展态势良好，但是对标前述五座全球著名体育城市，上海还有不少差距，需要完善提升。一是体育赛事的规模、级别和影响力有待提升，上海没有举办过奥运会这样的全球顶级综合性赛事。二是职业体育尚不发达，市场化、商业化程度较低，缺乏具有国际影响力或知名度的职业俱乐部。三是公共体育服务供给不足，体育场馆供不应求，人均拥有的体育设施数量远低于伦敦、东京等城市。四是体育生活化的理念需要进一步推广，科学健身素养有待提升，体育健身组织数量还较少，学生和中青年群体参与体育锻炼的比例有待提高。五是竞技体育项目布局还不合理，科学训练水平不高，体育后备人才不足，传统竞技体育管理模式面临越来越大的挑战。六是体育消费供给侧矛盾比较突出，市民的体育消费热情需要进一步释放，体育产业对经济的贡献率仍然不高。七是全球优质体育资源配置能力不强，体育文化传播力与辐射力有待提升。

三、加快上海全球著名体育城市建设步伐

上海全球著名体育城市建设已经进入关键时期。借鉴国际经验，对标世界公认的著名体育城市的先进做法，上海体育将认真贯彻落实党中央、国务院关于建设体育强国的战略部署，牢固树立市民满意、开放共享和协调发展的理念，坚持政府体制和市场机制相结合、体育健身与人民健康相结合、弘扬体育精神与坚定文化自信相结合，立足中国国情、上海实际，持续推动从办体育向管体育、从小体育向大体育、从体育向"体育＋"转变，深化体育重点领域和关键环节改革，全面激发体育发展活力，到2025年基本建成全球著名体育城市。

（一）充分发挥体育赛事的带动和引领作用，打造国际体育赛事之都

通过建立科学的体育赛事战略规划、评估与决策机制，做好顶层设计与总体布局，在充分考虑城市能级、功能定位、文化传统、市民需求和季节特点等因素的基础上，优化和完善赛事结构，构建与上海打造"卓越的全球城市"相匹配的体育赛事体系。继续引进和打造一批国际顶级赛事，培育和提升一批具有自主品牌的本土赛事。继续申办国际影响力大、市民群众喜爱、对竞技体育促进作用显著的顶级国际单项体育赛事或综合性运动会。探索和构建体育赛事多元投入机制与运营模式，提高赛事运作的市场化程度与专业化水平，推动赛事与全民健身的互补互动，与文化、旅游的深度融合，发挥赛事"溢出价值"，拓展赛事产业链，提升办赛效益，扩大赛事影响，做大做优做强赛事经济。鼓励国际体育组织落户上海，举办国际体育赛事和活动，提高上海体育全球影响力。

（二）不断完善体育公共服务体系，推动全民健身与全民健康深度融合

围绕完善市民身边的体育设施，通过改造升级、先进技术运用、复合使用、综合利用等多种方式增加体育设施供给，鼓励社会力量在商场、楼顶等处开辟新的运动场地和设施，充分利用城市场馆设施、绿地、公园、空地等已有资源，全面提升城市体育设施网络，建成一批以健身、休闲、娱乐为一体的城市运动中心。盘活现有场馆资源，优化公共体育场馆管理模式，创新信息化手段管理，配置场馆资源。广泛开展全民健身活动，推进组织方式改革，调动社会资源，引导社会力量，满足百姓多层次与多样化的需求，让体育成为市民的一种生活方式。密切体医结合，引导科学健身。充分发挥体育社会组织作用，培育和扶持社区体育健身俱乐部等基层体育社会组织发展。

（三）全面深化体育管理体制和运行机制改革，构建政府、市场和社会三轮驱动发展大格局

在进一步简政放权、实现管办分离的基础上，政府有效承担体育宏观管理、政策引导、市场监管和公共服务等方面职能，同时推进体育的市场化与社会化，调动全社会办体育的积极性与创造力，深入推进体育治理体系和治理能

力现代化。大力发展体育产业,完善市场机制,培育多元市场主体,优化产业发展环境,吸引和鼓励社会资本进入体育产业领域,提升健身休闲产业发展质量和效益,丰富产品和服务供给,完善健身休闲服务体系,满足市民日益旺盛的健身需求,提高体育产业对国民经济的贡献率。

(四)大力发展符合城市定位的职业体育,努力提高竞技体育发展质量、训练水平和综合效益

转变竞技体育发展方式,走精兵之路,优化项目结构,深化管理创新,强化科技支撑,注重强化科学训练、情报信息和科学保障,不断提高竞技体育发展的质量和效益。继续深化体制改革,完善以"俱乐部的市场运作机制、运动队的科学保障机制、政府的奖励支持机制"为基础的职业体育发展模式。大力推动足球、篮球等群众基础好的运动项目向职业化发展,扶持和打造一定数量具有品牌影响力的顶级职业俱乐部,提升城市影响力和文化软实力。对于具备条件的项目,积极推进职业化、社会化、市场化改革进程;对于已经职业化的项目俱乐部,呵护好,帮助好,使其职业联赛的水平与城市的地位相适应。

建设全球著名体育城市使命光荣、催人奋进。我们将进一步更新体育理念、深化体育改革,不忘初心,砥砺前行,促进全民健身、竞技体育、体育产业全面协调发展,让人人从参与体育中收获健康,让整座城市因体育而更富有生机与活力,为体育强国和上海卓越全球城市建设作出更大的贡献。

目 录
Contents

●●● 第1篇　群众体育

上海坚持体育锻炼的市民健身与健康现状调查及分析
　　………………………姚　武　姚　兴　陈　钢　宋　顺　赵　彤　3
上海体育融入"15分钟社区生活圈"研究………………………李　洁　38
融媒体背景下"体医结合"促进健康创新模式研究………………雷　禹　60
奉贤区社区体育设施共享模式研究报告……………………………黄禕琼　82
上海体育社会组织实体化建设研究
　　——以黄浦区为例………………………潘敏虹　战　旗　李　磊　105
中心城区社区体育设施空间布局及优化策略研究
　　——以徐汇区为例………………………………………杜　梅　易　歆　121
"共享奥运"视角下上海深入开展群众冰雪运动的路径研究
　　……张　盛　冯思雨　曹丹丹　张梦莹　李艳玲　杨　帅　张　华　136

●●● 第2篇　竞技体育

上海青少年体育竞赛标准化建设研究………………………………魏　磊　157
健康服务视域下上海青少年科学健身指导服务体系研究………李世昌　170
上海市少体校"教练员—运动员"关系处理及教练员服务能力
　　提升研究………………刘　兵　董春华　邓彩兰　张正祎　刘青凤　189
体教融合模式的实践探索
　　——以曹乒校与杨泰实验学校合作为例
　　………………………………陆体金　许汪宇　陈宝熙　万叶华　204
长三角青少年足球协同发展路径研究………………杨　琼　刘　茹　樊　硕　218

— 1 —

第3篇 体育产业

上海市民体育消费热点研究结题报告
　　……………………曹 扬　侯 捷　吕 客　宋牟晟　戴 酉　239
动力结构、重点领域与推进路径：上海推动长三角体育产业
　　一体化发展研究………………………………黄海燕　廉 涛　270
上海建设国际体育贸易中心的战略选择与实施路径研究………周晓燕　288
整体性治理视角下上海体育产业高质量发展研究
　　………………………王 跃　曾 理　杜 梅　吴 婷　305
　　　　　　　　　　　王钦澄　肖巧俐　黄嘉涵　施 羽
上海自主品牌体育赛事创意产权的保护研究………晏 慧　王英丽　327
快消企业赞助大型体育赛事的效果研究……吕季东　葛以悦　龙跃玉　341

第4篇 体育法治

上海打造国际电竞之都的法治保障研究……徐士韦　李 强　王克阳　379
黄浦区建设世界级滨江健身休闲带的路径研究
　　………………………………………潘敏虹　李 皑　由会贞　398
学校体育伤害事故的法理分析及保障机制研究………………范 威　414
"两育深融"有效推进区域体育项目发展的实证研究
　　…………李松皓　顾辉军　沈 军　季 军　张春峰　沈兰蓉　426
　　　　　　吴金林　贾志娟　张 洪　王晓梅　赵栋辉
体育消费新空间拓展背景下上海"金角银边"区域利用的
　　路径研究……………孙铭珠　侯士瑞　李璐雯　尹志华　455
　　　　　　　　葛耀君　邹 薇　王 佳
全民健身视域下中心城区体育场馆供需矛盾研究………………阎 珏　472
国内外反兴奋剂科研、宣传和管理现状及我市推进策略研究
　　报告………………王 磊　蔡玉军　孙晓姣　邹文华　张 烨　491

编后语

第1篇 群众体育

上海坚持体育锻炼的市民健身与健康现状调查及分析

姚 武 姚 兴 陈 钢 宋 顺 赵 彤[*]

一、前言

健康是人类全面发展、生活幸福的基石,也是国家繁荣昌盛、社会文明进步的重要标志。慢病管理是健康促进的重要手段,而慢病管理的最大问题不仅仅是技术问题,更是健康素养、健康理念和健康意识的问题。运动是慢病防治的重要措施,其作用更优于药物,因此越来越多的人为了健康参与运动,这是可喜的现象。然而,运动是一把双刃剑,运动促进健康需要科学的练习与指导,否则会影响锻炼效果甚至适得其反。在"全民健康"和"全民健身"战略背景下,需要把健康知识、医学常识和体育知识和技能有效结合起来,将"医体结合"理念落实到实践中,提高居民的健康素养。

日前根据互联网权威数据来源整理分析,消费大数据中心光华博思特(2018年6月22日)公布了中国国民健康与营养大数据报告,结果不容乐观:慢性病、恶性肿瘤将成为危及中国人健康的致命因素,目前有1.6亿人血脂异常,1亿人高血脂,2.7亿人高血压,9 240万人糖尿病,7 000万~2亿人超重或者肥胖症,约1.2亿人患脂肪肝,慢性非传染性疾病患病率迅速上升,从患病率和人口规模来看,已有蔓延及疾病呈年轻化趋势。美国《保健事物》杂志报告:中国人的腰围增长速度将成为世界之最。

---

[*] 本文作者单位:姚武,上海交通大学副教授;姚兴,南湖职校教师中级教师;陈钢,上海交通大学讲师;宋顺,上海交通大学讲师;赵彤,上海交通大学硕士生。

且我国步入老年化社会,据预测,到 2050 年,我国老年人口总量将超过 4 亿人,老年化水平达到 30%左右。骨质疏松症已跃居常见病、多发病的第七位。60 岁以上的人群患病率为 56%,女性发病率为 60%～70%,其中骨折发生率接近三分之一,每年医疗费用按最保守的估计需要人民币 150 亿元。

本研究针对坚持参与健身活动的上海社区居民、社区健身指导及管理人员,通过问卷调查方式,在了解上海坚持体育锻炼居民的健身与健康现状基础上,对上海社区坚持体育锻炼居民健身现状与健康自我评价之间的相关关系、慢性非传染性疾病人群的健身需求等进行深入分析,为进一步指导社区居民科学健身及健康促进提供依据。

二、调查结果与分析

(一)被调查人员健身现状与健康自我评估相关性分析

1. 健身频率与健康自我评估

问卷针对坚持参与健身活动的上海市社区居民、社区健身指导者及管理人员设计,结果显示参与调查对象日常健身习惯较好,参与 3 次/周及以上达 59.82%,每天都健身达 23.34%,仅有 7.05%平时没有健身习惯。

从表 1 可知,每周进行体育锻炼次数与健康自我评估呈现出显著性差异($p<0.05$)。通过百分比对比,发现健康自我评估"很好"且每周锻炼次数在 3 次以上的达 65.32%(每周锻炼 3～5 次的占 36.68%,每天锻炼的达 28.64%);相反自我健康评估"很差"且锻炼次数选择很少,其中 1～2 次的比例为 66.67%,明显高于平均水平 33.13%。健康自我评估"需要改善"而锻炼次数选择 1～2 次的比例 43.27%,也明显高于平均水平 33.13%。

表 1 健康评估与健身频率   单位:人(%)

每周锻炼次数	自我评估健康状况				总计	χ^2	p
	很 好	一 般	需要改善	很 差			
无	3(1.51)	32(8.86)	12(11.54)	0(0.00)	47(7.05)	27.848	0.001**
1～2 次	66(33.17)	108(29.92)	45(43.27)	2(66.67)	221(33.13)		

续 表

每周锻炼次数	自我评估健康状况				总 计	χ^2	p
	很好	一般	需要改善	很差			
3～5次	73(36.68)	136(37.67)	34(32.69)	1(33.33)	244(36.58)	27.848	0.001**
每天	57(28.64)	85(23.55)	13(12.50)	0(0.00)	155(23.24)		
	199	361	104	3	667		

* $p<0.05$　** $p<0.01$

从健身频率与健康自我评估的相关性,发现坚持参与健身锻炼的自我健康评估更好。健康自我评估"很好"的每周锻炼次数在3次以上的达到65.32%,而健康自我评估"很差"或"需要改善"的每周锻炼次数在3次以上的则低于平均值。

2. 健身项目与健康自我评估

根据健身项目与健康自我评估相关性分析,发现广场舞、健身操、太极拳、健步走(连续走20分钟以上)、骑车(连续骑车20分钟以上)、游泳、慢跑、力量训练、球类(足、篮、排、乒乓、羽毛球、网球)、门球、台球和目前健康状况评估之间相关系数值均接近于0,并且 p 值全部大于0.05(见表2),意味着这些项目与健康自我评估之间均没有相关关系。

表2　健康评估与健身项目

广场舞	健身操、太极拳	健步走(连续走20分钟以上)	骑车(连续骑车20分钟以上)	游泳、慢跑	力量训练	球类(足、篮、排、乒乓、羽毛球、网球)	门球、台球
0.041	0.004	0.016	-0.027	-0.028	-0.071	-0.06	0.004

* $p<0.05$　** $p<0.01$

从参与的百分比发现上海市民主要健身项目排序:第一是健步走(45.58%),第二是健身操和太极拳(24.44%),第三是为广场舞(23.39%)。而相对强度大、有对抗性的项目,如骑车、球类、力量训练等参与人数比较少(见表3)。

表3 健身项目参与人数排序表

健身项目	排 序	频数(人)	百分比(%)
健步走(连续走20分钟以上)	1	304	45.58
健身操、太极拳	2	163	24.44
广场舞	3	156	23.39
其他	4	96	14.39
骑车(连续骑车20分钟以上)	5	89	13.34
游泳、慢跑	6	88	13.19
力量训练	7	45	6.75
球类(足、篮、排、乒乓、羽毛球、网球)	8	41	6.15
门球、台球	9	9	1.35
合 计		667	100

从表4可以看出,女性选择健步走、广场舞和健身操、太极拳比例是50.10%、29.50%和28.12%,明显高于男的选择比例31.48%、4.32%和12.96%。而男性选择游泳、慢跑和力量训练比例明显高于女性,女性近98.42%不会去做力量训练。项目选择上,女性更偏向健步走、健身操、太极拳、广场舞,男性比女性更喜欢游泳、慢跑和力量训练。

表4 性别与健身项目的关系 单位:人(%)

选 项		性 别		总 计	χ^2	p
		男	女			
广场舞	未选中	155(95.68)	356(70.50)	511(76.61)	43.415	0.000**
	选 中	7(4.32)	149(29.50)	156(23.39)		
总 计		162	505	667		
健身操、太极拳	未选中	141(87.04)	363(71.88)	504(75.56)	15.257	0.000**
	选 中	21(12.96)	142(28.12)	163(24.44)		
总 计		162	505	667		

续 表

选项		性别		总计	χ^2	p
		男	女			
健步走(连续走20分钟以上)	未选中	111(68.52)	252(49.90)	363(54.42)	17.139	0.000**
	选中	51(31.48)	253(50.10)	304(45.58)		
总计		162	505	667		
游泳、慢跑	未选中	117(72.22)	462(91.49)	579(86.81)	39.739	0.000**
	选中	45(27.78)	43(8.51)	88(13.19)		
总计		162	505	667		
骑车(连续骑车20分钟以上)	未选中	137(84.57)	441(87.33)	578(86.66)	0.807	0.369
	选中	25(15.43)	64(12.67)	89(13.34)		
总计		162	505	667		
力量训练	未选中	125(77.16)	497(98.42)	622(93.25)	88.078	0.000**
	选中	37(22.84)	8(1.58)	45(6.75)		
总计		162	505	667		
门球、台球	未选中	155(95.68)	503(99.60)	658(98.65)	14.195	0.000**
	选中	7(4.32)	2(0.40)	9(1.35)		
总计		162	505	667		
球类(足、篮、排、乒乓、羽毛球、网球)	未选中	139(85.80)	487(96.44)	626(93.85)	24.038	0.000**
	选中	23(14.20)	18(3.56)	41(6.15)		
总计		162	505	667		

* $p<0.05$　** $p<0.01$

从表5中看到,45岁以下人员不会去跳广场舞的比例占95%以上,而56岁以上选择跳广场舞的比例近50%,明显高于平均水平23.39%。

表 5　年龄与健身项目的关系　　　　　单位：人(%)

选项		年龄					总计	χ^2	p
		30岁以下	30~45岁	46~55岁	56~65岁	65岁以上			
广场舞	未选中	36 (97.30)	288 (95.68)	82 (69.49)	77 (48.73)	28 (52.83)	511 (76.61)	158.518	0.000**
	选中	1 (2.70)	13 (4.32)	36 (30.51)	81 (51.27)	25 (47.17)	156 (23.39)		
总计		37	301	118	158	53	667		
健身操、太极拳	未选中	33 (89.19)	275 (91.36)	93 (78.81)	78 (49.37)	25 (47.17)	504 (75.56)	126.938	0.000**
	选中	4 (10.81)	26 (8.64)	25 (21.19)	80 (50.63)	28 (52.83)	163 (24.44)		
总计		37	301	118	158	53	667		
健步走(连续走20分钟以上)	未选中	25 (67.57)	145 (48.17)	57 (48.31)	107 (67.72)	29 (54.72)	363 (54.42)	20.365	0.000**
	选中	12 (32.43)	156 (51.83)	61 (51.69)	51 (32.28)	24 (45.28)	304 (45.58)		
总计		37	301	118	158	53	667		
游泳、慢跑	未选中	24 (64.86)	247 (82.06)	109 (92.37)	148 (93.67)	51 (96.23)	579 (86.81)	35.275	0.000**
	选中	13 (35.14)	54 (17.94)	9 (7.63)	10 (6.33)	2 (3.77)	88 (13.19)		
总计		37	301	118	158	53	667		
骑车(连续骑车20分钟以上)	未选中	29 (78.38)	257 (85.38)	101 (85.59)	144 (91.14)	47 (88.68)	578 (86.66)	5.664	0.226
	选中	8 (21.62)	44 (14.62)	17 (14.41)	14 (8.86)	6 (11.32)	89 (13.34)		
总计		37	301	118	158	53	667		
力量训练	未选中	24 (64.86)	275 (91.36)	114 (96.61)	157 (99.37)	52 (98.11)	622 (93.25)	62.596	0.000**
	选中	13 (35.14)	26 (8.64)	4 (3.39)	1 (0.63)	1 (1.89)	45 (6.75)		
总计		37	301	118	158	53	667		

续　表

选　　项		年　龄					总　计	χ^2	p
		30岁以下	30～45岁	46～55岁	56～65岁	65岁以上			
门球、台球	未选中	34 (91.89)	299 (99.34)	115 (97.46)	158 (100.00)	52 (98.11)	658 (98.65)	17.296	0.002**
	选中	3 (8.11)	2 (0.66)	3 (2.54)	0 (0.00)	1 (1.89)	9 (1.35)		
总　计		37	301	118	158	53	667		
球类（足、篮、排、乒乓、羽毛球、网球）	未选中	33 (89.19)	280 (93.02)	112 (94.92)	150 (94.94)	51 (96.23)	626 (93.85)	2.824	0.588
	选中	4 (10.81)	21 (6.98)	6 (5.08)	8 (5.06)	2 (3.77)	41 (6.15)		
总　计		37	301	118	158	53	667		
其他	未选中	27 (72.97)	247 (82.06)	106 (89.83)	143 (90.51)	48 (90.57)	571 (85.61)	13.711	0.008**
	选中	10 (27.03)	54 (17.94)	12 (10.17)	15 (9.49)	5 (9.43)	96 (14.39)		
总　计		37	301	118	158	53	667		

* $p<0.05$　　** $p<0.01$

对于健身操、太极拳，45岁以下不选择的比例近90%以上，56岁以上选择的比例达50%以上，明显高于平均水平24.44%。

对于健步走（连续走20分钟以上）项目，30～55岁人群比例最大，为51.79%，高于平均水平45.58%。

对于游泳、慢跑，30岁以下选择的比例35.14%，明显高于平均水平13.19%。

平时有力量训练的仅占6.75%，基本为35岁。

综上可见，30岁以下人群健身项目更喜欢游泳和慢跑，30～55岁人群更喜欢健步走，56岁以上人群更愿意选择健身操、太极拳和广场舞。

3. 运动强度与健康自我评估

被调查者对自己锻炼特点的描述和健康自我评估之间的相关系数值为 -0.143，并且呈现出0.01水平的显著性，有着显著的负相关关系。健康自我评估很差而选择"做一些比较轻微的锻炼"的比例66.67%,明显高于平均水平32.23%。

从被调查者对锻炼自己感受及锻炼特点的描述中看到(图1),能经常从事竞技运动或中等强度的运动的人与自我健康评估更好。

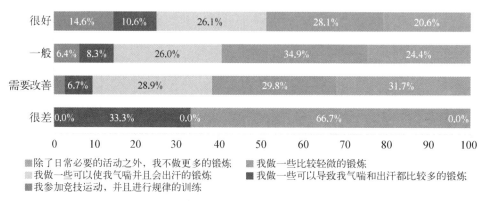

图1 锻炼自我感觉及锻炼特点描述

同时也发现56.52%的人日常健身仅达到小强度运动量(除了日常必要的活动之外,不做更多锻炼的人占24.29%,做一些轻微锻炼的人占32.23%),达到中等强度的人只有26.39%,中大强度的17.1%。

通过对最近一周活动情况的进一步调查,也可以看到达到适宜强度的人不到一半(见表6)。

表6 最近一周参与项目的强度感觉 单位:人(%)

强度感觉	无相关体育活动	有	1~2天	3天以上
剧烈(大强度,引起呼吸和心跳明显加快,感觉比较费力)的体育活动	531(79.61)	136(20.38)	84(12.59)	52(7.8)
适度(中等强度,引起呼吸和心跳稍微加快,感觉有些费力)的体育活动	439(65.81)	228(34.18)	88(13.19)	140(20.99)
步行(每次至少连续走10钟以上,每天30分钟以上)	185(27.73)	482(74.51)	90(13.49)	392(58.77)

4. 健身指导需求与健康自我评估

从表7可以看出,不论健康状况如何,人们对改善身体形态的指导需求最高,为65.52%;其次是改善肩颈、腰、膝痛的指导需求,达40.18%;第三是对提升运动技能、体能及改善心理状态的指导需求,分别为37.48%和38.38%。

表7 不同健康状况的人对健身需求　　　　　　　　单位:人(%)

选项		自我评估目前健康状况				总计	χ^2	p
		很好	一般	需要改善	很差			
改善身体形态的健身指导	未选中	67 (33.67)	130 (36.01)	32 (30.77)	1 (33.33)	230 (34.48)	1.068	0.785
	选中	132 (66.33)	231 (63.99)	72 (69.23)	2 (66.67)	437 (65.52)		
总计		199	361	104	3	667		
慢性代谢性疾病(高血压、肥胖、骨质疏松、糖尿病等)的健身指导	未选中	166 (83.42)	247 (68.42)	64 (61.54)	1 (33.33)	478 (71.66)	22.828	0.000**
	选中	33 (16.58)	114 (31.58)	40 (38.46)	2 (66.67)	189 (28.34)		
总计		199	361	104	3	667		
改善肩颈、腰、膝疼痛的健身指导	未选中	137 (68.84)	214 (59.28)	48 (46.15)	0 (0.00)	399 (59.82)	19.334	0.000**
	选中	62 (31.16)	147 (40.72)	56 (53.85)	3 (100.00)	268 (40.18)		
总计		199	361	104	3	667		
运动技能、体能的提升	未选中	126 (63.32)	222 (61.50)	69 (66.35)	0 (0.00)	417 (62.52)	5.869	0.118
	选中	73 (36.68)	139 (38.50)	35 (33.65)	3 (100.00)	250 (37.48)		
总计		199	361	104	3	667		
压力和心情的改变	未选中	118 (59.30)	231 (63.99)	60 (57.69)	2 (66.67)	411 (61.62)	2.022	0.568
	选中	81 (40.70)	130 (36.01)	44 (42.31)	1 (33.33)	256 (38.38)		
总计		199	361	104	3	667		

同时可以看出：健康自我评估与改善身体形态、提升运动技能体能、改变压力和心情这3项指导需求没有显著性差异（$p>0.05$）。

对于慢性代谢性疾病（高血压、肥胖、骨质疏松、糖尿病等）的健身指导及肩颈、腰、膝痛改善2项，呈现出显著性（$p<0.05$）。

通过百分比对比差异可知，健康自我评估选择"很差"的比例为66.67%，对于"慢性代谢性疾病的健身指导"的需求则会明显高于平均水平28.34%。健康自我评估选择需要改善的对于"慢性代谢性疾病的健身指导"需求的比例为38.46%，也高于平均水平为28.34%；相对健康自我评估"很好"的不选择"对于慢性代谢性疾病的健身指导"比例为83.42%，明显高于平均水平71.66%。

对于肩颈、腰痛的改善，通过百分比对比差异可知，健康自我评估"很差"的人选择需要的比例达100%，其次是健康自我评估"需要改善"的选择需要的比例为53.85%，均明显高于平均水平40.18%。

5. 健康不良行为与健康自我评估

针对影响健康的吸烟、喝酒及睡眠不足等因素进行分析，发现坚持健身的人群中89.91%的人不吸烟，仅有16.34%的人不喝酒，睡眠不足5小时的人群占6%，60.12%的人睡眠从未少于5小时/天，且30分钟内入睡人数达88.01%（见表8）。

表8 健康行为与健康评估统计表　　　　　　　　　　　　单位：人（%）

选项		自我评估目前健康状况				总计	χ^2	p
		很好	一般	需要改善	很差			
吸烟	未选中	169 (84.92)	328 (90.86)	94 (90.38)	2 (66.67)	593 (88.91)	6.328	0.097
	选中	30 (15.08)	33 (9.14)	10 (9.62)	1 (33.33)	74 (11.09)		
总计		199	361	104	3	667		
喜欢喝酒	未选中	159 (79.90)	315 (87.26)	82 (78.85)	2 (66.67)	558 (83.66)	7.873	0.049*
	选中	40 (20.10)	46 (12.74)	22 (21.15)	1 (33.33)	109 (16.34)		
总计		199	361	104	3	667		

续 表

选 项		自我评估目前健康状况				总 计	χ^2	p
		很 好	一 般	需要改善	很 差			
每天都喝	未选中	197 (98.99)	361 (100.00)	104 (100.00)	3 (100.00)	665 (99.70)	4.718	0.194
	选中	2 (1.01)	0 (0.00)	0 (0.00)	0 (0.00)	2 (0.30)		
总 计		199	361	104	3	667		
每周喝2~3次	未选中	186 (93.47)	349 (96.68)	99 (95.19)	3 (100.00)	637 (95.50)	3.241	0.356
	选中	13 (6.53)	12 (3.32)	5 (4.81)	0 (0.00)	30 (4.50)		
总 计		199	361	104	3	667		
每周喝一次	未选中	196 (98.49)	354 (98.06)	103 (99.04)	3 (100.00)	656 (98.35)	0.565	0.904
	选中	3 (1.51)	7 (1.94)	1 (0.96)	0 (0.00)	11 (1.65)		
总 计		199	361	104	3	667		
偶尔聚会喝	未选中	147 (73.87)	266 (73.68)	69 (66.35)	3 (100.00)	485 (72.71)	3.556	0.314
	选中	52 (26.13)	95 (26.32)	35 (33.65)	0 (0.00)	182 (27.29)		
总 计		199	361	104	3	667		
过去一个月内,有几晚睡眠在5小时及以下	从未	123 (61.81)	222 (61.50)	54 (51.92)	2 (66.67)	401 (60.12)	18.852	0.221
	1~5天	54 (27.14)	80 (22.16)	28 (26.92)	1 (33.33)	163 (24.44)		
	6~10天	8 (4.02)	19 (5.26)	8 (7.69)	0 (0.00)	35 (5.25)		
	11~15天	4 (2.01)	7 (1.94)	8 (7.69)	0 (0.00)	19 (2.85)		

续 表

选 项		自我评估目前健康状况				总 计	χ^2	p
		很 好	一 般	需要改善	很 差			
过去一个月内,有几晚睡眠在5小时及以下	16~20天	2 (1.01)	6 (1.66)	1 (0.96)	0 (0.00)	9 (1.35)	18.852	0.221
	超过20天	8 (4.02)	27 (7.48)	5 (4.81)	0 (0.00)	40 (6.00)		
总 计		199	361	104	3	667		
就寝后到入睡通常所需时间	40分钟以上	13 (6.53)	43 (11.91)	5 (4.81)	1 (33.33)	62 (9.30)	30.509	0.002**
	31~40分钟	24 (12.06)	41 (11.36)	15 (14.42)	0 (0.00)	80 (11.99)		
	21~30分钟	30 (15.08)	86 (23.82)	33 (31.73)	0 (0.00)	149 (22.34)		
	10~20分钟	75 (37.69)	125 (34.63)	26 (25.00)	2 (66.67)	228 (34.18)		
	小于10分钟	57 (28.64)	66 (18.28)	25 (24.04)	0 (0.00)	148 (22.19)		
总 计		199	361	104	3	667		

* $p<0.05$ ** $p<0.01$

不同的健康自我评估状况与抽烟、喝酒、睡眠不会表现出显著性差异。可见,坚持健身的人群健康行为、自律行为比一般人要好。

(二)其他外在因素与健康评估之间的相关分析

为更精准对需要健身指导的人群类型进行细分,针对调查的对象自我健康评估程度与辖区、性别、年龄、职业、文化程度、收入水平、健康监管(测试血糖、血压的习惯)、遗传病史等9项之间,利用卡方检验(交叉分析)研究各外在因素与健康自我评估之间的差异关系。

1. 辖区分布

利用卡方检验(交叉分析)分析,辖区分布与健康自我评估程度呈现出 0.01 水平显著性(Chi=82.84,p=0.00<0.01),从百分比对差异看:崇明对自我健康状况满意度最高,认为目前"很好"的比例最高 73.33%,明显高于平均水平 29.84%;相对中心城区徐汇区(47.37%)、长宁区(36.36%)则对健康改善的意愿更多一点(见图 2)。

分析可知,不同辖区样本对于健康自我评价程度呈现出显著性差异。

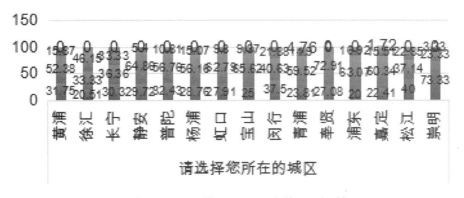

图 2 不同辖区的健康自我评价

2. 年龄

利用卡方检验(交叉分析)分析,不同年龄对于健康自我评估程度呈现出 0.01 水平显著性(Chi=28.57,p=0.00<0.01)(见图 3)。通过百分比对比

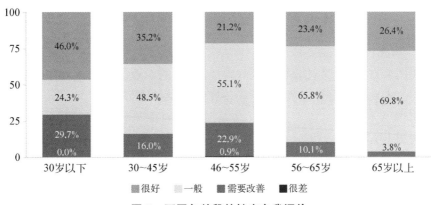

图 3 不同年龄段的健康自我评价

差异可知,随着年龄的增长对自我健康满意度在下降,30岁以下选择"很好"的比例为45.95%,明显高于平均水平29.84%。65岁以上选择"一般"的比例为69.81%,明显高于平均水平54.12%。56～65岁选择一般的比例为65.82%,明显高于平均水平54.12%。30岁以下选择需要改善的比例为29.73%,明显高于平均水平15.59%,而46～55岁对健康满意度最低。

分析可知,不同年龄样本对于健康自我评价程度呈现出显著性差异。

3. 性别

利用卡方检验(交叉分析)分析,不同性别对于健康自我评估程度呈现出0.01水平显著性(Chi=28.57,$p=0.00<0.01$)。从性别与健康自我评价的百分比分析看,男性呈两头高即对自我健康评估"很好"、"很差"要高于女性;女性选择"一般"、"需要改善"的比例要高于男性,相比女性对自我健康的改善愿望要高于男性(见图4)。

分析可知,不同性别样本对于健康自我评估程度呈现出显著性差异。

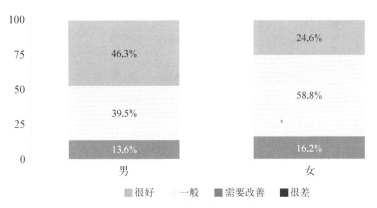

图4 性别与健康自我评估数据统计及分析

4. 职业

利用卡方检验(交叉分析)目前(曾经)从事的职业样本对于健康自我评估状况不会表现出显著性差异,各行业差异性不大(见图5)。

5. 文化程度

利用卡方检验(交叉分析)去分析,文化程度与健康自我评估之间呈现出0.01水平显著性(Chi=40.76,$p=0.00<0.01$)。从图6可以看出,初中以下选择"很好"的比例为43.75%,明显高于平均水平29.84%。高中及以上对自我健康的满意度不高,选择"需要改善"的要高于平均水平15.59%。

图 5 不同行业的健康自我评价

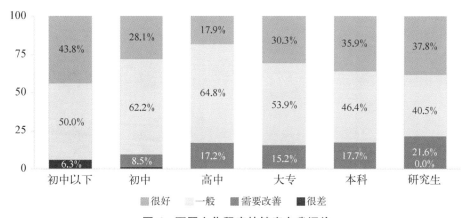

图 6 不同文化程度的健康自我评价

分析可知,文化程度与健康自我评估程度呈现出显著性差异。

6. 收入水平

利用卡方检验(交叉分析)去分析收入水平(月薪)与健康自我评估程度之间不会表现出显著性($p>0.05$),意味着不同收入水平(月薪)对于健康自我评估程度表现出一致性,并没有差异性(见图7)。

7. 经常测试血压

利用卡方检验(交叉分析)经常测试血压的习惯与健康自我评估程度之间不会表现出显著性差异($p>0.05$)。从百分比看,有规律测试的仅有8.10%,偶尔测试的人占42.88%,没有测试习惯的达40.03%(见图8)。提高自我监管力度,是运动干预中需提高的技能。

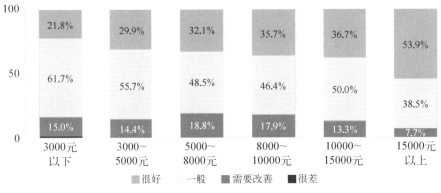

图 7　不同收入的健康自我评价

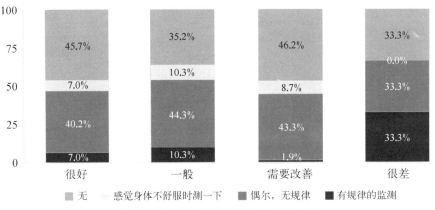

图 8　不同健康自我评价的血压监控情况

8. 经常测试血糖习惯

利用卡方检验(交叉分析)经常测试血糖的习惯与健康自我评估程度之间不会表现出显著性差异($p>0.05$)。血糖监测非常不乐观,68.97%没有监测血糖习惯,仅有3.48%的人有监测习惯(见图9)。

9. 脂代谢综合征家族史

利用卡方检验(交叉分析)脂代谢综合征家族史与健康自我评估程度之间呈现出0.01水平显著性(Chi=20.06, $p=0.00<0.01$),通过百分比对比差异可知,有家族病史的人群对健康改善的需求更高,尤其是二级亲属选择需要改善的比例29.03%,明显高于平均水平15.59%(见图10)。

分析可知,脂代谢综合征家族史与健康自我评估程度呈现出显著性差异。

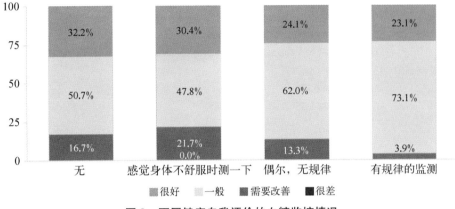

图 9 不同健康自我评价的血糖监控情况

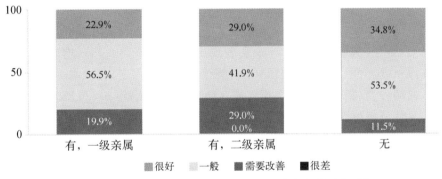

图 10 脂代谢综合征家族史与健康评估的数据统计与分析

(三)坚持参与运动的慢性疾病、骨关节疾病的健身人群需求分析

面对成人的慢性病发病率呈现上升的趋势以及高发的关节疾病问题,本次调查主要针对高血压、心脏病、糖尿病、脂肪肝、心血管问题(中风、脑梗)、肿瘤、痛风、冠心病、颈椎病、腰部、膝关节疼痛等 13 项高发慢性疾病及骨关节疾病人员进行分析。

从坚持参与健身的人员来看,高血压、脂肪肝、颈椎、腰椎及膝关节的问题的患者相对会主动参与运动(见图 11)。

1. 患有高血压的健身人群需求分析

此次样本中高血压患者 85 人(12.74%)。利用卡方检验(交叉分析)去研

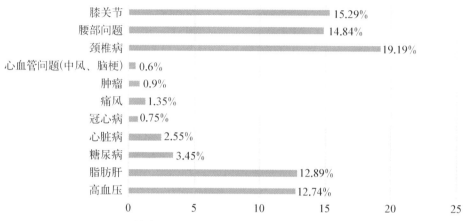

图 11 坚持参与运动的慢性疾病、骨关节疾病的人数统计

究高血压除膳食、运动以外的其他因素对其的影响,从表 9 可以看出,辖区、性别、目前(曾经)从事的职业 3 项不会表现出显著性($p>0.05$),均表现出一致性,并没有差异性。另外高血压样本对于年龄、文化程度、收入水平、经常测试血压、血糖习惯、脂代谢综合征家族史 6 项呈现出显著性($p<0.05$),呈现出差异性,具体分析可知:

表 9 高血压与其他相关因素之间的关系分析   单位:人(%)

交叉(卡方)分析结果						
选　　项		高血压		总　计	χ^2	p
		未选中	选　中			
年龄	30 岁以下	36(6.19)	1(1.18)	37(5.55)	112.488	0.000**
	30~45 岁	292(50.17)	9(10.59)	301(45.13)		
	46~55 岁	102(17.53)	16(18.82)	118(17.69)		
	56~65 岁	127(21.82)	31(36.47)	158(23.69)		
	65 岁以上	25(4.30)	28(32.94)	53(7.95)		
总　计		582	85	667		
文化程度	初中以下	9(1.55)	7(8.24)	16(2.40)	45.154	0.000**
	初中	62(10.65)	20(23.53)	82(12.29)		
	高中	116(19.93)	29(34.12)	145(21.74)		

续　表

<table>
<tr><th colspan="2">选　　项</th><th colspan="2">高血压</th><th rowspan="2">总　计</th><th rowspan="2">χ²</th><th rowspan="2">p</th></tr>
<tr><th>未选中</th><th>选　中</th></tr>
<tr><td rowspan="3">文化程度</td><td>大专</td><td>164(28.18)</td><td>14(16.47)</td><td>178(26.69)</td><td rowspan="3">45.154</td><td rowspan="3">0.000**</td></tr>
<tr><td>本科</td><td>198(34.02)</td><td>11(12.94)</td><td>209(31.33)</td></tr>
<tr><td>研究生</td><td>33(5.67)</td><td>4(4.71)</td><td>37(5.55)</td></tr>
<tr><td colspan="2">总　计</td><td>582</td><td>85</td><td>667</td><td></td><td></td></tr>
<tr><td rowspan="6">收入水平（月薪）</td><td>月薪 3 000 元以下</td><td>103(17.70)</td><td>30(35.29)</td><td>133(19.94)</td><td rowspan="6">15.179</td><td rowspan="6">0.010**</td></tr>
<tr><td>月薪 3 000～5 000 元</td><td>266(45.70)</td><td>32(37.65)</td><td>298(44.68)</td></tr>
<tr><td>月薪 5 000～8 000 元</td><td>147(25.26)</td><td>18(21.18)</td><td>165(24.74)</td></tr>
<tr><td>月薪 8 000～10 000 元</td><td>26(4.47)</td><td>2(2.35)</td><td>28(4.20)</td></tr>
<tr><td>月薪 10 000～15 000 元</td><td>28(4.81)</td><td>2(2.35)</td><td>30(4.50)</td></tr>
<tr><td>月薪 15 000 元以上</td><td>12(2.06)</td><td>1(1.18)</td><td>13(1.95)</td></tr>
<tr><td colspan="2">总　计</td><td>582</td><td>85</td><td>667</td><td></td><td></td></tr>
<tr><td rowspan="4">经常测试血压</td><td>无</td><td>262(45.02)</td><td>5(5.88)</td><td>267(40.03)</td><td rowspan="4">121.691</td><td rowspan="4">0.000**</td></tr>
<tr><td>感觉身体不舒服时测一下</td><td>47(8.08)</td><td>13(15.29)</td><td>60(9.00)</td></tr>
<tr><td>偶尔,无规律</td><td>249(42.78)</td><td>37(43.53)</td><td>286(42.88)</td></tr>
<tr><td>有规律的监测</td><td>24(4.12)</td><td>30(35.29)</td><td>54(8.10)</td></tr>
<tr><td colspan="2">总　计</td><td>582</td><td>85</td><td>667</td><td></td><td></td></tr>
<tr><td rowspan="3">经常测试血糖</td><td>无</td><td>410(70.45)</td><td>50(58.82)</td><td>460(68.97)</td><td rowspan="3">14.355</td><td rowspan="3">0.002**</td></tr>
<tr><td>感觉身体不舒服时测一下</td><td>18(3.09)</td><td>5(5.88)</td><td>23(3.45)</td></tr>
<tr><td>偶尔,无规律</td><td>137(23.54)</td><td>21(24.71)</td><td>158(23.69)</td></tr>
</table>

续 表

交叉(卡方)分析结果

选 项		高血压		总 计	χ^2	p
		未选中	选 中			
经常测试血糖	有规律的监测	17(2.92)	9(10.59)	26(3.90)	14.355	0.002**
	总 计	582	85	667		
家族病	有,一级亲属	210(36.08)	52(61.18)	262(39.28)	19.669	0.000**
	有,二级亲属	29(4.98)	2(2.35)	31(4.65)		
	无	343(58.93)	31(36.47)	374(56.07)		
	总 计	582	85	667		

* $p<0.05$ ** $p<0.01$

(1) 45 岁以上的患病比例明显增多,56～65 岁的比例 36.47%,明显高于其他年龄段。

(2) 月薪 3 000 元以下的患者、高中以下文化水平的患病比例大于平均值水平。

(3) 63.53% 的高血压患者有家族脂代谢病史,其中一级亲属占 61.18%、二级亲属占 2.35%。

(4) 令人担忧的是仅有 35.29% 的高血压患者有规律地监测血压的习惯。

高血压运动,针对人群以 45 岁以上为主,以底薪、文化程度相对偏低及有家族脂代谢病史作为重点对象。

从高血压患者的运动方式认知度、日常锻炼习惯及需求,发现现有坚持健身的高血压患者对适宜的运动量的知晓度不高(表 10),10.59% 的人不知道,43.53% 的人认为只要动起来就可以了,令人欣慰的是日常健身的活动 3 次/周以上的人占 82.35%,但还有 16.47% 的人除了日常必要的活动之外,不做更多的锻炼,32.94% 也只做一些比较轻微的锻炼。84.71% 的人从没有寻求过专业的健身教练指导,56.47% 的人希望自己的身体形态能改善,61.18% 的人希望能得到专业的慢性代谢性疾病(高血压、肥胖、骨质疏松、糖尿病等)的健身指导。

可喜的是高血压健身人群不抽烟的达 91.76%,不喝酒的占 84.71%。

对于高血压人群运动干预建议:提高运动方式、运动量的认知度,并在身体、形体改善、慢病运动干预给予指导,同时督促完成必要的锻炼次数。

表10 高血压患者的健身现状与需求　　　　　　　　　　　　　　单位：人（%）

选项		高血压		总计	χ^2	p
		未选中	选中			
知道合适的运动量是多少	不知道	96(16.49)	9(10.59)	105(15.74)	8.217	0.042*
	只要动起来就行	172(29.55)	37(43.53)	209(31.33)		
	需要达到有一点疲劳	307(52.75)	37(43.53)	344(51.57)		
	疲劳	7(1.20)	2(2.35)	9(1.35)		
总计		582	85	667		
每周进行多少次身体锻炼	无	46(7.90)	1(1.18)	47(7.05)	34.421	0.000**
	1～2次	207(35.57)	14(16.47)	221(33.13)		
	3～5次	213(36.60)	31(36.47)	244(36.58)		
	每天	116(19.93)	39(45.88)	155(23.24)		
总计		582	85	667		
是否寻求过专业的健身教练指导	有	116(19.93)	13(15.29)	129(19.34)	1.022	0.312
	没有	466(80.07)	72(84.71)	538(80.66)		
总计		582	85	667		
除了日常必要的活动之外，不做更多的锻炼		148(25.43)	14(16.47)	162(24.29)	7.736	0.102
做一些比较轻微的锻炼		187(32.13)	28(32.94)	215(32.23)		
做一些可以使我气喘并且会出汗的锻炼		145(24.91)	31(36.47)	176(26.39)		
做一些可以导致我气喘和出汗都比较多的锻炼		51(8.76)	8(9.41)	59(8.85)		
参加竞技运动并且进行规律的训练		51(8.76)	4(4.71)	55(8.25)		
总计		582	85	667		
身体形态的改善	未选中	193(33.16)	37(43.53)	230(34.48)	3.529	0.06
	选中	389(66.84)	48(56.47)	437(65.52)		
总计		582	85	667		

续 表

选项		高血压		总计	χ^2	p
		未选中	选中			
慢性代谢性疾病（高血压、肥胖、骨质疏松、糖尿病等）的健身指导	未选中	445(76.46)	33(38.82)	478(71.66)	51.738	0.000**
	选中	137(23.54)	52(61.18)	189(28.34)		
	总计	582	85	667		
抽烟	未选中	515(88.49)	78(91.76)	593(88.91)	0.807	0.369
	选中	67(11.51)	7(8.24)	74(11.09)		
	总计	582	85	667		
喝酒	未选中	486(83.51)	72(84.71)	558(83.66)	0.078	0.78
	选中	96(16.49)	13(15.29)	109(16.34)		
	总计	582	85	667		

* $p<0.05$ ** $p<0.01$

2. 患有脂肪肝的健身人群需求分析

此次样本中脂肪肝患者86人(12.89%)。利用卡方检验（交叉分析）去分析脂肪肝除膳食、运动以外的其他因素对其的影响，从表11可以看出，脂肪肝与脂代谢综合征家族病史之间的相关系数值为-0.100，并且呈现出0.01水平的显著性，有着显著的负相关关系。与性别、年龄、职业、文化程度、收入状况、经常测试血压、血糖习惯等因素均不会表现出显著性差异。

表11 脂肪肝与相关因素之间的关系分析　　　单位：人(%)

名称	脂肪肝		总计	χ^2	p
	未选中	选中			
有，一级亲属	217(37.35)	45(52.33)	262(39.28)	7.05	0.029*
有，二级亲属	28(4.82)	3(3.49)	31(4.65)		
无	336(57.83)	38(44.19)	374(56.07)		
总计	581	86	667		

* $p<0.05$ ** $p<0.01$

通过百分比对比差异可知,脂肪肝患者中,患有一级亲属的有脂代谢综合征占52.33%,但值得注意的是有44.19%人群没有家族病史的患者。

从脂肪肝患者的运动方式的认知度、日常锻炼习惯及需求,发现现有的坚持健身的脂肪肝患者对适宜的运动量的知晓度不高(表12),15.12%的人不知道,33.71%的人认为只要动起来就可以了,只有54.64%的人日常健身的活动次数达到3次/周以上,但还有23.23%的人除了日常必要的活动之外,不做更多的锻炼,33.72%的人也只做一些比较轻微的锻炼。79.07%的人从没有寻求过专业的健身教练指导,70.93%的人希望自己的身体形态能改善,54.65%的人希望能得到专业的慢性代谢性疾病(高血压、肥胖、骨质疏松、糖尿病等)的健身指导。

脂肪肝患者的健身人群中不抽烟的人占89.53%,不喝酒的人占80.20%。

表12 脂肪肝患者的健身现状与需求　　　　单位:人(%)

选　项		脂肪肝		总　计	χ^2	p
		未选中	选　中			
知道合适的运动量是多少	不知道	92(15.83)	13(15.12)	105(15.74)	0.277	0.964
	只要动起来就行	180(30.98)	29(33.72)	209(31.33)		
	需要达到有一点疲劳	301(51.81)	43(50.00)	344(51.57)		
	疲劳	8(1.38)	1(1.16)	9(1.35)		
总　计		581	86	667		
每周进行多少次身体锻炼	无	38(6.54)	9(10.47)	47(7.05)	2.221	0.528
	1～2次	191(32.87)	30(34.88)	221(33.13)		
	3～5次	216(37.18)	28(32.56)	244(36.58)		
	每天	136(23.41)	19(22.09)	155(23.24)		
总　计		581	86	667		
是否寻求过专业的健身教练指导	有	111(19.10)	18(20.93)	129(19.34)	0.16	0.689
	没有	470(80.90)	68(79.07)	538(80.66)		
总　计		581	86	667		

续　表

选　项		脂肪肝		总　计	χ^2	p
		未选中	选　中			
除了日常必要的活动之外,不做更多的锻炼		142(24.44)	20(23.26)	162(24.29)	3.383	0.496
做一些比较轻微的锻炼		186(32.01)	29(33.72)	215(32.23)		
做一些可以出现气喘并且会出汗的锻炼		151(25.99)	25(29.07)	176(26.39)		
做一些可以导致气喘和出汗都比较多的锻炼		50(8.61)	9(10.47)	59(8.85)		
参加竞技运动并且进行规律的训练		52(8.95)	3(3.49)	55(8.25)		
总　计		581	86	667		
改善身体形态的指导	未选中	205(35.28)	25(29.07)	230(34.48)	1.28	0.258
	选中	376(64.72)	61(70.93)	437(65.52)		
总　计		581	86	667		
慢性代谢性疾病(高血压、肥胖、骨质疏松、糖尿病等)的健身指导	未选中	439(75.56)	39(45.35)	478(71.66)	33.669	0.000**
	选中	142(24.44)	47(54.65)	189(28.34)		
总　计		581	86	667		
抽烟	未选中	516(88.81)	77(89.53)	593(88.91)	0.04	0.842
	选中	65(11.19)	9(10.47)	74(11.09)		
总　计		581	86	667		
喝酒	未选中	489(84.17)	69(80.23)	558(83.66)	0.847	0.357
	选中	92(15.83)	17(19.77)	109(16.34)		
总　计		581	86	667		

* $p<0.05$　　** $p<0.01$

3. 患有颈椎病患病的健身人群需求分析

此次样本中颈椎病患者128人(19.19%),利用卡方检验(交叉分析)去分析颈椎病除膳食、运动以外的其他因素对其的影响,从表13可以看出,样本数据反映颈椎病与性别相关系数值为0.161,并且呈现出0.01水平的显著性,有着显著的正相关关系,与家族脂代谢病史相关系数值为－0.109,并且呈现出0.01水平的显著性,通过百分比对比差异可知,女性患者所占比例为89.84%,明显高于男性。脂代谢综合征家族史一级亲属的比例占49.22%,脂代谢综合征家族史二级亲属及无家族史的患者,也明显高于未患者的选择比例36.92%。与年龄、文化程度、职业、收入水平、经常测试血压、测试血糖没有相关关系,数值均不会表现出显著性差异。

表13 颈椎病与相关因素之间的关系分析 单位:人(%)

选项		颈椎病		总计	χ^2	p
		未选中	选中			
性别	男	149(27.64)	13(10.16)	162(24.29)	17.202	0.000**
	女	390(72.36)	115(89.84)	505(75.71)		
总计		539	128	667		
脂代谢综合征家族史	有,一级亲属	199(36.92)	63(49.22)	262(39.28)	8.62	0.013*
	有,二级亲属	23(4.27)	8(6.25)	31(4.65)		
	无	317(58.81)	57(44.53)	374(56.07)		
总计		539	128	667		

* $p<0.05$ ** $p<0.01$

分析颈椎病患者对运动方式的认知度、日常锻炼习惯及需求,发现坚持健身的颈椎病患者对适宜的运动量知晓度同样不高,从表14可以看出,19.53%的人选择"不知道",28.91%的人认为只要动起来就可以了,51.56%的人日常健身的活动次数达到3次/周以上,但还有占34.38%的人除了日常必要的活动之外不做更多的锻炼,32.03%的人也只做一些比较轻微的锻炼。

82.81%的人从没有寻求过专业的健身教练指导,53.51%的人希望自己的身体形态能改善,66.41%的人希望能得到专业的健身指导。

表 14　颈椎病患者的健身现状与需求　　　　　　　　单位：人（%）

选　项		颈椎病		总　计	χ²	p
		未选中	选　中			
知道合适的运动量是多少吗	不知道	80(14.84)	25(19.53)	105(15.74)	2.141	0.544
	只要动起来就行	172(31.91)	37(28.91)	209(31.33)		
	需要达到有一点疲劳	279(51.76)	65(50.78)	344(51.57)		
	疲劳	8(1.48)	1(0.78)	9(1.35)		
总　计		539	128	667		
每周进行多少次身体锻炼	无	35(6.49)	12(9.38)	47(7.05)	5.179	0.159
	1~2次	171(31.73)	50(39.06)	221(33.13)		
	3~5次	201(37.29)	43(33.59)	244(36.58)		
	每天	132(24.49)	23(17.97)	155(23.24)		
总　计		539	128	667		
是否寻求过专业的健身教练指导	有	107(19.85)	22(17.19)	129(19.34)	0.471	0.493
	没有	432(80.15)	106(82.81)	538(80.66)		
总　计		539	128	667		
除了日常必要的活动之外，不做更多的锻炼		118(21.89)	44(34.38)	162(24.29)	17.59	0.001**
做一些比较轻微的锻炼		174(32.28)	41(32.03)	215(32.23)		
做一些可以出现气喘并且会出汗的锻炼		141(26.16)	35(27.34)	176(26.39)		
做一些可以导致气喘和出汗都比较多的锻炼		55(10.20)	4(3.13)	59(8.85)		
参加竞技运动并且进行规律的训练		51(9.46)	4(3.13)	55(8.25)		
总　计		539	128	667		
改善身体形态的健身	未选中	171(31.73)	59(46.09)	230(34.48)	9.452	0.002**
	选中	368(68.27)	69(53.91)	437(65.52)		
总　计		539	128	667		

续 表

选 项		颈椎病		总 计	χ^2	p
		未选中	选 中			
肩颈、腰痛的健身指导	未选中	356(66.05)	43(33.59)	399(59.82)	45.328	0.000**
	选中	183(33.95)	85(66.41)	268(40.18)		
总 计		539	128	667		

* $p<0.05$ ** $p<0.01$

4. 患有腰椎问题的健身人群需求分析

从表 15 可以看出,此次样本中腰椎病有问题的占 14.84%。样本数据反映腰部疼痛与性别、年龄、脂代谢综合征家族史三项相关性显著,与文化程度、职业、收入水平、经常测试血压、测试血糖没有相关性,数值均不会表现出显著性差异。

通过百分比对比差异可知,患者中女性占比为 90.91%,56~65 岁的比例为 34.34%,女性人群及 56~65 岁两个人群相对比较多,同时一级亲属有脂代谢综合征的比例达 49.49%。

表 15 腰椎问题与相关因素之间的关系分析　　　单位:人(%)

选 项		腰部问题		总 计	χ^2	p
		未选中	选 中			
性别	男	153(26.94)	9(9.09)	162(24.29)	14.601	0.000**
	女	415(73.06)	90(90.91)	505(75.71)		
总 计		568	99	667		
年龄	30 岁以下	34(5.99)	3(3.03)	37(5.55)	13.357	0.010**
	30~45 岁	270(47.54)	31(31.31)	301(45.13)		
	46~55 岁	96(16.90)	22(22.22)	118(17.69)		
	56~65 岁	124(21.83)	34(34.34)	158(23.69)		
	65 岁以上	44(7.75)	9(9.09)	53(7.95)		
总 计		568	99	667		
脂代谢综合征家族史	有,一级亲属	213(37.50)	49(49.49)	262(39.28)	6.008	0.050*

续 表

选　　项		腰部问题		总　计	χ^2	p
		未选中	选中			
脂代谢综合征家族史	有，二级亲属	29(5.11)	2(2.02)	31(4.65)	6.008	0.050*
	无	326(57.39)	48(48.48)	374(56.07)		
总　计		568	99	667		

* $p<0.05$　　** $p<0.01$

分析腰部有问题的运动方式的认知度、日常锻炼习惯及需求，发现坚持健身的腰部疼痛患者对适宜运动量知晓度同样不高（表 16），其中 19.19% 的人不知道，30.30% 的人认为只要动起来就可以了。57.57% 的人日常健身活动次数达到 3 次/周以上，但还有 28.28% 的人除了日常必要的活动之外，不做更多的锻炼，35.35% 的人也只做一些比较轻微的锻炼。

表 16　腰部疼痛患者的健身现状与需求　　　　　　　　　　单位：人(%)

选　　项		腰部问题		总　计	χ^2	p
		未选中	选　中			
知道合适的运动量是多少吗	不知道	86(15.14)	19(19.19)	105(15.74)	1.521	0.677
	只要动起来就行	179(31.51)	30(30.30)	209(31.33)		
	需要达到有一点疲劳	296(52.11)	48(48.48)	344(51.57)		
	疲劳	7(1.23)	2(2.02)	9(1.35)		
总　计		568	99	667		
每周进行多少次身体锻炼	无	41(7.22)	6(6.06)	47(7.05)	0.733	0.865
	1～2 次	185(32.57)	36(36.36)	221(33.13)		
	3～5 次	208(36.62)	36(36.36)	244(36.58)		
	每天	134(23.59)	21(21.21)	155(23.24)		
总　计		568	99	667		

续　表

选　项		腰部问题		总　计	χ^2	p
		未选中	选　中			
是否寻求过专业的健身教练指导	有	114(20.07)	15(15.15)	129(19.34)	1.308	0.253
	没有	454(79.93)	84(84.85)	538(80.66)		
总　计		568	99	667		
除了日常必要的活动之外,不做更多的锻炼		134(23.59)	28(28.28)	162(24.29)	3.01	0.556
做一些比较轻微的锻炼		180(31.69)	35(35.35)	215(32.23)		
做一些可以导致气喘并且会出汗的锻炼		152(26.76)	24(24.24)	176(26.39)		
做一些可以导致气喘和出汗都比较多的锻炼		53(9.33)	6(6.06)	59(8.85)		
参加竞技运动并且进行规律的训练		49(8.63)	6(6.06)	55(8.25)		
总　计		568	99	667		
改善肩颈、腰痛的指导	未选中	371(65.32)	28(28.28)	399(59.82)	48.107	0.000**
	选中	197(34.68)	71(71.72)	268(40.18)		
总　计		568	99	667		
抽烟	未选中	505(88.91)	88(88.89)	593(88.91)	0	0.995
	选中	63(11.09)	11(11.11)	74(11.09)		
总　计		568	99	667		
喝酒	未选中	479(84.33)	79(79.80)	558(83.66)	1.267	0.26
	选中	89(15.67)	20(20.20)	109(16.34)		
总　计		568	99	667		

* $p<0.05$　** $p<0.01$

　　84.85%的人从没有寻求过专业的健身教练指导,71.12%的人希望能得到专业的健身指导。

　　此次样本中腰部有问题的99人(5.29%),从数据反映腰部疼痛与性别的相关系数值为0.153,并且呈现出0.01水平的显著性,有着显著的正相关关系。

5. 患有膝关节问题的健身人群需求分析

从表17可以看出,膝关节有问题的女性比例为91.18%,明显高于男性。

表17 膝关节问题与相关因素之间的关系分析　　　　单位:人(%)

选项		膝关节		总　计	χ^2	p
		未选中	选中			
性别	男	153(27.08)	9(8.82)	162(24.29)	15.66	0.000**
	女	412(72.92)	93(91.18)	505(75.71)		
总　计		565	102	667		
年龄	30岁以下	37(6.55)	0(0.00)	37(5.55)	46.88	0.000**
	30~45岁	279(49.38)	22(21.57)	301(45.13)		
	46~55岁	85(15.04)	33(32.35)	118(17.69)		
	56~65岁	119(21.06)	39(38.24)	158(23.69)		
	65岁以上	45(7.96)	8(7.84)	53(7.95)		
总　计		565	102	667		

* $p<0.05$　　** $p<0.01$

与年龄之间的相关系数值为0.190,并且呈现出0.01水平的显著性,有着显著的正相关关系。膝关节有问题的46~55岁、56~65岁人数明显增加。

膝关节与文化程度、职业、收入水平、家族史、经常测试血压、血糖并没有相关关系,均不会表现出显著性差异。

从表18可以发现,坚持健身的膝关节疼痛患者对适宜运动量的知晓度,21.57%的人不知道,25.49%的人认为只要动起来就可以了。日常健身的活动次数达到3次/周以上的人占63.73%,但还有22.55%的人除了日常必要的活动之外,不做更多的锻炼,33.33%的人也只做一些比较轻微的锻炼。

表18 膝关节疼痛患者的健身现状与需求　　　　单位:人(%)

选项		膝关节		总　计	χ^2	p
		未选中	选　中			
知道合适的运动量是多少吗	不知道	83(14.69)	22(21.57)	105(15.74)	4.251	0.236
	只要动起来就行	183(32.39)	26(25.49)	209(31.33)		

续 表

选 项		膝关节		总 计	χ^2	p
		未选中	选 中			
知道合适的运动量是多少吗	需要达到有一点疲劳	292(51.68)	52(50.98)	344(51.57)	4.251	0.236
	疲劳	7(1.24)	2(1.96)	9(1.35)		
总 计		565	102	667		
每周进行多少次身体锻炼	无	45(7.96)	2(1.96)	47(7.05)	6.249	0.1
	1～2次	186(32.92)	35(34.31)	221(33.13)		
	3～5次	200(35.40)	44(43.14)	244(36.58)		
	每天	134(23.72)	21(20.59)	155(23.24)		
总 计		565	102	667		
是否寻求过专业的健身教练指导	有	110(19.47)	19(18.63)	129(19.34)	0.039	0.843
	没有	455(80.53)	83(81.37)	538(80.66)		
总 计		565	102	667		
除了日常必要的活动之外,不做更多的锻炼		139(24.60)	23(22.55)	162(24.29)	2.804	0.591
做一些比较轻微的锻炼		181(32.04)	34(33.33)	215(32.23)		
做一些可以导致气喘并且会出汗的锻炼		144(25.49)	32(31.37)	176(26.39)		
做一些可以导致气喘和出汗都比较多的锻炼		53(9.38)	6(5.88)	59(8.85)		
参加竞技运动并且进行规律的训练		48(8.50)	7(6.86)	55(8.25)		
总 计		565	102	667		
改善身体形态的指导	未选中	186(32.92)	44(43.14)	230(34.48)	3.992	0.046*
	选中	379(67.08)	58(56.86)	437(65.52)		
总 计		565	102	667		
改善关节疼痛的健身指导	未选中	359(63.54)	40(39.22)	399(59.82)	21.269	0.000**
	选中	206(36.46)	62(60.78)	268(40.18)		
总 计		565	102	667		

续 表

选项		膝关节		总 计	χ^2	p
		未选中	选中			
吸烟	未选中	500(88.50)	93(91.18)	593(88.91)	0.63	0.428
	选中	65(11.50)	9(8.82)	74(11.09)		
总 计		565	102	667		
喝酒	未选中	471(83.36)	87(85.29)	558(83.66)	0.236	0.627
	选中	94(16.64)	15(14.71)	109(16.34)		
总计		565	102	667		

* $p<0.05$ ** $p<0.01$

81.83%的人从没有寻求过专业的健身教练指导,56.68%的人希望改善身体形态、60.78%的人希望能得到专业的改善关节疼痛的健身指导。

三、结论与建议

(一)结论

通过健身现状与健康自我评估的相关性发现:

一是经常运动对健康的改善有着重要的意义。调查结果显示坚持参与健身锻炼的自我健康评估更好,其中健康自我评估"很好"而每周锻炼次数在3次以上的达到65.32%,健康自我评估"很差"、"需要改善"的而每周锻炼次数在3次以上的则低于平均值。

二是健身项目与健康自我评估之间无相关关系。健身项目选择排序项目:第一位是健步走(45.58%),第二位是健身操和太极拳(24.44%),第三位是广场舞(23.39%)。而相对强度大、有对抗性的项目,如骑车、球类、力量训练等参与人数比较少。从性别上看,女性更偏向健步走、健身操、太极拳、广场舞。男性比女性更喜欢游泳、慢跑和力量训练。从年龄段看,30岁以下人群相对喜欢游泳和慢跑,30~55岁人群更喜欢健步走,56岁以上人群更愿意选择健身操、太极拳和广场舞等。

三是从运动强度与健康自我评估看,经常参与竞技运动或中等强度运动的人自我健康评估越好。目前坚持健身人员的运动量明显不足,能达到适宜运动量及以上的人占43.37%。且24.29%的人除了日常必要的活动之外,不会做更多的锻炼。

四是从健身指导需求与健康自我评估看,不论自我评估健康状况如何,人们对改善身体形态的指导的需求最高(65.52%);其次是对改善肩颈、腰、膝痛的指导的需求(40.18%);第三是对提升运动技能、体能及改善心理状态的指导需求,分别达37.48%和38.38%。健康自我评估与改善身体形态的指导、提升运动技能体能、改变压力和心情这三项没有显著性差异。而慢性代谢性疾病(高血压、肥胖、骨质疏松、糖尿病等)及肩颈、腰、膝痛等患者对于改善健身指导,健康自我评估"很差"、"需要改善"的选择需求的比例高于平均水平。

五是从健康不良行为看,坚持健身的人群健康行为、自律行为比一般人要好。

通过卡方检验(交叉分析)研究辖区、性别、年龄、职业、文化程度、收入水平、健康监管(测试血糖、血压的习惯)、遗传病史等九项外在因素与健康自我评估之间的差异关系发现:

一是不同辖区样本对于健康自我评价程度呈现出显著性差异,崇明区对自我健康状况满意度最高(73.33%),中心城区徐汇区(47.37%)、长宁区(36.36%)则对健康改善的意愿更多一点。

二是不同年龄样本对于健康自我评价程度呈现出显著性差异,随着年龄的增长对自我健康满意度下降,其中46~55岁人群对健康满意度最低。

三是不同性别样本对于健康自我评估程度呈现出显著性差异,男性呈两头高即对自我健康评估"很好"、"很差"高于女性;女性选择"一般"、"需要改善"的比例高于男性,女性对自我健康的改善愿望高于男性。

四是不同文化程度与健康自我评估程度呈现出显著性差异,初中以下选择"很好"的比例高于平均水平,高中及以上对自我健康的满意度不高,选择"需要改善"的高于平均水平。

五是脂代谢综合征家族史与健康自我评估程度呈现出显著性差异,有家族病史的人群对健康"改善"的需求更高。

六是经常测试血压、血糖与健康自我评估程度之间不会表现出显著性差异($p>0.05$)。从百分比看,能有规律监测血压的人仅有8.10%,监测血糖的人为3.48%。因而提高自我监管力度和技能,是运动干预中需对健身者进行培训及辅导的。

七是健康自我评估程度与职业、收入不会表现出显著性差异。

(二) 建议

从坚持参与健身的人员来看,对适宜的运动量的知晓度普遍不高,运动频率、运动负荷都达不到适宜运动水平,缺乏专业的人员指导。据此建议：

一是通过各种宣传途径,进一步增强市民防治慢病的健康意识,改变身体活动不足的不良生活方式,提高运动健身的自觉性和科学健身的能力。

二是卫生部门和体育部门协同研究,编制慢病预防手册和慢病运动处方,通过互联网云服务的手段,将科学健身真正融入健康促进之中。

三是整合资源,优势互补,在社会体育指导员培训中,增加慢病的运动干预知识与技能内容,同时提高社区医生、全科医生、家庭医生的健身指导能力,充分发挥医生在慢病防治方面的运动干预影响力。

四是建立慢病人群运动干预组,通过宣讲、培训、交流、相互监督等手段,提高对运动方式、运动量等科学健身的认知度,根据慢病不同种类,在身体形体、体质改善、慢病防治等给予分类指导。

五是对患有脂代谢综合征家族史、中性肥胖人群密切关注,采取建立健康档案、运动风险防范、运动促进等手段。

参考文献

[1] 中共中央国务院."健康中国 2030"规划纲要[M].北京：人民出版社,2016.
[2] "健康上海 2030"规划纲要[Z].沪委办发〔2017〕26 号.
[3] 郑杨,王春芳,吴春晓,等.《"健康上海 2030"规划纲要》三项主要指标解读[J].上海预防医学,2018(1).
[4] 胡亚飞,潘新锋,吴贞颐,等.上海市居民健康行为监测指标体系构建[J].健康教育与健康促进,2018(1).
[5] 上海市卫生和计划生育委员会.2017 年上海市卫生计生数据[EB/OL].http：//www.wsjsw.gov.cn/tjsj2/20180815/58393.html.
[6] 顾景范.《中国居民营养与慢性病状况报告(2015)》解读[J].营养学报,2016(6).
[7] 普蕾米拉·韦伯斯特,丹尼丝·桑德森,徐望悦,赵晓菁.健康城市指标——衡量健康的适当工具？[J].国际城市规划,2016(4).

[8] 2012年中国城市居民健康白皮书.
[9] 刘晓迪.中国中老年人群高血压患病影响因素分析[J].中国公共卫生,2018(6).
[10] 杨春.健康体检人群高血压的检出几率及相关因素分析[J].医药前沿,2018(10).
[11] 谢朴仙.健康体检人群脂肪肝现状分析及健康指导[J].中国卫生标准管理,2017(4).
[12] 魏文志,常广,李海生,等.健康体检人群脂肪肝与代谢综合征的相关性研究[J].中华保健医学杂志,2015(4).

上海体育融入"15 分钟社区生活圈"研究

李 洁[*]

一、绪论

(一)本课题国内外研究现状及选题意义

社区作为居民生活的基本单元,国家通过社区实现组织经济政治文化活动、实施社会管理及促进社会整合的多重功能。发展社区体育对促进社区内部的稳定、融合以及提升社区人口生活质量具有重要意义。建设集健身、娱乐、社交、运动与指导、组织与交流、体质测试与监督、体育知识普及与传播等多重功能满足都市居民全面体育生活需求的社区体育生活圈是推进体育生活方式,实现体育强国战略的必要方式。全面落实"15 分钟健身圈"是国家在体育生活模式基础上结合当前居民生活方式及城市发展特点提出的适应性举措,优化其机制设计,促进其良好实践,对体育事业发展具有重要意义。

(二)本课题国内外研究现状及评述

体育是现代生活方式的必要组成部分。21 世纪的体育是"总体体育",是一种文化生活方式,即体育生活方式,通过体育能够促进人类身体、智力和认识等能力的发展,实现人性和生活的完善(佐伯聪夫,1995)。体育锻炼不仅能提高身体素质,消除疲劳,还能够舒缓工作压力,调节心理,良好的体育生活方式不仅促进心理健康,而且在塑造体形、提高运动能力和人际交往等方面都有

---

[*] 本文作者单位:李洁,上海工程技术大学社会科学学院,讲师,博士,研究方向为社会治理。

直接影响(卢元镇,2001)。体育生活方式是人们日常生活中参与体育运动形成的积极行为习惯,人的生活方式与健康息息相关,科学的体育生活方式不仅能提高身体素质,还能改善生活质量,人的体育生活方式是一种健康的生活方式且是与现代人的生理、心理、社会健康相关的生活方式,对缓解"文明病"具有重要意义(庹权,2003;马连鹏,2004;张传来,2006)。

鉴于体育作为一种生活方式的现实性,如何实现体育与生活的有效融合是学者的关注点之一,对以社区为载体的体育生活圈的研究从属于此。李建国(2004)提出要从时间地理学角度研究市民体育生活行为的时空特征,构建与城市发展相匹配的都市体育生活圈。申亮(2005)通过研究都市体育生活圈空间布局模式,提出了由城市体育中心区、近郊区和远郊区三个环状体育带构成的都市体育圈空间模式。王家宏(2006)全面分析都市体育生活圈产生背景,提出了都市体育生活圈建设的条件、意义和原则。钱建蓉(2011)提出运用区域经济发展的"点轴理论"来指导沈阳体育生活圈的规划。2013年上海市政府工作报告提出了建设"30分钟体育生活圈"的任务,并在《"健康上海2030"规划纲要》中提出构建15分钟体育生活圈。朱晓东(2014)运用"都市生活圈"和"时间地理学"理论与方法对上海城市日常体育生活圈进行划分与构建,提出了由基础体育生活圈、基本体育生活圈和机会体育生活圈所构成的日常体育生活圈层体系。王恩锋(2012)以"30分钟体育生活圈"健身活动为调查重点,对上海市青少年参与体育健身活动的动机进行分析,从参与度、参与时间及参与场地上分析了青少年群体30分钟体育生活圈的参与现状。王继威(2015)认为社区是重要的青少年体育活动阵地,依托社区活动的开展带动青少年体育发展,推动体育后备人才培养具有可行性。张东(2017)认为"区校共建"模式符合社区居民参加体育锻炼活动的时空要求,可以充分整合现有资源来满足社区居民体育场馆要求和体育锻炼活动多样化的需求,充分发挥社区所辖高校的辐射功能,建立以高校为核心的社区健身圈能够促进市民体育生活圈的发展。

(三)研究评述及研究意义

现有对体育生活圈的研究为本研究的进一步开展提供了借鉴,但由于不同地域以及地方政策的不同,城市体育健身圈的模式也有差别,这限制了体育健身圈的系统性理论研究,具体围绕"15分钟健身圈"的研究也较少。明确"社区"这一空间的特殊性同时以其为载体构建体育生活圈,对体育强国建设具有重要推动作用,这也为本研究的开展提供了一定空间。

本研究拟把握上海市社区体育设施的建设现状、管理现状及社区居民参与体育活动的基本情况,整体呈现当前"15 分钟健身圈"政策在上海社区的落实情况,同时结合国内外典型城市体育生活圈发展经验,为上海社区体育空间规划与布局、建设与利用提出发展对策,并为建设符合上海城市 15 分钟健身圈提供理论依据及对策建议。

(四)研究视角及内容

本课题将以"社区"为空间载体,将体育与居民日常生活相结合,结合上海城市特点及居民特点,构建具有可操作性的 15 分钟社区体育生活圈,促进城市社区居民体育健身活动向纵深发展。

一是上海社区体育生活圈发展现状、问题及需求研究。通过问卷调查、实地调研获得数据及资料,对体育生活圈的组织管理体系、体育生活圈发展的必要设施、体育生活圈人才建设、体育生活圈的实际运行等典型问题进行全面了解。

二是构建 15 分钟社区体育生活圈的可行性及必要性研究。通过对文献资料和调研资料的分析,从理论和实践上探讨构建 15 分钟社区体育生活圈对促进社区内部的稳定、融合以及提升社区人口生活质量进而通过空间延伸对体育强国建设的重要意义。

三是上海 15 分钟社区体育生活圈构建机制研究。在对体育生活圈发展现状及发展需求分析的基础上,将"体育"与"生活方式"相结合,以"社区"为空间载体,在"社区居民体育健身空间"概念下构建"社区居民体育健身空间理论模型",进而建设集健身、娱乐、社交、运动与指导、组织与交流、体质测试与监督、体育知识普及与传播等多重功能满足都市居民体育生活需求的多圈层体育生活圈层体系,促进城市社区居民体育健身活动向纵深发展。

四是上海 15 分钟社区体育生活圈现状、存在问题及问题成因分析。选择不同类型的社区,制定调查问卷及访谈提纲,进行实证研究,把握当前上海市 15 分钟社区生活体育圈发展的现状及存在的问题,并探索问题成因。

五是构建 15 分钟社区体育生活圈的政策引导研究。在理论与实证研究的基础上,增加政策对社区体育生活圈建设及发展的引导性,明确社区体育生活圈多元参与主体的权力与责任,发挥政府引导作用,广泛而理性的吸纳公众参与,实现基层社会治理能力的提升,配合共治共建共享社会治理格局打造。

(五) 研究方法、思路及意义

本研究采用混合方法,在定性和定量两种研究方法基础上以"问题"为中心,服务于研究目的,具体包括:文献研究法,即查阅相关文献资料、梳理前期研究成果并确定半结构式访谈提纲;深度访谈法,即根据半结构式访谈提纲,进行深度访谈,了解当前社区体育生活圈的建设及发展现状、居民社区体育生活圈的参与度及需求等;问卷调查法,即制定和发放问卷,通过问卷调查、实地调研获得数据及资料,实现对社区体育生活圈的组织管理体系、社区体育生活圈发展的必要设施、社区体育生活圈的人才建设等典型问题全面了解。

根据研究内容、研究目的及研究方法,制定研究思路图(见图1)。

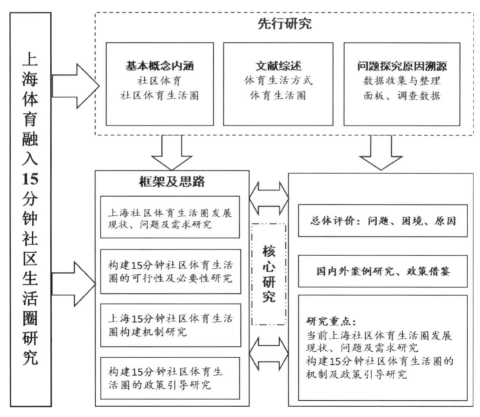

图1 上海体育融入"15分钟社区生活圈"研究思路图

在研究意义上，本研究将"体育"与"生活方式"有机结合，将"倡导个体健康文明的生活方式"与"体育强国建设"挂钩，具有个体治理和社会治理的双重意义；以"社区"为空间载体构建日常生活体育圈。"体育生活圈"涉及行政区域的划分，涉及体育活动的项目差异，涉及居民的出行时距，是一个多维度的概念，社区是当前城市居民主要的生活空间，以"社区"为空间载体构建"体育生活圈"能够使"日常生活"具体落脚于"社区"，使得实际上社区体育生活圈的构建更加明晰而确定，推进了"日常生活体育圈"的研究；以体育理论研究推进体育实践，链接问题及对策。研究上海市社区体育设施的建设现状、管理现状及社区居民参与体育活动的基本情况，进而研究呈现当前"15分钟健身圈"政策在上海社区落实情况，为上海社区体育空间规划与布局、建设与利用提出发展对策，并为建设符合上海城市15分钟健身圈提供理论依据。

二、社区与体育生活圈理论概述

（一）社区

"社区"概念最早由德国社会学家滕尼斯提出，滕尼斯在《社区与社会》中利用"社区"的概念规范其研究的社会群体，提出社区是指那些具有相同价值取向、人口同质性较强的社会共同体，体现的是亲密无间、守望相助、服从权威且具有共同信仰和风俗的人际关系；这种社会共同体关系并非产生于社会分工，而是由传统的血缘、地缘和文化等自然形塑，主要限于传统乡村社会。帕克和麦肯齐则提出社区是社会团体中个人及其社会制度在地理空间上的分布，可以说每个社区都是一个社会，但不能说每个社会都是一个社区，社区本质上是一个社会单元，包含社会有机体的各个部分及方面。戴维斯的社区定义则强调地理与社会因素的重要地位，"社区是最小的人群的地域单位，它包括人类生活的各个方面……包括各种主要的社会制度、社会职能和社会利益，而且共同组成一个完整的社会"。麦基文则认为一个社区可以被视为一个更大的社区的组成部分，任何社区都是一个程度问题。索尔阿林斯基则通过运用性符号互动论方法进而提出社区组织发展的目标之一是要使本地居民认识到社区与更大社会结构单位的关联，社区组织的角色就是要充当社区政治经济利益的捍卫者，要保护和支持本地利益。根据既有研究，通常认为构成社区需要一些基本要素：一定的地域规模，相应的制度和组织管理系统，基本相同的经济发展水平和由此产生的认同意识与归属感,人际关系的相互协调产生的行为准则,一定程度的能够满足社区居民物质和精神需要的服务设施。

中国古代并无社区一词,20世纪30年代由吴文藻、费孝通等人提出后即成为中国社会学的核心概念。中国本土社区研究开始主要集中在对于农村社区的研究,清水盛光、平野义太郎(1941)认为中国农村存在"乡土共同体",进而认为包括中国在内的亚洲村落由于农业发展的需要必须以生命的协同、整体的亲和作为乡土生活的基础。费正清(1999)认为传统中国农村的社会单元是家庭,农村家庭既是经济单位又是社会单位,个体按家族组织起来,然后组成邻里社会。梁漱溟(1937)则提出了"伦理本位"的概念:"中国社会则是伦理本位、职业分立",始于家庭亲子血缘关系的伦理关系涵盖整个人际关系,在社会秩序上注重伦理关系网络、情谊、生活习俗以及礼俗。费孝通(1945)提出"差序格局"的概念来解释农村社区以个人为中心的关系网络,认为农村通过传统血缘、地缘、业缘等初级社会关系构建起网络体系的沟通和互动。

在社会转型过程中,尤其是在新型城镇化背景下,我国农村社区也发生了变化:关系网络淡化、信任水平下降、宗族关系网络日趋减弱、传统道德式微、舆论压力趋弱,以及社区精英流失和公共空间萎缩(柳锦明、陈通,2007)。相较于早期费孝通提出的"差序格局"以及梁漱溟提出的"伦理本位",当今中国农村社区更接近于"新乡土社会"或"半乡土社会",倾向于核心家庭和工具性价值的实现(贺雪峰,2003;阎云翔,2012;谭同学,2014)。而中国的城市社区建设则是顺应政治经济社会发展,以改革城市社会基层管理体制为突破口,与基层民主政治建设相结合而进行的社区居民自治实践探索,1986年至今,社区、社区服务、社区建设、社区治理逐渐进入政府的视域,并开始了在中国社会的探索和实践,并逐渐形成了一套独特的社区建设和社区治理的理论和实践体系。

(二)社区体育生活圈

十八大以来,党中央对城市发展提出了若干明确的新要求,上海作为全国范围内的超大城市之一在迈向更高发展目标的过程中也面临着新挑战,包括新的发展理念、新的城市目标、新的生活需求、新的治理方式。基于以上新形势,上海2035率先提出15分钟生活圈概念,尝试通过完善基本生活单元模式来反映和体现新时期的城市生活方式、规划实施、社区管理的转型。"生活圈"所蕴含的发展理念是对上海长期以来所提倡的以人为本的城市生活理念的延续、传承及提升,尤其突出地体现在社区公共服务设施方面。在新时代背景下,居民生活需求与生活环境发生诸多变化,生活圈理念需要进一步提升与完善,以适应居民生活需求的转变、政府城市治理的转型,探索挖掘存量潜力、体现集约节约绿色生态理念的建设实施方法,以更包容开放的方式开展社区的规划实施工作。

体育是一种现代生活方式,在日常生活中参与体育运动能够促进个体形成积极的行为习惯,不仅能提高身体素质,还能改善生活质量,是与现代人的生理、心理、社会健康相关的生活方式,对缓解现代性所导致的具有负面意味的"文明病"具有重要意义,由此,构建"15分钟体育生活圈"的理念与构建15分钟生活圈的发展理念具有内在统一性。回溯政策理念及政策实践,2013年,上海市政府工作报告提出了建设"30分钟体育生活圈"的任务,并在《"健康上海2030"规划纲要》中提出"构建15分钟体育生活圈"。2014年,国务院发布《关于加快发展体育产业促进体育消费若干意见》,提出"全国人均体育场地面积达到2平方米"和"城市社区要打造15分钟体育健身圈"的要求。2015年,《上海市15分钟社区生活圈规划导则》的研究和制定工作启动,以规划标准和指引的方式,将生活圈的概念落实为具体化、可操作的方法,在全市进行推广。

(三)构建"15分钟社区体育生活圈"的可行性及必要性

社区是居民生活的基本单元,以社区为载体全面落实"15分钟健身圈",构建15分钟社区体育生活圈对促进社区内部的稳定、融合以及提升社区人口生活质量进而通过空间延伸对体育强国建设的重要意义。

1. 构建"15分钟社区体育生活圈"是配合社会治理的必然要求

包括公共产品、公共文化、公共基础设施等在内的公共领域的发展以及建立在此基础上的公共服务均等化是全面建成小康社会的重要指标和任务,社区体育活动的开展,体育器材的配备即属于公共服务和公共文化中重要的一环。在党的十九大报告中,习近平总书记也再次强调"广泛开展全民健身活动,加快推进体育强国的建设"的重要性和紧迫性。因此,在全面建成小康社会的过程中,公共体育服务不但是个体日常生活的有机部分,而且也是国家不断提高自身公共服务供给水平和供给能力、推进公共事业发展的重要方面,是实现全民健身战略目标的基础工程,是建设"健康中国"的必要保障。

2. 以社区为载体构建"15分钟体育生活圈"具有必要性

一方面,社区是居民日常生活的主要物理空间之一,从居民的日常生活半径的角度考虑,以社区为载体,构建15分钟体育生活圈,设置相应体育公共设施、开展相应体育项目具有较强的便利性和可行性,于居民来说既具有心理上的接受性,又具有生理上的适应性;另一方面,从居民的健康需求出发,健康日益成为一种日常生活方式,能在日常生活空间中较为便利地获取体育公共服务、利用体育公共设施成为居民的健康生活需求,以社区为枢纽建立15分钟体育生活圈实际上是对居民健康生活需求的必要回应。

三、上海"15分钟社区体育生活圈"发展现状、问题及需求研究

(一)上海15分钟社区体育生活圈发展现状

1. 上海社区体育政策

根据中央政府的体育发展理念及宏观层面的政策部署,上海市政府也从本地实际出发,结合本地居民的体育公共服务需求,相继出台了一系列推进和发展社区体育的细化性政策(表1)。

表1 上海市社区体育政策一览

序号	文件名称	出台部门	时间
1	上海市市民体育健身条例	上海市人民政府	2001
2	关于加强本市社区健身设施管理的意见	上海市体育局	2000
3	上海市体育场所管理办法	上海市人民政府发布	1994年出台,2010年修订
4	关于实施《上海市市民体育健身条例》的规定	上海市体育局	2001
5	上海市人民政府关于加快发展体育产业促进体育消费的实施意见	上海市人民政府	2015
6	上海市体育局关于印发《上海市社区公共体育健身设施建设与管理办法》的通知	上海市体育局	2016
7	上海市体育局关于印发《各类社区公共体育健身设施建设标准与经费扶持办法》的通知	上海市体育局	2016

续　表

序号	文　件　名　称	出　台　部　门	时　间
8	上海市人民政府办公厅关于印发《上海市体育改革发展"十三五"规划》的通知	上海市人民政府	2016
9	上海市人民政府关于印发《上海市全民健身实施计划（2016—2020年）》的通知	上海市人民政府	2016
10	上海市人民政府办公厅关于印发《上海市体育产业发展实施方案（2016—2020年）》的通知	上海市人民政府	2017
11	上海市人民政府关于印发《上海市基本公共服务项目清单》的通知	上海市人民政府	2017

2. 松江区社区体育圈发展概况

松江区位于上海市南部，全区辖6个街道、11个镇，其中包括岳阳街道、永丰街道、方松街道、中山街道、广富林街道、九里亭街道、泗泾镇、佘山镇、车墩镇、新桥镇、洞泾镇、九亭镇、泖港镇、石湖荡镇、新浜镇、叶榭镇、小昆山镇。松江区共有社区体育运动场32个，内有登记记录的社区体育组织共1 215个，定期组织社区居民参与社区体育活动（表2）。

表2　松江区社区体育组织一览

序　号	镇（街道）	数　量	组　织　种　类
1	车墩镇	53	球类、舞蹈类、太极拳类
2	洞泾镇	48	球类、舞蹈类、操类、太极拳类
3	方松街道	65	球类、舞蹈类、太极拳类
4	九亭镇	191	球类、舞蹈类、操类、太极拳类
5	泖港镇	36	球类、舞蹈类、操类、太极拳类
6	佘山镇	33	球类、舞蹈类、操类、太极拳类
7	石荡湖镇	30	球类、舞蹈类、健身类
8	泗泾镇	110	球类、舞蹈类、健身类
9	小昆山镇	106	球类、舞蹈类、操类、太极拳类

续 表

序 号	镇(街道)	数 量	组 织 种 类
10	新浜镇	33	球类、舞蹈类、操类、太极拳类
11	新桥镇	116	球类、舞蹈类、操类、太极拳类
12	叶榭镇	45	球类、舞蹈类、操类、太极拳类
13	永丰街道	75	球类、舞蹈类、操类、太极拳类
14	岳阳街道	208	球类、舞蹈类、操类、太极拳类
15	中山街道	66	球类、舞蹈类、太极拳类

(二)上海15分钟社区体育生活圈实证研究

上海作为超大城市,社区发展状况呈现出差异性和多样态性,不同类型的小区由于其自身状态不同,具有不同的"15分钟体育生活圈"建设基础。根植于生活,嵌入于生活,是体育生活圈之所以称为"生活圈"的题中之义。为全面了解当前上海体育生活圈的发展状况、发展问题及发展需求,本研究选择新旧小区各一个进行问卷发放及深度访谈,开展实证研究,在对比中总结共性、比较差异,进而提出优化性建议。

为把握社区居民参与体育生活圈的情况,本研究在编制问卷时同时借鉴在健康促进领域广泛应用的"知信行"研究即KAP(knowledge;attitude;practice)研究,通过相关问题设置全面了解当前社区居民对于体育生活圈的政策知晓度、对健康理念的态度以及实际参与体育健身的行为。出于进入田野获得实证一手资料的便利性,笔者选择位于松江区小昆山镇的S小区以及位于松江区广富林街道的J小区进行实证研究。S小区建于2017年初,此后入住率逐渐增加,于2019年7月超过50%,渐成生活规模,其小区居民以青年工薪群体、"随迁老人"群体以及市区房屋置换养老群体为主;J小区建成时间达十年以上,发展较为成熟,靠近松江三所高校,其小区居民以周边高校教师群体、"随迁老人"群体为主。在掌握新旧两个小区的基本概况的前提下,笔者通过查阅文献资料,初步确定关键性指标和问题,遵循有关问卷设计的基本要求制定了调查问卷。调查问卷围绕"社区体育生活参与的基本信息"、"社区体育生活发展的基本概况"及"社区体育参与群体对社区体育生活圈的满意度"三方面展开,具体了解松江区的社区体育活动组织开展状况、社区体育组织发展状况、社区体育场地及设施配备状况等。在问卷调查对象上,在两个小区随机选择体育人口,共有 210 人接受了问卷调查,其中 S 社区 122 人,J 社区 88 人,发出问卷 210 份,回收 210 份,其中有效问卷 210 份,有效回收率为 100%。具体如表 3、表 4 所示。

表 3 S 社区锻炼人群、性别、年龄、职业、文化水平程度分布情况

项目	类别	人数(人)	占该社区访谈总人数百分比(%)
性别	男	54	44.26
	女	68	55.74
受教育程度	小学及以下	17	13.93
	初中及以下	22	18.03
	高中及以下	39	19.55
	本科及以上	44	31.97
年龄层次	30 岁及以下	16	13.11
	30~55 岁	65	53.28
	55 岁及以上	41	33.61
户籍状况	上海本地	66	54.10
	外地户籍	56	45.90
居住时间	居住时间 1 年以下	67	54.92
	居住时间 1 年以上	55	45.08

表 4 J 社区锻炼人群、性别、年龄、职业、文化水平程度分布情况

项目	类别	人数	占该社区访谈总人数百分比(%)
性别	男	34	38.64
	女	54	61.36
受教育程度	小学及以下	11	12.50
	初中及以下	17	19.32
	高中及以下	29	32.95
	本科及以上	31	35.23

续　表

项　目	类　别	人　数	占该社区访谈总人数百分比（%）
年龄层次	30 岁及以下	12	13.64
	30～55 岁	41	46.59
	55 岁及以上	35	39.77
户籍状况	上海本地	58	65.90
	外地户籍	30	34.09
居住时间	居住时间 1 年以下	19	21.59
	居住时间 1 年以上	59	78.41

1. 社区体育公共设施情况及体育活动组织情况

街道居委会、社区文化活动中心在中央政府及上海市政府的领导下,同时出于对本社区居民体育需求的回应都配备了相应的社区体育公共设施,并组织体育活动的开展,这种有组织的体育活动开展体现了体育社会治理的取向,然而以"生活圈"开展体育活动强调的更多的是一种日常生活中的主动参与,即体育健身与居民日常生活的嵌入性和融合度。在调研过程中,S 社区和 J 社区的体育设施和小区的体育项目开展呈现出一定的差异:S 小区作为新建小区,设置 1 个篮球场,同时定期开展相应的社区运动会(主要以亲子运动会形式展开),参与人数和参与频度都较高,然而作为新建小区,S 小区周边包括体育设施在内的整体性公共设施建设不足、公共服务不足,除了小区有组织的体育活动,居民的日常体育健身只能局限于"散步"。J 小区的公共体育设施多为一些基础性的健身运动器材,并且相对老旧,但是 J 小区具有一个明显的"生活圈"优势、地理位置优势以及其显著的居民生活特征:靠近三所高校,其中居民的相关学校的教师群体及其家属较多,利用校园体育设施成为该小区居民较为便利的运动健身方式,这一运动健身方式也符合当下体育生活圈的宗旨,实现了体育设施的共享。S 小区和 J 小区可以说都在自身社区既有基础层面上推进体育生活。

2. 社区体育生活圈参与年龄群体及参与频率

根据调查结果,日常体育活动参与率呈现出强烈的年龄群体相关性,考虑到退休会使个体生活中的闲暇时间有较大幅度增多,在年龄分组时考虑到当前我国退休年龄的设置,将 55 岁作为年龄分组界限之一。具体而言,就在社区内能开展的日常性体育运动来看，30岁及以下的群体参与体育运动频次最低，参与周期较长；30~55岁群体参与频次居中，参与周期相应缩短；55岁及以上群体参与频次最高，参与周期最短。早在2000年，根据全国对参加社区体育锻炼者抽样调查，老年群体占社会体育活动参与总数的65%，中年群体占社区体育活动参与总数的20%，青少年仅占15%的数据，十几年后微观社区实证调查数据与之前的全国数据呈现出一致性，表现出这一群体参与特征的持久性。从整体上看，55岁及以上的群体出于强身健体、排解孤独、消费理念等原因，选择在社区生活圈体育运动的意愿较强，30~55岁的群体则通常以工作任务繁重或家庭事务繁重没有时间没有心情为理由拒绝参加体育锻炼，但这种情况随着年龄的不断增长有所改变，30岁及以下的群体则或以身体健康状态良好而远离体育运动或认为社区体育无法满足其需求转而选择进入其他健身市场，而较少参与社区性的体育活动，从而使得社区体育生活圈的构建理念没能够有效地在多层次年龄群体内得到回应。无论是新建的J小区还是发展相对成熟的S社区，55岁及以上群体都成为社区内部体育活动的参与主体以及社区内部及周边公共体育设施的主要适用群体。

3. 社区体育生活圈体育项目参与状况

无论是新建的S小区，还是相对成熟的J小区，由于社区内部参与体育健身的人群以年龄层及较高的群体为主，当前社区开展的体育活动项目也主要以广播操、舞蹈类、武术类及球类项目为主，这些体育项目的特点是非竞技性、活动难度系数较小、养生保健性、集体表演性、场地要求不高，十分适合社区内老年居民的体育锻炼。由此，在此类项目中，很多中老年群体都呈现出多类别参与的状态，并且在各项目的总参与人数中都占有相当大的比例，而与之呈现出截然不同状态的则是年轻人对这一类体育项目的不热衷和不参与。可以说，这种体育项目开展的特征是老龄化生活的一个表现侧面。而对于年轻群体而言，社区有限的体育项目和体育设施无法满足其健身需求，对此两个小区的年轻群体出现了不同的体育健身选择。S小区内设置篮球场，小区内年轻人常通过业主群约在周末或晚上打球，甚至组织自发性篮球比赛，成为S小区比较有特点的健身活动。此外，由于S小区周边相对空旷，路跑的条件较好，晨跑或夜跑成为相当一部分年轻人的健身选择。然而，S小区最大的劣势在于其整体周边配套设施的限制，在其居民生活半径内没有较为正规的健身房，无法呼应时下年轻人最热衷的健身房运动需求。J小区由于发展较为成熟且靠近高校,高校区与居民区构成良好呼应,借助于高校的体育设施,该小区居民的体育健身选择呈现出丰富性和多样性。

(三)上海"15分钟社区体育生活圈"发展中存在的问题

1. 流于理念,发展不足,居民知晓度低

1948年问世的世界卫生组织为明确其职责,将"健康"定义为:健康不仅仅是不生病或不衰弱,而且还是身体的、精神的和社会的完好状态。但在70多年后的当下,围绕健康议题的讨论仍然存在一个怪圈,即往往是自健康始而以疾病和医疗终。在现实生活中,认为"健康等于不生病"、要保持健康就必须"以治病为中心"的传统健康观念,已被历时性地建构为一种具有特定逻辑的价值理念、话语体系和实践活动。2016年前后,中国社会对健康问题的认识有了突破性进展,在全国卫生与健康大会上,习近平总书记提出要"树立大卫生、大健康的观念,把以治病为中心转变为以人民健康为中心"。这背后蕴含着"健康"在价值理念上的深刻嬗变,要求必须突破习惯的束缚,对此论题进行深层次的理论与实践探索。然而,在现实生活和日常工作中,传统健康观根深蒂固,离开"疾病"和"医疗"来谈论健康,社会大众甚或专家学者可能会感到无从谈起。正因如此,近年来极力倡导的"大卫生、大健康",往往推进到"慢病管理"便戛然而止,横亘于面前的是一堵从价值理念到话语体系再到行为方式交织而成的让改革者无从着力的隐形软墙。体育作为健康的一种必要手段,在当前形势下,发展社区体育不仅仅是一个个体行为,而事关社会治理、事关国家宏观发展战略,相关部门在社区体育上的政治推动力度与社区体育发展的广度及深度密切关联。然而在实际调研中,社区居民对"健康"、"体育健身"的内涵及社会治理的意涵理解度仍然比较差,对"健康"概念的认知仍然较为狭隘(表5)。

表5 社区居民相关理念及政策知晓度、认同度调查

选项		百分比(%)			
认同"大健康"概念	不生病即是健康	十分同意	比较同意	不确定	不同意
		36	24	16	34
	健康是多维度的,相比于治疗,预防也很重要	十分同意	比较同意	不确定	不同意

续 表

选 项		百分比(%)			
了解国家及本市体育政策	了解国家体育方针战略	十分了解	比较了解	不太了解	完全不了解
		9	15	49	27
	了解上海本土体育政策	十分了解	比较了解	不太了解	完全不了解
		8	17	51	24
了解"生活圈"概念		十分了解	比较了解	不太了解,但听说过	完全不了解
		6	6	49	39

2. 基础设施建设不足、项目开展局限

体育设施及体育场所的设置是体育活动开展的重要物质载体。在实际调研中发现,社区体育活动设施的配备在数量上不足,在质量上欠缺,同时若干体育设施配置甚至流于空白,或者流于形式,无法得到有效利用。体育生活圈的构建应当合理有机地嵌入居民的日常生活圈,科学合理地利用周边的体育公共设施及公共服务,但这一方面并不意味着社区本身及相关部门可以在体育设施配备和体育项目开展方面懈怠,可以在基础设施建设方面缺位;另一方面则要意识到不同类型的小区在其生活条件上生活圈的成熟度上极不相同。以进行调研的两个小区而言,新建的 S 小区无法具备相对成熟的 J 小区的周边公共服务配套,这种前提条件的差异决定了对于周围公共服务较为欠缺的小区来说,完善社区体育活动设施、增加社区体育项目是其吸引年轻人回归社区体育生活乃至社区生活的重要方式,也能在整体性上推进社区建设。

3. 参与主体局限于老年及儿童群体

青年及中年群体是当前各行各业的最重要参与主体,其健康状态影响其劳动力素养乃至整体性的人力资源储备,然而悖论的是,在日常生活中,青年及中年群体又呈现出极低的参与率。具体到以社区为中心的体育生活圈建构、实际运作、社区日常体育活动的参与,青年及中年群体经常性缺席。无论是对于 S 小区还是对于 J 小区而言,只有在以亲子为主题的社区活动的开展中,才会有相对较多的青中年群体参与,但这种活动参与的原因往往是亲子责任的呈现,至于日常体育生活的理念则较少,而将体育成为一种日常生活方式来培育,接受访谈的中年人则都表示强烈的"有心无力",其中工作繁忙、通勤时间较长成为其缺席的主要原因。日常性体育活动对于维持和改善个体健康具有重要意义,作为当前在工作领域承担重要责任的青年及中年群体而言,其健康不但具有个体价值、更是具有家庭价值乃至国家价值,而又恰是这部分群体最为缺乏体育健身的意识及条件,可以说这是当前社区体育生活圈的一个缺失。与此同时,社区体育生活圈的主体局限于老年及儿童群体,也在社区微观层面反映出当前我国老龄化问题的严重性以及隔代抚养这一引起广泛关注的社会现象,大量老年人和学龄前儿童留守社区,社区呈现出老龄化和低龄化态势,如何把握这类社区的特点围绕其特点构建和优化社区生活是社区治理面临的一个重要问题。

四、上海"15分钟体育生活圈"建设存在问题的成因

(一)空间区隔,整体性公共服务不均衡

经济基础是社会发展的保障,社区体育的公益性决定了当地经济发展状况也是社区体育发展的物质性保障条件,15分钟社区体育生活圈的构建是以社区自身实际发展情况为基础的,社区之间发展不均衡,社区居民经济状况存在差别,会影响社区体育生活圈的构建。社区体育的发展规模与发展水平与当地的经济发展水平密切相关,从宏观层面来讲,经济因素对社区体育发展的影响主要表现在当地体育经费投入的数量、当地体育场地设施的完备度、当地社区体育活动组织的能力等方面,从微观层面来讲,经济发展往往与居民日常生活方式的改变密切相关,改变居民的思维方式与行为方式,进而影响居民的体育消费理念和消费水平。总体来看,经济因素对于社区体育是一把双刃剑,就经济发展水平而言,一般情况下,政府、社会社区体育的资金投入力度与当地的经济发展水平密切相关,经济发展水平越高的地区,政府、社会向社区体育投入经费的可能性和倾向性也就越高,同时投入数量也就越多。但另一方面也可能因为区内居民收入水平也相应较高,居民的商业体育需求会更多,反而可能会导致本区社区体育发展的不足;就年龄群体而言,对于年龄层次较低的群体来说,经济条件较好的倾向于选择商业性的健身空间,进而导致其较少参加社区体育活动;对于经济条件较好的老年群体来说,其闲暇时间较多,无生计问题的羁绊,其看护第三代子女的压力较小(通常有家政人员辅助),参与社区体育活动的积极性及频次都相对较多。

（二）青年及中年群体体育健康生活方式不足

现代超大城市发展的一个特点或者说人居环境特点之一即是区域的功能化显著，在城市区域的分布上，居住区域与工作区域的分割在超大城市及其周边地区表现显著，这种城市空间区域的分割对当代人尤其是当代年轻人的生存生活方式产生显著影响。无论是作为新建小区的 S 小区还是作为建成已达到 10 年以上的 J 社区，在工作日内，小区内的主要群体都是随迁老人及由其负责看护的孙子女，他们也成为社区体育参与的主力，这类主体自身的生理特征决定了其体育设施及体育项目需求的老龄化，大部分老年人并不热衷体育健身器材的使用，而是经常进行广场舞、健身操或者健步走等体育运动。而年轻人群体在漫长的工作时间和通勤时间后往往更倾向于"宅"，呈现出某种疏离的原子化状态，从理念上对于"生活圈"不热衷，也不参与相应的社区公共生活，包括社区体育生活，至多参与以"亲子关系"为主题的短暂性项目，体育健身成为一种"陪护责任"，而非一种个体的健康文明生活方式。而值得反思的则是，这部分中青年群体由于受教育水平较高，现代性培育较为完善，其对"健康"理念的认知恰是诸多群体中最为科学和现代的，然而最终理念由于无法落实于实践而流于空泛，形塑了中青年群体一种独特的"异化"生活方式。

（三）体育健身理念脱嵌于日常生活

将宏观性的健康建设战略真正的内化成个体追求自身健康和公共健康意识，即实现从"制度"到"生活"的转变的是真正将体育建设塑造成为生活方式的题中之意。2015 年，十八届五中全会提出"推进健康中国建设"，2016 年全国卫生与健康大会正式将"健康中国"建设作为国家战略，《健康中国 2030 规划纲要》同年出台。2017 年，党的十九大报告明确提出"倡导健康文明生活方式，预防控制重大疾病"。2019 年 7 月，国务院印发《关于实施健康中国行动的意见》，国务院办公厅印发《关于印发健康中国行动组织实施和考核方案的通知》，国家层面成立健康中国行动推进委员会并发布《健康中国行动（2019—2030 年）》，这一系列国家层面文件从全方位干预健康影响因素、维护全生命周期健康、防控重大疾病三方面提出任务要求，在个人和家庭、社会和政府等层面作出具体规定，并明确 2022 年基本建立健康促进政策体系，2030 年基本实现健康公平的总体目标。《健康中国 2030 规划纲要》提出："强化个体健康责任，提高全民健康素养，引导形成自主自律、符合自身特点的健康生活方式，有效控制影响健康的生活行为因素，形成热爱健康、追求健康、促进健康的社会氛围。"然而，对健康的管理不止于政府，个体同样是健康责任共同体中的主体，其对健康有效的自我控制和管理是社会控制和管理的基础。个体健康权的确立是近代以来人类健康水平与健康价值持续上升的结果，也是社会文明进步的体现，能否保障公民健康权的实现，事关国家政权的合法性以及政府绩效的实现，行使公共卫生职能亦成为政府应当承担的基本职能。但健康权的确立不意味着个体对健康责任的回避，个体行为与健康之间具有显著相关性，个体选择健康行为贯彻健康生活方式对个体健康和集体健康都至关重要。随着制度建设的纵深演进和个体健康需求的不断提升，个体的健康意识日益觉醒，具备了将健康意识落实于日常生活的自觉性，但仍然有部分群众的健康素养不足，健康意识薄弱，与健康生活方式尚有距离，使得健康制度无法真正的内化于个体生活方式。

五、上海市"15分钟体育生活圈"建设的对策建议

发展体育参与社会治理，应当以中共中央、国务院《关于进一步加强和改进新时期体育工作意见》和"全面建成小康社会"的目标为指导，以全面实施《全民健身计划纲要》为主线，以党的十九大要求的"广泛开展全民健身活动，加快推进体育强国建设"为方向，构建面向广大群众的"亲民、便民、利民"的、能够服务于不同社区类型、不同人群、不同地域需求的、富有人本主义特色的多元化体育服务体系，真正做到社区体育活动的"平民化"和"生活化"，确保"人人享有适合自己的体育"，做到最大限度地满足不同人群对不同体育文化的多元化需求，从而实现全面提升国民综合素质的总体目标，配合国家社会治理方式朝现代化治理方向转型。国务院办公厅于2019年8月10日印发实施《国务院办公厅关于印发体育强国建设纲要的通知》，进一步明确体育强国建设的目标、任务及措施，充分发挥体育在全面建设社会主义现代化国家新征程中的重要作用。根据通知，到2035年，要形成政府主导有力、社会规范有序、市场充满活力、人民积极参与、社会组织健康发展、公共服务完善、与基本实现现代化相适应的体育发展新格局，体育治理体系和治理能力实现现代化。

（一）基于小区自身特征，差别化构建体育生活圈

"生活"具有多种样态，构建15分钟体育生活圈首先要尊重生活，社区作

为居民的生存生活空间,承载着万千种不同的生活方式和生活习惯,同时社区也因其自身的物理特征和社会特征反作用于其中居民的生活。上海作为超大城市具有自身特点,根据社区类型不同,应当对新建地区和已建地区进行差异化引导,提出不同的15分钟体育生活圈规划和行动模式。新建地区的重点在于提出构建15分钟体育生活圈的标准,直接通过规划编制落实相关的规划建设要求,配备相应的体育设施,成立相应的体育社会组织。在已建地区,由于业主已经入住较多,体育生活圈的建设需要关注及适应居民的日常生活的需求,重视居民自身的参与,尊重居民的日常生活方式,更加落地地采取空间策略进行引导。具体而言,第一,社区体育活动内容应确保"平民化"以及"生活化",使得"人人享有适合自己的体育"。既然全体社区居民都是社区体育发展的目标群体,那就应当强调社区体育的普惠性而非特殊性,尤其是并非专门针对和迎合社区内某一类群体或只针对其特定的体育锻炼需求,而应当面向全体社区成员开展。第二,社区体育活动内容应该尽可能"多样化"。社区成员构成的多样化决定了社区体育需求的多样化,因此应根据全体居民对体育的不同爱好确定活动内容的多样性,保证社区体育的手段、形式、项目体现多样化。第三,社区体育活动应当以小型化为主从而便于社区生活空间开展,并突出其公益性质的特点。就社区体育的公益性本质而言,社区体育活动组织者应注重经常性、小型体育活动的开展,尤其是要在活动开展中引导社区居民按照自愿参与、小型活动、多样项目、科学锻炼、文明参与的原则构建社区居民体育健身活动模式。

（二）发展社区体育,促进自下而上的社区治理

公共生活与个体生活密切相关,生活以人为中心、以人为载体,社区体育生活圈的构建同样应以"人"为中心,动员个体广泛、积极而有效地参与不但能够促进社区体育的发展,从长远来看也能够优化社会治理方式。简·雅各布斯在谈到城市规划公共政策时,富有洞察力地谈道:"城市规划和设计的主要责任应是在公共政策和行动所能及的范围内发展使人舒服的城市,这里有丰富的非官方计划、理念和机会。""只有当城市是由每个人创造的时候才有能力为所有的人提供所需要的东西。"身体管理和健康管理的理念开始为大众广泛接受,社区居民开始将体育锻炼与其生活质量以及生命价值观紧密地结合在一起,以较高的热情参与社区体育运动,对社区体育服务的发展提出了更高要求。一方面,居民自身最了解自身的生活需求,最能了解构建体育生活圈在微

观层面的聚焦点；另一方面，居民参与社区体育能够发挥居民自身的能动性及落实贯彻其健康责任，是其参与社会治理的一种表现和方式。具体而言，充分动用和吸收社区体育的积极分子和志愿者的参与，能有效地整合及利用零碎的力量，缓解和弥补由于社区体育需求剧烈增长与现有社区体育指导力量不足间的空隙和差距。

（三）以体育为载体，重塑社区关系网络，增进社区社会资本

社会关系网络是社会中稀缺资源得以配置的一种模式或格局，在这种模式或格局下，个体能够利用自身拥有的社会动员和获取的社会资源，达成目标或获得收益。中国传统文化对社会关系及血缘、亲缘的强调使得社会关系网络对人们的生存和发展尤其重要，无论是在工作领域还是在日常生活范畴，个体都需要各种维度的社会关系支持。除却历史文化背景的影响，强调协调以及互惠合作在社区成员之间建立社会关系网络并以此为载体普及共同的价值观念、规范、信任和认同等也是现代社区建设及发展的理想愿景之一。然而，与社区社会关系网络的重要性相对的是当前社区成员的社会关系脱离社区、关系嵌入资源匮乏且不能有效回归社区，进而缺乏对社区自身的价值规范建构及认同。随着社会转型以及市场化的逐步深入发展，中国城市社会原来最重要的生活及工作共同体"单位"逐渐走向功能性终结，不再具有"办社会"的功能，成为一个单纯的经济生产和管理的组织，单位人原来对单位组织的强依附被打破，被强制力量甩进城市社区，城市的社会治理模式也由原来的"国家—单位—个人"转变为"国家—社区—个人"。但是，此后的社区建设并没有很好地承载原有单位体制下的社会联结功能，社区资源并不足以支持或促进个体目标的实现而更多的只是承载了物理居住功能，个体更多的是从社区之外来获取情感的交往与资源的满足，社区居民归属感不足，导致社区建设空壳化，社区成员在社会交往、情感归属、社会资源等都在实质上脱离了社区，个体呈现出"原子化"状态，个体被社会转型的大环境甩出，由于中间组织的解体或缺失而产生孤独、无序互动状态、道德解组以及社会失范等社会危机。为实现社区建设及社会治理目标，政府需要从体制建设与政策改革等方面给予社区成长和发展的空间与制度保障，但社区的行为主体即社区成员通过自身的社会交往和社会关系网络进行行为角色建设实现社区性回归对社会建设同样重要。通过构建15分钟社区体育生活圈，能够有机地连接居民的日常生活，增强其日常的社会互动，重建社会关系，重塑社区社会资本。

(四)加强社区体育设施建设,培育社区体育人才

社区体育设施的设置是社区居民进行体育活动的物质条件,促进社区体育的发展,必须加强社区公共体育设施的建设,在硬件配备上满足集成社区体育发展的需要,这既是发展社区体育自身的需求,同时也是改善社区建设及社会治理空间的必要性。整体而言,政府部门应当严格执行国家城乡建设部及国家体委关于城市公共体育设施用地规定,并在此原则指导下根据本地区的实际状况制定不同类型住宅小区体育活动用地及小区公园等文体设施的细化标准。具体来看,第一,在新建居民小区时,必须将文体设施的配套配置纳入城建规划之中,对目前没有能力进行公共文体设施建设的小区要留出适当的空间以备以后建设,不允许违规占有。第二,要充分利用好体育场馆、社区公园、健身广场等既有体育资源,避免资源浪费,同时在闲置空地和楼群间合理规划和设置健身区域,尽量配置简易体育场地设施。第三,必须严格制定措施,严禁任何单位和个人侵占或将体育场地用作他用,对于已侵占或挪用的要进行合适而严肃的处理。第四,在对老城区的改造中,要充分利用有限空间,合理配备简单、实用、有效的社区体育设施,弥补老城区体育资源的不足,方便社区居民在社区空间内就近就地进行体育锻炼。第五,发展社区体育需要社区体育人才的支撑,从而更新居民的健康管理意识,引导其以科学有效的方式健身,并展开合理的体育消费和健康投资。在这一生活方式改造过程中,专业社会体育指导员承担着十分重要的角色,因此,实践社会体育指导员培训制度,培养及训练资质优良的社区体育指导员是解决社区体育活动开展的指导力量不足问题的重要方式,同时也是社区居民自治的重要表现方式。

参考文献

[1] 胡科,范冬云.社区变迁与社区体育发展动向研究[J].西安体育学院学报,2014(4).

[2] R. E. 帕克,E. N. 伯吉斯,R. D. 麦肯齐,等.城市社会学:芝加哥学派城市研究[M].商务印书馆,2012.

[3] 丁丁.城市社区的管理体制改革——以街道办事处存废为分析视角[J].中共浙江省委党校学报,2013(2).

[4] 丁丁.国内外城市社区治理相关研究综述[J].天水行政学院学报,2015(2).

［5］ 李媛睿.城市社区自治组织体系与机制创新研究［D］.北京：中国地质大学,2010.

［6］ 吴世英.中国社区体育组织文化分析［J］.广州体育学院学报,1998(2).

［7］ 上海15分钟社区生活圈的规划和实践.上海城市规划［EB/OL］.https：//www.sohu.com/a/241630994_747944.

［8］ 习近平.把人民健康放在优先发展战略地位.http：//www.xinhuanet.com/politics/2016-08/20/c_1119425802.htm.

［9］ 唐钧,李军.健康社会学视角下的整体健康观和健康管理［J］.中国社会科学,2019(8).

［10］ 刘远明.个体健康责任的伦理与逻辑［J］.贵州社会科学,2015(9).

［11］ 孙立平."关系"、社会关系与社会结构［J］.社会学研究,1996(5).

［12］ 邹英,向德平.风险理论视域下原子化社会的个体危机及其化解途径［J］.新视野,2016(6).

［13］ 王文彬.社会资本视野中的社区建设：关系、参与和动力［J］.吉林大学社会科学学报,2013(5).

融媒体背景下"体医结合"促进健康创新模式研究

雷 禹[*]

一、引言

（一）研究背景

1. 全民健身战略和健康中国战略的实施

党的十八大以来，以习近平同志为核心的党中央将体育和卫生工作提升到至关重要的地位，将全民健身列为国家战略，推动全民健身和全民健康深度融合。2014年，国务院出台《关于加快发展体育产业促进体育消费的若干意见》，李克强提出"要推动体育健身与医疗、文化等融合发展"。2015年，中共十八届五中全会提出"健康中国"战略，着重提出了"发展体育事业，推广全民健身，增强人民体质"18字方针。2016年6月，国务院颁布《全民健身计划（2016—2020年）》，全面部署"十三五"时期发展群众体育、倡导全民健身新时尚、推进健康中国建设相关工作；同年10月，中共中央、国务院颁发《"健康中国2030"规划纲要》，纲要纳入全民健身，力求丰富与完善全民健身体系，要求"发挥全民科学健身在健康促进、慢性疾病预防和康复等方面的积极作用"……一系列政策和措施的出台，为体医结合健康促进工作的发展与研究提供了遵循。

2. 由运动不足引发的健康问题日趋凸显

运动不足已逐渐成为严重影响全球死亡率的因素之一。据悉，缺乏运动导致的死亡人数达全球死亡人数的6%，同时，运动不足成为缺血性心脏病、糖

---

[*] 本文作者单位：上海交通大学医学院党委宣传部文明办副主任，讲师，博士；上海交通大学中国医院发展研究院医学教育研究所成员。

尿病、结肠癌、乳腺癌等慢性疾病的主要致病原因,继而导致诸多身心健康与社会发展隐患。Lancet 杂志一研究显示,在 2008 年全球约 5 700 万的死亡人口中,因运动量不足导致死亡的人数超过 530 万人,即早发死亡人数中有十分之一死于运动量不足。在运动量不足的人群中,如果增加 10% 的运动量,1 年可以挽救 53.3 万人,如果增加 25% 的运动量,1 年可以挽救 130 万人。因此,有目的、有计划地进行运动,能够在很大程度上促进健康、降低死亡率和致残率。

3. 融媒体生态环境的形成带来机遇与挑战

就社会受众而言,在融媒体对健康知识的大力传播背景下,其健康理念正在发生转变。更多人逐步开始树立运动促进健康意识,并不断主动了解通过运动预防疾病与保持健康的相关知识。但由于医护人员未接受过专业的运动培训,对患者的运动指端理解能力和执行能力不足,健康服务链中的"健康促进与管理"的前端环节缺失。而运动专业人员未接受过医学技能培训,难以向患者提供恰当的个性化运动方案。社会迫切需要培养大量体育医学指导师来进行弥补,为全民健身和全民健康提供更可靠的指导方案。

就媒体行业而言,如何发挥融媒体环境优势,合理传播健康知识与技巧,有效地提高公众健康素养,成为促进体医结合不可或缺的一环。体医结合的理念只有深深融入全民思想认识中,体医结合才能真正有效实施运行。

就体医相关管理机构而言,如何利用新兴的媒介技术,有效开展体育、医疗方面的健康促进与疾病预防诊治,成为体医结合中重要的实践议题。

(二) 研究的现实意义

1. 推动"健康中国"和"健康上海"战略的落实

体育事业发展与国家战略实施紧密相关。伴随着我国综合国力的增强,全民健身的健康促进功能逐渐为人们所重视。国家从战略层面上提倡将全民健身纳入全民健康。在融媒体背景下对"体医结合"健康促进创新模式的探究,将凭借新兴融合媒介使"体医结合"进一步成为健康中国建设的有力抓手。本研究基于体医结合切入,充分考量大众对健康多样层次的需求,探究体医结合促进健康的创新模式,以期助力健康服务新业态的发展与创新。作为先锋城市,在上海开展融媒体背景下促进健康创新模式研究,将有利于推动健康中国和健康上海战略的具体落实。

2. 缓解当前医疗资源供给压力

医疗卫生机构的供给已受到日益增长的医疗需求的极大挑战。体医结合这种主动型、低投入、长效应的健康促进模式,能够充分发挥体育和医疗的协同作用,在健康促进的前端工程,养护和管理多数人的健康状况。此外,"体医结合"将启迪人们的健康思维从被动依赖的治疗健康观向主动追求的预防健康观转变,促进慢性病团队服务模式的形成——运动指导师将成为医疗服务团队的重要部分。一个医生管理多个运动指导师,每个运动指导师指导多个患者,将会减少健康后端工程的医疗供给压力。

3. 促进国民健康水平的提高

近些年,"运动是良药"的理念慢慢被大家所认可。有限的医疗手段不能有效治愈,但是通过适量规律的体育锻炼,能够治疗不同的慢性病,这种说法已经被证实。寻医问诊仅能被动解决健康问题,并不能从源头上优化身体健康、增强国民体质。增强通过体育锻炼保持身心健康的意识,才能从根本上解决全民健康问题,充分发挥健身"预防"的功能,才能实现全民健康的目标。"体医结合"有效融合医学体育知识,涵盖运动医学、体育保健、健康评估等各项理念,帮助大众有效处理锻炼中所遇突发状况,保护其自身安全与身体健康。在融媒体背景下探究"体医结合"促进健康创新模式,将引导公众建立良好文明健康的理念,养成适当运动的习惯,从而提高国民的整体健康水平。

(三)研究的理论价值

1. 为"体医结合"促进健康模式创新与应用提供理论基础

"体医结合"仅单靠医疗或体育行业是无法完成任务的。本研究旨在探索如何在融媒体背景下开发"体医结合"促进健康创新模式,如何发挥融媒体的技术以及舆论传播效应,刺激受众的主观能动性,引导公众接受新理念,从而促进"体医结合"落到实处。本研究将为模式运行阶段提供理论基础,通过调研和探析,在理论探究模式的基础上,经修改和完善后构建适合推广的创新健康促进模式。

2. 为其他区域实现"体医结合"促进健康创新模式建设提供参考

本次研究以上海为重点,探索"体医结合"促进健康的创新模式。但全国各城市所处地理位置、文化与经济程度存在差异,所以全国适合的模式很难造就,各区域均须考虑结合自身特点与需求,构建适合各自区域的创新模式。本研究期望寻找在融媒体背景下体医结合促进健康模式的共性问题,提出创新思路,为其他区域实现体医结合促进健康创新模式建设提供参考。

二、现有研究成果评述

(一) 体医结合的内涵

2016年8月,习近平总书记在全国卫生与健康大会上提出"把以治病为中心转变为以人民健康为中心",这代表全民健康的重心逐步由"非医疗健康干预"转移至疾病预防方向。

就字面意思而言,"体"指体育,医指"医疗",冯振伟在其研究中将"体育"的概念界定为"运用身体活动这一媒介,旨在个体身心健康,全面发展,并为了培养完善的社会公民为最终目标的一种社会文化现象或者教育过程",将"医疗"的概念界定为"旨在预防、治疗和康复疾病的多项医学技术的健康促进手段"。

Blair SN认为体育健康促进是把体力活动和健康教育手段相结合,来改善居民健康,改善生活质量,预防疾病,减少国家医疗支出及实现国家公共卫生目标的重要举措。吕东旭等指出,体育健康促进是借体育手段以改善大众行为与生活方式的过程;基于不同人群的生理条件,科学化定制参与体育活动计划,为了增强体质、减少疾病、降低慢性病威胁、改善生命质量的行为。

结合各项研究及学者成果,本研究将"体医结合"概念定义为:体育运动健康促进理论、实践与现代医学理论的结合,运用非医疗性健康干预,在医疗理论的指导下,有针对进行体育锻炼,充分发挥其在慢性病防治、康复等方面的作用,实现医学与体育学的有机结合,使其成为一种处方化的健康管理模式,实现科学健身、健康中国的目标。

(二) 国内外研究现状与趋势

通过对"体医结合"相关研究成果的梳理,本研究将当前已有的研究进行了归纳,主要分为以下几类:一是"体医结合"理念的发展过程,二是体育部门与医疗部门协同合作的研究,三是"体医结合"以社会需求为导向培养"体""医"复合型人才。

1. "体医结合"理念发展的研究

世界卫生组织于2005年颁布《全球健康新战略——饮食、身体运动与健康全球战略》。该战略指出,非传染性疾病引起的发病、残疾和死亡是当今人类健康的主要疾病威胁,而缺乏体育锻炼则是引发非传染性疾病发生的关键因素。由此该战略认为,身体活动是提高身体和精神健康水平的基本手段,科学运动方案是"体医结合"的重中之重。2007年,美国运动医学学会提出了"运动是良医"的理念,鼓励运用科学的运动测试结果和运动处方,指导人们增强体力活动与适当体育锻炼,从而有效预防与治疗慢性疾病,并建议将体力活动作为人的基本生命体征,纳入医生疾病诊断的体系,由体育指导人员和临床医生共同参与健康服务。日本作为亚洲发达国家,是较早制定并实施"体医结合"多元主体协同治理的国家之一,着重民众日常生活的体力活动,以加强科学健身的自我指导与督促;通过培养健身运动指导员,积极推广"体医结合"的科学健身模式,同时倡导地方政府部门、社会团体等积极参与以实现慢性疾病防治、增强体质健康为目的的科学健身指导系列活动。郭建军等认为,体医结合的核心理念是以健康问题,甚至以医疗卫生问题为导向,指导人们进行科学体育锻炼,促进人们健康;现实的体育和医疗存在着"医生不懂运动,体育教练不懂医学"的现状,也是多年来医生"向下"不见体育、体育"向上"完全"攀附"不到医生的尴尬常态。

2. "体医结合"部门协同的研究

体育部门与医疗部门是实施有效结合的关键主体。赵仙丽等认为影响体育与医疗结合发展的核心问题是体育与医疗部门缺乏组织协同,甚至不同部门为保护本部门利益,运用行政指令干预部门融通。对此,彭国强、舒盛芳提出,为实现体育与医疗结合,成立跨行政的协调机构是统领部门协同的当务之急。总之,目前的理论研究指出了地方政府部门应以国家健康促进政策为指引,以地方体育和医疗等职能部门的沟通协同、健康服务供给侧改革为纽带,构建体育与医疗结合模式,保障体医结合协同发展。

3. "体医结合"人才培养的研究

黄亚茹等认为现有的体育指导者与医生的关注点分别在于体质健康训练与患者临床治疗,体医人才专业优势互补方面有所缺失,对亚健康、慢性病患者尚不能开出科学的运动处方。目前,我国体医跨界结合才开始初步发展,复合型体医人才非常缺乏。由此,马荣超、郭建军提出培育体医人才,邀请"体医结合"专家对医生、教练、康复师等相关人才进行健康体育运动能力的培训,由此让相关专业人才具备排查疾病风险、把控运动强度、评价运动干预等能力。

综上,我国相关专家一直在"体医结合"方面开展积极研究。关于体育锻炼有助于疾病康复的议题,我国已有部分医院的呼吸科和心脏中心与国家体育总局开展深度合作,并取得一定成果。在中国知网的核心期刊里,集中收录了十多篇有关"体医结合"健康促进模式、研究成果的文献资料。纵观国内外的研究角度主要是"体医结合"健康促进模式的构建、全民健身的现状与困境、体育运动对慢性疾病的防治等,而对"融媒体背景下的体医结合"这一范畴的研究尚不多见。

三、"体医结合"健康促进模式的现状

(一)当前"体医结合"健康促进实地调研

1. 调查对象基本信息

本研究中,共404人参与问卷调查,其中在校学生的比例为17%,男性占22.3%,女性占77.7%;年龄18岁以下的占2.0%,18~30岁的占29.7%,31~45岁的较多,占37.4%,46~55岁的占14.6%,55岁以上的占16.3%。学历方面,高中及以下的占14.9%,大专的占22%,本科的占42.8%,研究生及以上的则占到20.3%。约66.6%的被调查者认为自己的健康状况"非常好"或"比较好",不到2%的被调查者认为"比较差"。

2. 大众对"体医结合"健康促进的认知现状

有25%的被调查者认为体育运动对治疗慢性疾病"非常有效",大多数(53.5%)的人认为"比较有效",12.62%的被调查者认为"一般",认为"不太有效"或"完全无效"的不到2%,还有7.2%的表示"不太清楚"。见表1。

表1 不同健康状况人群对"体育运动对治疗慢性疾病有效"的认知

单位:人(%)

	选项	非常有效	比较有效	一般	不太有效/完全无效	不太清楚
健康状况	非常好	39(47.0)	35(42.2)	4(4.8)	0(0.0)	5(6.0)
	比较好	39(21.0)	112(60.2)	19(10.2)	4(2.2)	12(6.5)
	一般	21(16.5)	64(50.4)	27(21.3)	3(2.4)	12(9.4)
	比较/非常差	2(25.0)	5(62.5)	1(12.5)	0(0.0)	0(0.0)

健康状况更好的人更认可体育运动对治疗慢性疾病有效($p<0.05$)。

仅5%的被调查者对"体医结合"的内涵及相关政策法规"非常了解",10.6%的人"比较了解",表示"一般了解"的占30%左右,约20%的人表示"有一点了解",还有34.2%的被调查者"完全不了解"。

18岁以下的被调查者中有37.5%的人认为自己对"体医结合"的内涵及相关政策法规"非常了解",高于其他年龄组别($p<0.05$)。同样,身体状况越好的人对"体医结合"的内涵及相关政策法规的了解程度也相对更高($p<0.05$)。见表2。

表2 不同人群对"体医结合"了解程度　　　　　单位:人(%)

	选项	非常了解	比较了解	一般了解	有点了解	完全不了解
年龄	18岁以下	3(37.5)	0(0.0)	2(25.0)	2(25.0)	1(12.5)
	18~30岁	6(5.0)	16(13.3)	34(28.3)	21(17.5)	43(35.8)
	31~45岁	7(4.6)	13(8.6)	41(27.2)	25(16.6)	65(43.0)
	46~55岁	2(3.4)	5(8.5)	23(39.0)	12(20.3)	17(28.8)
	55岁以上	2(3.0)	9(13.6)	23(34.8)	20(30.3)	12(18.2)
健康状况	非常好	11(13.3)	12(14.5)	30(36.1)	9(10.8)	21(25.3)
	比较好	8(4.3)	20(10.8)	62(33.3)	36(19.4)	60(32.3)
	一般	1(0.8)	11(8.7)	30(23.6)	35(27.6)	50(39.4)
	比较/非常差	0(0.0)	0(0.0)	1(12.5)	0(0.0)	7(87.5)

大众认为开展"体医结合"健康促进工作的不足之处在于缺少专业指导员、配套场所不健全、"体医结合"相关活动开展较少、体育科学锻炼的宣传力度不够、社区健康卫生中心的健康监测与评估体系不完善等。

3. 大众对"体医结合"健康促进的实践现状

被调查者经常参加体育运动,男性相对高于女性;18岁以下年龄组和55岁以上年龄组,健康状况越好的被调查者参加体育活动的比例更高。见表3。

表3 大众参加体育运动情况　　　　　单位:人(%)

	选项	经常参加体育运动	不经常参加体育运动
性别	男	55(61.1)	35(38.9)
	女	124(39.5)	190(60.5)
年龄	18岁以下	7(87.5)	1(12.5)
	18~30岁	50(41.7)	70(58.3)
	31~45岁	53(35.1)	98(64.9)

续 表

选 项		经常参加体育运动	不经常参加体育运动
年 龄	46～55 岁	28(47.5)	31(52.5)
	55 岁以上	41(62.1)	25(37.9)
健康状况	非常好	54(65.1)	29(34.9)
	比较好	87(46.8)	99(53.2)
	一般	37(29.1)	90(70.9)
	比较/非常差	1(12.5)	7(87.5)

能每天使用健康步道、健身器材、运动场馆的被调查者占 8%，每周 3～5 次、每周 1～2 次、每月 1～2 次使用频率的被调查者各占 17% 左右，另外还有 40% 的被调查者从来不使用上述设施。

相对而言，在校大学生，男性，年龄 18 岁以下和年龄 55 岁以上，学历高中及以下，健康状况好的人对健康步道、健身器材、运动场馆的使用频率更高（$p<0.05$）。见表 4。

表 4 大众对健康步道、健身器材、运动场馆的使用频率 单位：人(%)

选 项		每天使用	每周 3～5 次	每周 1～2 次	每月 1～2 次	几乎不使用
身份	在校大学生	5(7.2)	13(18.8)	20(29.0)	7(10.1)	24(34.8)
	非在校大学生	27(8.1)	59(17.6)	49(14.6)	64(19.1)	136(40.6)
性别	男	12(13.3)	23(25.6)	19(21.1)	9(10.0)	27(30.0)
	女	20(6.4)	49(15.6)	50(15.9)	62(19.7)	133(42.4)
年龄	18 岁以下	2(25.0)	5(62.5)	0(0.0)	0(0.0)	1(12.5)
	18～30 岁	4(3.3)	22(18.3)	25(20.8)	18(15.0)	51(42.5)
	31～45 岁	7(4.6)	20(13.2)	28(18.5)	36(23.8)	60(39.7)
	46～55 岁	5(8.5)	10(16.9)	9(15.3)	10(16.9)	25(42.4)
	55 岁以上	14(21.2)	15(22.7)	7(10.6)	7(10.6)	23(34.8)

续　表

	选　项	每天使用	每周3～5次	每周1～2次	每月1～2次	几乎不使用
学历	高中及以下	13(21.7)	14(23.3)	4(6.7)	7(11.7)	22(36.7)
	大专	5(5.6)	16(18.0)	13(14.6)	15(16.9)	40(44.9)
	本科	10(5.8)	26(15.0)	37(21.4)	28(16.2)	72(41.6)
	研究生及以上	4(4.9)	16(19.5)	15(18.3)	21(25.6)	26(31.7)
健康状况	非常好	12(14.5)	22(26.5)	10(12.0)	10(12.0)	29(34.9)
	比较好	9(4.8)	35(18.8)	38(20.4)	40(21.5)	64(34.4)
	一般	11(8.7)	14(11.0)	21(16.5)	19(15.0)	62(48.8)
	比较/非常差	0(0.0)	1(12.5)	0(0.0)	2(25.0)	5(62.5)

多数被调查者"比较遵循"医嘱通过运动配合治疗慢性疾病,完全遵循的达到约19%,也有约5%的被调查者不遵循医嘱进行运动的配合治疗。相对而言,年龄18岁以下和年龄55岁以上,健康状况更好的被调查者更会遵循医嘱通过运动配合治疗慢性病($p<0.05$)。见表5。

表5　大众遵从医嘱通过运动配合治疗慢性疾病的情况　　　单位:人(%)

	选　项	完全遵从	比较遵从	一　般	不太遵从	完全不遵从
年龄	18岁以下	2(25.0)	5(62.5)	0(0)	0(0)	1(12.5)
	18～30岁	4(3.3)	22(18.3)	25(20.8)	18(15)	51(42.5)
	31～45岁	7(4.6)	20(13.2)	28(18.5)	36(23.8)	60(39.7)
	46～55岁	5(8.5)	10(16.9)	9(15.3)	10(16.9)	25(42.4)
	55岁以上	14(21.2)	15(22.7)	7(10.6)	7(10.6)	23(34.8)
健康状况	非常好	12(14.5)	22(26.5)	10(12.0)	10(12.0)	29(34.9)
	比较好	9(4.8)	35(18.8)	38(20.4)	40(21.5)	64(34.4)
	一般	11(8.7)	14(11.0)	21(16.5)	19(15.0)	62(48.8)
	比较/非常差	0(0)	1(12.5)	0(0)	2(25.0)	5(62.5)

调查发现,有 5.0%的被调查者所在的单位和社区开展健康促进相关活动非常频繁,另有 13.4%的表示活动开展比较频繁。值得注意的是,还有 16.8%的被调查者单位从不开展健康促进相关的活动。

4. 融媒体使用对大众"体医结合"健康促进认知与实践的影响

35.2%的被调查者使用健康 App 和健康信息平台的频率一般,占多数;11.1%的被调查者表示"非常频繁"地使用健康类的 App 和平台,21.8%的被调查者使用频率"比较频繁","偶尔使用"和"从不使用"这也各占本次调查的 15%左右。超过 50%的被调查者希望通过微信公众号来获取"体医结合"相关信息,其次是通过各类 App,电视,网页,微博等。大多数(56.7%)被调查对象对融媒体的态度只是"一般信任",约 35%的被调查对象信任融媒体,也有 7%左右的人不信任融媒体。见表 6、表 7、表 8、表 9、表 10。

表 6　融媒体使用对大众"体育运动对治疗慢性疾病的效果"认知的影响

单位:人(%)

选项		非常有效	比较有效	一般	不太有效/完全无效	不太清楚
健康 App 健康信息平台的使用频率	非常频繁	17(37.8)	22(48.9)	2(4.4)	0(0.0)	4(8.9)
	比较频繁	23(26.1)	57(64.8)	7(8.0)	0(0.0)	1(1.1)
	一般	33(23.2)	73(51.4)	26(18.3)	0(0.0)	10(7.0)
	偶尔使用	18(26.5)	35(51.5)	5(7.4)	4(5.9)	6(8.8)
	从不使用	10(16.4)	29(47.5)	11(18.0)	3(4.9)	8(13.1)
对融媒体的信任程度	非常信任	15(75.0)	4(20.0)	1(5.0)	0(0.0)	0(0.0)
	比较信任	36(28.3)	76(59.8)	12(9.4)	0(0.0)	3(2.4)
	一般	48(21.0)	122(53.3)	32(14.0)	6(2.6)	21(9.2)
	比较不信任	1(4.5)	13(59.1)	5(22.7)	1(4.5)	2(9.1)
	完全不信任	1(16.7)	1(16.7)	1(16.7)	0(0.0)	3(50.0)

表 7　融媒体使用对大众"体医结合"认知的影响　　　　单位：人(%)

选项		非常了解	比较了解	一般了解	有点了解	完全不了解
健康 App 及健康信息平台的使用频率	非常频繁	11(24.4)	1(2.2)	13(28.9)	8(17.8)	12(26.7)
	比较频繁	5(5.7)	16(18.2)	32(36.4)	11(12.5)	24(27.3)
	一般	4(2.8)	17(12.0)	53(37.3)	32(22.5)	36(25.4)
	偶尔使用	0(0.0)	5(7.4)	17(25.0)	16(23.5)	30(44.1)
	从不使用	0(0.0)	4(6.6)	8(13.1)	13(21.3)	36(59.0)
对融媒体的信任程度	非常信任	11(55.0)	2(10.0)	3(15.0)	3(15.0)	1(5.0)
	比较信任	7(5.5)	28(22.0)	48(37.8)	21(16.5)	23(18.1)
	一般	2(0.9)	9(3.9)	69(30.1)	49(21.4)	100(43.7)
	比较不信任	0(0.0)	3(13.6)	2(9.1)	7(31.8)	10(45.5)
	完全不信任	0(0.0)	1(16.7)	1(16.7)	0(0.0)	4(66.7)

表 8　融媒体使用对大众参加体育运动行为的影响　　　　单位：人(%)

选项		经常参加体育运动	不经常参加体育运动
健康 App 及健康信息平台的使用频率	非常频繁	22(48.9)	23(51.1)
	比较频繁	54(61.4)	34(38.6)
	一般	65(45.8)	77(54.2)
	偶尔使用	23(33.8)	45(66.2)
	从不使用	15(24.6)	46(75.4)
对融媒体的信任程度	非常信任	16(80.0)	4(20.0)
	比较信任	78(61.4)	49(38.6)
	一般	73(31.9)	156(68.1)
	比较不信任	10(45.5)	12(54.5)
	完全不信任	2(33.3)	4(66.7)

表9 融媒体使用对大众健康步道等使用行为的影响　　　　　　单位：人（%）

选　项		每天使用	每周3~5次	每周1~2次	每月1~2次	几乎不使用
健康App及健康信息平台的使用频率	非常频繁	8(17.8)	9(20.0)	10(22.2)	4(8.9)	14(31.1)
	比较频繁	4(4.5)	29(33.0)	19(21.6)	15(17.0)	21(23.9)
	一般	15(10.6)	24(16.9)	24(16.9)	29(20.4)	50(35.2)
	偶尔使用	3(4.4)	5(7.4)	11(16.2)	15(22.1)	34(50.0)
	从不使用	2(3.3)	5(8.2)	5(8.2)	8(13.1)	41(67.2)
对融媒体的信任程度	非常信任	7(35.0)	6(30.0)	2(10.0)	1(5.0)	4(20.0)
	比较信任	14(11.0)	35(27.6)	25(19.7)	20(15.7)	33(26.0)
	一般	10(4.4)	27(11.8)	36(15.7)	47(20.5)	109(47.6)
	比较不信任	0(0.0)	4(18.2)	6(27.3)	2(9.1)	10(45.5)
	完全不信任	1(16.7)	0(0.0)	0(0.0)	1(16.7)	4(66.7)

表10 融媒体使用对大众遵从医嘱行为的影响　　　　　　单位：人（%）

选　项		完全遵从	比较遵从	一　般	不太遵从	完全不遵从
健康App及健康信息平台使用频率	非常频繁	20(44.40)	15(33.30)	7(15.60)	2(4.40)	1(2.20)
	比较频繁	17(19.30)	50(56.80)	17(19.30)	4(4.50)	0(0.00)
	一般	22(15.50)	69(48.60)	47(33.10)	3(2.10)	1(0.70)
	偶尔使用	8(11.80)	32(47.10)	24(35.30)	4(5.90)	0(0)
	从不使用	8(13.10)	28(45.90)	18(29.50)	5(8.20)	2(3.30)
对融媒体的信任程度	非常信任	17(85.00)	0(0.00)	2(10.00)	1(5.00)	0(0.00)
	比较信任	24(18.90)	73(57.50)	27(21.30)	3(2.40)	0(0.00)
	一般	32(14.00)	111(48.50)	72(31.40)	12(5.20)	2(0.90)
	比较不信任	1(4.50)	9(40.90)	11(50.00)	1(4.50)	0(0.00)
	完全不信任	1(16.70)	1(16.70)	1(16.70)	1(16.70)	2(33.30)

健康App以及健康信息平台使用比较频繁的人相对于不常使用的人，以及对融媒体的态度信任的人相对于不信任的人，会对体育运动对治疗慢性疾病认为更有效（$p<0.05$），对"体医结合"的内涵及相关政策法规的了解程度更高（$p<0.05$），参加体育运动的比例更高（$p<0.05$），使用健康步道、健身器材、运动场馆的频率更高（$p<0.05$），对通过运动配合治疗慢性疾病的医嘱遵循度也会更高（$p<0.05$）。

（二）当前"体医结合"健康促进的发展现状

1. 体育与医疗健康促进的法规政策逐步出台，但知晓度不高

有关体育公共服务和医疗卫生公共服务的"体医结合"健康促进的法规制度开始逐步在各自领域内制定：在体育公共服务领域，先后颁布有《全民健身计划（2011—2015）》和《全民健身计划（2016—2020）》，日趋完备的体育公共服务模式开始形成。在医疗卫生公共服务领域，《关于促进健康服务业发展的若干意见》《全国医疗卫生服务体系规划纲要（2015—2020）》等相关法规制度亦已颁布若干。在"体医结合"公共服务领域，"体医结合"已被列进社会主义发展规划大纲，相关"体医结合"健康促进的政策法规目前未出台具体细则。

但调研数据显示，大多被调查者对"体医结合"的内涵及相关政策法规不甚了解，相关法规政策与知识的普及有待进一步加强。

2. "体医结合"相关硬件设施建设逐步推进，但使用率较低

当前"体医结合"健康促进的硬件设施方面，健康步道、体育健身场地和配套健身器材的建设持续推进，健康促进相关配套已有较大的提高和改善。

就相关设施的建设而言，全国各地已陆续开展健身步道的建设，迄今上海已建成健身步道1 300余条，厦门已建成贯穿东西方向全长约23公里的健康步道，江苏省仅镇江市已建成33条步道。国家体育总局等12个部门联合发布的《百万公里健身步道工程实施方案》提出：争取在2020年全国每个县（市、区）完成300公里左右的健身步道建设，全面推动全民健身活动开展。与此同时，各体育场地和健身器材的建设也在稳步推进中。目前，全国篮球场、乒乓球场、小运动场等体育场地共计124.80万个，人均体育场地面积为1.66平方米，经常参加体育锻炼人数比例为33.9%。此外，社区增设卫生服务中心（站），促使优质医疗资源逐渐下沉，辖区医疗资源配置相对充足、基本医疗仪器和设备相对齐全。通过实施均等化的基本公共卫生服务，慢性病的监测和

预防在社区即可实现。

"体医结合"相关硬件设施建设在逐步推进中,但调研数据显示,经常使用健康步道、健身器材、运动场馆的被调查者非常少,大多数人很少或从来不使用相关设施。

3. 社区提供的健康服务逐步丰富,但仍需完善

当前"体医结合"健康促进具体实施的健康服务方面,调研数据显示,仅13.4%的被调查人群表示所在社区健康促进活动开展比较频繁。部分社区已开展体质监测与监控服务、健康档案服务、重点人群公共服务以及疾病预防控制服务等公共健康服务,但存在覆盖面过窄、专业人员配备不足、群众认识不够等问题。

就体质监测与监控服务而言,目前的体质监测站数量较少,且缺少足够的体质监测员,群众缺乏对体质监测的全面认识。

就健康档案服务而言,目前的健康档案服务只限在社区卫生服务站使用,缺乏与其他医疗机构共享健康信息的平台,群众对构建健康档案的主动性欠缺而且认同度低。所以,健康档案利用率过低、管理与服务脱节等问题普遍存在。

就重点人群公共服务而言,孕产妇、老幼、慢性病及重性精神疾病患者等较受关注。受健康档案服务开展不到位影响,重点人群建档不全面,所以缺失相应的跟踪服务与治疗。

就疾病预防控制服务而言,预防接种、传染病防治等工作领域,已形成了一套较为有效的服务模式,疾病预防控制服务总体状况比较良好。

相关调研数据显示,仅13.4%的被调查人群表示所在社区健康促进活动开展得比较频繁。因此,尽管社区提供的健康服务逐步丰富,但仍需进一步完善。

4. 融媒体发展引领健康促进宣教方式的转变,但模式有待创新

调研数据显示,融媒体使用对大众"体医结合"健康促进认知与实践存在深刻影响。当前"体医结合"健康促进的宣传教育方面,融媒体生态环境的形成已为"体医结合"健康促进相关知识的传播提供了更多途径。科普性文章、论坛、讲座、纪录片屡见不鲜,优质的体育活动项目蓬勃开展,微医、爱运动、微信等 App 为体医结合搭建信息平台,大量有关体育健身的自媒体发展起来。以微信计步为例,有更多的人参与到运动中并将运动过程分享到信息平台上,借助微信平台的推送和"人际圈"朋友的直接宣传,与之相对应的健康知识、运

动方式、健身塑形的内容也被广泛关注和推广。在融媒体背景下,"体医结合"健康促进的相关知识得到有效快速地传播,内容与形式皆趋向多元化。融媒体发展已经成功引领健康促进宣教方式发生了转变,但相关模式有待进一步探索和创新。

四、当下影响体医结合健康促进模式的因素探讨

当下体医结合健康促进相关工作开展逐步开始受到重视,体医结合健康促进模式受到体制机制等方面的影响,其发展仍面临着一些困境,主要有以下影响因素:相关法规政策不完善、管理体系有待加强、复合型人才培养的缺失、宣传力度不足以及融媒体技术应用性欠佳。

(一)"体医结合"相关法规政策不完善

2016年颁布的《"健康中国2030"规划纲要》反映了"加强健康生活宣传、优化健康服务、建设保障体系"等一系列"全民健康"促进的迫切需求。"体医结合"成为健康促进的新趋势并推进健康中国的建设,在未来趋势下,"体医结合"将会渗透到各个领域。但就目前来说,国内"体医结合"相关法规及政策仍处于需要完善的阶段,各项医疗卫生公共服务与体育公共服务的相关法规政策之间几乎无任何交集,也没有明确的"体医结合"相关法规颁布,没能真正落实"体育"与"医疗"的结合,这使得在推动"体医结合"健康促进模式的发展方面出现困境。

(二)"体医结合"管理体系有待加强

"体医结合"健康促进的发展遭遇瓶颈,很大程度在于国内的管理体系不够理想。就目前来说,国内各体育部门、医疗卫生部门的管理体系各自为政的管理格局明显。卫生和体育两个部门在共同协商、制定导向性意见与政策方面较为困难。此外,对"体医结合"认识的不足,导致体医结合相关设施服务建设力度不够,相关"体医结合"健康评估体系不健全,这些因素的存在使得"体医结合"健康促进实施面临困境。

(三)"体医结合"复合型人才的缺失

人才培养是推动"体医结合"健康促进工作的发展的关键。目前国内相关

院校在"体医结合"复合型人才培养方面严重不足。目前国内相关高校尚未将"体医结合"复合型人才的培养纳入学科建设和专业发展计划,相关的"体医结合"教材尚未正式出版,教师相关"体医结合"知识与技能有所欠缺,兼顾医学专业课程与健身知识的"体医结合"优质师资队伍尚未成立。因此,壮大"体医结合"复合型人才的队伍是进一步深入发展"体医结合"健康促进模式的关键路径。

(四)"体医结合"理念宣传力度不足

目前"体医结合"健康促进模式尚未有公认的定义,大众的认识也比较模糊,国内对于该模式的宣传方式也比较单一,宣传的力度也有所欠缺。

加强"体医结合"的理论与观念在实际生活中的渗透力是目前的一大难点。大众对"体医结合"健康促进的了解比较片面,缺少深刻的理解与认识,往往知其然而不知其所以然,难以将"体医结合"健康促进的方式方法融入实际生活中。

此外,融媒体环境的复杂多元使得其与"体医结合"健康促进仍有许多不相适应之处。以互联网为例,"体医结合"理念可借助互联网平台迅速多向传播,但主流媒体对"体医结合"健康促进的相关信息宣传推广力度不够,而网络信息参差不齐,各种良莠不齐的思想、文化、价值观相互激荡,宣传效果大打折扣。

(五)融媒体技术"体医结合"健康促进方面的应用性欠佳

虽然国内已掌握较为发达的网络技术和蓬勃发展的各大媒体,但由于融媒体技术仍然主要应用于信息传播领域,并未完全落实到"融媒体+体育"的健康促进模式的构建体系中,使得目前"体医结合"健康促进模式在发展过程中面临应用性欠佳的问题。

以计步功能性 App 为例,融媒体技术的应用仍停留在信息传播层面,主要体现在展示、宣传和推广方面。支付宝计步器与蚂蚁森林为其中典型代表,能够利用融媒体技术带动科学运动。但是,这类 App 在"体医结合"健康促进模式中的应用性有限。单纯的运动类 App 和健康类 App 均无法解决融媒体技术在"体医结合"健康促进方面的应用性欠佳的问题,利用互联网大数据技术对用户的健康信息进行整合,为用户提供多样的、科学的健康信息资源和服务以及制定个性化运动处方将是融媒体技术应用的一大难题。

五、融媒体背景下"体医结合"促进健康创新模式探索

(一)完善"体医结合"健康促进相关政策法规

"体医结合"式的探索近20年才在我国兴起并发展,相关法规政策还不够完善,纵观欧美国家"体医结合"发展历史,将"体医结合"上升为国家意志,是"体医结合"健康促进模式蓬勃发展的必要前提。

1. 体育公共服务政策法规的完善

目前,我国已颁布《中华人民共和国体育法》《全民健身条例》《全民健身计划》等法规政策以促进体育锻炼活动的开展,增强全民身体素质,提升全民健康水平。但为规范国家体育事业发展,促进"健康中国,全民健身"的有序开展和全面普及,相关政策法规有待继续完善。

首先,各级政府应重视全民健身事业的发展,将其纳入本级国民经济和社会发展规划的制定中,加大对城市社区基层公共体育设施的经济投入。其次,各级政府部门应当制定体育设施专项规划,把全民健身作为"民生工程"来抓,逐步提高市民参与体育健身的意识。最后,各级政府应当积极完善相关政策法规,使体育主管部门在修订各区域的全民健身计划和全民健身实施计划时有法可依,并依法保障市民在参加健身活动中应有的权利。

2. 医疗公共服务政策法规的完善

2016年10月,健康中国上升为国家战略,在医疗公共服务方面倡导以非医疗手段干预慢性病防治,减轻临床状态患者的医疗负担,提高其康复效果。健全和完善医疗公共服务政策法规,一是深化医疗改革、改善民生的创新举措,促进人口红利转向健康红利;二是推动医疗服务转型,发挥个体的主动健康能动性,从粗放型的"过度医疗"向减轻国家和个人负担的"绿色医疗"转变;三是促进健康产业优化升级,扩大健康产业的价值链,促进生产要素由医药领域向健康领域转移。

3. "体医结合"公共服务政策法规的完善

《"健康中国2030"规划纲要》指出要加强健康法治建设、加强体医结合和非医疗健康干预、研究出台体育与医疗卫生公共服务相结合的法规政策……纵然纲要已将"体医结合"写入社会主义发展规划大纲,但并未明确颁布"体医结合"相关法规细则,"体"与"医"的结合就不能真正落实。计划的实施需要政

策法规来领航,也需要政策法规作规范。只有体医结合的相关法规政策出台,明确发展方向和近、远期的发展规划,构建更有层次性的管理架构和可执行的监督体系,"体医结合"健康促进创新模式才能有序开展进行。

（二）推动体育部门与医疗部门的联结与合作

体育部门与医疗部门的协同合作是"体医结合"健康促进事业得以有序推进的重要保障。体育行政管理部门及各级体育组织应主动加深对体医结合战略意义的认知,增强与卫生管理等多部门的合作意愿,在信息、技术、人才等方面与医疗卫生部门加强沟通、展开合作,大力支持体医结合业务的启动、示范与开展,加快建成跨部门跨层次管理体系。

体育行政管理部门应采用与医疗卫生部门合作、协同的方式,指导体育服务机构发展体育健康服务的行为等；医疗卫生管理主体则应尽快拟定国民健康政策、健康服务业的规划、标准等,统筹规划体育、医疗资源配置,指导一定区域内体医结合规划的编制与实施。

同时,相关部门需共同确立关于医疗干预手段和非医疗干预手段结合管理条例并监督实施,制定运动健康专业技术人员资格标准,建立体医结合服务评价和监督管理体系。只有破除体育部门与医疗部门之间的隔阂与壁垒,才能最大化释放资本、技术、信息等治理资源效能,有效解决体医分离所造成的"体不懂医、医不懂体"的困境。

（三）培养体育医疗的复合型人才

持续培养"体医结合"复合型人才是实现"体医结合"落实的关键一环。培养"体医结合"复合型人才,应在学校培养和在职培养的基础上不断探索创新模式。就目前而言,联合社区卫生服务团队,在已有的人才培养模式上加以创新,开展规范的科学健身知识技能培训,是打造大量兼具"体医结合"能力与技术的复合型人才的突破口。

1. 依托社区培养的"体医结合"复合型人才

与以往的社区卫生团队结合体育锻炼知识培养"体医结合"人才的模式不同,此模式下政府应当发挥主导作用。政府有关部门负责统筹社区卫生服务发展水平和社区社会体育条件,推动体育、卫生等相关行政主管部门联动,鼓励并引导社区卫生服务与社区健身相结合。

首先,政府应把社区卫生服务团队作为重点,联合体育系统,指派一支拥有优秀教师、教练的队伍进行专业授课培训。通过鼓励参训人员学习科学的健身理论和方法,推动社区卫生服务人员向"体医结合"复合型人才转变。同时,政府应当制定一套长期"体医结合"复合型人才的考核评价体系,并且制定相应的惩处措施,使"体医结合"复合型人才的培养和发展有条不紊地进行。

其次,政府应在体育指导队伍的人才培养过程中充分发挥主导作用。在培训过程中,应将慢性病防治、健康教育、康复医学等基础医学知识和技能列入培训内容并提升比重,以促进对医学知识的掌握。此外,社会体育工作人员的年龄、学历层次等实际情况因人而异,医学培训内容也要"因材施教",综合考虑实际因素并注重实效。

2. 依托高校推动体医结合"特色办学"改革

高等体育院校和医学院校是培养"体医结合"复合型人才的重地,政府在鼓励该类院校培养"体医结合"复合型人才的同时,也应鼓励其他院校对相关人才的培养。

首先,各高校应将"体医结合"复合型人才培养纳入学科建设和专业发展计划中。计划性地开展"体医结合"知识和技能培训,增进体育教师了解医学专业知识,促进医学教师熟悉体育运动规律,充分挖掘、培养人才,塑造多支高素质的"体医结合"师资队伍。

其次,相关教材的编写、课程体系的完善亦要提高重视。医学院校的毕业生不仅要求具备一定的医学知识与技能,还要能为患者提供体育锻炼方面的正确指导;体育院校毕业生不仅要掌握一定的体育健身知识与方法,还要能够灵活运用医学的思维和方法进行一定的健身指导。

最后,医学与体育高校要取长补短,共享优势,开展联合办学的方法,培养"体医结合"复合型人才。

3. 建立资格认证制度,促进科学化、规范化地发展"体医结合"

职业资格认证是职业发展的保证。目前,我国社会体育指导员与社区卫生工作人员职业资格认证体系这两者互相独立,"体医结合"人才的职业资格认证仍然处于空白,急需建立一套相对完备的"体医结合"复合型人才资格认证制度。相关人员需经过专业、系统的培训与考核,并获得"体医结合指导师"资格证,才可以享有"开具运动处方权"。这将会很大幅度上提升该职业的专业性、服务性和社会公认性,从源头上加强"体医结合"复合型人才的队伍建设。同时,在体医系统专业技术人员职称晋升的评选中,把资格证作为重要参考和加分项目,不仅可以实现"体医结合"职业发展激励模式,还能为大众提供更好的健康服务。

(四)引导构建健康文化环境,提高社会公众自我健康发展的主体意识

1. 加强社会宣传

社会公众是"体医结合"的参与者也是最终的受益者,是一切工作的出发点和落脚点。因此,各级政府应当更加注重与社会公众的互动与联系,通过民意征集、推送服务、咨询答疑等多种方式,保持政府与社会公众的联系,吸收社会大众主动参与到体医结合的工作中。

各级政府部门应在现有宣传手段的基础上,利用发达的互联网技术和融媒体技术,依托电视、广播、手机视频网站以及新兴网络平台如微博、微信、QQ等,进一步宣传体医结合事业的相关政策法规、重要内容和意义价值,向社会民众传播体育建设和医疗建设在构建健康中国中的关键作用,营造科学健身、健康促进的全社会氛围和全社会支持健康中国建设的文化环境。

此外,各社区应积极开展"健康中国"相关线下活动,如主题绘画比赛、知识有奖竞答等,通过设置有趣的环境和奖品吸引社会民众参与其中,在参与活动的乐趣中深化对健康中国政策的了解、对体医结合事业的了解,同时引导社会民众参与健康中国事业的建设。

2. 加强校园宣传

为引导学生树立起"健康中国,从我做起"的自主意愿,学校应通过微信公众平台、互联网社区等校园融媒体平台加强体育健康相关知识与技能教育,督促学生形成科学健身、健康促进的习惯,积极推广"全民健身中国行"系列活动,在校园里广泛传播"科学、健康、快乐、共享"的健身理念。

此外,学校应注重体育健康知识与相关技能培训等学校课程的设置,利用融媒体技术做好课程计划的实施与监督,督促学生掌握基本医疗常识的知识与基础技能。同时,学校应定期组织体质健康测试、体育与健康教育、慢性病防治宣讲会等活动,提高学生的体育参与意识和实践水平,实现学生群体在体医结合中的"个人自治",帮助其具备身体锻炼、运动健康促进的基本知识和各项技能,成为全民健身的生力军,最终促进体医结合体系的生成和完善。

(五)融媒体技术促进"体医结合"健康促进

为提升融媒体技术在"体医结合"健康促进方面的应用性,政府应鼓励相关行业利用"互联网+"技术以及融媒体平台,进行健康信息服务资源的整合与分享,为人们提供多样化的、科学化的健康信息资源。同时相关行业应利用大数据技术定期对居民的健康信息进行汇总,对区域居民健康水平进行分析,监测居民健康状况及发展变化,由此制定有效的改进措施。在"体医结合"大环境下,开具运动处方将成为"非医疗干预"的主流,利用融媒体技术建立运动处方资料库是其中必不可少的一部分。

加强国民体质监测,将常规体检与其相结合。各区域定期对居民进行体质监测,通过融媒体大数据库,对个体体质进行智能、专业的测评与估量,进而针对个体制定特殊而有效的运动处方。同时,在各社区医院开设健身健康门诊,与慢性病、心血管科等科室相结合;设立专门的健身康复科室,针对不同疾病患者制定相应的健身康复计划。

结合互联网与融媒体技术,将运动处方网络化、信息化、大众化,构建媒介平台服务、网络问询、健身App等互相连通共享的服务项目。依托媒介平台的医疗专家、体育健身专家或运动处方开具师等专业人群提供"一对一""一对多"的疾病防治及康复服务,还可通过当前微博、微信等媒介进行运动处方的视频讲解和图文解说的宣传推广,提升融媒体技术在"体医结合"健康促进方面的实用性和应用性。

参考文献

[1] 冯振伟.体医融合的多元主体协同治理研究[D].山东大学,2019.
[2] 王瑜."体医结合"全民健身进社区背景下社会体育指导员岗位设置的理论与实践研究[D].广西民族大学,2016.
[3] 何珂.城市社区"体医结合"公共服务模式构建研究[D].湖南科技大学,2017.
[4] 叶春明,于守娟,杨清杰."体医结合"复合型人才培养模式及策略[J].体育文化导刊,2019(1).
[5] 廖道惠,袁欢.从全民健身活动看太极拳运动的未来发展[J].拳击与格斗,2018(14).
[6] 国务院.国务院关于加快发展体育产业促进体育消费的若干意见[J].中华人民共和国国务院公报,2014(30).
[7] 党的十八届五中全会在京召开,全会审议通过了《中共中央关于制定国民经济和社会发展第十三个五年规划的建议》[J].中国医疗保险,2015(11).
[8] 符玥.国务院印发《全民健身计划(2016—2020年)》[J].中国农业会计,2016(7).

[9] 习近平:体育强国梦与中国梦息息相关_新闻频道_央视网(cctv.com).

[10] 中国共产党中央委员会,中华人民共和国国务院."健康中国2030"规划纲要[J].中国实用乡村医生杂志,2017(7).

[11] 运动不足的危害堪比吸烟[J].中国心血管病研究杂志,2012(12).

[12] 王佳,李金金,程佑坤.健康中国背景下"体医结合"的实施策略研究[J].武术研究,2018(8).

[13] 曾华,李会兰.对体育概念的再认识[J].河北体育学院学报,2006(2).

[14] Blair SN. Physical inactivity: The biggest public health problem of the 21st century [J]. Br J Sports Med, 2009, 43(1): 1-2.

[15] 吕东旭,张明伟,李建国,等.建设健康城市的体育健康促进目标体系研究[J].中国体育科技,2007(1).

[16] 饮食、身体活动与健康全球战略[J].营养健康新观察,2005(3).

[17] 马云.运动干预高血压的研究进展[J].中华心血管病杂志,2015(9).

[18] 郭建军.体医融合推动健康革命路径探讨[J].慢性病学杂志,2017(11).

[19] 赵仙丽,李之俊,吴志坤.构建城市社区"体医结合"体育公共服务的创新模式[J].体育科研,2011(4).

[20] 黄亚茹,梅涛,郭静.医体结合,强化运动促进健康的指导——基于对美国运动促进健康指导服务平台的考察[J].中国体育科技,2015(6).

[21] 马荣超,郭建军.体育健康服务业供给侧转型下"体医融合"路径研究[J].三明学院学报,2017(6).

[22] 本刊编辑部.国务院印发《关于促进健康服务业发展的若干意见》[J].财经界,2013(11).

[23] 丁洋.国务院印发《全国医疗卫生服务体系规划纲要(2015—2020年)》[J].中医药管理杂志,2015(7).

[24] 彭响,刘如,熊玮,王世友.全运会视角下我国群众体育发展研究[J].体育文化导刊,2018(8).

[25] 黄志阳.《中国群众体育发展报告》发布[J].党政干部参考,2018(16).

[26] 朱亚成.关于《体育发展"十三五"规划》的若干探讨[J].南京体育学院学报(社会科学版)(3).

[27] 裴鹏,马洪韬.构建我国健身瑜伽社会体育指导员职业资格认证制度的思考[J].中国体育科技,2016(3).

奉贤区社区体育设施共享模式研究报告

黄㣲琼[*]

一、研究背景

（一）体育设施共享开放为人民创造美好生活

2016年印发的《"健康中国2030"规划纲要》将全民健身和建设健康中国上升为国家战略。推进学校（社区）体育设施向居民开放是学校坚持以人民为中心的发展思想，参与健康中国建设和全民健身战略的自觉行动。国办发〔2019〕40号文件《体育强国建设纲要》明确指出，到2035年，全民健身更亲民、更便利、更普及，经常参加体育锻炼人数比例达到45%以上，人均体育场地面积达到2.5平方米，加强城市绿道、健身步道、自行车道、全民健身中心、体育健身公园、社区文体广场以及足球、冰雪运动等场地设施建设，统筹建设全民健身场地设施，使得体育公共服务基本惠及全民。

上海是全球著名体育城市，良好的体育公共服务是满足人民群众日益增长的多元化体育健身需求的出发点和落脚点，增强全市人民体质、提高身心健康水平是根本目标，不断发挥全民健身的保障和改善民生是要求，只有不断提升体育公共服务供给，才能推动城市体育公共空间的高质量发展。体育场馆共享模式的开启，是全民实现美好生活的现实途径，也是推动全民健康的重要方式。奉贤区2018年前建成的体育场地面积已达360.651 8万平方米，人均体育场地面积3.130 658平方米，但是去除不对外开放等因素，能被市民所共

---

[*] 本文作者单位：上海市奉贤区体育局。

享的体育场地面积为 157.051 8 万平方米,按照 2018 年末全区常住人口(115.2 万人)计算,人均体育场地面积 1.363 3 平方米,距离上海市人均 2.4 平方米的要求仍相差 1.036 7 平方米。

(二)体育设施开放共享迫在眉睫

目前,社会体育设施与国家政策规定要求的依然存在差距。体育资源作为开展群众体育活动的基础,合理配置体育资源,优化整合体育资源在当下尤为重要,有利于进一步推动全民健身计划的实施。共享社区体育设施,对构建和谐社区有重要推动作用。进一步强化上海市奉贤区政府体育公共服务职能,把大力提高公共体育服务供给力作为体育工作的着力点和突破点,将建设奉贤区公共体育服务体系融入全市经济社会发展大局,构建政府主导、部门协同、社会参与、全民共享的大格局。构建社区体育文化建设形成多维共享模式,为新时期全民健身运动的推广和社区体育文化建设提供思路。

基于奉贤区体育设施的基本情况,从体育公共服务供给的现实情况出发,从社区体育设施以及共享模式的内涵、关系和机理出发,构筑社区体育设施以及共享模式的系统理论框架,有利于推动奉贤区体育公共服务的高质量发展,提升公共服务供给效率,这对改善老百姓生活水平有现实意义,缩短当前状况与全面小康社会的距离。

二、研究内容

(一)国内外社区体育设施共享模式的经验与教训

对国内外城市体育设施建设利用的经验和教训进行总结,为本文的后续研究提供借鉴和参考。采用案例分析,归纳总结发达国家城市的体育公共服务共享经验,尝试为奉贤区本土共享模式提供借鉴。

(二)奉贤区社区体育设施的现实状况

通过对社区体育设施、共享模式的概念、内涵、作用和机理等方面的研究,构建社区体育设施共享模式的理论框架体系。发现奉贤区体育设施实现共享的矛盾、瓶颈和困难,针对其进行破解,对标国内外先进经验,分析这些矛盾存在的原因。

（三）奉贤区社区体育设施"共享"模式

进一步分析和探讨奉贤区社区体育设施共享模式的影响和机制，提出一种适合奉贤区本土发展的共享模式，为全民健身提供理论支持、决策依据和行动指南，以保障中国和谐社区的长序发展。

三、文献综述

（一）核心概念界定

1. 社区体育设施

社区体育是指由特定社区的居民在社区范围内就近组织和参加，运用社区内的简易体育器材和设施，通过形式多样的活动项目达成强身健体、休闲娱乐、社会交往等目的群众体育活动。是以基层的社区为地域范围，以社区内的体育器材、设施以及自然资源为物质基础，社区居民共同参与的，满足社区居民娱乐、健身的需求，加深社区内居民之间的情感为目的，而就近开展的群众性体育活动。

本文中研究的社区体育设施为奉贤区基层的社区地域范围内能为满足社区居民娱乐健身需求，可供社区居民共同参与的体育场所、体育器材、体育设施及自然资源。

2. 共享经济

共享经济这个术语最早由美国得克萨斯州立大学社会学教授马科斯·费尔逊（Marcus Felson）和伊利诺伊大学社会学教授琼·斯潘思（Joel Spaeth）于1978年发表的论文（Community Structure and Collaborative Consumption：A Routine Activity Approach）中提出。其主要特点是，包括一个由第三方创建的、以信息技术为基础的市场平台。这个第三方可以是商业机构、组织或者政府。个体借助这些平台，交换闲置物品，分享自己的知识、经验，或者向企业、某个创新项目筹集资金。经济牵扯三大主体，即商品或服务的需求方、供给方和共享经济平台。共享经济平台作为连接供需双方的纽带，通过移动LBS应用、动态算法与定价、双方互评体系等一系列机制的建立，使得供给与需求方通过共享经济平台进行交易。

共享经济的五个要素分别是：闲置资源、使用权、连接、信息、流动性。共享经济关键在于如何实现最优匹配，实现零边际成本，要解决技术和制度问题。本文中的共享资源为奉贤区社区体育设施,旨在探讨创新模式达到奉贤区社区体育资源与本区人民对社区体育服务的需求能实现最优匹配。

3. 多元供给模式

在学术界,关于公共体育服务多元供给的模式有以下几种观点:籍玉新认为多元供给模式下的公共体育服务是在保证社会公众享有体育需求均等化为前提下的供给模式,这种供给模式主要体现在供给主体多元协同。周岩松认为以政府为主导,引入企业和社会团体等非政府组织的多元化供给模式。通过三者互动合作,最大化满足我国人民不同层次的体育公共服务需求。陈静霜认为公共体育服务的供给由政府、企业和非政府组织共同承担是公共体育服务供给模式的必然选择。肖林鹏认为公共体育服务的供给主体可包括政府和体育行政部门,准政府组织、非政府组织、企业、个人等。

综上所述,现阶段政府职能的转变是市场经济发展的必要条件,社区体育设施的供给模式也刚刚由传统的政府单一供给向多元供给模式的转变。在学术界多元供给模式的概念界定尚未清晰明了,本文结合相关文献资料认为社区体育设施的多元供给模式的内涵包含以下两点:一是供给主体是由政府、市场与社会共同供给,二是以满足人民对社区体育服务的需求为目的的多元化内容的供给。

(二)国内体育设施"共享"文献梳理

2009年,我国正式开始关注体育设施的共享发展,尤其是城市社区与学校体育场地的共享方式,而且是基于国内发展的经验对比,表明我国的共享方式与国外有着较大差距。研究的共享在于指出了城市社区与学校体育设施的理论、我国城市社区与学校体育设施共享现状、制约社区与学校体育设施共享的因素。

其中,学校的体育资源备受困扰,其中涉及的问题十分复杂,有学者对学校体育设施向社会开放进行了研究,并指出开放场地是缓解居民健身需求与社区体育设施资源匮乏这一矛盾的有效方式。但在实践中,由于缺乏资源共享机制的支撑,使学校受到了资金、管理、安全等方面的困扰。应当采用资源整合、成本补偿、税收减免与利益激励、安全保障与应急的学校体育设施资源共享机制。到了2012年,体育设施资源不再局限于学校体育设施的开放,而是更加关注城市社区体育锻炼的矛盾中。中国城市社区与学校体育场地设施共享模式的构建与共享模式的运行机制存在着休戚相关的关系。不少学校开始关注社区体育工作的结合,基于共享的理念及发展的构想,提出了"单享学校体育设施型""单享社区体育设施型""共享双方体育设施型"三种共享类型,并阐明了共享类型含义。不仅如此,体育成为撬动城市文化资源的关键,体育与城市发展是一种共生关系,共享方式的发展可以为城市注入新的理念,不断推动城市"开放、共享"的新格局形成,在避免城市带间的同质化竞争等方面有着重要意义。其推动体育设施文化共享的方式主要有:加强城市间合作,实现资源共享;扩大赛事影响;打造特色体育城市文化。

归纳起来,从体育场馆供给侧加强政府的顶层设计,加大共享政策供给力度;建立共享的协同干预机制、联合管理机制;构建政府宏观调控。可以有效跟踪体育设施共享的反馈形态,及时改善共享中出现的问题。随着共享经济等方式的不断转变,GIS、共享经济网络分析等先进方法得到运用,以空间信息的采集和跨部门的动态数据为支持,运用移动互联等新技术在体育设施专项规划,可以有效提升共享模式的预测。

房殿生、蔡友凤认为国内共享体育的发展模式现状,表现为传统闲置体育资源的多重利用和大众共享——大型体育场馆、健身场所的"共享模式"、闲置物品资源的租赁和使用权让渡行为——专业健身器械和健身设施的共享模式、体育技能与专业体育知识的分享行为——专业体育技能和知识的分享和扩散、花费高昂的群体运动与旅游体育的复合性的"团体分摊"购买行为——运动资源成本的均摊共享几个方面。崔国文认为国内体育资源的现状——场地与设施的不足严重阻碍了社区体育的发展,社区居民迫切需要专业人员指导体育运动,资金与管理的缺失也束缚了社区的体育发展,社区体育的参与面窄。白永恒认为我国的社区体育运动中存在的不足为机构不完善,人才缺乏,存在着尚未建立起一个比较正规和完善的社区体育管理机构的问题,再加上很多社区居委会的干部以及管理者都是兼职的,因此很难要求他们投入太多的精力用于社区体育的建设。这对社区体育的发展极为不利。当前宣传力度不够,认知不足,人们常常存在着将社区体育的发展和社区这一载体割裂开来这样一种狭隘的观点,这是一种认识上的局限性,对社区体育的发展是一种制约。国内关于设施共享的模式构建已经成为趋势,而符合地方发展的本土模式并不多,有待探究。

(三)国外体育设施"共享"文献梳理

投资人为慕尼黑安联体育场(Allianz arena)场地以及交通基础设施提供了大规模公共补贴用于场地开放共享。我们可以达成共识的是,在城市一级的居民期望从新的领域增加公用事业,这是合理的公共开支。也有地区的雪上运动公司通过投资新的基础设施,如滑雪升降机或造雪设施,增加度假村的吸引力,其投资对当地住宿企业的收入具有积极的外部影响,当然,这部分收入是纯商业的,但也同样带动了地区的群众体育消费,并且这种"共享"方式收取的费用是十分低廉的。

在美国,学者也围绕学校间使用与产出程度,以及使用与产出之差异与学校特性、活动类型、设施类型及活动时间的关系进行讨论,北卡罗来纳州的学校达成共识,社区团体应寻求与公立学校共享设施的途径。也有学者围绕住宅、公共汽车站、地铁站、就业区、餐厅、便利设施和公园等区域讨论体育设施的开放问题,在人群密集的地区更容易找到开放的场地,而在人流稀疏的地区,即使场地免费开放往往也没有人使用。

(四)文献简评

随着"共享模式关联研究"研究的不断深入,出现了越来越多与"共享模式"相关的研究点,形成了庞大的研究网络,研究"共享模式"起点从1989~2018年包含资源共享、共建共享、图书馆、信息资源、信息共享、高校图书馆、知识共享、信息资源共享、云计算、资源共享模式等相关研究,"共享模式"的跨学科研究也发展迅猛,已深入到图书馆、情报与档案管理、教育学等多个学科,并衍生出多个交叉学科主题,但趋势图中并未涉及体育设施共享模式主题的研究。"社区体育"跨学科研究也发展迅猛,已深入到体育学、社会学等多个学科,并衍生出多个交叉学科主题。关键词"社区体育设施共享模式"研究较少。此外,社区体育的组织的宣传力度不够,导致很多居民存在盲从性,对于从事哪种健身活动以及活动量的大小一无所知。在国际上,学校体育资源、社区体育资源是关注的重要对象,如何提升开放性和使用效率一直是讨论热题,构建一种符合当地区域居民、政府和协会运动的场地开放模式,具有重大意义。

四、奉贤区体育设施共享现状及矛盾分析

(一)奉贤区体育设施现状分析

在全区体育场地中,体育系统场地174个,占比7.44%,场地面积86.75万平方米,占比24.05%;教育系统场地581个,占比24.83%,场地面积89.93

万平方米,占比 24.94%;其他系统管理的体育场地 1585 个,占比 67.73%,场地面积 183.97 万平方,占比 51.01%。全区场地数量比上一年度数量(建成年份为 2018 年的场地的数量或面积)增加 184 个,新增场地面积 8.25%。健身步道新增 18 606 米,健身步道包括登山步道、步行道、自行车骑行道及步行骑行综合道(见表 1)。

表 1 奉贤区各系统体育场地数量、场地面积及占比

所在系统	场地数量		场地面积	
	数量(个)	占比(%)	面积(万平方米)	占比(%)
体育系统	174	7.44	86.75	24.05
教育系统	581	24.83	89.93	24.94
高校中专	255	43.89	40.99	45.58
中小学	326	56.11	48.94	54.42
其他系统	1 585	67.73	183.97	51.01
社区体育场地	1 154	72.81	23.19	12.61
企业单位	323	20.38	156.36	84.99
事业单位	85	5.36	3.82	2.08
机关单位	15	0.95	0.25	0.14
其他	8	0.50	0.16	0.08
合计	2 340	100	360.65	100

奉贤区其他系统体育场地中,社区体育场地(街道村居委所属场地)1 154 个,占该系统 72.81%(占全区体育场地总数量的 49.32%);场地面积 23.19 万平方米,占该系统 12.61%,(占全区体育场地总面积的 6.43%)。

全区 50 种体育场地类型中。场地数量排名前十的体育场地分别是全民健身路径(731 个,占 31.24%);三人制篮球场(291 个,占 12.44%);乒乓球馆(255 个,占 10.9%);篮球场(209 个,占 8.93%);健身房(137 个,占 5.85%);步行道(120 条,占 5.13%);网球场(80 个,占 3.42%);小运动场(70 个,占 2.99%);七人制足球场(55 个,占 2.35%);五人制足球场(51 个,占 2.18%)。排名前十位的体育场地共计 1 999 个。占总场地数量的 85.43%。

奉贤区已建成各类体育设施 2 105 个,其中体育场馆 1 472 个,全民健身

路径 604 个,城市健身步道 25 个,户外活动营地 4 个;在体育设施规模上,各类体育设施的场地面积 2 580 447.07 平方米,建筑面积 256 009.03 平方米,用地面积 13 512 121.85 平方米;全民健身路径器械 6 099 个,城市健身步道 6 480 米(表2)。

表 2　奉贤区体育设施用地数量和规模总况表

体育设施数量				体育设施规模			
体育设施(个)			2 105	场地面积(平方米)			2 580 447.07
其中	体育场馆(个)		1 472	其中	体育场馆(平方米)		2 530 238.47
	其中	室内(个)	743		其中	室内(平方米)	
		室外(个)	729			室外(平方米)	
	全民健身路径(个)		604		全民健身路径(平方米)		30 495.00
	城市健身步道(个)		25		城市健身步道(平方米)		19 713.60
	户外活动营地(个)		4	建筑面积(平方米)			256 009.03
				用地面积(平方米)			13 512 121.85
				全面健身路径器械(件)			6 099
				城市健身步道(米)			6 480

室内体育场馆数量占全区体育设施总数的 35.30%,室外体育场馆数量占全区体育设施总数的 34.63%,全民健身路径占体育设施总数的 28.7%,城市健身步道数量占全区体育设施总数的 1.19%,户外活动营地占体育设施总数的 0.18%,体育场馆场地面积占全区场地面积的 98.05%,全民健身路径场地面积占全区场地面积的 1.18%。

1. 奉贤区体育设施运营情况

(1) 开放情况。

奉贤区 1 472 个体育场地(除城市健身步道、健身路径器械和户外活动营地)。其中 413 个体育场地不开放,313 个体育场地部分时间段开放,746 个体育场地全天开放。奉贤区全天开放体育场地占比略高于全市平均水平,但部分开放场地占比低于全市平均水平,完全不开放的场地占比 17% 高于全市平均水平 15%(图 1)。现状体育场地开放情况一般。

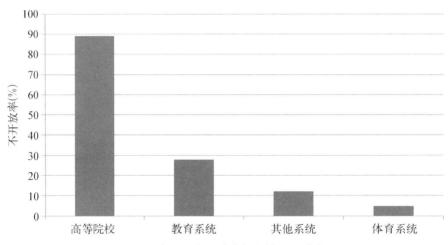

图 1 奉贤区各系统内部场馆不开放率

其中,高等院校不开放场地占比较高(89%),未来应向部分时段开放引导;除高等院校外的教育系统开放率较好,部分时段开放和全天开放占比 72%;体育系统的场馆不开放率为 5%,开放情况较好;其他系统也有一定的不开放率为 12%。整体来说,从数量上看体育系统和其他系统开放情况较好。

(2) 运营情况。

奉贤区 1 472 个体育场地(除城市健身步道、健身路径器械和户外活动营地)共三种运营模式,其中自主运营体育场地 1 417 个,场地面积共 2 440 524.85 平方米;合作运营体育场地 52 个,场地面积 85 782.37 平方米;委托运营体育场地数量 3 个,场地面积 1 687.85 平方米(表 3)。

表 3 体育场地运营模式

运 营 模 式	场地数量(个)	场地面积(平方米)
自主运营	1 417	2 440 524.85
合作运营	52	85 782.37
委托运营	3	1 687.85
合 计	1 472	2 527 955.07

场地管理单位方面,有体育系统自行管理的场馆占 8.26%,教育系统管理的场地占 13.25%,有其他系统管理的场地占 78.49%;全区场地中,企业管理

的数量最多，为195个，占总体的33.56%，由机关自行管理的场地占比最少，为1.89%。在全区体育场地中，行政机关管理的场地15个，占0.64%；场地面积0.245万平方米，占0.07%。事业单位管理的体育场地1 994个，占85.22%；场地面积203.892 1万平方米，占56.54%。企业管理的体育场地323个，占13.8%；场地面积156.355 8万平方米，占43.35%。其他单位管理的体育场地8个，占0.34%；场地面积0.158 9万平方米，占0.04%。

2. 奉贤区体育设施城镇街道分布情况

全区共有12个街镇和社区，场地数量排名前5位的区域分别是南桥镇、柘林镇、奉城镇、四团镇、庄行镇，共计1 420个，占总数量的60.68%。

场地面积排名前5位的区域分别是海湾旅游区、柘林镇、南桥镇、奉城镇、海湾镇，共计306.141 1万平方米，占总场地面积84.89%。见表4、图2。

表4 奉贤区各街镇社区体育场地数量、场地面积及占比情况

街镇 (社区、 开发区)	体育场地		场地面积			2019年 实有人口 (万人)
	数量 (个)	占比 (%)	面积 (平方米)	占比 (%)	人均 (平方米)	
南桥镇	469	20.04	312 488	8.66	1.25	24.87
柘林镇	265	11.32	726 995	20.16	9.11	7.98
奉城镇	261	11.15	186 074	5.16	1.34	13.81
四团镇	230	9.83	95 622	2.65	1.07	8.87
庄行镇	195	8.33	96 723	2.68	1.6	6.02
金汇镇	175	7.48	78 134	2.17	0.61	12.77
海湾旅游区	167	7.14	1 665 138	46.17	67.14	2.48
青村镇	165	7.05	66 075	1.83	0.75	8.72
奉浦街道	157	6.71	101 992	2.83	1.51	6.75
西渡街道	103	4.40	42 067	1.17	0.4	10.35
海湾镇	89	3.80	170 716	4.73	5.33	3.2
金海社区	64	2.74	64 494	1.79	1.68	3.82
合 计	2 340	100	3 606 518	100	3.28	109.64

图 2　奉贤区各街镇社区体育场地数量及占比

（1）区级体育设施。

有区级体育设施1处,为奉贤体育中心。奉贤体育中心占地面积约12.4公顷。包括体育场、室内外游泳池、体育馆、乒乓房、射击厅、健身房、网球场等,是场馆较为集中、功能较多的体育运动训练、健身、休闲中心。奉贤区体育中心是1997年作为八运会分赛场场馆建设的,年代久远,标准不高,设施已经较为陈旧,随着全民健身的开展,市民健身运动的需求增加,奉贤体育中心承担着奉贤城区大部分的市民健身需求,虽然近几年不断的修整并推出新的场馆,但是却无法满足市民日益增长的健身需求。见图3、图4。

（2）社区（镇）级体育设施。

包括百姓健身房（19处）、百姓游泳池（3处）、公共运动场（23处）、健身步道（69处）及健身苑点、农村健身工程等。从设施数量来看,全民健身路径、棋牌房、乒乓球房和篮球场最多;数量最少的多为室内马术、壁球、卡丁车、室外轮滑、射击、射箭、水上运动等时尚类设施体育项目。健身房全市比重为6%,奉贤区为3%。体现出奉贤区乒乓球和篮球场建设成效显著,健身步道和健身房虽然近年来增长迅速、但相对全市仍较为缺乏的特征（图4、表5）。

奉贤区现状8个镇中,庄行镇、金汇镇、青村镇和四团镇4镇没有现状体育用地。海湾镇的上海蓝箭训练中心东校区和奉城镇的上海申鑫足球训练基地属于体育训练用地。虽然为体育用地,但难以提供市民健身锻炼的场所。

图 3　奉贤体育中心

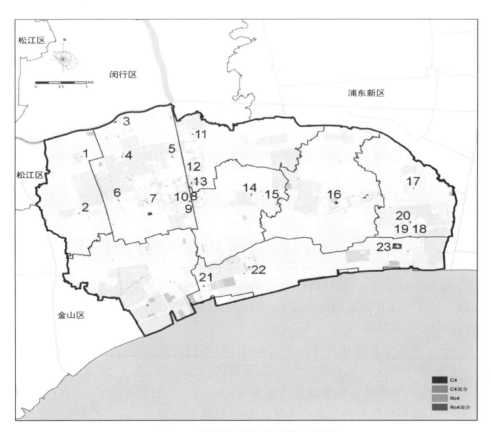

图 4　奉贤区规划体育用地布局图

表 5　奉贤区规划体育用地一览表

街　镇	体育设施名	用地面积(公顷)
	奉贤体育中心(A41)	12.66
	西渡社区灯塔百姓游泳健身馆(A41)	0.37
	新南社区体育馆(Rc4)	0.02
	平川高尔夫俱乐部(B33)	1.84
	光明村休闲场所(B34)	6.72
柘林镇	化工区体育中心(Rc4)	3.16
	柘林镇百姓健身房(Rc4)	0.32
	华凯乡村俱乐部(B33)	71.33
	成龙国际乡村(B34)	6.12
	藏金阁农庄国际赛鸽中心(B34)	2.72
海湾镇	上海蓝箭训练中心东校区(A42)	0.76
	五四社区公共运动场(Rc4)	2.46
	海湾镇社区文化活动中心运动场(Rc4)	0.37
	上海大寅汽车俱乐部(B34)	11.24
	上海松声马术俱乐部(B34)	8.75
	大型海上旱冰场(B34)	0.01
奉城镇	上海申鑫足球训练基地(A42)	4.17
	坤明湖赛车场(B34)	2.84
	上海乐派特马术俱乐部(B34)	0.56

2015 年,奉贤区现状体育用地 136.4 公顷,人均体育用地为 1.18 平方米。其中,经营性体育设施用地 112.13 公顷、公共体育设施用地 24.29 公顷,分别占总用地的 82％和 18％。

若不纳入经营性体育用地 112.13 公顷,按照公共体育设施用地 24.29 公顷计算,奉贤区人均体育用地为 0.21 平方米/人。

3. 居民对奉贤区体育设施的现实诉求

(1)面积与数量的诉求。全区人均体育场地面积为 3.13 平方米/人。其中,海湾镇(含海湾旅游区)人均场地面积远远高出其他镇,高达 6.32 平方米/

人；金汇镇最低，为0.42平方米/人。全区平均万人场地数量为17处/万人，海湾镇（含海湾旅游区）最高，为30处/万人；南桥镇最低，为12处/万人。但如果除去高尔夫球场面积132.155万平方米，天然游泳场等大型水域面积71.2万平方米和不对外开放的企事业单位的体育场地面积0.245万平方米之后，奉贤区体育场地面积为157.0518万平方米，按照2018年末全区常住人口（115.2万人）计算，人均体育场地面积1.3633平方米，距离上海市人均2.4平方米的要求仍相差1.0367平方米，今后应加大全民健身路径、社区体育场地设施等共享体育场地建设，促进、鼓励企事业单位增加体育场地建设和使用，进一步提高全区人均体育场地面积，为全民健身，提高本区人民健康体质服务。

（2）功能与用途诉求。2018年底，奉贤区体育场地的投资主体呈多元化态势，表现在公共体育场地仍以国家财政投入建设为主，企事业单位自主投资、招商引资、民营投资等相继出现在经营性体育场所领域，相较于"六普"，民营投资的比重有所提升。尤其是健身场地，奉贤区社会运营的健身场馆逐渐增多。人民对于体育锻炼的需求呈现出多元化，不同功能的综合性场馆和智慧场馆的需求日益旺盛。

（3）公共体育服务满意度诉求。奉贤区人民对体育相关服务的评价并不是很高，在运动设备、相关组织、相关宣传、志愿者项目、指导传授、体育竞赛、素质测评的体育体系上还需要很长一个时期。限制居民体育锻炼的原因，主要是附近没有体育场所、室内场所费用太高和没有时间三个选项，选择频率均高于30%。居民对于运动场所公共服务有着巨大需求（图5）。

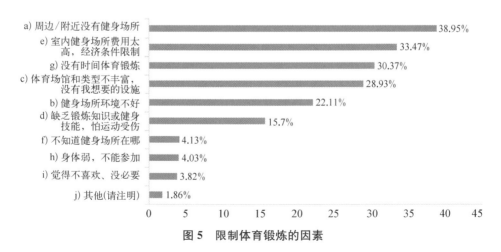

图5　限制体育锻炼的因素

（二）奉贤区社区体育设施共享矛盾分析

1. 综合性社区体育中心最为紧缺

奉贤区居民的锻炼习惯较好、频率较高,超过六成居民锻炼不少于每周1～2次。其中以每周锻炼3～5次为主,占比约三成,每周1～2次、每天1～2次的占比次之,也都超过20%。结合上海经常参加锻炼人群的定义来看,奉贤区经常参加锻炼的人数比例为49%,已经超越了全市"十三五"的健身人群比例目标40.8%。从问卷结果来看,小区及周边道路广场和健身苑点的使用频率远高于其他设施,社区体育活动中心使用情况也相对较好。市、区级体育场馆,商业化健身会所,工作单位的体育场所和设施使用频率较低。最紧缺的体育场馆中,综合性体育活动中心、健身苑点和健身步道等呼声最高,与使用频率高的调查结果较为吻合。

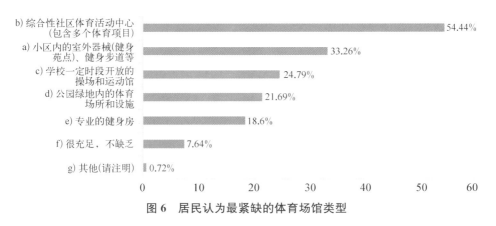

图6　居民认为最紧缺的体育场馆类型

最紧缺的设施中,游泳池最为紧缺、呼声远高于其他设施,健身房、篮球场、舞蹈室、足球场、乒乓球场、健身步道、健身苑点的选择频率也高于10%。

2. 人均场地资源丰富,但开放率较低

现有的健身设施愈发难以满足市民的需求。调研发现,中心城区土地资源紧张,社区的小型体育场地资源供给有所缺失,老式社区健身点的器材配置已落后于大众的需求。如海湾镇,共有场地数量156处,面积32.4万平方米。按2015年实有人口5.1万人计算,人均体育场地面积6.32 m²/人,人均场地数量30处/万人。人均场地数量和面积均居全区第一。但场地开放率全区最低,为67%。再如金汇镇,共有场地数量161处,面积5.4万平方米。按2015

年实有人口 12.8 万人计算，人均体育场地面积 0.42 m²/人，人均场地数量 13 处/万人。调查显示，人均场地数量和面积在全区都较为落后。场地开放率一般，为 76%。增加体育设施的数量、及时更新陈旧设施呼声最高，更多开放学校体育设施和开放大中型场馆呼声也高于 35%。

3. 城区供需矛盾突出，场地便利性难以满足市民的旺盛需求

从问卷结果来看，奉贤区经常参加锻炼的人数比例为 49%，已经超越了全市"十三五"的健身人群比例目标 40.8%。在社区建设 15 分钟体育生活圈，积极创建体育生活化社区已经成为市民的迫切需求，由于常住人口多聚集于南桥镇等城区，而南桥镇土地资源紧张，虽然体育场地数量排名靠前，但是体育场地面积在 12 个街镇中并不是最多的，所以奉贤城区的社区体育设施的供给与老百姓的健身需求之间的矛盾尤其突出。其次，奉贤区的市民多功能运动场、市民健身步道、自行车绿道等全民健身设施较为欠缺、分散，难以满足市民的旺盛需求，也有不少设施被挪用或侵占，缺乏便利和安全保障。

4. 学校和社区体育场地闲置，管理能力不足

奉贤区目前已建立起了学校体育场地和社区体育设施共享模式，主要是中小学体育场地对社区开放，在一定程度上缓解了城区居民日益增长的健身需求和社区体育设施供给之间的矛盾，但是由于学校体育场馆的管理分散地交给部分俱乐部和社会团体进行管理，在日常对社区公益开放的管理方面能力不足，管理欠缺，导致学校体育设施与社区体育设施共享不通畅。其次，由于地域优势，奉贤拥有高尔夫球场、天然游泳场、马术、房车营地、风筝放飞场、大学城等大型体育场地，这些场地面积较大，但是由于其特殊性和地理位置原因，对外社区百姓开放率不高，造成在非运营时段场地闲置率较高，在奉贤区较为发达社区的闲置比例更高。

从目前社区体育设施管理者的配备上来看，没有专职的专业管理人员，管理水平有限，很难保证对共享体育设施进行有效的管理。如何从共享的视角提高社区的体育管理能力显得非常重要。各方应当在明确的分工下充分发挥各自的管理优势，并根据协议规定尊重对方对于场地的使用权，使双方对于场地的使用明确化、常态化。

5. 现行政策对奉贤区体育设施共享提出高要求

（1）2014 年 2 月，上海市人民政府印发关于编制上海新一轮城市总体规划指导意见的通知（〔2014〕12 号文）。其中指出，培育功能集聚的重点发展城镇，构建公共服务设施共享的城镇圈，实现区域协同、空间优化和城乡统筹。

(2)《上海市国民经济和社会发展第十三个五年规划纲要》指出,大力推进文化体育设施布局优化、功能完善,让市民更方便参与和分享高水平的文体活动,大手笔推进演艺设施、博物馆、体育设施建设,办好国际顶级文体赛事,打造国际赛事之都。

(3)《上海市体育设施布局规划(2015—2035年)》要求,全面提升上海体育整体实力和在国内、国际体坛的竞争力,形成与上海国际大都市相匹配的体育发展水平和发展环境,努力把上海建设成为具有国际知名度和影响力的国际体育强市。到2020年,公共体育场地面积达到6100万平方米以上,人均公共体育用地面积达到0.5平方米以上(不含康体用地)。

(4)《奉贤区全民健身实施计划(2016—2020年)》要求,推动镇(街道、社区、开发区)集中设置或分散设置综合性、多功能的市民健身活动中心,市民健身活动中心街镇覆盖率达到40%。

综上,从国家到地方出台了多部要求学校体育场地对外开放的政策文件,如《中华人民共和国体育法》中以法律的形式规定"公共体育设施应当向社会开放",但政策执行效果并不理想,体育设施资源闲置现象仍然普遍存在。在落实已有政策的基础上,我国各级政府应该树立体育公共服务理念,加强共享政策内容的设计,积极协调地方体育和教育行政部门以及财政部门,制定更科学的地方性学校体育设施对外开放政策,特别是地方,应在实际调研的基础上,从共享的角度制定、完善和落实推进学校体育设施开放的政策法规,并对学校主导共享、学生优先使用等前提条件做出说明,以此来鼓励学校开展体育设施共享。此外还应提供该地区"单享学校型"共享方案范本和典型案例,以此来提高学校的共享意愿。

在商业住宅和社区中,物业管理系统较为完善,无论人力,还是物力,都能够承担起体育设施管理的义务与责任。

五、奉贤区社区体育设施共享模式的构建

(一)奉贤区社区体育设施共享模式的运营机制

1. 目标机制

构建奉贤区社区体育设施共享模式的目的就是提高奉贤区社区体育设施对社区居民的服务效果,进而提高社区居民的体质健康水平,丰富社区居民的

文化生活。奉贤区社区体育设施共享模式作为共享社区体育设施的组织形态，主要通过有计划、有组织地安排，使得政府、社区、学校和企业等社会力量在共享体育场地方面融合成为一个全新的管理组织，共享模式要最大限度地满足社区居民、学生等群体的体育锻炼需求，要兼顾政府、社区、学校和社会力量各自的利益，使共享模式成为链接各方的桥梁。通过共享模式的建立充分调动社会各方力量为社区体育设施建设贡献力量，同时充分调动社区居民体育锻炼的主动性，达到增强体质的目的，提高城市社区居民的生活质量。

2. 执行机制

社区体育设施共享模式的执行机制是指在共享模式的目标导向中，共享模式中的各管理成员各司其职，共同参与共享管理等一系列工作，使共享行为按照确定的方向和目标运行，它由组织管理机制、资源整合机制、监督评估机制三个子机制构成。

组织管理机制应是自上而下的，以政府为核心，协同其他社会组织、行政管理部门。其中包括核心部门和功能部门，核心部门如教育行政部门（学校）、社区、街道、村（居）委会、社区管理部门、政府体育部门，是共享模式管理的基础，发挥引导的作用。功能部门是辅助核心部门开展共享事项的其他政府部门，如卫生部门、社区所在的派出所、工商部门，为共享模式的运转提供帮助，使运转流畅。共享模式专职机构由政府体育部门群众体育工作人员、社区管理人员、社会体育指导员等组成，该机构可以成为共享模式中领导、规划、统筹、协调、实施和评估的主体。共享模式就是要为城市社区中的绝大多数居民提供体育锻炼的机会，要做到这一点必须有丰富的体育设施资源，要充分挖掘社区内体育设施场地资源，必须建立资源认证机制和整合中介机制。

资源认证机制是确立可以共享的社区、学校、体育俱乐部等商业性机构的体育设施场地资源，然后进行共享前的管理对接工作；确立共享学校、社区、俱乐部等体育设施场地的标准。整合中介机制旨在解决认证之后如何协调这些体育设施资源的问题。

3. 反馈调控机制

反馈调控机制是确保体育场地设施共享模式系统目标实现的基本手段，共享模式的反馈调控机制包括国家宏观调控机制、市场调节机制与自我约束机制。

国家宏观调控机制是指国家根据经济社会发展战略需要，以立法、指令、政策导向对体育设施共享模式进行宏观层面的指导，推动群众体育全面发展方针的贯彻执行、确保各项政策顺利实施、促进城市社区体育的高速发展。由此，区层面可根据 2016 年印发的《"健康中国 2030"规划纲要》和国办发〔2019〕40 号文件《体育强国建设纲要》，制订地方调控政策，推进学校、社区、社会体育设施资源向居民开放。

市场调节机制具有政府高度参与性和社区体育的公益性，因此市场调节机制在社区体育设施共享模式运行中调节功能甚微，随着政府职能的转变，共享模式最终由市场经济所驱动。

以上两种调控机制都是外部施加与共享模式。就模式内部而言，必须建立相应的自我约束机制，以自觉调节共享行为，主动适应经济社会发展的需要，实现社区体育设施共享运行的总目标。

4. 保障机制

社区体育设施共享模式从制定、执行到反馈都需要有政策法规与财政经费的支持。第一，政府应该根据本区经济发展状况，充分利用本区体育场地设施的优势，制定具有奉贤特点的社区体育设施共享模式的政策和规章制度，从根本上推动奉贤区社区体育设施共享模式的逐步规范化与制度化。第二，协调体育设施相关各方，结合奉贤区社区体育设施开放工作，完善社区体育设施开放场所安全的相关规章制度，制订突发事件应急预案，预防并及时消除各类安全隐患。加强体育设施管理，确保锻炼人群的人身安全。建议在有条件的情况下，在对群众开放的社区体育场地装配智能心率测试仪、AED 等。第三，要建立社区体育设施多渠道投入机制。对于共享模式的自筹机制，要采取公有、民营、民办及社会捐助的形式，广泛吸纳资金，积极吸引现有的未开放的高校、社会俱乐部等体育场地加入，成为可共享的社区体育设施资源，不断改善社区体育设施共享条件。第四，打造奉贤区社区体育设施共享模式运营平台，推动共享模式管理组织的运营，利用现在的云数据管理，为共享模式的目标、发展方向提供有力的技术支持，确保共享模式沿着既定的轨道发展，协调共享模式的内生力量和外生力量。

(二) 奉贤区社区体育设施共享模式的构建与实施

1. 多元化管理的共享模式

(1) 管理主体多元化。根据奉贤区目前社区体育设施和场地分布情况，明确不同类型的社区体育设施的管理主体，如中小学及高校体育设施和场地确定教育部门为管理主体；社区全民健身路径等体育设施以社区街道为管理主体;其他政府投资的社区体育设施以体育部门为管理主体;社会体育设施以所属企事业或俱乐部为管理主体。

(2)管理方式多元化。明确不同的管理主体后,可以根据现实情况采取管理主体独立管理、共同管理和第三方承包管理方式:独立管理模式由管理主体独立管理其所有的社区体育设施,此方式适用于政府部门管理的体育设施及场地,通常采用无偿共享的方式供社区居民进行体育锻炼。这种管理模式比较简单,通常是政府下达指令,管理主体便可以开放其所有的体育设施,如学校、社区等。这种模式需要政府指令具有强制性,虽然对居民是无偿共享,但实质上还是一种有偿共享模式,只不过是政府为居民健身买单。共同管理的模式是指体育设施场地所有方和运营方共同管理,开放的管理主体主要是街道、社区、学校等,场地开放的主体单位提供体育设施和场地,委托社区体育服务站或者有经验的社会团体及体育俱乐部运营管理。这种管理模式比较适合无偿和有偿共享相结合的社区体育设施,如学校体育场地、社区百姓健身房、社区健身中心等。采用这种管理方式的一般是社区管理工作发展比较好的地方。开放管理的主体是街道、社区等,学校和体育部门参与部分管理工作,他们在工作中各司其职,对各自的权利、义务和职责进行约定。通过政府补贴一点、体育设施场地方支持一点、市民缴纳一点的方式,保证社区体育设施共享的持续性。第三方承包的管理模式是典型的有偿共享模式,采用这种模式需要在开放时段将体育场馆等资源承包给有资质的专业公司进行经营管理,要签订协议,对管理主体和运营主体的权利、义务和责任进行约定。管理主体提供体育设施和场馆,并对运营状况进行监督,根据相关收费规定制定收费标准,运营主体承担日常设施管理费用及人员开支,并向管理主体提交利润。该模式的优点是市场化运作可以规避管理主体在安全、财务等方面存在的风险,同时降低共享主体在设施共享中的资源投入;能使设施保证良好的运行状态和环境,这种专业化分工会提高社区体育设施的运营效率与效果。这种模式一般易于推行,可以在全民健身中心、体育中心、市民健身房甚至学校等社区体育设施推行。

2. 多元化供给的共享模式

随着市场化的大势所趋,社会公众对社区体育设施的需求逐渐变得多样化和规模化,原有的以政府主导的单一供给模式已经无法满足公众对社区体育设施的需求,世界各国根据自身的现有国情,寻求一种较为健全完善的社区体育设施供给模式。德国的公共体育服务采用PPP模式,供给主体除政府外,还包含一些联盟俱乐部,公共体育服务已经逐渐从中央政府或地方政府转移到各类社会组织。美国的公共体育服务的供给主要由市场提供,美国绝大多数社区公共体育设施委托民营企业经营和管理,并且美国政府通过征收酒店业、烟酒业、娱乐业的税收来补充社区公共体育服务所需要的资金。奉贤区社区体育设施供给多元化的发展还不够平衡,还不能满足社区人民日益增长的需求。可以借鉴国内外经验采用以政府为主导的供给模式、以市场为主导的供给模式、有限的政府供给模式以及有限的市场供给模式等。

依据全球著名体育城市发展要求,强化与奉贤区总体层面规划、单元规划、控制性详细规划的衔接,保障体育设施的用地。奉贤区体育共享规划应作为控制性详细规划编制的共享规划参考之一,对于体育用地的调整应征询体育相关管理部门的意见。

(1) 发挥本区优势,构建多元化社区体育设施供给。利用健身娱乐、运动休闲、竞赛表演、体育用品、体育彩票、体育服务贸易等体育市场和产业体系,初步形成具有示范效应的产业集群。利用体育产业的收益,建设公共体育设施。奉贤区体育产业发展应充分利用商业设施、旧厂房、仓库、公共绿地、楼顶、沿江和人防工程等资源进行改造,增加体育健身功能。通过健身房、体育俱乐部等以市场为主导建设运营的体育设施,补充公共体育设施服务,满足市民运动健身的需求。

(2) 鼓励社会俱乐部组织,发展社区体育活动。加快推动体育社会组织成为政社分开、权责明确、依法自治的现代社会组织,引导体育社会组织向自生力强、行业影响力大的独立法人组织转变。加强对社会民间体育俱乐部组织的指导和支持,鼓励社会体育俱乐部组织社区体育活动和竞技体育比赛。为体育民间组织提供体育技术指导、场地等服务,发动民间力量发展社区体育活动,促进社区体育运动开展。

(3) 形成"组合式共享"的生态运营,构建层次清晰、分工明确的政府引导、社区与学校配合、企业经营管理的三方协同管理模式是行之有效的路径。政府层面,应主导培育参与主体的共享意识,促进共享主体的第三方管理组织的形成,完善体育设施资源共享的保障体系。学校与社区层面,成立由学校和社区组成的共享筹划委员会,积极配合政府进行场地评估,并以此为纽带,加强社区体育与学校体育的融合发展。在委托社会企业层面,从美国的经验来看,在委托经营过程中要授予经营者较大范围的经营自主权,在合法的范围内,经营者可以根据市场的情况独立开展经营活动而不受业主的干预。在管理权方面,要赋予受委托方体育设施管理权,以及开展体育文化活动的自主权;在经营权上,受委托方具有相对独立的经营权,根据市场规律进行体育设施管理和体育活动的经营。应在城市建设规划中重视体育设施的布局,积极推进社区与学校体育设施的一体化建设,方便共享,避免体育设施资源同质化。在成熟社区管理中,可以通过居民购买社区物业体育类专项服务的方式,将学校闲置时段的体育设施纳入社区物业管理范畴,以此来消解学校对于共享的管理顾虑。居民所要缴纳的体育专项服务的费用,以学校向进校锻炼的社区居民收取,而物业公司不再向居民加收费用。

(4) 进一步夯实奉贤社区体育设施的功能性。拓展包含乒乓球、老年康复、体质监测、有氧运动、力量运动、瑜伽、舞蹈、跆拳道、青少年体育培训等项目,全方位满足广大社区居民多样化的健身需求。文体活动中心所布局的运动项目应尽量覆盖少年、青年、中年、老年等各个年龄阶段,不同的健身人群都能找到自己喜欢的运动项目。

3. 建立"互联网+"的健身云平台

互联网、云计算、物联网技术和智能设备的不断发展和在各个行业的应用,极大地提高了管理效率和服务能力。24小时市民运动中心就是互联网、云计算、物联网技术在全民健身中的深度应用。考虑到奉贤区的现实情况,一是让居民的健身更方便;二是可照顾各行各业的居民,满足居民多样性、个性化需求,让有健身需求但时间不宽裕的人也能前来锻炼;三是全面提高运营管理的水平,更好地服务市民,并及时采集全民健身数据,为决策提供数据支撑。将场馆管理系统、智慧健身管理系统、公共体育设施管理系统、赛事活动管理系统等统一纳入"奉贤健身"智慧体育云平台,实现管理的智能化、网络化、数字化和综合化。

基于"互联网+"智慧体育管理云平台,将市民体质监测服务、运动健康干预服务、社区体育设施管理预约等内容呈现,为运动爱好者提供方便快捷的场地查询、场地预定、团课预约、教练预约、健身指导、活动报名、费用支付等"一站式"运动健康服务。

参考文献

[1] "开门吧"App,要做联合办公版的Airbnb.人民网[引用日期2016-03-28].

[2] "分享经济"关键是赋能.网易[引用日期2016-03-28].
[3] 籍玉新.体育公共服务的多元供给模式研究[A]//中国体育科学学会(China Sport Science Society).第九届全国体育科学大会论文摘要汇编(4)[C].中国体育科学学会(China Sport Science Society),2011:2.
[4] 周岩松.沦为过体育公共服务多元供给模式[J].浙江体育科学,2012(1).
[5] 陈静霜.我国公共体育服务模式选择与供给主体分析[J].成都体育学院学报,2009(6).
[6] 肖林鹏.论我国公共体育服务供给的基本问题[J].体育文化导刊,2008(1).
[7] 李骁天.我国城市社区与学校体育设施共享的影响因素及模式构建研究[D].北京体育大学,2009.
[8] 梁慧超,齐晓丽,冯彦妍,等.学校体育设施资源共享机制研究[J].吉林省经济管理干部学院学报,2010(4).
[9] 李骁天,王凯珍,彭程.我国城市社区与学校体育场地设施共享模式研究[J].体育文化导刊,2012(10).
[10] 赵修涵,陆作生.学校与社区体育设施共享的类型与发展[J].体育学刊,2015(4).
[11] 郭永安.我国城市带建设与城市体育文化繁荣的共生辨析[J].南京体育学院学报(社会科学版),2017(3).
[12] 王长在,柴娇.区域内体育设施资源共享探讨[J].体育文化导刊,2017(5).
[13] 陈踊,殷丽娜,易千枫,等.基于GIS的体育设施共享服务平台建设研究[J].江苏科技信息,2019(17).
[14] 房殿生,蔡友凤.共享经济时代共享体育模式及其构建路径研究[J].南京体育学院学报(社会科学版),2017(5).
[15] 崔国文.构建体育资源共享模式有效地促进社区体育发展[J].科技信息,2009(9).
[16] AHLFELDT G M, MAENNIG W, SCHOLZ H. Expected External Effects and Voting: The Case of the Munich Allianz-Arena[J]. Jahrbucher Fur Nationalokonomie Und Statistik, 2010, 230(1): 2-26.
[17] CHANG H H. Which one helps tourists most? Perspectives of international tourists using different navigation aids[J]. Tourism Geographies, 2015, 17(3): 350-369.
[18] CARLTON T A, KANTERS M A, BOCARRO J N, et al. Shared use agreements and leisure time physical activity in North Carolina public schools[J]. Preventive Medicine, 2017, 95(S10-S6).
[19] CHEN R S. Coupling Development Mechanism of Sports Industry and Tourism Industry in Hunan Province[J]. Ekoloji, 2019, 28(107): 3951-3960.
[20] Naul R, Harman K. Sport and Physical Education in Germany[M]. Routledge, 2002: 153-164.

上海体育社会组织实体化建设研究

——以黄浦区为例

潘敏虹 战 旗 李 磊[*]

一、前言

（一）研究背景

近年来，随着居民体育消费需求的增加，多样化、差异化的体育服务供给成为居民的体育消费诉求。在此背景下，体育社会组织需要承担更多群众体育的服务职能。而不论是主动提供群众体育服务，还是承接政府体育部门相关职责，都对体育社会组织实体化建设提出了新要求。如何在推动国家治理体系和治理能力现代化的背景下加快体育社会组织实体化建设成为体育社会组织发展的重要议题。上海市黄浦区体育社会组织具有良好的发展基础，区内有依法登记体育社会组织54家，未登记注册社区健身团队873个，涵盖篮球、足球、橄榄球、网球等多种运动项目，其法人类体育社会组织均值排列上海首位。黄浦区体育社会组织的数量基础和丰富实践为本研究提供了良好基础。基于此，课题组使用文献资料、问卷调查、案例分析等研究方法，梳理黄浦区体育社会组织实体化建设现状，归纳其先进经验，提出其发展问题，并以此提出相应的对策建议。在为黄浦区体育社会组织实体化建设提供科学依据的同时，也为上海乃至全国基层体育社会组织的实体化建设提供参考。

---

[*] 本文作者单位：潘敏虹，黄浦区体育局；战旗，黄浦区体育事业发展指导中心；李磊，上海市体育科研所。

(二) 研究意义

1. 为体育参与社区治理提供上海经验

党的十八届三中全会明确提出:"全面深化改革的总目标是完善和发展中国特色社会主义制度,推进国家治理体系和治理能力现代化。"治理现代化意味着国家治理的科学水平、民主水平和法治水平的更高标准,对社会治理体制机制的创新探索也成为国家治理的工作重点。国家治理体系和治理能力现代化是一个多层次的系统工程,包含政府治理、社会治理、社区治理等诸多方面。社区治理作为国家治理的基本单元,是国家治理的重要基础,但同时,对社区治理的研究视角与国家治理有本质上的区别。社区治理更多地站在社区居民的角度,不论是福利性活动、志愿性活动还是娱乐性活动,都更加注重文化、体育等元素与社区活动的充分融合。一般而言,措施性的改革创新大多从基层产生,向中上层推广;制度性改革创新大多由上层研究制定,最终在基层实践。因此,对黄浦区体育社会组织实体化建设进行研究,对其做法进行详细梳理并最终形成体育社会组织参与社区治理的经验模式,进而推进国家治理体系和治理能力现代化的相关研究是一条切实可行的路径,具有一定的研究价值。

2. 进一步探索基层体育行业商会协会脱钩路径

党的十八届三中全会后,行业协会商会的脱钩改革被列入国务院机构改革和职能转变方案的时间表,自2015年以来,有关行业协会商会与行政机关脱钩的相关政策文件密集出台,涉及总体方案、人员任职、承接政府购买服务、协会监管、资产管理等多个具体方面(表1)。行业协会商会的脱钩是政府职能转变中的重要内容,但目前脱钩的动力机制尚不明确,政府和社会的边界如何界定等问题是目前脱钩工作的主要挑战。与其他行业不同的是,单项体育协会是体育行业协会商会的主要存在形式,不同运动项目市场化水平、职业化水平、群众参与水平是体育领域行业协会商会脱钩区别于其他行业的独有问题。随着2020年底所有全国单项体育协会将与政府部门实现脱钩,不同运动项目的地方协会如何定位,其自身经济收入问题如何解决,均需要通过基层体育行业协会商会的实践给出答案。黄浦区体育社会组织种类众多,不仅涉及篮球、足球等群众参与水平较高的项目,同时涉及橄榄球、围棋等相对冷门的运动项目,因此,对黄浦区体育社会组织实体化进行研究,将对进一步探索体育行业协会商会脱钩改革具有借鉴意义。

表 1　行业协会商会脱钩政策文件一览

序号	政策文件名称	发布时间	发布主体
1	《行业协会商会与行政机关脱钩总体方案》	2015 年 7 月	中共中央办公厅、国务院办公厅
2	《中国足球协会调整改革方案》	2015 年 8 月	国务院足球改革发展部际联席会议办公室
3	《全国性行业协会商会负责人任职管理办法（试行）》	2015 年 9 月	民政部
4	《关于做好行业协会商会承接政府购买服务工作有关问题的通知》	2015 年 9 月	财政部
5	《关于公布 2015 年全国性行业协会商会脱钩试点名单的通知》	2015 年 11 月	行业协会商会与行政机关脱钩联合工作组
6	《关于公布 2016 年全国性行业协会商会脱钩试点名单的通知》	2016 年 6 月	行业协会商会与行政机关脱钩联合工作组
7	《行业协会商会综合监管办法》	2016 年 12 月	国家发展改革委、民政部、中央组织部、中央直属机关工委、中央国家机关工委、外交部、财政部、人力资源社会保障部、国务院国资委、国家机关事务管理局
8	《脱钩后行业协会商会资产管理暂行办法》	2017 年 12 月	财政部、民政部
9	《关于全面推开行业协会商会与行政机关脱钩改革的实施意见》	2019 年 6 月	国家发展改革委、民政部、中央组织部、中央编办、中央和国家机关工委、外交部、财政部、人力资源社会保障部、国资委、国管局

数据来源：行业协会商会与行政机关脱钩网站（http://www.chinanpo.gov.cn/tgnews/index.html）。

3. 加快黄浦区体育强区建设进程

《黄浦区体育发展"十三五"规划》（黄体〔2016〕31 号）中，将"区级体育协会社会化、实体化运行比例显著提升"作为其发展目标之一，充分体现了体育社会组织实体化在其体育公共服务体系中的作用。黄浦区本身具有较好的体育社会组织基础，大量的社区体育俱乐部是其开展群众体育活动的重要依托。

国际经验表明,体育社会组织在体育产业政策实施以及体育市场资源配置等方面具有不可替代的作用。借助区内体育社会组织优势,推进黄浦区群众体育、竞技体育、体育产业协调发展,也将是其建设体育强区的主要路径之一。因此,对黄浦区体育社会组织实体化建设研究将对加快黄浦区体育强区建设具有重要价值。

二、黄浦区体育社会组织实体化建设现状概述

实体化建设进程是衡量体育社会组织发展水平的关键,而建立合理的分析维度,有助于更加准确地把握体育社会组织实体化建设的基本情况,进而提升黄浦区体育社会组织实体化问题和对策建议的针对性。通过文献检索发现,目前对社会组织实体化建设进程的分析维度已初步形成。如梁俊雄(2001)认为,社会组织会员,社会组织纲领或章程,针对社会组织成员、财产、物资等的组织管理,充足的体育场地设施,稳定的经济来源是体育社会组织实体化的必需要素。桂海荣(2005)从体育社团的组织形式、与政府部门的关系、经营人才和技术指导人才、社团实体化指导思想四方面对体育社团实体化情况进行考察,认为形成与社团发展现状匹配的管理模式,通过多元化财源保障设施、器材经费,多方面加强社团人才队伍建设,健全的法规和运行机制是体育社团实体化发展的关键所在。许慧玲(2008)认为,实现体育社团的实体化,首先应在以人为本的思想指导下实现成员主体化,其次应加强章程、管理体制的建设,再次应在经费后盾的支持下提升以设施为基础社团物质实力,最后提升社团活动的实效性。

综合当前体育社会组织实体化研究的相关观点,以黄浦区体育社会组织实体化建设研究的研究意义为指导,结合黄浦区体育社会组织现实情况,梳理出人员配置、经济和收入情况、承接政府职能情况、内部组织管理情况四个维度,深入了解黄浦区体育社会组织实体化建设情况。

(一)人员配置

人员配置是体育社会组织运营的基础,从总体上看,黄浦区体育社会组织人员配置相对充裕,平均每个体育社会组织人数超过9人,共19家体育社会组织人员配置超过平均值,其中上海敬业青少年体育俱乐部、黄浦区篮球协会、黄浦区飞鱼青少年游泳俱乐部、黄浦区游泳协会组织人数超过20人,可见

群众参与度较高的项目和与青少年体育相关的体育社会组织人员配置更加丰富。

专职人数占组织总人数的比例可在一定程度上反映体育社会组织的实体化程度,52家体育社会组织专职人员数量共51人,全部专职人员数量占组织人数总数的10.7%。其中,黄浦区外滩社区体育健身俱乐部、黄浦区五里桥社区体育健身俱乐部、黄浦区橄榄球运动协会、李秋平篮球俱乐部专职人员数量占组织人数总数的比例超过50%(见表2)。一方面,从整体上看,黄浦区体育社会组织专职人数占组织人数的比例仍有较大的提升空间;另一方面,就目前专职人数占比较高的社会组织来看,从空间维度,人员的实体化更容易在街道、社区等最基层的体育社会组织取得突破。从运动项目维度,人员的实体化更容易在市场化较好的运动项目上取得进展。

表2 专职人数占组织人数比例超过50%的体育社会组织

协 会 名 称	组织人数(人)	专职人数(人)	占比(%)
黄浦区外滩社区体育健身俱乐部	3	3	100
黄浦区五里桥社区体育健身俱乐部	1	1	100
黄浦区橄榄球运动协会	8	6	75
李秋平篮球俱乐部	8	6	75

(二)经济和收入情况

多渠道的经济收入是体育社会组织实体化的核心要素,样本中52家体育社会组织的年均收入为51.64万元,其中共13家体育社会组织年收入超过均值。而其中有12家体育社会组织主要收入来源为提供服务收入。由此,构建符合自身特征的服务类型,是体育社会组织多渠道获取经济收入、推进其自身实体化进程的必经之路。从收入来源上看,黄浦区体育社会组织的收入来源主要有提供服务收入、市级有关部门补助收入、区县级有关部门补助收入、街镇级有关部门补助收入、政府购买服务收入、会费收入、社会捐赠等7类渠道(见表3)。由此可见,大部分体育社会组织已经认识到提供服务是其提升收入的主要方式,但同时也应看到,黄浦区体育社会组织的经济收入来源仍比较单一,尤其是通过政府购买服务获得的收入较少,体现了其在政府职能承接方面仍不够完善。

表 3　黄浦区体育社会组织经济收入来源情况

收入渠道类型	协会数量（个）	占比（%）
有关部门补助收入	17	32.7
提供服务收入	35	67.3
政府购买服务收入	2	3.8
会费收入	7	13.5
社会捐赠	1	1.9

（三）承接政府职能情况

对目前承接政府职能的两家体育社会组织——上海黄浦韵动体育服务中心、淮海楼宇体育促进会等进行深入研究，发现其承接政府职能均充分依托其自身定位及所处环境。如上海黄浦韵动体育服务中心所在外滩街道楼宇、企业众多，其通过承办外滩"楼宇运动嘉年华"服务街道企业，推动全民健身品牌项目建设，通过组织会员参与各类型比赛的形式切实推动社区居民体育参与，为社区居民提供更加多样性的社区体育服务。淮海楼宇体育促进会近年来连续举办了黄浦区楼宇白领跳绳比赛活动，促进了黄浦区楼宇白领的体育交流。在黄浦区体育总会的指导下承接了黄浦区第二届体育社团节相关活动，他们既是体育组织活动的组织者，也是体育社团活动的参与者，通过社团节的平台共同探讨体育组织的发展之路。

三、黄浦区体育社会组织实体化建设先进经验

（一）以治理体系和治理能力现代化为发展核心

体育治理体系和治理能力现代化是国家治理体系和治理能力现代化的重要组成部分，对其相关问题进行研究，既是顺应国际体育治理理论与治理实践所提出的时代要求，也是我国推进体育事业改革发展的现实需要。

体育治理以居民身体健康为主要目标。黄浦区人口密度居上海各区县第二，常住人口老龄化程度在上海居前，同时，城区二元结构特征明显，外来人口类型分化，高学历人才和从事低端服务业的群体共存，对社会管理水平

和社区治理能力提出了更高要求。因此，黄浦区进一步发挥政府、社会的合力，构建与之配套的多梯级社会服务供给模式，满足不同人群的多样化需求。

加强对体育社会组织发展的支持。第一，参照创业型组织的政策补贴，为组织发展提供政策优惠。如黄浦区创业型组织的政策，包括开办手续补贴、创业贷款担保、贷款利息补贴、创业房租补贴、社会保险补贴、开办费补贴、创业者能力培训、优秀人才服务和管理办法等。第二，加强对从业人员的培训和指导，提高从业人员的工作能力和业务技能，逐步培育一批有社会影响力的体育社会组织领军人物和骨干人才。第三，在有影响力、代表性的体育社会组织中，增加党代表、人大代表、政协委员的名额，拓宽政治参与渠道。

坚持市场在体育资源配置中的决定性作用。黄浦区是上海"四个中心"建设的核心功能承载区，总部经济发达，商业商务高度集聚，黄浦区着力营造更好的社区环境，优化企业服务，推动社区资源和企业资源共享，鼓励企业主体、社会组织和社区居民的联动互动，实现经济社会和谐发展。

（二）多样化培育手段助力协会实体化

对于不同类别的体育社会组织，黄浦区采用不同方式进行培育。

对于法人类体育社会组织，主要采用对组织进行规范化管理、专业服务能力提升以及监督评估等方式进行培育。一是在组织规范化管理方面，主要包括组织登记注册的前置审核、党建引领、年检指导、年终工作评估、社会组织等级评定等。二是在专业服务能力方面，主要采用提供办公场地和培训场地、政策知识和专业知识普及、政府购买、经费补贴等方式进行培育。比如在政府购买方面，购买内容包括赛事举办或展示、技能培训、体质监测、等级考评等。三是在评估方面，主要采用年度评估和项目评估等方式进行评估和激励。比如，在年度评估方面，主要是针对单项体育协会、青少年俱乐部等建立评估激励机制，对组织管理、举办各类比赛、活动、健身技能培训项目等情况进行年度工作评估，予以经费奖励，推动组织发展。奖励主要有，每个组织能拿到1万~3万元不等经费奖励并颁发证书，获得优秀、良好、合格的协会分别可于次年免费使用体育系统公共体育场地6次、4次、2次。

对于基层社区健身团队，主要依托社区体育俱乐部，对其进行人、财、物、技术、制度建设等方面的培育。

一是人才培育方面，俱乐部积极培育社会体育指导员，使其在团队建设中发挥骨干作用。二是资金方面，采用补贴、项目申请、等级评估等方式，为团队发展提供一定的费用补贴。三是场地方面，通过整合资源，与辖区内学校、机关等达成合作协议，实现场地资源定时对外开放。四是技术培训和赛事组织方面，市、区的单项协会、人群协会、社区体育协会以及街道等，进行技术配送和赛事组织。五是制度建设方面，均通过备案要求、等级评估、项目申请、优秀团队评选等方式对其进行激励，既促进组织的规范化建设又能获得资金补贴。内容包括章程、分工、管理情况、考勤情况、活动情况、获奖情况等。

（三）区级部门相互协助为协会实体化提供保障

体育社会组织实体化需要多部门协同推进。2012年，民政部门牵头制定了《黄浦区加快社会组织发展三年行动计划》，对"十二五"期间的后三年推进的促进社会组织发展制定了目标，明确了措施。黄浦区层面新成立了黄浦区社会组织服务中心，区民间组织服务协会改名为黄浦区社会组织联合会，并完成了两区理事会的换届改选。区民政局在财政支持下，首次设立了700万元专项购买社会组织服务的资金，主要用于街道民生服务类社会组织项目购买，促进社区社会组织发展。

一方面，专门建立与政府间的交流与反馈工作机制，并将机制制度化。牵头与行业主管部门联手建立社会组织与税务、物价、街道等相关部门交流的机制，建立区级发展联席会议制度，对社会组织发展中的重大事项进行协调、综合决策，检查有关政策法规的落实情况。建立协商机制，以职能部门为牵头单位，对社会组织发展过程中有关问题开展会商，重点解决本区社会组织发展中的有关政策落实、联合监管、促进发展等方面的问题。

另一方面，召开社会组织的座谈会，为社会组织发展保驾护航。针对座谈会上一些社会组织提出的一些发展中的困难，政协委员在座谈中建议民政部门落实解决。会议认真研究了社会组织提出的现实困难，根据实际情况相关部门立即给予落实或在下一步工作中落实。如对于社会组织提出，需要经常使用活动场地，但不知道如何申请。黄浦区社团局承诺对社会组织的场地使用需求，通过街道社会组织服务中心信息沟通，提供服务。同时积极呼吁政府活动场地资源信息公开、申请公开，向更多的体制外的社会组织有序开放等。

四、当前黄浦区体育社会组织实体化建设的主要问题

(一) 社会组织发展纲要引领性不强

社团纲领或章程的宗旨是具有影响力与号召力的,反映了社团组织一定的社会使命和职责,并通过目标具体化成为社团成员行动的指南。根据2015年的一项关于社会组织发展现状的调查显示,某省有超过四成的组织没有成文的章程,超过五成的组织都是由几个领导层成员做决策,约六成的组织都是通过提供公益服务的方式开展活动的。但多数只是进行公益宣传,或者在会员内部开展活动,定位上不清,宣传也不到位,大部分社会组织没有自己专门的信息传播平台。经查询,黄浦区大部分体育社会组织未设置独立的信息传播平台,其信息传播大多依靠黄浦区各委办局相关网站,这导致区内居民难以查询其发展纲领,主动参与体育社会组织活动的路径也较少,大量体育社会组织的活动信息仍采用自上而下的信息传递方式。居民主动参与路径少也直接影响了体育社会组织日常工作的开展,成为其实体化的一大障碍。调研中,有受访人士提出,由于自身组织偏向于某一方面服务,没有形成多元化服务格局,在日益拓展的服务领域中捉襟见肘。社会组织自我发展、自治自律机制有待进一步健全。

(二) 体育部门政府转移职能比较有限

在国外,体育社会团体在民间自发产生,从下而上逐步形成民间组织协会制。中国体育社会组织起步较晚,前期的发展对政府有很强的依赖性,协会组织实质是"被挂名"的政府部门。

政社分开关键在于政府职能转移,转移程度影响着组织活力的提升程度,职能转移不足,既使政府陷入复杂事务处理中,又不能使组织的发展活力得到激发。

社会组织要开展公共服务和社会管理,更需要政府转移职能,让渡服务空间,但目前,政府并没有完全将社会组织能够承担的职能委托给它,导致其发展空间受限。特别是在职能转变、下放事权过程中,出于习惯或利益考虑,一些部门并没有解放思想,调整思路,仅局限于向部分社会组织开放,导致了其作用不能充分发挥,专业能力得不到施展,甚至增加不必要的工作负担。如体

育局仅向区社会体育指导员协会转移了社会体育指导员培训职能,但对社会体育指导员日常管理、发挥作用情况的考核等,未进行转移。此外体育社会组织登记审核、日常运行监管(活动监管、工作监管、财务监管等)及相应服务指导、承接体育公共服务项目情况及效能评估等具体职能均未转移。

社会组织要开展公共服务和社会管理,更需要政府转移职能,因此,政府要通过授权、委托及其他适当方式转移给社会组织承担相关的事项,开放部分服务空间,根据部门特点,把可以由社会组织参与的事务交由社会组织办理。但是现实合作中很多部门思想没有解放、开放空间不够,导致社会组织无处发挥作用。

(三) 枢纽组织的重要作用有待深入挖掘

社会组织服务平台是衔接政府、社会组织及服务对象的枢纽型、支持型社会组织,在引领社会组织促进社会协同、创新社会治理中发挥着积极作用。黄浦区职能部门枢纽型社会组织尚在整合过程之中。体育局所管理的体育总会,虽完成合并,但管理的一些体育类群众社会团体因人事安排等原因,尚未调整到位。

在区层面,区体育总会职能虚化,没有充分发挥服务职能,只能完成一些基本要求,如民政局的年检考核;主动为会员(各类体育社会组织)提供的政策普及、业务咨询、能力培训、信息提供、资源协调等服务较少。

在社区层面,尽管实现了社区体育俱乐部全覆盖,但实质是以街道的社区发展办公室为主导进行培育。俱乐部与街道社区发展办公室在人员、机构、财务、职能等方面存在较高重合度,专业服务能力难以提高,对社区健身团队培育缺乏长远规划。

(四) 体育社会组织监管体系尚未建立

尽管政府在培育过程中提供了必要的资金保障,但尚未形成一整套有效的培育监管机制。体育社会组织在自治运作中,导致规范化管理能力、资源整合能力、项目策划能力、专业化服务能力等不强。

一是体育社会组织标准化体系尚未建立。标准化体系不仅可为体育社会组织实体化建设指明路径,同时也为政府部门对体育社会组织实施行业监管提供了基本依据。但目前区内体育社会组织大多依托于各级民政部门的相关法律依据,区级体育部门从行业专业维度对体育社会组织的规范较少,成为体育部门对体育社会组织监管、体育社会组织实体化建设两方面的障碍。二是信息沟通机制不够健全。组织获得政策、资源、项目等信息渠道缺乏,部分组织与外部的互动与合作较少。政府部门与组织、组织与市场、组织与组织等之间,由于缺乏有效的信息沟通机制,造成信息不对称,无法形成有效合作。

(五)协会实体化的相关政策仍不够具体

政府对社会组织的管理和服务的政策支持环境尚需进一步完善。政府购买社会组织服务需要政策促进并规范运作,社会组织税收优惠政策执行需要相应配套、进行具体落实。

依目前税制,公益服务类社会组织与教育类、医疗类民非单位同等待遇,其在政府购买服务项目中仍需缴纳营业税,且可享受的所得税免税范围很小,政府购买服务的收入拨款被排除在免税范围之外,要享受免税政策,相关手续相当烦琐,必须在当地同级财政做免税资格审核申请,通过后报同级民政部门复审通过,每年度由财政、税务、民政等部门公布的联合免税名单之内,申请捐赠类行政事业收据,才能做免税抵扣。

五、加快推进黄浦区体育社会组织实体化建设的对策建议

(一)提升社会组织发展目标体系化水平

体育社会组织的发展目标体系是对其自身定位、性质的最直接体现,通过建立体系化的社会组织发展目标,促进区内更多居民主动了解体育社会组织,形成居民主动加入体育社会组织、参与体育社会组织活动,扩大其经济来源渠道,使体育社会组织实体化建设步入良性循环。只有回归体育社会组织设立初衷,精准匹配居民真实体育需求,才是体育社会组织发展的合理路径。同时,传播渠道对社会组织发展目标也具有重要作用。建议区内各体育社会组织在明确其自身定位、加快社会组织发展目标体系构建的基础上,将体育社会组织实体化与互联网思维充分融合,通过微信、微博等新媒体渠道提升自身影响,使体育社会组织发展目标发挥更大作用。

(二)完善体育社会组织管理机制建设

体育组织发展与政府机构改革、管办分离息息相关。管办分离,是要实现

政府职能的转变和政府角色的重新定位,政府不再直接承担事业单位的职能,转为全力承担对各事业单位的行业规划与监管职能,事业单位的具体管理职能则转交给新设立的举办机构承担,或者通过建立社会事业单位法人治理结构以及相关政策,将权力下放给事业单位,从而推动社会组织发展。

广州印发《广州市社会组织培育发展基地管理办法》,明确培育发展基地的管理体制、运行机制、主要职责,对培育发展基地的建设、管理服务、资助评估、监督管理等方面进一步细化,为社会组织培育发展基地的发展提供了制度遵循。目前,其已建成45个培育基地,形成市、区、街镇、社区培育四级网络,基地已成为全市社会组织提升发展能力、获取社会资源、得到专业指导、实现项目落地的综合性平台。

管办分离共有三种实现形式:一是监管者职能与出资者职能、机构分离的三重治理模式。政府监管者职能与出资者职能、机构分离,组建专司出资者职能的举办机构,主管部门与举办机构级别平行、各司其职,形成主管部门、举办机构、事业单位三重治理模式。二是主管部门、中间型治理组织、事业单位三级治理模式。主管部门管办一体,与事业单位间建立分别行使监管职能与出资职能的中间型治理组织,形成主管部门、中间型治理组织、事业单位三级治理模式。三是主管部门—事业单位的二级治理模式。主管部门管办一体,但行使监管者职能与出资者职能机构在其内部适度分离,形成两者直接对接的二级治理模式。通过管办分离和政府职能转移,激发组织发展活力。借助第三方机构对市民体育需求进行调研,通过归纳整理形成服务项目并进行购买目录的制定和具体实施。这个过程是政府职能转移的过程,促使政府为组织发展让渡空间,激发组织活力。

(三)充分发挥政府购买服务的撬动作用

政府购买公共体育服务不仅是政府职能转移的一种方式,也是培育和发展体育社会组织的一种手段。通过有效优化政府购买服务的相关制度规范,可以带动体育社会组织进行社会资源的整合,促进组织服务能力提升。

第一,进行政府职能转移,激发组织发展活力。通过第三方机构对市民体育需求进行调研,归纳整理形成服务项目并进行购买目录的制定和具体实施。这个过程是政府职能转移的过程,促使政府为组织发展让渡空间,激发组织活力。

第二,提高公开招标数量,提升组织服务质量。建议逐步提高政府购买公开招标数量,避免购买的"内部化"并逐步提高购买行为的竞争性,通过良性竞争实现优胜和劣汰,不仅调动组织参与积极性同时提高公共体育服务质量。第三,规范组织评估要求,促进其进行社会资源整合。健全政府购买公共体育服务的评估体系,明确评估内容体系、规范评估方法并制定评估激励机制,将组织进行社会资源整合的能力作为评估体系的重要指标,以评估促发展和建设。第四,引导组织主动加强制度建设,提升组织规范化管理能力。各类财政补贴政策,均对组织机构、人力、财务、档案、业务和诚信等提出了标准和要求,组织在获得资金扶持的同时,需要不断完善各项规章制度,不断提高规范化管理能力。

（四）进一步理清枢纽组织与其他组织的关系

枢纽型社会组织作为"政企、社社、社企合作"的桥梁,是在社会组织行业化建设中不可或缺的一环,强化社会组织的聚合力作用,进而有效激发社会组织的活力。因此枢纽组织在其他社会组织中需要更好地发挥好职能作用。

一是枢纽型组织的平台作用。理顺政府、市场、社会三者关系,积极探索政社合作培育模式,通过"以会管会",增强体育社会组织活力和社会公信力,既改变体育社会组织与政府部门之间存在的行政依存关系,又避免脱钩以后的游离状态,逐步构建分类、分级、分层、自主、自律、自养的政府与体育社会组织合作的新型体育社会组织管理新格局。建议区体育局通过定向委托或者竞争购买,把培育任务交给枢纽型体育组织,在政府的决策、监督和评估下,由其进行具体培育。

二是桥梁纽带功能。一方面枢纽式组织可以利用与政府沟通便利的优势,帮助社会组织争取服务资金,解决政府向谁购买和谁有能力购买的问题;另一方面枢纽式组织可以利用对会员单位情况熟悉的优势,提供给政府最优秀、最合适的社会组织服务,并帮助解决服务监督和资金使用绩效评估问题。

三是枢纽型社会组织孵化作用。目前,区、街道两级社会组织服务中心已全面覆盖。对此类枢纽型社会组织在人员力量、资金项目等方面建议加大扶持力度,发挥其在公益服务类社会组织孵化培育、协调指导、集约服务等方面的重要作用。如进一步发挥服务中心作用,通过机构孵化和项目孵化相结合的方式,推动社会组织公益项目的发展。加强区级社会组织孵化园建设,优先培育孵化公益服务类社会组织,为入驻的社会组织或公益服务项目提供办公场地、政策咨询、人才培训、机构孵化等支持性服务,为培育发展公益服务类组织创造条件,借鉴虹口区社会创新实践园的经验,将社会组织孵化园打造成区社会组织公益项目示范中心、公益服务项目洽谈中心以及公益组织人才培训中心,着力构筑良性运行的"公益生态"环境。

四是协调服务功能。按照章程规定,加强所属社会组织自身建设,反映诉求,提供服务,维护其合法利益。侧重强调服务为本,以服务促联合,寓管理于服务,枢纽式组织不是二政府,决不能搞科层式管理那一套,不能凌驾于会员单位的头上,要实行扁平化管理,多协调,多服务,多民主,多协商。

(五)加快体育社会组织监管体系构建

社会组织的健康发展离不开政府的引导和规范。推动体育社会组织标准化体系构建,为社会组织建立多方参与的监督评估机制打下坚实基础,确保社会组织不仅走得远、更走得好。

引导社会组织按照民政部出台的《社会组织评估管理办法》(民政部 2010 年 12 月 20 日出台的《社会组织评估管理办法》中关于社会组织的等级评定标准,社会组织评估共设五个等级,由高至低依次为 AAAAA 级、AAAA 级、AAA 级、AA 级、A 级。获得 4A 以上评估等级的社会组织可以简化年度检查程序。获得 3A 以上评估等级的社会组织,可以优先接受政府职能转移,获得政府购买服务,获得政府奖励。社会团体、基金会实行综合评估,评估内容包括基础条件、内部治理、工作绩效和社会评价)以及《上海市社会组织评估指标》,积极参与社会组织评定。

要强监管并促其自律。对营利类组织信息公开方式和内容进行规范,提升其公开度和透明度,同时把信息公开、信用状况、社会声誉等和购买公共体育服务、补贴、奖励、税收优惠等挂钩,以促进其自律。职能部门要严格监管,对于以体育社会组织之名行企业之实的组织,可以采取退出机制。

(六)形成多层次的社会组织实体化政策体系

充分发挥体育社会组织在社会治理中的作用,必须有针对性地制定扶持政策,为组织发展提供良好的环境。

一是针对组织发展阶段制定政策。体育社会组织实体化进程中,应根据其阶段状况有针对性地进行培育。初始阶段重资源培育,以补贴和扶持为主,解决生存问题使其能够"活起来"。比如,体育局可对组织进行场地资源协调和补贴、政策法规知识的宣传与普及、骨干培训等扶持。中期阶段重能力培育,以扶持和部分购买为主,通过转移部分职能让组织进行运作,解决发展问题使其"长得快"。另外还可通过搭建信息平台,为组织牵线进行学校、企业、其他组织等的资源整合,提高组织的资源整合能力。成熟阶段重品牌培育,主要从基础条件、内部治理、工作绩效、社会评价等四方面加强培育,以提升组织机构建设、完善财务资产管理、提升服务绩效和提高服务影响力为主,使其"长得稳",打造上海乃至全国级的5A级社会组织。

二是针对组织不同类型制定政策。体育总会、社区体育指导员协会等有行政职能的组织要转体制并实现自治。通过政府的资源扶持、能力培训,帮助其塑造组织发展品牌,以促使组织可持续发展,从而实现自治,与政府达成真正的合作共治。如对体育社会组织发展的场地、资金、人才、项目等各方面进行扶持;搭建信息平台增加其资源整合能力,同时提升对项目策划执行等的能力;以塑造组织品牌形象为目标,通过分析优劣势,为组织参与公共体育服务强化基础。

(七) 进一步发挥党建工作的引领作用

在社会组织中开展党建工作,既是构建社会主义和谐社会的必然要求,也是社会组织自身健康成长的重要途径。建议依托体育总会的平台,采用制度嵌入和工作嵌入的方式实现党建覆盖。一是体育总会逐步将党建工作嵌入到组织章程、年检、年终评估、等级评估、购买公共体育服务的要求中,通过硬性指标要求,实现党建对体育社会组织发展的刚性引领。二是根据组织需求和组织特点,开展党组织活动,提升组织服务能力。依托党建活动,打破组织间行政隶属、各自为政、相互封闭等壁垒,推动党建融合、工作融合和感情融合,从而实现信息共享、服务共享、文化共享等,激发组织活力并提升组织服务能力。三是对组织的党建活动、党建优秀事迹和人物、党建和组织业务相结合方法等进行信息宣传,实现党建与社会组织建设的相互融合和促进。同时,加强居委会支部书记队伍建设,党组织参与推荐的党员干部可优先担任居委会书记,确保干部队伍的先进性。区委也要选派更多的机关和事业单位的优秀青年干部担任居民区党组织副书记或书记助理,一方面提升社区管理水平,另一方面也能培养青年干部基层工作能力。

参考文献

[1] 许耀桐,刘祺.当代中国国家治理体系分析[J].理论探索,2014(1).

[2] 杨敏.作为国家治理单元的社区——对城市社区建设运动过程中居民社区参与和社区认知的个案研究[J].社会学研究,2007(4).

[3] 贾西津,张经.行业协会商会与政府脱钩改革方略及挑战[J].社会治理,2016(1).

[4] 姜同仁.新常态下中国体育产业政策调整研究[J].体育科学,2016(4).

[5] 梁俊雄.体育社团实体化发展新探[J].体育科学,2001(1).

[6] 桂海荣.对市场经济条件下我国体育社团实体化发展的对策研究[J].体育成人教育学刊,2005(1).

[7] 许惠玲.体育社团实体化研究综述[J].广州体育学院学报,2008(3).

[8] 杨桦.深化体育改革推进体育治理体系和治理能力现代化[J].北京体育大学学报,2015(1).

[9] 秦东颖.协会实体化 政府扶一把——上海市闵行区群众体育探索让社会组织唱主角[J].中国社会组织,2014(6).

[10] 刘春萍.推进社会组织服务平台实体化运作[J].中国社会组织,2015(13).

[11] 赵立波.推进事业单位管办分离改革[N].学习时报,2012-09-03(003).

中心城区社区体育设施空间布局及优化策略研究

——以徐汇区为例

杜 梅 易 歆[*]

一、前言

社区体育设施是打造全民参与健身的城市风貌的必要硬件载体,合理设置、科学布局的社区体育设施为社区居民提供便捷,也彰显出社区品质、城市形象,也是 2025 年上海建设成为全球著名体育城市的不可或缺的物质基础。为此,上海体育及相关各界人士积极参与,在具体实践、资源集聚等方面做出了诸多努力,比如引进社会力量推动有条件的学校场地向社会开放,利用楼宇、屋顶、地下空间增加体育设施,发展线上社区体育设施场馆查询预约等等。然而,政府、学者、业界在积极的探索中仍旧存有疑虑,社区公共体育设施的供给能否满足社区居民的需求,社区体育设施空间布局如何合理地规划才能高效公平地提高体育空间资源利用率,社区公共体育设施空间布局建立是否考虑不同年龄段居民出行方便,等等。上海作为一座特大型国际大都市,其中心城区土地资源稀缺、人口高度集中等特点突出,对社区体育设施带来极大的挑战。相关研究也确实发现,随着居民对体育需求的日益增长,社区公共体育设施供给不均衡,在体育设施建设过程中人均体育设施标准与实际执行情况出现偏离,社区体育设施质量不高、功能单一等问题暴露出来,显示出对社区体育设施空间布局进行研究的必要性。徐汇区正在打造上海的中央活动区,最

---

[*] 本文作者单位:杜梅,华东理工大学体育科学与工程学院,博士、副教授,主要研究方向:体育经济与管理。易歆,华东理工大学体育科学与工程学院,硕士研究生,主要研究方向:体育经济与管理。

近更是提出了建设"全球著名体育城市核心区"的崭新定位,推进全民健身、发展体育产业在区委和区政府的工作中占有重要位置。鉴于此,本研究以中心城区徐汇区为例,拟从合理规划社区体育设施空间布局,改善公共体育设施环境;为中心城区徐汇社区体育设施空间布局提供标准考量、空间规模、实现机制、优化策略等维度展开,以"社区规划"的视角找出适合上海市徐汇区体育设施空间布局合理发展模式。

二、理论基础

(一) 相关概念

1. 空间布局

城市空间是市民社交联络、进行各种活动的公共场所。城市布局则是城市建设和发展的结构形态。各种服务于不同目的和城市需求的空间按照一定的规则,并且紧密依托城市本身的地理、气候、资源等环境条件和社会发展等经济、文化条件,所进行的取舍、规划(李德华,2001)。城市的环境和基础条件对体育设施的布局有影响,比如城市的人口密度、交通网络、体育活动相关基础设施建设等(郑志明,2009)。体育空间布局有着多元的影响,诸多学者(蔡玉军,2012;2014;高艳艳,2015;谢冬兴,2016;潘春宇,2017;许帅,2018等)研究表明,空间是影响居民参与体育活动的最主要因素,不合理的地理位置布局会导致使用者出行距离增加,会降低居民参与体育锻炼的频率;体育设施类型结构合理与否,影响居民参与的热情和具体需求的满足。宏观来看,不合理的空间布局实质是全民健身资源的错位配置,会制约全民健身的发展和市民健身体验的提升。潘春宇(2017)认为,社区体育设施布局应当是社区居民对体育活动的空间距离要求、空间规模要求、场地设施配置要求的直接反应和匹配,也是供给与需求的博弈过程。

2. 社区体育设施

社区体育设施这一概念当中有一个很重要的限定词"社区"。德国社会科学家 F. J. Tonnies(1887)最早提出了社区的概念,被誉为"社区理论的创建者"。他认为,社区是一个利益共同体,应具备特定的地域空间、拥有特定的人群,且所住居民之间有共同的利益与意志三个主要特征。1933年社会学家费孝通先生第一次将社区概念引入我国,最早将"社区"翻译为"地方社会",与德国社会学家滕尼斯提出的概念存在偏差。学者游艳玲(2004)提出,在社会学领域"社区"具有一定区域范围,里面有一定的人口数量、设施及组织,彼此之间互相联系,具有共同利益的社会群体活动组织。学者赵民、赵蔚(2003)从城市规划学领域的角度对"社区"进行定义,认为"社区"是一个人文和空间复合单元,且单元内的社会群体具有共同利益且拥有相同的服务体系。2000年,中央办公厅、国务院转发《民政部关于在全国推进城市社区建设的意见》(下称《意见》),其中提出关于社会和城市社区的定义为"社区是指聚集在一定地域范围内的人们所组成的社会生活共同体,目前城市社区的范围,一般指经过社区体制改革后作了规模调整的居民委员会辖区"。本研究认为《意见》很好地结合我国国情对"社区"进行了定义,并且按照居民委员会辖区进行划分非常清晰,有利于在区域范围、管理职责等层面明确具体社区的范围,因此,本研究将采用《意见》对于社区的界定,从地域范围和行政管辖上对社区体育设施进行划分。

从社区体育内容范畴的角度,学者沈梅(2001)提出,社区体育是面向社区开展的社区居民体育,不但存在于社区的整体之中,还依附于社区的发展而发展,社区体育与其他体育有所不同,它是以社区内居民为主要对象展开的体育,包含以家庭为对象开展的,以老年人、青少年、女性群体等为主要服务对象的体育活动,还包括面向社会团体、机构的体育活动,内容十分广泛。另外,社区体育的概念还强调是在非竞技的目的下在一定地域内进行的体育行为。该定义较为完整和全面地总结了社区体育工作所包含的内容。事实上,社区体育工作一直以来是我国地方体育行政部门工作的重要内容之一,从设施、培训、活动等不同层面满足社会公众的体育活动需求是体育行政部门和基层政府部门的重要职责,其中体育设施是重要的物质基础和硬件环境。

体育设施是一个比较宽泛、包容性比较强的概念。1930年体育设施一词第一次在我国出现,民国时期建立的原县国术馆主要用于训练拳术为主;1940年,县政府开始修建县体育场,内设篮球场、跳远、沙坑等;20世纪70年代后期,各县开始重视体育场地的建设,相继建成一批质量较高的运动场地。我国《体育建筑设计规范》从建筑功能角度界定体育设施为服务于"体育竞技、体育教学、体育娱乐和体育锻炼等活动的体育建筑、场地、室外设施以及体育器材等的总称"。可见,体育设施的概念自进入我国以来并不完全是面向社区的,涵盖的范围涉及竞技、锻炼、教学等多个方面,其中社区体育设施只是体育设施总体当中的一部分。2003年,国务院在《公共文化体育设施条例》中提出公共体育设施是由政府和社会力量出资兴建的,向全民开放使用的体育场地与设施等。其主要用途主要体现在两方面：一是可用于开展社会体育活动，满足全民健身需求；二是可用于赛事。《城市社区体育设施建设用地指标》明确要求社区体育设施必须是用于开展社区体育活动的场所。一般社区体育设施在功能设计上都应当贴近社区居民的需求，能够提供就近参与体育锻炼的必要条件。卢元镇（2010）认为，社区体育场地设施是公共体育空间。空间是一个不可或缺的因素，没有适度的空间，人们只能与拥挤、焦虑、压抑共生。随着经济水平的提升，人们的需求也随着社会的发展而改变，大家越来越向往身边能有一个健身、休闲、社交的"体育空间"，得以闲适、舒展、强健。体育空间成为体现体育社会福利、社会公平的要素。可见，社区体育设施可以被界定为：为开展社区体育活动、提高人们生活质量、为社会各种人群提供公平锻炼机会的体育场地设施。

（二）相关研究动态

1. 国外研究动态

国外对于社区体育设施空间布局的研究较少，主要集聚在社区体育设施为城市和居民带来的经济效益、功能性建设问题上。比如 John Siegfried（2000）认为，自20世纪50年代以来，纳税人一直是体育场馆的主要投资者，体育场馆是为私人专业运动队而建造的，球队老板认为体育设施促进了当地的经济活动，然而通过经济推理和经验证据调查研究显示恰恰相反，公众对体育场馆的支持也来源于对社区形象的需求推动。Stacy Warner（2012）指出，随着体育运动的普及，越来越多的社区开发商、规划者和领导者意识到体育运动具有促进社区的功能，体育在适当地设计和实施时，能为建设社区提供机会。Maassoumeh Barghchi（2010）通过对马来西亚城市体育设施发展趋势与发展调查研究提出，体育设施普遍呈现出蓬勃发展的形势，体育设施的建设发展取决于多种因素，包括位置、环境和设施使用以及人们的体育文化。Jackie Grieve（2012）提出，社区福利是澳大利亚政府经常使用的一个术语，用以证明体育设施的建设需要社区的初步和持续的财政支持。通过对一个新的体育场馆建设调查，证实了新场馆的建设能为社区带来一系列的效益，对居民的运动、运动社区和运动体验产生了积极的影响。

2. 国内研究动态

国内学者对城市公共体育设施空间布局功能性、设施配置等问题给予了高度关注。蔡玉军等（2012）指出我国城市公共体育空间缺乏科学合理的规划建设，导致空间分配不均和设施的重复建设，造成一定程度的资源浪费。蔡玉军等(2014)认为,城市公共体育空间应该具有层次性、开放性和渐变性特征,在规划布局过程中应当遵循公平、高效、便捷等原则。高艳艳等(2015)指出,城市公共体育设施是实施全民健身计划的物质载体,是提高全民身体素质和发展体育事业的基础。许帅(2018)认为,居民参加体育活动的人次随着到出发地时间增加、距离变长而减少。城市公共体育设施规划是城市空间布局的重要组成部分,体育设施布局的合理性,直接关系到城市整体规划的科学性。谢冬兴等(2016)研究指出,体育运动与空间紧密相关,空间是体育活动得以开展的先决条件,体育同时也为展示空间文化提供了场域。潘春宇(2017)指出,合理规划建设的社区体育设施为居民提供了品质生活的保证,体现了城市综合功能的完整性和先进性,有助于城市健康发展。许帅(2018)通过研究上海市黄浦区城市公共体育空间分布及利用情况提出,目前黄浦区面临着城市公共体育空间不足的情况,直接影响着居民的健身水平。场地器材因素成为影响居民参加体育活动的主要客观因素。公共体育空间资源整合力度低、公益属性得不到强化、学校体育场地闲置浪费等问题突出。

3. 综合评价

综上所述,发现学者们对于社区体育设施空间的关注点集中在空间布局功能性和设施配置问题上,对于优化上海中心城区体育设施空间布局具有重要的理论参考价值,但由于具体城市、具体区域的实际情况存在较大差异,因此仍有必要针对上海中心城区进行社区体育设施空间布局的研究,从而给出更准确和更具可行性的参考建议。

三、研究结果与分析

(一)徐汇区基本情况

徐汇区位于上海中心城区西南部,总面积达到54.93平方千米,其中陆地面积50.94平方千米,水域面积3.82平方千米,集聚了经济、休闲、购物等重要的活动中心,经济发展水平在全市居于前列。从地理位置来看,徐汇区是市中心出入奉贤、闵行、浦东新区、金山等区的重要交通要道,拥有多条地铁交通轨道,出行方便。徐汇区内拥有较为丰富的文化旅游资源和上海体育馆、上海体育场等标志性体育设施,截至2018年底,徐汇区常住人口108.44万人,居民比较讲究生活品质,对文化、体育等的需求发展较快,体育消费也领先大多数城区。根据徐汇区体育局2019年上半年对区内居民的抽样调查显示,徐汇区居民较为喜欢的运动包括跑步、健步走、羽毛球、足球、广场舞、健身气功、跳绳、自行车、健身操舞等,对运动项目的偏好存在明显的年龄差异,后文将详细分析。

(二) 社区体育设施布局

根据2019年全国体育场地调查的结果,截至2018年底,徐汇区拥有各类体育场地共计2 482个,总面积为1 076 033平方米,人均体育场地面积0.99平方米。通过对调查数据的深入分析,得出如下结果。

1. 社区体育设施区域分布

从场地数量看,徐家汇街道的体育场地数量最多,其次为漕河泾街道、康健新村街道、长桥街道等;从场地面积看,长桥街道的体育场地面积最多,其次为康健新村街道、徐家汇街道、凌云路街道等(见表1)。

表1 各街道(镇)体育场地分布数量、面积、人均面积统计表

街道/镇	体育场地(个)	占比(%)	场地面积(平方米)	占比(%)	人口数量(人)	人均场地面积(平方米)
长桥街道	230	9.27	150 782	14.01	86 112	1.751
华泾镇	145	5.84	105 783	9.83	65 000	1.627
康健新村街道	231	9.31	124 040	11.53	84 000	1.477
虹梅路街道	105	4.23	23 568	2.19	18 369	1.283
凌云路街道	181	7.29	121 360	11.28	104 000	1.167
天平路街道	189	7.61	95 660	8.89	91 000	1.051
徐家汇街道	351	14.14	122 848	11.42	120 000	1.024
龙华街道	140	5.64	73 965	6.87	73 000	1.013
田林街道	207	8.34	79 301	7.37	100 000	0.793
斜土路街道	128	5.16	51 585	4.79	69 000	0.748
枫林路街道	225	9.07	54 857	5.10	100 000	0.549
湖南路街道	102	4.11	22 565	2.10	47 929	0.471
漕河泾街道	248	9.99	49 719	4.62	114 700	0.433
总 计	2 482	100	1 076 033	100	1 084 400	0.99

注:人口数量来自各街道(镇)官方网站,更新时间不一,因此总数略低于徐汇区统计局公布的截止到2018年底的数据。本表的人口总数采用的是统计局公布的徐汇区常住人口数据。

热力图(图1)分析发现有4个体育场地热力集中区,从大到小依次为:徐家汇街道上海体育场区域、漕河泾街道上海师范大学(徐汇校区)区域、天平路街道衡山公园区域和长桥街道上海中学区域。说明这4个区域体育场地设施比较集中。但热力图分析并未考虑人均因素。

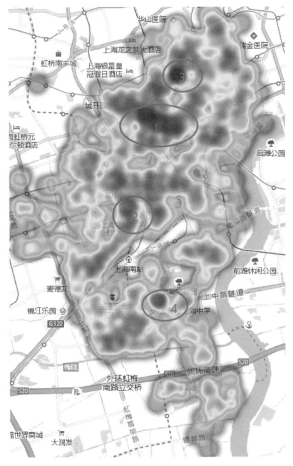

图1 各街道(镇)体育场地分布热点图

为进一步分析场地的区域布局情况,按照各街道(镇)的常住人口,课题组计算了人均体育场地面积,结果如表1最右侧一栏、图2所示,从人均场地面积来看,长桥、华泾镇、康建新村、虹梅路、凌云路、天平路、徐家汇、龙华街道人均场地面积居于前列,高于徐汇区0.99平方米平均水平,其余5个街道则显著低于徐汇区平均水平,可见,场地集中区域与人均场地面积并不完全匹配,比如漕河泾街道,虽然有上海师范大学场地集中区,但人均面积仍旧只有0.43平方米,大大低于徐汇区的整体水平。另外,徐家汇街道的上海体育场区域,主要是面积体量庞大的上海体育场、上海体育馆两座赛事专用场馆,并不向普通市民开放作为日常健身锻炼使用。上述情况均显示出场地区域分布的不均衡。

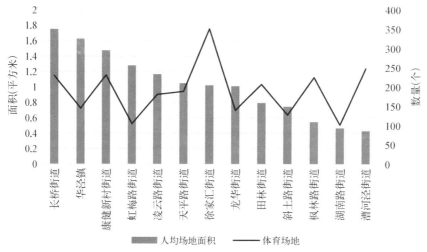

图2 各街道(镇)体育设施数量与人均场地面积分布图

2. 社区体育设施项目布局

如图3所示,从场地设施类型来看,数量上排名前十的场地类型包括全民

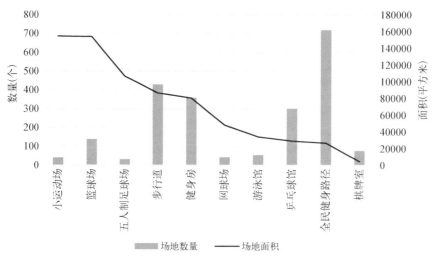

图3 不同类型体育场地数量与面积分布

健身路径、步行道、健身房、乒乓球馆、篮球场、棋牌室、游泳馆、网球场、小运动场、五人制足球场。从面积来看,则依次是小运动场、篮球场、五人制足球场、步行道、健身房、网球场、游泳馆、乒乓球馆、全民健身路径、棋牌室。不同类型场地区域布局如表2所示。

根据徐汇区体育局2019年上半年对区内居民的抽样调查显示,各个年龄层最喜欢的运动项目显示出明显差异性。6～17岁的青少年群体主要是跳绳、跑步和健身操舞,跳绳和跑步可以借助小运动场、健身路径,甚至小区的广场、空地等进行,健身操舞则需要合适的室内空间开展。60岁以上的老年人群体当中最受欢迎的运动项目是广场舞、健身气功和健步走,主要利用广场空地、公园、步行道、运动场等进行。居于中间的中青年人群则最喜欢跑步、篮球、羽毛球、足球,并且更偏爱在专业的体育场馆设施进行运动。根据调查数据,从实际供给来看,全区共有大小足球场60片,其中40片位于大中小学校。羽毛球馆共有40个,其中25个球馆属于大中小学校的场地。可见,总体来看,目前供给的场地类型与市民的需求并不能完全匹配,因此造成了部分场地在锻炼高峰时段人群密度过高或场地难以预定的情况。

3. 学校体育场馆布局

鉴于热力分析中发现了两个以学校为主的场地集中区域,且考虑到学校体育场地开放的有限性,本研究进一步分析了徐汇区学校体育场地布局情况,发现,目前徐汇区教育类的体育场地共计428个,从场地数量上看,篮球场、田径场、足球场等室外场地数量最高,共计181个,其中又以篮球场最多,有86个。室内场馆122个,其中乒乓球馆最多,共计57个,其次是篮球馆共计27个,再次是羽毛球馆共计25个。学校体育场地在各个街道(镇)的分布如表3和图4所示,可见,长桥、康建新村、徐家汇、天平路、凌云路等部分人均场地面积较高的街道其场地构成中学校体育场地做出了积极的贡献。

但是,学校体育场地设施的类型更多的是考虑学校体育教学的需求,因此与市民的锻炼需求不完全匹配。另外,学校体育场地设施仅仅在学校体育教学训练之余的时间对外开放,甚至有的场馆完全不对外开放,比如部分供专业训练用的乒乓球、篮球馆。调查显示目前徐汇区学校体育场地对外开放情况并不能满足居民的需求,存在学校体育教学训练与居民锻炼时段冲突,导致居民无处进行锻炼的情况。而从学校体育场地设施管理的角度,对公众开放的管理成本和安全隐患限制了学校开放其场地的积极性。

表 2 不同类型场地的区域布局

场地类型 街道（镇）	小运动场	篮球场	五人制足球场	步行道	健身房	网球场	游泳馆	乒乓球馆	全民健身路径	棋牌室
场地总面积（平方米）	154 271	153 661	106 458	86 391	80 180	48 021	33 953	28 953	26 545	4 391
漕河泾街道	1	12	2	55	28	5	5	31	89	7
枫林路街道	2	10	0	49	23	4	4	30	72	6
虹梅路街道	0	4	3	15	35	2	4	10	22	5
湖南路街道	1	3	1	10	21	2	4	5	42	0
华泾镇	5	10	0	20	14	2	2	21	34	13
康健新村街道	7	17	3	60	13	2	1	20	71	15
凌云路街道	3	13	6	45	6	5	0	30	52	8
龙华街道	5	5	1	33	7	1	3	24	48	2
天平路街道	3	16	1	14	46	6	5	23	36	2
田林街道	4	9	4	38	30	5	5	28	62	6
斜土路街道	0	9	2	12	25	3	2	15	41	2
徐家汇街道	4	11	1	33	96	5	17	38	81	10
长桥街道	6	20	9	46	15	2	3	26	69	2
共 计	41	139	33	430	359	44	55	301	719	78

注：本表格所显示的场地数据为数量（个）。

表3 各街道(镇)学校体育场地分布

街道	场地数量(个)	占比(%)	体育场地面积(平方米)	占比(%)
长桥街道	78	18.22	129 810	18.90
康健新村街道	48	11.21	97 309	14.17
徐家汇街道	46	10.75	40 315	5.87
天平路街道	44	10.28	63 686	9.27
凌云路街道	43	10.05	97 995	14.27
田林街道	39	9.11	51 668	7.52
枫林路街道	29	6.78	31 717	4.62
华泾镇	25	5.84	66 585	9.70
龙华街道	23	5.37	46 696	6.80
斜土路街道	20	4.67	25 444	3.70
湖南路街道	16	3.74	9 576	1.39
漕河泾街道	15	3.50	23 364	3.40
虹梅路街道	2	0.47	2 615	0.38
总计	428	100.00	686 780	100.00

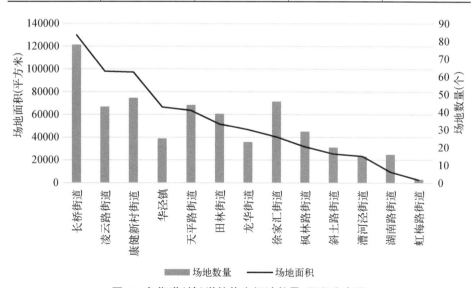

图4 各街道(镇)学校体育场地数量、面积分布图

四、主要问题与解决策略

(一) 主要问题诊断

1. 社区体育设施空间布局不均衡

研究发现,目前徐汇区社区体育设施总的供给只有人均0.99平方米,虽然在上海中心城区居于前列,但总体而言距离上海人均体育场地面积2.5平方米的目标仍有很大差距,反映出城市中心城区与郊区的布局不均衡。从徐汇区内部来看,从场地面积、数量在各个街道(镇)的分布来看,存在着与常住人口数量的不匹配,使得部分区域场地尤为紧张。随着社会的发展和对美好生活的迫切追求、对自身健康的日益重视,人们对体育运动的需求越来越大,品质化、专业化要求必将不断提升,未来不均衡的问题会越来越突出。

2. 社区体育设施类型布局不均衡

通过前文分析可以看出,当前徐汇区体育场馆设施供给类型与市民的实际需求存在差异,足球、羽毛球等市民需求较大的场馆设施相对不足,使得市民对这部分运动锻炼的需求难以得到满足。另外,部分街道虽然人均体育场地面积较大,比如徐家汇街道,但是区内大型体育场馆占地面积大,主要用于举办各种大型体育赛事或商业演出,可供给居民使用的空间较小。再比如长桥街道,上海中学类型丰富的体育场馆设施难以安排尽可能向市民开放,也造成了附近市民对乒乓球、足球、羽毛球等场地的需求无法满足的状况,需要前往华泾镇、凌云街道甚至更远的地方从事这类运动。场地类型不均衡一方面造成了区域市民需求难以满足,即便是其他区域具备该类型的场地条件,但是造成了市民健身便捷性体验差的问题。

3. 大型场馆全民健身服务功能不足

徐汇区拥有上海地标性体育设施上海体育场、体育馆、游泳馆,占地面积近36万平方米,但在功能设计上主要以大型赛事活动为主,全民健身功能建设不足。但由于区内已经具备了该区域大型场馆,庞大的占地面积挤压了中心城区本就稀缺的土地资源,导致徐汇成为上海唯一一个没有区属综合型全民健身场馆的区,限制了当地"15分钟体育生态圈"建设。虽然大型赛事场馆的存在对推进区域体育文化宣传和营造具有积极影响,但相关设施的短缺却使得调动起来的市民健身锻炼需求无法实现,从全民健身角度来讲实质是弊大于利。

4. 学校设施对外开放管理有待提升

虽然徐汇区符合条件的学校体育场馆已经实现了全面对外开放,但早间开放时段短暂甚至无法安排开放,晚上学生放学后需要整理场地,开放较晚,且为了避免灯光噪声干扰附近居民又需要较早关闭,等等,实际能够服务于社区居民的时间非常有限。而且,学校普遍担心设施维修维护成本提升、工作人员加班加点支出加大、居民在场地内滋事受伤等风险问题存在,对开放学校场地设施的积极性并不高,从政府到学校未下大力气从管理体制机制上改变这一困局。长远来看,学校将体育场地设施开放作为政治任务完成,不利于服务效果和质量的提升。

(二)解决策略建议

1. 拓展空间:改建可利用场地提供科技健身新平台

空间拓展包括现实空间拓展和虚拟空间拓展两个层面。从徐汇区的情况分析来看,中心城区目前很少有闲置的空间去建设新的体育场馆设施,但可二次利用的场地空间还是能够挖掘的,应充分发挥楼宇、屋顶或地下空间进行功能性改造,可有助于满足市民对健身、操舞、乒乓球、羽毛球等运动项目需求。在虚拟空间层面,应打破传统的运动方式,将社区体育场地建设与电子科技新技术相结合,可利用室内运动模拟器在不受天气、不受环境的影响下最大化开展体育锻炼,打造全新的体育健身平台,培育市民新的健身习惯,可部分地减轻对现实空间的压力。

2. 扩大效益:提升大型体育场馆全民健身服务功能

提升大型体育场馆全民健身服务功能,最大化地发挥其本身应有的体育功能和价值,构建多功能体育场地布局一体化,不仅可以解决目前公共体育场地空间不足的现状,还能满足居民开展体育锻炼的场地需求。就徐汇区而言,这个解决方案正在逐步实现:目前,上海体育场区域已经更名为徐家汇体育公园并正在规划重建,重建后在靠近零陵路的北部片区将成为市民开放的休闲健身空间,南部靠近中山南路区域将设置户外足球、篮球、网球,以及室内乒乓球、羽毛球、网球、体育舞蹈等类型丰富的全民健身设施,将对该区域的社区体育设施和居民体验带来很大提升。

3. 优化机制:加强体育场地设施建设管理制度建设

制度建设应当至少在两个层面上发挥积极作用:一是在场地建设更新过

程中,政府和居民能够形成顺畅沟通的渠道,深入了解市民需求,建设切实符合市民锻炼需求的场地设施,一方面使得有限的土地资源得到最高效的利用,另一方面市民的锻炼需求可以得到最大化的满足。二是在场地设施管理上,尤其是占据公共体育场地设施半壁江山的学校体育场地设施开放管理,政府应当下大力气构建管理机制,解决学校的担忧,通过扶持社会组织或者允许社会力量进入等方式,对区内公共体育设施进行整合管理、提高效益。另外,政府部门应当加强公益宣传功能和制度建设。充分运用各种媒体平台,加强对文明使用公共设施的宣传教育,传播公共设施和环境维护人人有责的理念,提高市民使用和爱护体育设施的自觉性。

参考文献

[1] Barghchi M, Omar D, Aman M S. Sports facilities in urban areas: Trends and development considerations[J]. Pertanika Journal of Social Science and Humanities, 2010, 18(2): 427-435.

[2] Grieve J, Sherry E. Community benefits of major sport facilities: the Darebin International Sports Centre[J]. Sport Management Review, 2012, 15(2): 218-229.

[3] Siegfried J, Zimbalist A. The economics of sports facilities and their communities[J]. Journal of Economic Perspectives, 2000, 14(3): 95-114.

[4] Warner S, Dixon M A, Chalip L. The Impact of Formal Versus Informal Sport: Mapping the Differences in Sense of Community[J]. Journal of Community Psychology, 2012(8).

[5] 蔡玉军.城市公共体育空间结构研究[D].上海体育学院,2012.

[6] 蔡玉军,邵斌,魏磊,朱昆,王玉兵.城市公共体育空间结构现状模式研究——以上海市中心城区为例[J].体育科学,2012(7).

[7] 蔡玉军,邵斌.城市公共体育空间基本理论与应用研究[J].成都体育学院学报,2014(3).

[8] 高艳艳,王方雄,毕红星,付革.城市公共体育设施布局规划研究进展[J].吉林体育学院学报,2015(1).

[9] 李德华.城市规划原理(第三版)[M].北京:中国建筑工业出版社,2001.

[10] 卢元镇.为社区拓展"体育空间"[J].环球体育市场,2010(2).

[11] 潘春宇.城市社区体育设施空间布局需求与供给研究[J].牡丹江师范学院学报(自

然科学版),2017(4).
- [12] 沈梅.对我国社区体育发展的探讨[J].北京体育大学学报,2001(3).
- [13] 谢冬兴,林柔伟.绿道体育:城市公共体育空间环境的重构[J].山东体育学院学报,2016(5).
- [14] 许帅.上海市黄浦区城市公共体育空间分布及利用情况研究[D].上海师范大学,2018.
- [15] 游艳玲.社区发展规划[M].北京:科学出版社,2016.
- [16] 赵民,赵蔚.社区发展规划:理论与实践[M].北京:中国建筑工业出版社,2003.
- [17] 赵蔚.城市公共空间及其建设的控制与引导[D].同济大学,2000.
- [18] 郑志明.特大城市公共体育设施布局规划研究[D].西南交通大学,2009.

"共享奥运"视角下上海深入开展群众冰雪运动的路径研究

张 盛 冯思雨 曹丹丹 张梦莹
李艳玲 杨 帅 张 华[*]

改革开放以来,我国城镇居民生活水平大幅提高,生活质量不断改善,在此基础上,我国首都北京已于2008年成功举办第19届夏季奥林匹克运动会,2015年7月31日又顺利获得2022年第24届冬季奥林匹克运动会举办权,成为世界第一个"双奥"城市。习近平总书记在十九大报告中强调,中国特色社会主义进入新时代,我国社会主要矛盾已经由"人民日益增长的物质文化需要同落后的生产之间的矛盾"转变为"人民日益增长的美好生活需要和不平衡不充分的发展之间的矛盾"。在这一重要论断的指导下,全国体育战线积极响应总书记提出的"绿色办奥、共享办奥、开放办奥、廉洁办奥"的四大办奥理念,按照"共同参与、共同尽力、共同享有"的要求,坚持因地制宜、科学布局、统筹协调、广泛参与的原则,向社会大众推广普及奥林匹克和冬季运动知识,力求在有限的条件下让更多人"共享奥运、共享冰雪"。

上海是我国现代化城市之一,肩负着面向世界、推动长三角地区一体化和带动长江经济带发展的重任,在全国经济建设和社会发展中具有十分重要的地位。同时,它也是我国典型的南方城市之一,属亚热带季风性气候,春秋短冬夏长,地势较低,常年少雪。由于气候限制和城市背景,冰雪运动在上海普

---

[*] 本文作者单位:上海体育学院。张盛,副教授,博士生导师,研究方向为体育文化、传播学;冯思雨,新闻学硕士研究生,研究方向为体育赛事传播;曹丹丹,新闻学硕士研究生,研究方向为体育视觉文化传播;张梦莹,新闻学硕士研究生,研究方向为近代体育传播;李艳玲,体育管理专业硕士研究生,研究方向为体育管理;杨帅,体育管理专业硕士研究生,研究方向为冰雪运动定价策略;张华,体育教育专业硕士研究生,研究方向为体育教育。

及范围尚不广泛。目前,上海正在着力打造全球著名体育城市,推广群众冰雪运动不管在打造城市品牌、推动全民健身或是推动体育产业高质量发展方面都有积极意义。

本课题聚焦上海群众冰雪运动的开展状况,准备阶段着重于资料收集、问卷设计和选题的论证;实施阶段从访谈、问卷调查入手,分析整理调查资料,将理论与实践相结合,调研了国家体育总局相关工作人员、上海市冰雪俱乐部管理人员、上海市冰雪俱乐部会员、上海市小学生群体、上海市冰雪运动协会工作人员等;总结阶段形成研究报告,结合上海城市特点提出具体建议。

本项课题在调查研究中通过文献资料法、问卷调查法、访谈法、田野调查法及比较分析法归纳上海地区冰雪运动发展的现状。其中共设计调查问卷3则(分别面向上海市常住居民、冰雪俱乐部会员、上海市小学生)、访谈记录18则。

本课题在社会营销理论和文化软实力理论的指导下进行研究,一方面在实践过程中运用社会营销理论,将政府、学校、俱乐部以及居民等多元主体进行有机结合;另一方面,在研究过程中基于软实力理论,充分考虑体育文化软实力对吸引城市居民参与的魅力属性,以期形成针对群众开展冰雪运动的有效推广方案,传播冰雪运动文化,把奥运遗产带到未来,落实"共享奥运"的理念。

本研究响应国家号召,针对冰雪运动在上海发展的现状以及群众参与呈现的特点,以2022年冬奥会为契机,一方面基于文化软实力层面,推动冰雪文化繁荣发展,通过冰雪文化和奥运精神的魅力吸引群众分享冰雪、参与冰雪、爱上冰雪;另一方面基于社会营销理论,建议整合政府、俱乐部、冰雪协会及学校的资源,扩大冰雪运动人口,从深度上提高冰雪竞技水平,推动上海在冰雪竞技体育和群众体育方面实现两开花,为2022年冬奥会的成功举办作贡献,为弘扬奥运精神、传播冰雪文化贡献上海力量。

一、"共享奥运"的理念与内涵

(一)"共享奥运"是什么

1948年英国奥运会首次提出共享体育运动,残疾人可以平等地拥有参与体育运动的机会,为世人展现了应用性更强、覆盖面更广的体育人文关怀。经过七十多年的文化洗礼,"共享奥运"的内涵日渐丰富,影响更为广泛。

2015年8月20日,习近平主持召开中共中央政治局常委会会议,听取申办冬奥会情况汇报,研究筹办工作进展,提出了要坚持"绿色办奥、共享办奥、开放办奥、廉洁办奥"的四大办奥理念,以"共同参与、共同尽力、共同享有"为代表的"共享奥运"理念正式融入2022北京冬奥会的筹办工作中。在当今开放、多元、包容的时代,"共享奥运"不仅是提倡共享体育运动,更是以奥运赛事场馆建筑为依托,以奥运文化为桥梁,以奥运精神理念为旗帜,全方位、立体化地促进人人共享奥运、体验冰雪运动带来的快乐。

(二)"共享奥运"有什么

奥林匹克运动是一场以体育运动为载体的政治、经济与文化交相呼应的宏大盛宴,全世界共享奥运精神是其最终目标,寄托着人类对建设一个和谐美好世界的追求。每一届精彩、非凡、卓越的奥运盛会,都会推动全球人类同享奥运荣光,再创时代辉煌。在新时代,"共享奥运"除了共享奥运项目之外则包含更多,这其中既有基础的体育运动项目,实体存在物包括奥运标志、吉祥物、奥运场馆建筑等,也包括文化层面的主办国独特民族文化与奥运文化的融合,与世界文化的交流,还包括最终上升到精神引领层面的奥运精神与理念的融会贯通。

(三)"共享奥运"怎么做

我国在筹办2022年北京—张家口冬奥会的过程中,坚持共享办奥、绿色办奥、开放办奥、廉洁办奥的理念,旨在利用举办冬奥会的契机,最大限度地向世界各国展示体育运动与文化艺术紧密结合所蕴含的共同价值和巨大影响力,促进各地区民众人人参与、人人共享奥运成果。以冰雪运动为基础,我国提出"带动3亿人参与冰雪运动"的目标,将"北冰南展"的号召延伸为"北冰南展西扩东进",增强冰雪运动全领域发展,响应"一个冬奥,全国参与"的目标,彰显文化包容、开放的胸襟。同时以奥运精神为引领,弘扬冰雪精神,将冰雪精神根植于中国传统文化之中,向世界展示一场典雅、高尚且富有民族特色的冬奥文化盛宴。

二、"共享奥运"在我国的循序推进

从2011年开始筹备申办冬奥会,到2015年成功申办2022年北京—张家口冬奥会、北京冬奥组委成立,再到2018年2月韩国平昌冬奥会落幕,冬奥会正式进入北京时间,数年间的角色转变背后正是国家相关单位宏观布局、贯彻落实、默默耕耘的成果。据国家体育总局冬运中心大众冰雪部部长罗军介绍,目前第一阶段任务正在有序推进,即以"大众冰雪季"和"大众欢乐冰雪周"系列活动为重点,着力打造赛事活动品牌,重点扶持一批特色鲜明、组织规范、群众参与度高、具有一定规模和发展潜力的群众冰雪品牌项目。除此之外,国家体育总局还特别在部分职业冰雪赛场上增加非专业组板块、定期举办一些大众冰雪文化活动或比赛,比如中国冰雪大会,目的就是让青少年、群众参与到冰雪运动中来,虽然2018年12月才办的第一届,但里面真冰真雪、仿冰仿雪、冰壶冰球都有,两天半时间有3万多人参观、体验,推广效果很较好,为后续相关活动开展提供了借鉴参考。

根据《"带动三亿人参与冰雪运动"实施纲要》,到2022年,地域全覆盖、要素全融合、人群全服务的群众性冰雪运动发展态势基本形成,冰雪运动普及和推广体系初步建成,冰雪运动逐渐成为百姓的生活方式。对此,北京冬奥组委总体策划部工作人员刘楠表示,我国虽然还不能算是冰雪运动强国,但这并不会成为我们举办冬奥会的短板,反而还会成为我们在全国推广冰雪、提升冰雪竞技水平、推动城市发展的一个契机。比如国家正在倡导"京津冀一体化"发展,北京联合张家口一同举办冬奥会也是在响应这个号召,这一方面拉近了城市间的距离、促进两地的深度融合,另一方面也在潜移默化地使地区政府突破原有的发展瓶颈,改变思维模式和发展模式,将可持续发展等奥运理念融入城市发展,谋求新发展。另外,在硬件设施不断完善的同时,社会营销力度也在不断加大,而在这个推广过程中,青少年是最重要的突破口,这与《北京2022年冬奥会和冬残奥会中小学生奥林匹克教育计划》的主旨思想不谋而合。青少年是冰雪运动的参与者、冰雪产业的消费者和冰雪赛事的观看者,北京冬奥组委和国家体育总局都希望能通过奥运会培养出职业冰雪参与者。受访者中一些专家表示,只有让大家懂这项运动、这个比赛,冰雪运动才能有市场,有了市场就有群众基础,有了群众基础才能反过来促进冰雪项目不断地发展。据调研,目前全国范围内这种"共享冬奥"的氛围正在逐步形成。

三、"共享奥运"之冰雪运动在上海的发展现状

上海市地处南方,近年来为了响应国家"带动三亿人参与冰雪运动"的号

召,上海在冰雪运动项目的发展上虽实现了历史性的突破,提出要在上海市实现"三分之一雪,三分之二冰"的冰雪布局,但由于各种因素的限制,目前尚未落实到位,冰雪市场还没有完全打开。

根据"社会营销理论",政府、体育协会、体育非营利组织、城市居民等可以通过传递正能量的社会观念达到变革社会行为、引导树立正确价值观的目的。那么在本研究中,社会各界通过适当的途径整合社会资源,则可达到推广冰雪运动的目的。目前,上海在推广冰雪运动方面已动员了多方力量,上海市教委和冰雪运动协会在政策上引领上海冰雪运动的发展和规划;冰雪运动俱乐部在商业上进行营销,推动冰雪运动普及,引导人人参与;学校在普及教育中,培养青少年热爱冰雪运动,学习冰雪知识,传播冰雪文化,弘扬冰雪精神,试图构成政府、俱乐部、协会三位一体的发展模式,各方共同促进冰雪运动深入群众。

本课题立足上海,对市冰雪运动协会、冰雪运动俱乐部以及上海几个区的学校进行调研,调研方式主要为人物访谈和问卷调查。其中共设计调查问卷 3 套(分别面向上海市常住居民、冰雪俱乐部会员、小学生,问卷回收量分别为 107 份、324 份、1 423 份)、访谈记录 12 则(访谈对象分别为上海市冰雪协会工作人员、冰雪俱乐部负责人、中小学校长等)。

(一) 上海市冰雪协会调研成果与分析

政府部门在促进社会改革、引导人民价值观、培育良好生活观念上具有重要作用。本课题通过调研发现,在 2008 年以前,上海冰雪运动的发展主要是俱乐部以营利为目的的宣传营销,政府和学校方面并未过多参与,由于市场尚未培育成熟,因此受众面较窄,辐射范围小。

2008 年上海市冰雪运动协会成立,鼓励了更多的投资者来上海投资建冰场和雪场,冰雪场地逐渐完善,比赛日益增多。特别是 2009 年短道世界杯、花样滑冰世界锦标赛、上海超级杯、中国杯等比赛的陆续举办,既巩固了上海竞技体育赛事的市场,也吸引了广大业余冰雪爱好者的眼球,推动了冰雪运动在上海的发展壮大,上海的冰雪运动市场因此初步成型。

但遗憾的是,上海市冰壶运动至今并未广泛普及开来,尚且停留在竞技训练阶段,这是因为冰壶运动受场地大小、场地数量和训练经费以及教练短缺等因素的制约,迟迟没有向普通群众开放。在本次调研中发现,目前上海已有的三块冰壶训练场地分别在徐汇区、黄浦区和松江区,但这仅有的三块冰壶训练场地仅作注册运动员训练和部分中小学校开展冰壶课程,无任何商业性质。

1. 上海市冰雪运动协会调研简述

上海市冰雪运动协会积极组织上海市冰雪运动项目的推进发展工作,做好冰雪运动深入大众的引导者,冰雪运动精神与文化的传播者,冰雪运动进校园的引荐者,促进冰雪运动俱乐部良性发展的监督者。

在政策方面,2018年9月份市教委针对冰雪运动进校园下发通知,计划评选出冰雪运动示范校和冰雪运动特色校,以此促进冰雪运动进校园,引导青少年接触冰雪运动,学习冰雪知识,传播冰雪文化。在推广冰雪运动进校园具体举措方面,上海市主要依托华东师范大学汇编教材和课程,覆盖九年义务教育,普及冬奥知识和理念。

2. 协会工作人员访谈结果与分析

针对上海市冰雪运动协会与上海市冰壶协会的访谈与调研分析,发现冰雪运动协会和冰壶协会在推动上海冰雪运动发展方面遇到一些瓶颈和阻碍。

首先,地理位置限制是制约冰雪运动在上海发展的首要因素,上海的气候条件无法满足冰、雪的储存条件。其次,冰雪运动在上海的发展历史周期较短,市民对冰雪运动的接触少、了解少,从而参与少。再次,青少年是推广冰雪运动的突破口,在推广冰雪运动进校园的举措中,冰雪运动进校园面临着无教材、无师资、无教学大纲等问题。最后,上海计划通过借鉴"校园足球一条龙"的发展模式与经验来普及冰雪运动。但冰雪运动属于高消费的项目,且场地有限等,效仿足球一条龙的发展模式能否推动冰雪运动更好地发展还有待考察。

(二)上海市冰雪俱乐部调研结果与分析

1. 冰雪俱乐部方面的访谈结果与分析

本项目在上海市冰雪运动协会的帮助下,通过近一周的走访,共访谈了上海十余家冰雪俱乐部。此次访谈的形式以面对面的深度访谈为主,由调研组的成员两人一组与俱乐部管理人员直接交流,每场访谈内容均有相应的录音、文字和图片记录。

访谈发现,上海的冰雪运动并未实现真正意义上的"深入人心",而是处于比较艰难的起步阶段。由于气候、环境和场地等等客观因素的限制,真正参与冰雪运动的人口基数较小。对此,俱乐部管理者普遍认为,上海冰雪运动市场还未完全打开,了解、参与冰雪运动的群众较少,冰雪运动市场起步较为艰难,但管理者们普遍对这个市场抱有很大的期望,甚至有人提出:"今天的冰雪运动就像多年前的游泳,迟早会发展起来的,毕竟国家政策和上海的经济水平摆在这里。"

而对于上海冰雪运动市场迟迟没有"热起来"的原因,总结俱乐部管理者们的观点,大致分为两个方面:一方面是市民主观意识方面,普通群众对于冰雪运动的了解太少,而中国保守谨慎的文化传统也使得大家不太愿意去尝试新事物;另一方面是客观社会环境方面,由于场地有限且冰雪运动的价格较为昂贵,几乎没有免费的场地,所以接触冰雪运动较多的是中产阶层及以上群体,普通群众宁愿选择简单易学、市场成熟且价格适当的其他运动项目。

值得一提的是,通过访谈发现,对参与到冰雪运动中的人群进行细分,真正参与较多的是青少年和儿童,尤其是原生家庭中父母接触并体验过冰雪运动的青少年会有较大的参与动力。上海地区由于没有真正的雪场,雪上运动的教练基本都依赖于在东三省、北京的权威机构培训输送到上海的教学模式,人才缺乏下的卖方市场难免导致教练素质的良莠不齐,这也直接影响了冰雪运动的持续性推进。

目前,上海已经成为冰雪运动"北冰南展"的一个重镇。近年来,上海市体育局积极实施国家北冰南展战略,从娃娃抓起,为青少年冰雪运动搭建发展平台。在雪上运动方面,引进旱雪材料进行室内模拟滑雪技术训练,训练期满便可以参加俱乐部组织的冰雪冬令营,此类冬令营一般以国内的东北滑雪场和国外的冰雪国家为目的地,让客户体验真正的雪上乐趣。冰上运动方面,陆续推出冰上项目的青少年体育公益培训、冰上项目青少年精英基地布局,并在市运会增设花样滑冰、冰壶和冰球比赛等一系列举措,旨在使上海青少年冰上运动取得较快发展。

2. 冰雪俱乐部会员满意度调查问卷分析

本研究为了解上海市冰雪运动俱乐部会员对各冰雪运动俱乐部满意度,特采用随机抽样的方法抽取324名冰雪运动俱乐部会员进行问卷调查分析,以初步了解上海市冰雪运动俱乐部会员对俱乐部满意度。研究小组总计发放问卷324份,有效问卷324份。

综合分析发现,我们选取的样本中男女性别分别占比44.75%和55.25%,女性数量略多于男性,年龄段主要集中于有较强学习能力、运动能力和身体素质的青少年、青年和中年人群体,其中,18岁以下受访者占22.53%,18~30岁受访者占28.09%,31~50岁受访者占45.99%,另外还有3.4%的老年人接受问卷调查,整体数据可参考价值较高。

上海地区最受消费者喜爱的冰雪运动项目列前四名的为花样滑冰、滑雪、冰球和入门级滑冰,均大幅领先速度滑冰、短道速滑、冰壶等其他冰雪运动(见图1),且"喜爱的冰雪运动项目"的选取和受访者性别相关性较大。用SPSS专业数据分析软件对受访者的"性别"和"喜爱的冰雪运动项目"进行交叉分析得知,男性受访者所喜爱的冰雪运动最多为滑雪,其次为入门级冰球(占比);女性受访者所喜爱的冰雪运动最多为花样滑冰,其次为滑雪(见图2),这也和上海地区冰雪俱乐部开设的规模、培训课程相吻合。这表明一方面要从入门级滑冰项目入手针对特定人群开展宣传和兴趣引导,另一方面要加大冰雪运动常识普及,即从重点项目入手逐步扩大项目参与人群。

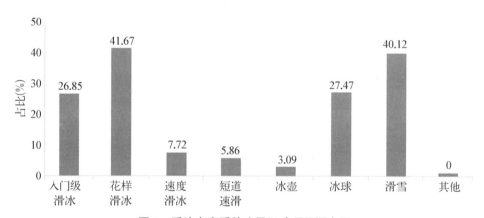

图1 受访者喜爱的冰雪运动项目调查图

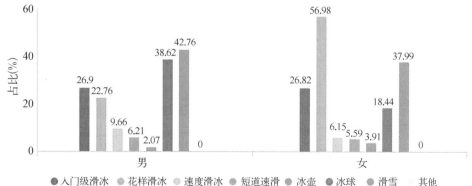

图2 受访者性别和喜爱冰雪运动项目交叉分析图

根据李克特量表①可得出每道题的评价得分,平均分在 4 分以上的分别是受访者对俱乐部内部环境设施及卫生环境、周边设施、安全设施构建、冰雪运动氛围、运动体验感、工作人员、教练员、课程种类、课程新颖程度、锻炼效果、俱乐部技能培训的满意度,即对以上评价维度基本满意。尤其是受访者对俱乐部教练员满意度平均分高达 4.32,这说明会员对于俱乐部主干课程服务和对教练员水平都是比较认可和满意的。另外,数据还显示,部分受访者对俱乐部的品牌文化、宣传力度、运动装备等较为不满,评分均低于 4 分,其中对运动装备的满意度评分更是仅为 3.8 分,在调研过程中还有不少会员反映其因不满俱乐部提供的装备而选择自带装备体验冰雪运动。此外,我们认为冰雪运动的推广离不开优秀的冰雪运动教练,各俱乐部在今后招收冰雪教练时应继续保持现在的招收制度和考核标准,将用户课程体验满意度继续提高,也应该在自身品牌塑造与推广、装备更新完善上多下功夫,以吸引更多受众。

数据显示,本次调查中受访者家庭税后月收入在 15 000 元以上的家庭最多,占比 49.07%,受访者家庭税后月收入在 3 000 元以下的家庭最少,占比 7.1%(见图 3)。由此可知,参与冰雪运动的家庭经济条件较好,且多名受访者表示冰场雪场"数量太少,供不应求",自己需要从很远的辖区过来参与冰雪运

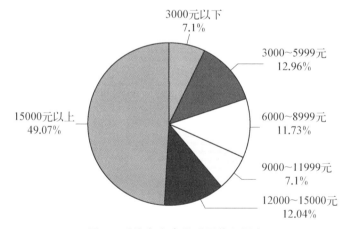

图 3　受访者家庭税后月收入调查

---

① 李克特量表(Likert scale)是属评分加总式量表最常用的一种,属同一构念的这些项目是用加总方式来计分,单独或个别项目是无意义的。它是由美国社会心理学家李克特于 1932 年在原有的总加量表基础上改进而成的。该量表由一组陈述组成,每一陈述有"非常同意"、"同意"、"不一定"、"不同意"、"非常不同意"五种回答,分别记为 5、4、3、2、1,每个被调查者的态度总分就是他对各道题的回答所得分数的加总,这一总分可说明他的态度强弱或他在这一量表上的不同状态。

动,路上费时费力,希望能在多个区都建设冰场雪场,这一现象说明"北冰南展"计划在上海地区就经济条件上是可推广的,民众积极性也比较高,可以支付参与冰雪运动所付出的经济成本,这也就为"北冰南展"计划在上海的落地生根、开花结果打好了经济基础,只是目前这一计划发展得并不尽如人意。另外,根据"受访者家庭税后收入"与"喜爱的冰雪运动"交叉分析得知,家庭税后月收入在3 000元以下的受访者,所喜爱最多的冰雪运动项目为入门级滑冰,其次为滑雪;家庭税后月收入在15 000元以上的受访者,所喜爱最多的冰雪运动项目为滑雪,其次为花样滑冰(见图4),这和专业级滑冰课程(如花样滑冰)花销大、滑雪课程价格参差不齐且可选择性参加"外滑"等现状相吻合。

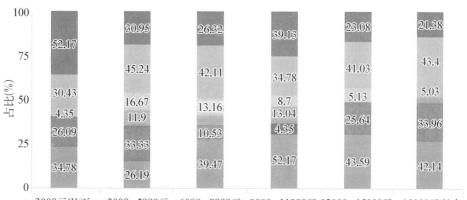

图4 受访者家庭税后收入与喜爱的冰雪运动交叉分析

(三)上海学校调研结果与分析

本研究通过调查发现,冰雪俱乐部会员群体除有一定收入的成年人外,多是小学生,他们或是以家庭为单位参与冰雪运动,或是加入俱乐部的青少年训练队,利用课余时间参与冰雪训练,进入更加专业的阶段。考虑到中学生学习压力较大,课余时间较少,本研究选择上海各区小学作为调查对象。据了解,上海"冰雪运动进校园"项目开展已有一段时间,取得了初步进展,但目前仍没有达到"普及"程度。因此,本研究除选取各区普通小学外(指没有开展过冰雪运动的学校),还调研了上海已将冰雪运动成功引进校园的学校,意欲将两者进行对照,为"冰雪运动进校园"提供可实施的发展路径。

1. 冰雪运动普及度和参与度的调查分析

本研究小组为调查上海各区小学生参与冰雪运动情况、参与意愿、对冬奥知识的了解程度,对上海12个区(虹口区、奉贤区、黄浦区除外)的13所小学,采用分层抽样的方式进行问卷调查分析,以探索可行性方案与策略。研究小组总计收回有效问卷1 423份,分析过程由基本的数据分析和专业的SPSS统计分析两部分组成。

综合分析发现,我们选取的样本中,男女性别比例基本持平,其中男性728名,占51.16%,女性695名,占48.84%,且年龄集中在7~14岁,均为具有一定认知能力、学习能力、运动能力的青少年学生,且均处于九年制义务教育阶段,学习压力相对较小,课余时间较为充沛,具备开展冰雪运动、普及冬奥知识的条件。根据数据分析,我们得到以下数据:

(1) 在1 400余名受访者中,没有参与过冰雪运动的受访者多达70.2%(见图5),而同时表示想要参与冰雪运动的受访者达67.3%(包括"想"和"非常想")(见图6)。这表明冰雪运动在学校的普及率还很低,但大多数学生们对此兴趣较高,想要参与体验,所以在上海青少年范围内开展普及冰雪运动仍有较大的空间。

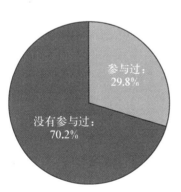

图5 受访者是否参与过冰雪运动的调查分析

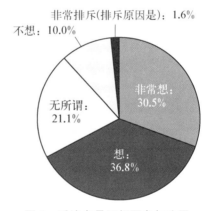

图6 受访者是否想要参与冰雪运动调查分析图

(2) 受访者通过"观看电视"了解冰雪运动的占比为60.01%,而"学校教育普及"仅占比8.15%(见图7)。由此可知,在学校方面,冰雪运动的推广还很不足,学生在课堂上也很少能接触到冰雪相关信息。另外,据国家体育总局冬运中心大众冰雪部部长罗军介绍,全国目前已有冰雪运动特色校800余所,未来将突破2 000所,但上海地区的冰雪特色校目前还没有确立下来。我们深知,受到自然条件、场地的限制,南方城市的学生对冰雪运动的接触较少,但千里之行始于足下,如何做到冰雪文化在课堂上的普及,并使第一批上海冰雪特色学校早日出炉且发挥"排头兵"效应,促使更多学校的孩子加入到冰雪运动中来,是推广冰雪运动的重要因素。

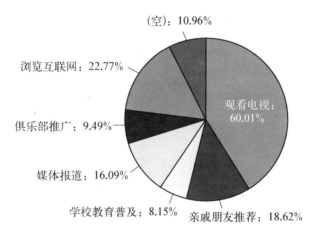

图7 受访者了解冰雪运动方式调查分析图

(3) 根据数据分析,共有73.29%的受访者表示想要参与入门级滑冰和入门级滑雪,冰雪俱乐部及政府可以参考此数据,加大入门级滑冰和滑雪的宣传。而在没有参与过冰雪运动的原因调查中,选择缺乏运动场地的受访者占33.33%,没有接触过冰雪运动信息的受访者占32.13%。这说明对冰雪运动的推广力度远远不够,而在推广过程中,若要让群众参与到冰雪运动中,需要做好冰雪场地的规划。

(4) 通过SPSS数据分析可知,年龄与是否参与过冰雪运动、是否支持冰雪运动进校园、是否知道2022年冬奥会、是否想要参与冰雪运动之间呈负相关的关系;年龄与是否了解冰雪运动没有相关关系;是否参与过冰雪运动与是否支持"冰雪运动进校园"呈正相关关系(相关性为+0.245),是否参与过冰雪运动与是否喜欢冰雪运动呈正相关的关系(相关性为+0.445)。这一数据表明,将向公众推广普及冰雪运动的主力面向青少年群体,结合青少年的好奇心和出色的学习能力,让他们首先"上冰、上雪"体验冰雪,对其继续参与喜爱冰雪运动、支持"冰雪运动进校园",向周围人宣传冰雪运动具有积极意义。

2."冰雪运动进校园"先行校访谈结果与分析

上海的"冰雪运动进校园"开展的时间虽然不短,但是成效尚不乐观。通过调查分析,"冰雪运动进校园"的主要模式是由俱乐部开展活动,寻找与该俱乐部距离较近的学校进行合作,俱乐部提供场地和教练。学校将冰雪运动作为学校的一项特色素质拓展课,参与学生主要为一、二年级,学生在掌握一定的冰雪运动基本知识后,根据学生以及家长的意愿,再结合学生的自身身体素质,考虑是否去冰雪场地进行实践。在推行过程中,主要的困难点在于学校需要向俱乐部支付教练费用,需要车辆来接送学生,并且要承担学生的安全责任。在这些困难因素下,部分学校仍坚持开展冰雪运动的原因,一是在于政府大力发展冰雪运动的号召,二是丰富学校的素质拓展课程,推动学校体育文化培育。

四、"共享奥运"之上海推广群众冰雪运动的成效与瓶颈

(一)上海推广群众冰雪运动的成效

北京—张家口2022年冬奥会的申办成功为中国冰雪运动发展注入了新的动力。近年来随着上海市冰雪运动协会和上海市冰壶运动协会的深耕细作,越来越多的上海市民开始接触冰雪运动,逐渐了解和热爱冰雪运动。主要成效体现在:

第一,上海市冰雪运动协会与上海市冰壶运动协会为了推动冰雪运动在上海的广泛开展,推出了冰雪运动进校园的举措。在具体实施方面,上海计划评选出冰雪运动特色校园、冰雪运动示范校园,以点带面,为青少年体验冰雪运动、学习冰雪文化知识提供相应保障。同时,统一冰雪运动教材、课程与教学大纲,牵线冰雪俱乐部,提供冰雪运场地与设施,让更多青少年积极参与,爱上冰雪运动。

第二,上海积极组织承办冰雪运动赛事和训练营,比如上海花滑超级杯、短道速滑世界杯、全国雪车锦标赛、全国青少年(中小学)U系列冰球锦标赛、上海市第16届市运动会"冰上运动"、全国大众冰雪季等活动,推动了冰雪运动发展,宣传了冰雪运动文化。在全国大众冰雪季期间,上海举办各式各样的群众性的冰雪活动,让更多的市民参与和支持冰雪运动。

第三,目前上海已有十余个冰场和雪场,这些俱乐部在开展群众冰雪运动

的同时,对其本身就起到了很好的宣传作用,除此之外,还增加了居民参与体育运动的可选择性,每季度尤其是周末进行冰雪体验的人次都在不断增加中。未来,还将有更多的体验门店开设在上海,改变人们的生活方式。

(二)上海市推广群众冰雪运动的瓶颈

第一,宣传方面。上海市冰雪运动协会与冰壶运动协会在冰雪运动宣传方面略显不足。目前冰雪协会虽已开通申城冰雪微信公众号和相关网站,主要发布冰雪运动赛事信息,但更新频率不高,内容不够鲜活。例如,该运营公众号从2017年9月1日推送第一条推文,到目前共有36篇文章,这对冰雪运动普及、冰雪文化知识传播的效应可谓杯水车薪。

第二,活动方面。目前上海冰雪赛事主要针对的是从事冰雪运动的专业运动员,对冰雪运动普及群众的活动开展甚微。未来,冰雪运动协会与俱乐部、学校做好合作,共同携手,举办更多公益性的冰雪运动体验活动,让更多的市民有兴趣参与,进而传播冰雪运动文化。

第三,经费场地方面。任何赛事和活动的举办都需要经费的支持。由于上海地理位置因素的限制,使得冰雪运动成为高消费的运动,让普通大众望尘莫及。俱乐部、学校都因缺乏资金、教练以及场地而举步维艰,因此,应给予其适当的资金与设备支持,提供场地训练与向公众开放,培训专业的教练。

第四,学校教育方面。公办学校直属政府的管辖之内,依存于国家政策的直接向导下。目前,上海公办学校的领头效应较低,一些国际学校推广力度高于公办学校。学校相关领导和工作人员克服推广阻力和障碍的决心有待提高。目前虽计划推出冰雪特色校、示范校,但也面临无教材、无课程、无统一教学大纲的窘境。许多学校甚至并没有任何举措响应"冰雪运动进校园"的口号,仍处于"共享冬奥"迷茫期。

五、"共享奥运"视角下群众冰雪运动的推动路径

(一)冰雪协会——兴办群众冰雪活动,繁荣上海冰雪文化

第一,推出"全市冰雪俱乐部日"。上海市冰雪运动协会和冰壶运动协会可以携手推出"全市冰雪俱乐部日"活动,目的是通过俱乐部来推动上海各区冰雪运动的发展,让更多的人参与到冰雪运动中。通过媒体宣传等形式,展示

冰雪运动的趣味性和挑战性。推出"我爱俱乐部"社交媒体比赛,作为"全市冰雪俱乐部日"活动的一部分,可以大力调动国家队选手、运动员、教练、父母、校友或社区成员参与活动的积极性和主动性,鼓励他们把照片、文字或视频链接发送到"我爱俱乐部"活动比赛上,展示俱乐部在他们的生活和成功中起的重要作用。同时,活动所有内容对外展示,以吸引更多的青少年爱上冰雪运动。

第二,开展"冰雪运动文化月"活动。为促进大众冰雪运动的发展,上海市冰雪运动协会与冰壶运动协会可以携手开展"冰雪运动文化月"活动。在活动期间,积极联系冰雪运动俱乐部向上海公众提供免费的或者低折扣的冰雪运动学习课程,呼吁家长带着孩子们到户外去参加冰雪运动,号召冰雪运动俱乐部为公众提供免费活动场地和提供滑雪装备进行体验。此外,还可以邀请冰雪运动员明星担任"冰雪运动文化月"活动的代言人,并向公众宣传冰雪运动有助于树立健康的生活方式,鼓励大众参与冰雪运动项目,积极传播冰雪运动文化。

(二)冰雪俱乐部——转变服务模式,提升运动体验

第一,主观意识层面上,俱乐部要深刻认识到大力发展冰雪运动是落实商业参与和冰雪运动的重大举措。以冬奥会为契机绝不是仅仅面向北方的群众进行推广,而是更加注重对南方人群冰雪意识的培养,让冰雪运动驱散"猫冬"。只有俱乐部自身认可并接受这一理念,明确以上海为例的南方市场开展冰雪运动虽然艰难,却是大势所在,才能调动其工作人员的热情和动力。

第二,客观环境层面上,俱乐部要积极引进运动冰雪产业的新技术,不做墨守成规的"服务者"。一方面,俱乐部要积极开展有特色的冰雪项目,通过线上新媒体做好宣传,同时在线下商场、地铁等人流量大的地方进行宣传,吸引客户群体,通过提升第一次体验或前三次体验低价销售等活动让更多的人以产生"好奇心"为前提参与进来。另一方面,要把冰雪运动产业与其他产业进行结合,创造冰雪运动新业态,如开展半自助式冰雪运动旅游计划,让冰雪产业与休闲相结合,中间穿插冰雪体验活动,让广大驴友们爱上滑冰、滑雪。总之,俱乐部要从增加冰雪运动体验的人数规模着手,实现"共享冬奥"。

(三)学校——课程与体验并驾齐驱,线上与线下相辅相成

第一,学校组织"共享冬奥"主题宣讲教育活动,根据教育部、国家体育总局、北京冬奥组委编辑和出版的冰雪运动知识读本及教学指南,实现低年级理论普及化。学校在将冰雪运动引进课堂时,要注意教学方法,冰雪运动的教学

无法像传统课堂一样,以班为单位在教室听教师讲解。冰雪运动和其他体育项目一样,注重实践性,更适宜以小组或小团体的方式,配以专业人员进行指导。这样不仅可以提高运动技能,更能培养学生团队合作的能力。同时,在国家筹办冬奥之际,学校将重心从传统体育项目转移至冰雪运动项目,围绕"绿色冬奥"的主题,设立更具个性化的活动周期,举办学校运动会或冬季运动节。

第二,学校主动与俱乐部建立互利共赢的双边合作关系,与政府、俱乐部开展互惠互利互赢的多边合作。三方各有自身资源优势,但独木也难以成舟,这三方合作,利在建立更为有效的实践途径,促进场地资源的整合,能够创造更加贴近群众的冰雪体验。对于拥有已成规模的合作模式的学校,应主动与其他学校进行交流,起到引领的作用,促进冰雪运动走入校园、进入课堂,丰富学生的素质拓展课程,让学生能获得的教育资源更加丰富。

第三,建立在线冰雪知识问答平台,开发"冰雪进校园"App、小程序等。学生、老师都可运用该平台学习冰雪运动基础知识,例如滑雪板怎样使用、滑雪服有什么特点等,还可以设置冬奥专栏,学习有关冬奥会的知识,增强学生对北京—张家口冬奥会的参与感。建立积分制度,学生参与回答问题积极并且得分高的,可获得一定的奖励。除基础的问答题目外,还可以在 App 上建立线上互动交流平台,创建冰雪运动社群,让冰雪爱好者在线交流经验。初学者可在该平台学习基本的滑冰和滑雪技巧,较专业的人士可以分享经验。

冰雪运动协会开展"冰雪文化月"等活动,俱乐部为吸引顾客举办各种宣传活动,学校响应政府大力发展冰雪运动的号召,与俱乐部进行合作,让学生走进冰雪运动课堂。三方进行合作,普及冰雪运动,宣传冰雪运动文化,让群众感受到冰雪运动的魅力。借助 2022 年北京—张家口冬奥会的契机,逐渐建立起群众的冰雪运动意识,有利于推动冰雪运动产业的发展。

每个运动项目都有其独特的文化魅力和文化内涵,冰雪运动也是如此。冰雪运动诞生于独特的气候条件中,起初是人们出行所使用的交通工具,因此冰雪运动从诞生之初就有全民参与的属性。如今的冰雪运动从最初的"工具"转变为运动健身方式,更注重趣味性、技巧性、娱乐性。协会、俱乐部、学校亦可以根据冰雪运动的独特性设置游戏项目,吸引全民参与其中。

六、调研总结

在筹办 2022 年北京—张家口冬奥会的背景下,本研究小组通过深度访谈及发放问卷的方式对北京冬奥组委会、上海市冰雪运动协会、上海市冰雪俱乐部、上海市各区小学(共 12 所)进行调研,了解上海冰雪运动在群众中的开展现状,探寻推广冰雪运动、传播冰雪文化、共享冬奥精神与理念的有效路径。

研究发现,在上海市冰雪运动协会、冰雪俱乐部与学校三方的共同努力下,上海在推广冰雪运动方面,已取得一定的成效。协会积极组织和举办赛事,扩大冰雪运动影响力;冰上俱乐部和雪上俱乐部的数量逐渐增多,冰雪运动项目的体验与消费人次不断增加;越来越多的学校积极引进冰雪运动,让学生学习冰雪运动的理论知识与实践知识。

但由于上海受自然条件的限制,以及缺乏冰雪运动文化氛围,冰雪运动在上海的发展仍面临许多障碍,仍需社会多方共同努力推动冰雪运动的传播与发展。在对冰雪运动的宣传方面,上海市冰雪运动协会、冰雪俱乐部及学校方面都还需要不断加大力度;在场地经费方面,冰雪运动还缺乏充足的资金和设备支持,专业指导力量需要不断增强;在赛事组织与发展方面,冰雪运动相关赛事虽然不断增多,但目前主要针对青少年运动员,在普及大众的冰雪赛事方面仍然较少,除此之外,冰雪运动的文化氛围有待进一步营造。

本研究在共享奥运的视角下,以推广冰雪运动为基础,以传播冰雪运动文化、共享冬奥精神为目的,对深入开展群众冰雪运动的路径提出了对策建议,要通过开展"全市冰雪俱乐部日"、"冰雪运动文化月"等活动,鼓励上海市民参与冰雪运动项目、体验冰雪运动文化,感受冰雪运动独特的魅力,丰富群众的业余生活;要完善冰雪运动产业链,将冰雪运动产业与旅游服务等相结合;要鼓励中小学校积极组织宣讲"共享冬奥"相关主题教育活动,举办与冰雪运动主题相关的趣味游戏课程,让学生们从游戏中接触冰雪运动、参与冰雪运动。

总体而言,冰雪运动在上海的推广仍需社会多方共同努力,不断探索,在"带动三亿人参与冰雪运动"的号召下,推动冰雪运动文化共建共享,使其深入到上海市民群众中。

参考文献

[1] 李君如.深入理解我国社会主要矛盾转化的重大意义[EB/OL].人民网.http://theory.people.com.cn/n1/2017/1116/c40531-29648922.html.20171116.

[2] (美)科特勒,泽尔曼等著.俞利军译.社会营销:提高生活质量的方法[M].中央编

译出版社,2006.

［3］ 王建法,王志威,杜可君,卿前龙.启蒙、共享和归真:困境下的英国三次人文奥运[J].体育与科学.2012(4).

［4］ 人民网-人民日报.体育总局发布北京冬奥会参赛规划[EB/OL].人民网.http://politics.people.com.cn/n1/2018/0906/c1001-30275984.html.2018.09.06.

［5］ 中华人民共和国教育部.教育部　国家体育总局　北京冬奥组委关于印发《北京2022年冬奥会和冬残奥会中小学生奥林匹克教育计划》的通知[EB/OL].http://www.moe.gov.cn/srcsite/A17/moe_938/s3273/.2018.02.

［6］ 北京市人民政府办公厅.北京市人民政府关于加快冰雪运动发展的意见(2016—2022年)[EB/OL].http://www.beijing.gov.cn/zfxxgk/110001/szfwj/2016-03/01/content_7d14ff21978e49129386b67f96cca011.shtml.

第 2 篇 竞技体育

上海青少年体育竞赛标准化建设研究

魏 磊[*]

一、前言

青少年体育竞赛是我国竞技体育后备人才培养和选拔的重要方式，是青少年思想品德教育的重要载体，贯穿着爱国主义精神、竞争精神、规则意识、团队精神等人文价值，对青少年身心健康和国家民族长远发展具有重要战略意义。现任教育部体卫艺司司长王登峰说：学校体育竞赛除了可以提高体质健康水平外，也是培养学生良好思想道德水平、个人品质、人生理想、生活方式，促进智力发展、提高审美能力的重要途径。

上海作为我国东部最大的经济发达城市，近年来青少年体育赛事频繁密集，竞赛项目丰富，参赛人数众多。例如：2016年上海市学生运动会包括大中小学、中职院校在内，总计36个大项，参与人数为24 945人；2018年举办的上海市第十六届运动会中，青少年组比赛中共计39个大项，总计30 030人参赛。除此之外，还有各区县、市教委体育协会、体育局等多个系统组织的单项体育竞赛。青少年体育竞赛的密集反映了国家和上海市体育及教育相关部门对青少年体育事业的重视和支持，对全国各省市都具有较好的辐射和引领作用。但随着上海市青少年竞赛项目增设、规模扩大、人数增多，竞赛标准化建设工作面临越来越多的挑战，传统的组织方式已经不能满足当前青少年体育竞赛的开展需求。例如在标准化制度层面上，体教双轨制下办赛机制、目标理念、竞赛分类等问题日益突出；体教的横向衔接、大中小学的纵向衔接问题亟待解

---

[*] 本文作者单位：魏磊，上海大学体育学院副院长，副教授，博士，主要从事体育竞赛研究。

决;在标准化元素方面,竞赛信息、竞赛人员、竞赛物资的标准化工作较为滞后。

标准化是指在经济、技术、科学和管理等社会实践中,对重复性的事物和概念,通过制定、发布和实施标准达到统一,以获得最佳秩序和社会效益。自党的十八大以来,标准化工作的推进得到了国家进一步的重视。国家主席习近平在不同场合对于标准化工作作出了一系列重要论述,特别是在致第39届国际标准化组织大会的贺信中指出:标准助推创新发展,标准引领时代进步。标准化是科学管理的前提,在上海青少年体育竞赛日益频繁密集的背景下,标准化建设工作尤显紧迫和必要。标准化建设对于提高青少年体育竞赛的科学规范性、有效持续性、文化导向性,实现纵向(大、中、小学)和横向(体育系统与教育系统)竞赛体系的衔接具有较好的实践参考价值,同时对于推动体教结合、提升体育全面育人价值、完善竞技体育后备人才选拔机制具有一定的理论引导意义,对全国其他省市的青少年体育竞赛标准化具有较好的标杆作用。

本文在文献分析、访谈调研以及实践经验总结的基础上,从理论角度对青少年体育竞赛标准化概念进行了阐释,从实践角度对标准化建设目的、所面临的挑战进行深入分析,并进一步提出标准化建设对策。

二、青少年体育竞赛标准化建设理论界定

(一)青少年体育竞赛

体育竞赛是各种体育运动项目比赛的总称,是围绕体育项目、按照一定的规则、在裁判员的主持下组织实施的个人或集体之间的身体技能的较量,更是心智精神的比拼和交流。按其规模和性质可以分为综合性运动会、单项锦标赛、等级赛、联赛、邀请赛、选拔赛、表演赛等。上海市青少年体育竞赛是指以体育局或市教委及各区县教育局主办的、小中大学参加的、有组织规程的正式比赛。根据本文研究主题,主要以上海市运动会学生比赛、市学生运动会、大中小学各单项锦标赛、阳光大联赛等重大赛事为研究对象。

(二)青少年体育竞赛标准化

标准化是指为在一定范围内获得最佳秩序,对现实问题或潜在问题制定共同使用和重复使用的条款的活动。体育标准化工作涉及技术、方法、管理、

服务、设施安全等方面内容,更涉及体育事业的繁荣、体育产业的发展以及公众体育权益的保障。赛事的标准化指在一定的范围内为获得最佳秩序,对竞赛组织工作的实际流程或潜在的问题制定共同的重复使用的标准活动。青少年体育竞赛标准化建设是指在青少年体育竞赛中搭建竞赛组织机构,明确竞赛理念,制定、发布和实施统一竞赛标准,以获得最佳竞赛效果的标准化过程。

（三）青少年体育竞赛标准化建设内容

竞赛标准化建设内容包括竞赛机构标准化、竞赛人员标准化、竞赛组织标准化、竞赛信息标准化、竞赛物资标准化。

1. 竞赛机构是指竞赛的发起单位或主办单位,竞赛机构标准化主要体现在主办单位的统一性和专业性上,将青少年群体统一纳入一个统一规范的竞赛机构中,统筹谋划、组织发起,这是竞赛标准化的首要前提。

2. 竞赛人员是指组织、参加体育竞赛的所有人员群体,包括竞赛组织人员、裁判员、教练员、运动员以及其他相关工作人员。竞赛人员标准化是指各参赛人员都有相应的行业资质、等级和标准,专业的人做专业的事,保障竞赛专业有序流程化完成。

3. 竞赛组织是指从竞赛发起到最后成绩生成的过程,竞赛组织标准化是指在竞赛的组织过程中,从制定规程、通知报名、赛制编排、竞赛安排、赛后成绩统计与发布等环节的规范化、科学化。

4. 竞赛信息是指一切与比赛相关的信息,包括竞赛时间、地点、日程安排、参赛人员的基本信息和比赛技术统计信息等。竞赛信息标准化要以大数据为支撑,建立科学、完备的数据库,具备查阅检索、监控、反馈等功能。

5. 竞赛物资是指比赛所需的场地、器材、服装、资金等物质保障条件。竞赛物资标准化是指具有明确稳定的物资来源保障,具有专业化的比赛场地器械,具有统一竞赛服装和文化标示,体现鲜明的竞赛文化特征。

三、上海青少年体育竞赛标准化建设目的

标准化具有基础性、战略性和系统性,而其服务、支撑和引领发展是标准化的核心任务。体育竞赛标准化建设对于提高青少年体育竞赛的科学规范性、有效持续性、文化导向性,实现纵向(大、中、小学)和横向(体育系统与教育系统)竞赛体系的衔接具有较好的实践参考价值,同时对于推动体教结合、提

升体育全面育人价值、完善竞技体育后备人选拔机制等具有一定的理论引导意义,对全国其他省市的青少年体育竞赛标准化具有较好的标杆作用。

(一) 提高青少年体育竞赛科学规范性

体育竞赛涵盖很多具体的工作流程和竞赛元素,一是在流程方面包含明确竞赛理念、起草竞赛规程、发放竞赛通知、开展竞赛、成绩统计与公布等。二是在竞赛人员方面包括竞赛主办单位、组织人员、裁判员、参赛人员、教练员以及其他相关工作人员等。三是在物资方面,包括比赛场地、器材、服装等。四是竞赛信息和文化宣传,其中竞赛信息包括参赛人员的基本信息和技术信息;竞赛文化包括文化主题、宗旨、宣传方式、媒体平台以及更为详尽的宣传方案。以上这些流程和元素需要进行有序的筹划、组织和实施,以提高竞赛科学规范性,这一过程正是竞赛标准化过程。因此标准化的组织流程、竞赛元素,可以提高青少年体育竞赛科学规范性,反之,杂乱无序的竞赛环节和元素,必然不利于竞赛的开展。

(二) 保障青少年体育竞赛的持续性

体育竞赛的持续性是指从首届举办后可以形成周期性赛事,每间隔一段时间就会定期举办。体育竞赛的持续性离不开竞赛主体的参与意向,而竞赛主体的参与意向主要来源于对竞赛组织的满意度,其中包括赛制赛规是否合理、竞赛等级分类是否科学及竞赛组织人员、环境、场地、器材是否专业等因素,而这些正是竞赛标准化的重要因素。体育竞赛具有持续性才能保障竞赛理念的实现和目标任务的完成,而竞赛的持续性离不开标准化的组织流程。标准化的组织流程,有利于保障竞赛有序顺畅地进行,进而可以保障体育竞赛的持续性。

(三) 促进体与教的横向深入融合

体教结合是我国青少年体育事业中的重点和难点。在现有的机制下,体育局系统和教委系统有各自的体育竞赛目标理念、组织形式、实施方法,也有共同交叉的竞赛体系。例如,体育局系统有十项系列赛,旨在培养和选拔优秀后备人才;教委系统有阳光联赛,旨在突出教育为本,让更多的普通学生参与体育竞赛;体教结合的竞赛区域有市学生运动会、市运动会学生组比赛等。体育竞赛是体教结合工作的重要领域,体育竞赛的标准化的目的和体教结合工作的最终目标是一致的,都是要促进青少年体育事业的健康发展,做实做宽塔底,做尖做精塔顶,两者相辅相成。因此,青少年体育竞赛标准化的过程也是体教结合的过程,将促进体与教的深入融合。

(四)促进小、中、大学的体育竞赛纵向衔接

学校体育工作面临小、中、大学的衔接问题,体育竞赛是学校体育工作的重要组成部分,因此,以学生为参与主体的青少年体育竞赛也面临小、中、大学的衔接问题。不同的年龄、年级,应该设立不同的竞赛类别,并配有相应的场地、器材、规则。对此小篮球运动具有较好的借鉴和启发,U8、U10采用2.60米的篮架高度,用5号篮球,在场地和规则上不设中线和回场,不能联防,只能人盯人防守,然后逐步过渡到14岁及以上的成人比赛场地和规则,较好地做到了小、中、大学的衔接,对提高青少年篮球兴趣和做好人才选拔工作具有较好的帮助。但目前学校开展力度还有待于进一步加强。体育竞赛标准化将贯穿青少年成长的小、中、大学,将其作为一个整体来进行谋划,无疑会较好地促进各阶段的有机衔接。

四、上海青少年体育竞赛标准化建设面临的挑战

上海青少年体育竞赛主要是指由上海市体育局或市教委主办的,以运动学校、体校、大中小学的学生参与的有组织、有计划的体育竞赛活动。上海青少年体育竞赛开展现状可以从主办单位、竞赛类型、竞赛目标理念、运动员资格、赛制、组织流程、信息化管理等方面来概述。

(一)竞赛主办单位和竞赛理念不统一

在主办单位方面,目前上海青少年体育竞赛的主办单位是市体育局和市教委,其中市体育局下设青少处来负责组织青少年体育竞赛,包括市运动会青少年组、十项系列赛等主要比赛。市教委下设体育联盟、体育协会、学生活动中心体育部三个分支机构,其中体育联盟包括足球、篮球、排球、田径四个项目,学生活动中心体育部负责普通大学生阳光组比赛,其他赛事则主要由体育协会组织完成。另外,各区县教育局每年也有各自固定的体育项目比赛。同时,在具体的赛事组织中,市体育局系统与市教委系统之间、各分支机构之间存在工作交叉区。首先是市体育局和市教委的工作交叉,例如上海市运动会

的主办单位是市体育局和市教委,青少年组的比赛由体育局青少处组织,高校组比赛由教委组织。另外,部分单项比赛则以教委为先导,体育局为指导,例如校园足球联盟联赛主办单位则是市教委、体育局。主办单位的先后顺序,体现了比赛主办方的主体性。另外,在教委系统下的青少年比赛组织中,三个下设单位在部分项目竞赛的组织中也存在交叉性,例如篮球比赛,目前5人制比赛由体协来组织,3人制比赛则由篮球联盟组织。

在竞赛理念方面,体育系统的竞赛目标理念是竞技体育后备人才的培养和选拔,参赛的运动员都是竞技水平较高的运动员学生,并且在体育局系统里注册过或获得过运动等级。教委系统竞赛目标理念是以教育为导向,围绕培养德智体美劳的教育目标和立德树人的根本任务开展体育竞赛活动,强调积极参与、努力竞争、勇敢拼搏的精神教育,参赛人员为具有在校学籍的学生运动员。

(二)竞赛人员专业化有待加强,竞赛组织有待完善

竞赛人员包括竞赛组织人员、裁判员、教练员、运动员以及其他相关工作人员。在竞赛组织人员方面的配备不够健全,专业化人员较为缺乏,例如上海市学生体育协会的竞赛组织人员主要是临时招募的非体育专业的在校大学生,在竞赛编排、通知发放、成绩公布等环节不够及时。另外,目前各运动队的教练也缺乏一定的专业资质,主要由相关体育老师担任,目前篮球、足球的教练员等级培训对此是较好的补充和完善。总体上表现为人员不足、专业化不强、分工不明确、不固定等问题。

(三)青少年参赛资格多样复杂,存在参赛壁垒

目前从运动经历等级上划分,上海市青少年体育竞赛的参与主体可以分为以下几种身份:一是运动员。在一线体工队注册,具有较高的专业运动等级和运动水平,代表上海参加全国乃至世界性比赛的专业运动员。二是运动员学生。在二线、三线注册,具有较专业的运动竞技水平,在少体校、体育传统项目学校具有学籍就读,是专业运动员后备人才,参加体育局系统的以后备人才培养和选拔为目标的比赛较多,同时参加教委系统的中小学比赛。三是学生运动员。中小学期间有过一定的训练基础水平,但一直在教育系统内读书升学,具有一定的运动技能水平,是体育特长学生,主要参加教委系统中小学比赛和高校高水组比赛。四是普通学生。未接受系统专业的体育技能训练,

在体育课上或闲暇时间自我锻炼,某项体育技能较好,主要参加中小学比赛和高校阳光组比赛。

另外,从学籍上划分,又可分为全日制普通在校学生、借读生、少数民族学生、长短期的留学生等。运动经历等级与学籍的交叉,导致青少年参赛资格的复杂性,给竞赛规程中的参赛资格的限定带来较大困难。

(四)赛制与赛期需要规范统一

目前上海市青少年比赛以赛会制为主,在某一个赛点集中比赛。也有部分项目是赛区制,按照参赛单位的位置分布,分东西南北四个赛区,每个赛区选取一所学校作为赛点进行比赛。赛会制存在着比赛场地的不固定性问题,比赛地点选取较为随意,特别是教委系统的比赛,经费不充足,承办单位不积极。在组别设置中,中小学各单项未设水平等级分组,高校部分项目则分为甲组、乙组、阳光组;在年龄方面,部分项目的青少年未设明确的年龄界限,统一归位初中组、高中组、高校组,少数校园竞赛开展较好的项目则有更为细致的分组,例如校园足球,男子分为 U11、U13、U15,女子分为 U10、U12、U14。另外,由于各项比赛集中于春季和秋季的周末,调研发现,部分项目存在区县比赛日期与市教委比赛日期冲突、体育局比赛日期与教委比赛日期冲突的问题。

(五)竞赛参与人数存在项目和区域的不均衡性

由于各项目开展的群众基础不一样,青少年参与率也存在较大差异,传统的大众项目参与度高,新兴的小众项目参与度低,项目参赛人数不均衡,差异性较大。另外,由于各区县项目发展不均衡,导致竞赛参赛报名不均衡问题,有的项目在某一区县开展得好,参赛人数众多,希望更多的代表队参加,而有的区县一支代表队都难以组织,但赛事的组织都是以地域区县为单位的,这就给青少年竞赛组织工作带来一定的困难。

(六)竞赛信息化建设滞后,缺乏大数据监控、检索和反馈功能

在大数据背景下竞赛的信息化管理大势所趋、必不可少。通过调研,目前上海市青少年竞赛的信息化建设有较大的完善空间,目前信息管理系统只有报名参赛信息,包括姓名、学校、年龄等基本信息和获奖信息。信息数据较为单一,并且这些信息未能形成有效的数据库,尚未有分析、反馈、调整的功能。

（七）竞赛物资不健全，经费不足，场地器械不完善

经费问题是目前上海市青少年体育竞赛的物资问题的重要方面，受限于事业单位的财政政策，表现为经费不足、经费使用受限、很多正常开支无法报销等问题。例如医护人员、安保人员的费用标准及发放问题。另外比赛场地也不固定，无论是赛会制还是主客场制，比赛场地都不稳定。其次比赛器材有待于提升，例如篮球比赛，很多比赛场地没有专门的电子统计板和24秒计时器，使得比赛标准降低。因此，竞赛资金不足、使用受限、场地不固定、器械不完备是当前上海市青少年体育竞赛面临的又一挑战。

五、美国青少年体育竞赛标准化的启示

（一）教育主导的单线竞赛体系

目前美国青少年体育竞赛体系由全美州立高中协会联盟（National Federation of state High school Associations，NFHS）、州体育运动协会、学区体育运动协会、区联盟体育协会以及学校体育部或俱乐部构成。全美州立高中协会联盟创建于1920年，是美国中学竞技运动的最高领导机构；其他各州运动协会大部分成立于20世纪初，由各学校代表组成董事会负责本州的相关竞赛事务；学区体育运动协会主要负责本区内的体育竞赛工作，并配合和服从州体育的活动组织安排；区联盟体育协会是学区下设的就近学校所组成的竞赛组织，主要负责本区内的体育竞赛事务；学校体育部是由校长或教务总监直接领导负责管理和协调各项目运动队的训练教学工作（图1）。

图1 美国高中体育竞赛管理机构

（二）层次鲜明的竞赛等级与分类

美国高中体育竞赛主要分为联盟赛、区域赛和州际赛，规模和级别依次递

增(图2)。联盟赛是多所邻近的学校为开展相互间的体育竞赛而形成的组织内比赛,有对抗赛、邀请赛、资格赛、达标赛、冠军赛等多种形式,是最基础的竞赛层次;地区赛是由区体协组织的区内竞赛联盟竞赛优胜队参加的比赛。跨区比赛是地区优胜学校之间的比赛,州锦标赛是由地区选派优胜学校参加的全州最高层次的比赛,两种比赛均由州体协组织举办。另外美国高

图2 美国高中体育竞赛类别

中体育竞赛等级设置较为合理。为了既能保证比赛参与度及比赛公平性,州体协根据参赛学校的数量和规模,对大部分项目实行分级比赛制度。如橄榄球、篮球、棒球、垒球、足球、越野跑、女排等项目划分为 2A、A、B、C、D 五个级别,冰球、田径、摔跤等项目划分为一、二级两个级别,滑雪、游泳、跳水、网球、高尔夫、室内田径等项目不分级别。

(三)科学化的信息化管理

美国中学、大学竞赛体系有着较为完备的体育竞赛信息管理系统,除了参赛学生的基本信息之外,还包含了详细技术指标统计,便于各队索引查询,以进行针对性训练,而技术信息库的前提是专业化的比赛记录、专业化的人员配备以及专业的软件、硬件设施,中学比赛基本都有多个摄像机位,以美国大学生篮球联赛为代表的 NCAA 竞赛体系更加专业化。

(四)标准化的组织流程

统一的组织机构,便于在竞赛规则、组织流程等方面的通畅性和便捷性,另外各中学、大学都具有较好的场馆设施和经费保障,也极大地保障了青少年竞赛的有序推进。每年固定的联赛体系,稳定的日期和赛程,稳定的场馆设施,定期召开相关会议,使得比赛程序化、日常化、标准化,保障了比赛的科学、高效与顺畅。

六、上海青少年体育竞赛标准化建设举措

标准化是对重复性的事物和概念,通过制定、发布和实施标准达到统一,

以获得最佳秩序和社会效益,标准化是科学管理的前提。上海青少年体育竞赛标准化可以从竞赛机构、竞赛信息、竞赛物资、竞赛人员、竞赛组织等方面进行(图3)。

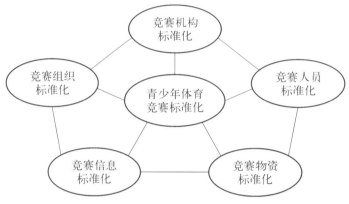

图3 青少年体育竞赛标准化建设

(一)竞赛机构的标准化建设

建立第三方社会化竞赛管理机构,以达到体教最佳融合,是青少年体育竞赛标准化建设的重要前提。体育系统与教育系统并行的双轨制是当前上海市青少年竞赛面临诸多挑战的根源所在。双轨制下的竞赛体系、竞赛类型、目标理念、运动员身份与资格都各不相同,是标准化工作的难点所在。体教结合的改革持续进行,但仍将面临各种挑战。在这样的时代背景下,建议成立第三方社会化竞赛管理机构不失为一个最佳的方案。第三方社会化竞赛管理机构有以下优势:首先,第三方社会化管理机构可以整合体教双方资源,优化竞赛体系,将教育系统的大众化体育和体育系统的精英体育有机地结合在一起,形成金字塔式的竞赛体系,建立竞赛等级类分,明确竞赛理念,科学化管理运动员身份和参赛资格,统一协调竞赛日期,使得整个竞赛体系组织有序;其次,社会化运营的自我造血和资本运作能力,可以节省政府投入,可以解决政府经费投入不足、财务制度禁锢等问题,同时参赛单位的交通、服装物料等竞赛物品都可以通过市场化运作获取,但要以教育为本,避免过度商业化;第三,第三方社会化竞赛管理更为专业有效,专业的人做专业的事,竞赛的标准化体现在管理专业化和科学化上,包括裁判、赛场纪录、比赛监督、场馆工作人员等在内的相关人员都需要更加精细而专业,才能保障竞赛标准化。

(二)竞赛人员的标准化建设

完整的竞赛体系除了运动员、教练员和裁判员之外,还包括记录人员、信息人员、场地器械人员等。不同的分工都有各自相应的标准和职责。裁判员和运动员的等级标准较为成熟,各比赛项目都延续了体育系统的较为成熟的等级和标准:运动员从三级到健将级,裁判员从三级到国际级。教练员的等级标准建设也有所更新和突破,体育局系统中的教练等级分为初级、中级、高级,近两年以篮球、足球教练为代表开始与国际接轨,实行 A~E 级的等级培训与考核,不同等级的教练员执教不同层次的运动队,这是我国竞赛标准化的重要内容。比赛记录人员、信息化工作人员以及场地人员都应该专业而标准。

(三)竞赛组织的标准化建设

竞赛组织是青少年体育竞赛的核心工作,包含项目设置、竞赛类别与等级、赛制规则、组织流程等方面。项目设置不仅要满足青少年参赛需求,同时也要考虑项目的本身的培育和发展。对于大众化、群众基础较好的项目,可以设置更为精细的分项目来满足参赛需求,例如篮球比赛,除了传统的 5 对 5 比赛之外,3 对 3 的半场比赛也同样深受青少年喜爱,因此目前 3 对 3 篮球竞赛逐步成为国际重要赛事之一。5 人制、7 人制足球比赛也是如此。对于一些小众项目,要从培育发展的角度考虑设置,引导青少年广泛参与,为竞技体育培养宽厚的金字塔座。竞赛类别要充分考虑到不同年龄、水平、性别的参赛需求,例如美国高中的竞赛类别值得借鉴,竞赛类别和等级的设定既满足了不同青少年的参赛需求,同时也保证了比赛的公平性和均衡性。赛制规则要科学合理,在第三方竞赛管理机构的理念下,要坚持分级分类管理的原则,保证比赛质量;保持联赛与杯赛互补的原则,既保证球队全年有比赛,又要为弱队爆冷创造条件。组织流程要清晰,阶段性任务和工作环节要明确到人,从赛事的组织、发布、报名到编排、分组、统计等各环节都要适应竞赛的总体目标理念和原则,保证竞赛的衔接、流畅和顺利。

(四)竞赛信息标准化建设

竞赛信息是指与比赛相关的所有信息的总称,按照时间标准可以分为赛前、赛中和赛后信息,比如赛前竞赛规程、赛中的技术统计、赛后奖项等;另外还可以根据内容分为人员信息、物料信息、比赛信息,例如运动员个人信息、场地服装信息、技术统计信息等,竞赛信息标准化是青少年体育竞赛标准化建设的重要内容。竞赛信息标准化更为关键的工作是要形成可以索引查询的数据库,在大数据背景下,以竞赛信息为主要内容的数据库建设是信息化建设的核心,数据库的建设对比赛的监控分析、反馈、完善具有重要意义,不仅关系到竞赛组织,同时对竞技水平、文化宣传、社会化推广都具有重要意义。比如,运动员的信息化,不能仅仅局限于报名提交的基本信息,还需要更为精准的参赛信息、技术统计信息、竞赛表现信息,甚至个人体能表现信息等,这对于跟踪监控青少年的健康成长、技术进步,从而形成数据分析报告具有重要价值。

(五)竞赛物资标准化建设

青少年竞赛离不开丰富的竞赛物资,包括比赛场地、比赛器械、比赛服装等,统一规范的场地器械是公平公正比赛的前提,是青少年竞赛标准化建设的重要内容之一。首先竞赛场地和器械应该满足不同竞赛类型、竞赛级别的需求,需要更加科学合理,例如目前中国篮球协会所开展的小篮球计划,针对青少年儿童的特点,统一篮球架高度和场地尺寸,符合青少年儿童的身体特征,符合运动员成长的规律,便于科学化地培养竞技体育后备人才。另外,比赛服装的标准化不仅是比赛的需求,也是竞赛体育文化的重要载体,设计第三方体育竞赛协会标识及参赛队的名称和标识,统一设计制作,包括运动员服装、裁判员服装、教练员服装以及其他相关从业人员服装,实现竞赛服装的标准化。

七、结语

竞赛标准化不是一个空洞宏观的理论化概念,而是体现在竞赛的各个方面,当前上海青少年体育竞赛所面临的挑战是其进行标准化建设的依据,也是其标准化建设的意义所在。标准化的观念和意识是青少年体育竞赛标准化工作的前提,标准化的组织机构是关键所在,其次竞赛人员、竞赛组织、竞赛信息、竞赛物资的标准化是青少年体育竞赛标准化不可或缺的重要内容。在青少年体育竞赛标准化的过程中,要始终以教育为本,正确处理好学习和训练比赛的矛盾,避免急功近利的锦标主义,要培养德智体美劳全面发展的社会主义建设者和接班人。

参考文献

[1] 王登峰.学校体育的困局与破局——在天津市学校体育工作会议上的报告[J].天津体育学院学报,2013(1).

[2] 2018上海市第十六届运动会总秩序册[R].上海市第六届运动会组委会,2018(11).

[3] 王琛云.体育标准化研究综述[J].体育世界,2018(12).

[4] 雷厉.我国体育标准化体系建设的基本框架及推进措施[R].第三届中国体育博士高层论坛,2010(8).

[5] 李中国,刘维标.我国校园足球标准化建设现状与发展启示[J].哈尔滨体育学院学报,2019(7).

[6] 孙浩巍.我国群众性武术赛事标准化班赛体系研究[D].北京体育大学,2019(5).

[7] 黄希发,等.高危险性体育项目经营活动标准化建设研究,体育科学,2013(10).

[8] 潘前.美国纽约州中学竞技体育发展分析[J],体育文化导刊,2010(1).

健康服务视域下上海青少年科学健身指导服务体系研究

李世昌*

一、前言

（一）选题依据

1. 我国青少年体质健康水平现状不容乐观

青少年的身体健康状况，关系到社会发展，关系到国家前途。从 1985 年至今，我国学生体质健康状况一直不容乐观，肺活量、力量、速度、耐力和柔韧度等一直呈下降趋势，肥胖儿童不断增多，近视率长期居高不下。

青少年的体质健康问题引起了社会各界的广泛关注，媒体上一直在议论，行政管理部门不断在研究。中共中央、国务院、国家教育部、国家体育总局以及国家卫生部等部门先后颁布了一系列的政策法规，要求各级政府、学校严格执行以切实提高我国学生的体质健康水平，如国务院办公厅转发教育部等部门《关于进一步加强学校体育工作若干意见》的通知（国办发〔2012〕53 号）。

2. 国外青少年体质健康服务做法对我们的启示

青少年的健康问题得到各国政府的普遍重视，为提高青少年的身体素质，培养其健康生活方式，各国积极推动青少年体质健康服务，其中日本和美国在这方面取得了很好成绩，许多举措值得我们去学习和借鉴。

在日本，家庭普遍都享有健康服务机构的保健医生长期跟踪服务，国家为每个家庭建立家庭成员的健康档案，负责家庭的健康管理和服务，孩子就是服

---

* 本文作者单位：华东师范大学教授、博士生导师。

务的对象。新生在入学时都会进行健康体检并存有档案。日本要求青少年儿童养成良好的生活习惯,1963年文部省颁布了《小学低、中年级运动能力测验实施要案》,体质测试人群进一步扩大,内容也一直修订和完善。日本学校还保存和提供每一位学生的体质资料,包括身高、体重等,以供学生和相关人员对其进行健康管理时提供参考。2000年3月31日,日本厚生省颁发的有关"健康日本21世纪"国民健康运动的文件,从预防保健入手提出一个全民健康计划,包括营养与饮食、身体活动与运动、休息与心理健康等九大类健康目标的指导。

在美国,大多数州有新生入学体检、预防接种的制度;从1958年起,全国50个州都进行《青少年身体素质测验》,以后不断修改测验内容和标准,公布美国《青少年身体素质测验标准》,且每10年全国进行一次青少年体质普查。1980年AAHPERD首先开发了"与健康相关的体质测验"(Health Related Physical Fitness Test)。美国"健康公民"计划项目为提高公民的健康,每10年更新一次,执行后进行讨论评价和改进。以"健康公民2010"计划为例,旨在提高全民和国家的健康水平。美国青少年健康促进体系是由政府领导、学校为主、社区和家庭参与的服务机构。青少年健康体适能计划的提出,得到很好的推广,其中较有代表性的如"SPARK"、"CATCH"、"FITNESS FOR LIFE"等学习计划。

国外青少年体质健康服务做法对我们有些启示。我们要进行整体规划,逐步形成由多部门联合的综合性体系,加强长效管理。

3. 青少年科学健身指导服务是提高青少年体质健康水平的重要途径

造成目前学生体质逐年下滑的原因是多方面的,其中一个很重要的因素就是长期以来有关学生体质健康方面的研究非常薄弱,现有的研究成果都不能满足学生体质健康促进方面的需求。科学的健身指导对于青少年进行体育运动、改善青少年体质水平有着积极的作用:第一,科学的健身指导要传播和宣传科学健身知识,对青少年的运动健身的理念、态度、意识、行为进行指导。第二,要针对青少年的身体解剖和生理特点,给出每个学生个性化的锻炼方案,以便学生自己锻炼;第三,要加强体育健身活动的趣味化和娱乐化指导,以吸引更多的青少年自觉参与。

由于当前受片面追求升学率、应试教育等多种问题的影响和困扰,青少年体育工作面临着很大的挑战,但是广大青少年群体代表着中华民族的未来和希望,仍应是公共体育服务的重点人群。从健康服务的视角,建立以健身知识技能培训、健身咨询、体质健康监测与评价、运动处方、营养卫生、心理健康教育为主要服务内容的青少年科学健身指导服务体系,是提高青少年体质健康水平的重要途径。

（二）研究目的与意义

青少年体质健康服务体系的研究匮乏，尤其是基于健康服务理念研究的匮乏，直接导致青少年科学健身指导服务缺乏全局了解，青少年在平时健身锻炼时缺少科学的指导，健身效果不理想。

健康服务是指由政府主导，市场参与，根据国民不同层次的各类健康服务需求，利用当地的各种资源，通过直接提供或购买服务等方式向国民提供的医疗卫生、健康宣教、体育健身等服务。为进一步推进健康城市与健康社区建设，提高居民健康水平，根据《"健康中国 2030"规划纲要》《"健康上海 2030"规划纲要》《关于开展健康城市健康村镇建设的指导意见》等，2019 年 1 月 16 日上海市政府发文（沪府办发〔2019〕2 号），以加强社区健康服务、促进健康城市发展。这些都是我们研究健康服务、提升国民健康水平的重要依据，也是我们打造健康中国、健康城市的重要路径。

本文基于健康服务理念对青少年科学健身指导服务体系进行研究，找出青少年体质健康服务体系存在的不足和问题，并提出改进和构建的意见，能够对相关部门和决策层制定相应政策和意见提供决策参考。

二、研究对象与研究方法

（一）研究对象

本项目以上海市为例，研究青少年科学健身指导服务体系。调查青少年的健身需求，从健康服务的视角对青少年科学健身相关的健身知识技能培训、健身咨询、体质健康监测与评价、运动处方、营养卫生、心理健康教育等服务现状进行调查研究，涉及政府、学校、社区和家庭等层次。在研究过程中，根据研究条件，选取复旦中学、曹杨中学、曹杨第二中学、华东师范大学第二附属中学、茸一中学、毓秀学校、第一师范附属小学等七所中小学的 750 名学生进行调查，其中高中生 250 名、初中生 250 名、小学生 250 名，将这部分的中小学学生作为本研究的调查对象；选取学生家长 80 名，其中高中生家长 30 名、初中生家长 30 名、小学生家长 20 名；选取体育教师 120 名，其中高中体育教师 40 名、初中体育教师 40 名、小学体育教师 40 名。

（二）研究方法

1. 文献资料法

根据选题和研究的目的，通过查阅 CNKI 中国知识资源总库有关国内青少年科学健身服务体系方面的相关文献，对搜集的资料进行认真的筛选和分析，为本研究提供理论依据。

2. 问卷调查法

结合研究内容，设计问卷表，对青少年科学健身需求进行调查，以青少年群体健身需求为核心，对现有的科学健身指导服务体系建设进行分析和研究，从而发现其中所存在的问题。

问卷设计分为学生问卷和教师、家长问卷两种，主要以选择题为主，调查的地区范围为上海市各区，主要调查的方面有青少年的个人基本信息、对健身知识的理解、接受健身指导的情况以及健身需求的情况等。

（1）问卷的信度及效度检验。为了保证问卷设计的效度，在设计问卷初稿时征求了一些专家的意见，并根据他们所提的建议对内容和结构进行了修改，最终由 7 名专家对问卷进行了效度评价，其中教授 4 名、副教授 3 名，并在专家意见的基础上再作修改，最终定稿。问卷检验结果表明：问卷整体设计比较合理，具有较高的科学性和有效性。专家问卷的效度检验统计见表1。

表 1 专家对问卷的效度检验统计表

评价度	非常有效 N	%	比较有效 N	%	一般 N	%	不太有效 N	%	无效 N	%
内容效度	3	42.9	4	57.1	0	0	0	0	0	0
结构效度	3	42.9	4	57.1	0	0	0	0	0	0

为了了解调查问卷得到的数据的可靠性程度，采用"再测法"进行信度检验。在第一次填写问卷相隔 7 天后，对调查对象中少部分学生、家长和体育教师进行了再次测验，信度相关系数为 $r=0.85$，基本符合规范要求。

（2）问卷发放与回收。本文调查对象为上海市中小学学生，其中高中生 250 名、初中生 250 名、小学生 250 名，这些学生所在的学校分布于静安区、长宁区、普陀区、杨浦区、闵行区和松江区等，学生年级均选择在小学四年级以上，以求更加准确地反映青少年学生的健身需求。问卷的发放采用当面发放填写、当场回收的办法，共发放问卷 750 份，回收 712 份，回收率为 94.93%。

其中有效问卷 687 份,有效率为 96.49%。教师、家长问卷的发放与学生问卷的发放对象相对应,向家长发放问卷 80 份,由学生带给家长,回收 60 份,回收率为 75%;教师发放问卷 120 份,回收 118 份,回收率为 98.3%。

3. 访谈法

针对本论文所涉及的内容,设计访谈提纲,对学校和社区体育有关方面领导、专家、教师和家长 10 人,通过面谈或电话的形式,就本研究相关问题等进行咨询,并征求意见和建议。

4. 数理统计法

将所获得的数据,利用 Excel 对所调查的数据进行录入和分析,对数据结果进行统计学处理,以求得量化分析的依据。

三、研究结果及分析

(一)上海青少年学生、家长和教师对青少年科学健身指导服务体系的认知情况

1. 学校和家长都认为加强青少年科学健身指导服务体系建设十分必要

对加强青少年科学健身指导服务的必要性的调查,结果显示:有 90% 的体育教师和 96.5% 的家长认为有必要加强青少年科学健身指导服务,只有 2.5% 的体育教师和 0% 的家长认为没必要加强青少年科学健身指导服务,认为无所谓的教师和家长比例分别为 7.5% 和 3.5%(图 1)。

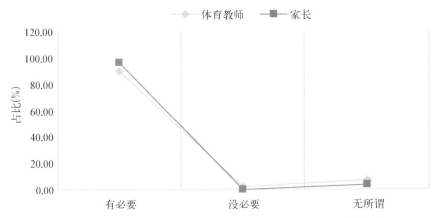

图 1 教师和家长对加强青少年科学健身指导服务必要性的态度

由此可见,无论是体育教师还是家长都认为加强青少年科学健身的指导服务是十分有必要的,他们对孩子的科学健身和体质健康发展非常重视,这有利于青少年科学健身指导服务工作的开展。只有学校重视学生的体质健康发展,方能得到家长和体育教师的支持,学校体育工作容易得到落实,对青少年的科学健身的各项指导服务工作也能顺利跟进。学校要调动家长的积极性,为青少年科学健身创造更加有利的服务和条件。

2. 学校和家长对青少年学生科学健身指导服务需求的了解情况较少

调查结果显示:教师和家长对青少年科学健身指导服务需求的了解还不够,只有27.5%的教师和21.1%的家长认为自己了解青少年对于科学健身指导服务的需求,高达40%的教师和52.6%的家长对青少年的科学健身指导服务需求了解一般。此外,32.5%的体育教师和26.3%的家长认为自己对青少年的科学健身指导服务需求不了解。由此可见,体育教师对青少年科学健身指导服务需求了解情况较少,特别是学生家长对自己孩子在科学健身指导服务方面的需求了解更少。这种现象说明了目前我们的学校体育缺乏教师和学生的沟通,对学生的健身需求了解分析不够,同时学校也缺乏将学生健身状况向家长的反馈,加之家长对自己孩子健身状况缺少主动的观察和交流,导致了家长对孩子科学健身指导服务需求的指导就更低(图2)。

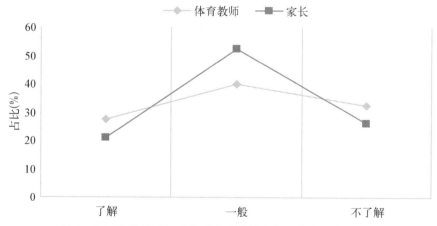

图2 教师和家长对青少年学生科学健身指导服务需求的了解

3. 教师、家长和学生自身对于青少年获取科学健身指导服务途径的了解程度较低

关于体育教师、学生家长和学生自身对于青少年获取科学健身指导服务

途径了解程度的调查,结果显示:只有17.5%的体育教师、16.7%的学生家长和43.4%的学生对青少年获取科学健身指导服务的途径是了解的,高达52.5%的体育教师、38.6%的学生家长和40.2%的学生对青少年获取科学健身指导服务的途径的了解情况一般,有30%的体育教师、44.7%的学生家长和16.4%的学生认为自己对青少年获取科学健身指导服务的途径不了解。

由此可见,不论是体育教师、家长还是学生自身,对于青少年获取科学健身指导服务的途径了解程度都普遍较低,了解程度最低的是学生家长,其次是学生自身。相比学生家长和学生自身,体育教师对青少年获取科学健身指导服务的途径了解程度稍好,但仍显偏低(图3)。

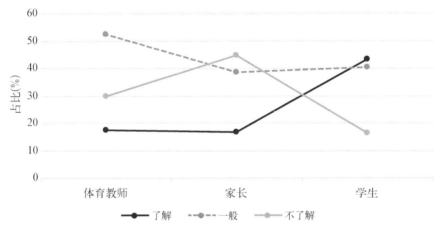

图 3 教师、家长和学生自身对青少年获取科学健身指导服务途径的了解

(二)上海青少年学生对青少年科学健身指导服务体系的需求情况

健身过程的指导是对青少年运动健身最直接、最核心的指导,对于青少年学生技术动作的形成、良好锻炼习惯和方法的养成都有着积极的作用。从健康服务的视角,在调查中列入体质测试与评价、运动伤病的防治、运动处方、运动营养、心理健康教育、减肥增肌和提高运动成绩等方面的内容。由调研结果可知,青少年群体对于健身过程指导的需求十分强烈,其中对于体质测试与评价的需求最为强烈。根据青少年对于健身过程指导的需求强烈程度排序,依次为体质测试与评价、运动营养、运动伤病的防治、健身器械的使用、技术动作指导、项目规则讲解、减肥增肌、心理健康教育、运动处方、提高运动成绩。

对于体质测试与评价的需求,被调查的687名学生中,有462人选择了需要,占总人数的比例高达67.2%,选择不需要的人数仅为225人,占总人数的32.8%。由此可以看出青少年学生对于了解自己健康状况需求程度非常强烈。同时,我们也需要对目前我国学生体质健康测试的运行现状进行反思,目前我国中、小学生体质测试普遍存在重测试、轻评价,重上报、轻反馈的现象。多数学校只着眼于完成国家对于学生体质健康的测试和上报任务,并没有很好地对测试数据进行利用,没有从健康服务的角度把学生的体质测试数据和指导学生的科学健身结合起来,这也许是部分学生对体质测试工作不满意或者不愿参与的重要原因(表2)。

表2 青少年对健身过程指导的需求

内　　容	需要(人)	百分比(%)	不需要(人)	百分比(%)
体质测试与评价	462	67.2	225	32.8
运动营养	413	60.1	274	39.9
运动伤病的防治	399	58.1	288	41.9
健身器材的使用	373	54.3	314	45.7
技术动作指导	334	48.6	353	51.4
项目规则讲解	285	41.5	402	58.5
减肥增肌	243	35.4	444	64.6
心理健康咨询	222	32.3	465	67.7
运动处方	190	27.7	497	72.3
提高运动成绩	168	24.5	519	75.5

运动营养是根据不同的运动项目特点从外界摄取各种营养素,以满足由于运动而对各种营养素的需求。合理的营养有助于提高运动能力和促进运动后机体的恢复。合理营养不仅是对专业运动员的要求,它对大众健身人群的身体机能状态、体力适应以及体质健康水平的提高都具有非常重要的作用。在本研究中,青少年对于运动健身中运动营养指导需求排名为第二位,有413名学生选择了需要,占总人数的60.1%;274名学生选择了不需要,占总人数的39.9%。在调查中了解到,选择一般和不需要的学生认为自己饮食比较合理,运动营养就是多吃营养品和有营养的食物。因此可以看出学生对于运动

营养的知识迫切需求了解,但是在这方面的知识又知之甚少,他们的营养知识多数是从父母的那里获得的,缺乏营养学专业人士的指导。所以运动营养的科学指导也是青少年健身过程中急需解决的问题之一。

青少年学生对于运动健身指导服务中运动伤病的防治方面指导的需求排第三位。被调查的学生中,有399人选择了需要运动伤病的防治方面的指导,比例为58.1%,选择不需要的学生为288人,在总人数中的比例仅为41.9%。在经常参加运动的青少年人群中,大部分的青少年学生都有过运动伤病的经历,大部分学生的处理方法则是求助于体育老师、学校医务工作人员或家长,自己独立处理伤病的情况较少。被调查的学生普遍认为,在学校体育课教学过程中,体育教师缺少对运动伤病的预防及处理知识的系统传授,学校也缺少对于运动伤病、营养卫生等知识的咨询部门。虽然体育教师和学校医务室在一定程度上可以承担运动伤病、营养卫生等健康知识的指导,但仍不能满足青少年对于此类知识的需要。因此,学校开展对青少年学生进行系统的体育卫生保健知识的培训或者设立专门的体育卫生保健咨询室不失为一种可行方案。

健身器材的使用、技术动作指导、项目规则讲解、减肥增肌等方面的需求分别位于第四至第七位。这些有关运动技能是运动健身过程中的重要环节,正确的技能方面的指导和培训是健身锻炼能够正常工作运转的重要保障。在调查中发现,许多学生喜欢篮球、足球和羽毛球等球类活动,但对这些运动项目的比赛规则缺少了解,急需这方面的培训。在技术动作和健身器材的使用方面,多数青少年认为,规范的技术动作和正确使用健身器材是做好一项运动项目的基础,在运动过程中,希望能够随时获得专业老师的指导。

心理健康是青少年成长过程中身心全面发展的重要组成部分。青少年的心理健康与身体健康是相互依存、相互促进的。心理健康能促进身体健康,反之,心理处于不健康的状态,则会导致一些身心疾病的发生,而体育运动对心理健康的发展又起到了一定的积极的促进作用。心理健康教育有助于青少年控制自己的情绪,使他们能够保持心态平衡,使他们乐观开朗、宽容豁达、积极向上,心理健康也是提高中小学生审美素质的基础和条件,并且还有助于劳动观点和劳动习惯的形成。调查结果显示,对于心理健康咨询服务,有222名学生选择了需要,占总人数的32.3%。总体上看,对于体育运动过程中的心理问题,还是需要获得一些专业心理咨询师的帮助。青少年在体育锻炼过程中,会涉及各种各样的心理问题,如对于运动比赛的紧张感、恐惧感、怕脏怕累、运动损伤后的心理问题以及运动中的人际交往问题等。当青少年在体育运动中遇到此类心理问题时,往往不知道该怎么做,也不知道应该求助于谁。所以,学校的心理咨询室需要进一步推广宣传,鼓励更多需要心理帮助的学生走进心理咨询室。此外,教师和家长在青少年心理辅导方面也承担着重要任务,需要与青少年加强沟通交流,做好青少年的心理导师。

运动处方是康复医师或体疗师对从事体育锻炼者或病人,根据医学检查资料(包括运动试验和体力测验),按其健康、体力以及心血管功能状况,用处方的形式规定运动种类、运动强度、运动时间及运动频率,提出运动中的注意事项。运动处方是指导人们有目的、有计划、有个性和科学地锻炼的一种方法。其特点是因人而异,对"症"下药。调查中发现,许多青少年学生反映没有专业人员为自己指导制定运动处方,自己不懂得如何制定自己的健身计划。青少年对于运动处方的指导有一定的需求,其中有190人选择了需要,占总人数的比例为27.7%,目前我国政府、社区、学校以及家庭在这方面提供的服务远不能满足青少年的需要。

(三)上海青少年科学健身指导服务体系建设情况

1. 青少年获得科学健身知识的途径较为狭窄

掌握必要的健身相关的卫生保健常识以及技术动作要领,是青少年科学健身正常开展的基本保障。科学健身相关知识获得途径的多寡及其难易程度是青少年科学健身指导服务体系的最核心内容。调查结果显示,上海市青少年获取科学健身知识的途径较为狭窄。上海市中小学生获取科学健身知识的途径主要集中于体育课堂的学习、网络查阅和相关书籍阅读,选择人数百分比分别为83.6%、44.3%和38.1%。其中,体育课堂的学习是青少年获取科学健身知识的最普遍形式,有574名学生选择了此项目,占总人数的83.6%。但同时发现,在学校教育中,除了体育课外,学生在课外体育活动、学校相关讲座、体质测试报告等活动中获得科学健身知识的比例明显偏低,选择以上三项的人数分别为390人、217人和280人,分别占总人数的56.8%、31.6%和40.8%,尤其是学校相关讲座和体质测试后的健身指导比例更低,这说明学校很少开展青少年科学健身知识讲座,体质测试也只是停留在测试和上报为主的状态,很少对学生进行反馈和健身指导,这是学校体育教育中亟待加强的薄弱环节(表3)。

表 3 青少年获取科学健身知识的途径

途　　径	N(人)	百分比(%)
体育课堂的学习	574	83.6
课外体育活动时体育教师的指导	390	56.8
相关电视节目	308	44.8
网络查阅	304	44.3
同学之间交流	291	42.4
学校提供的体质测试报告和健身指导	280	40.8
相关书籍阅读	262	38.1
家长的传授	259	37.7
学校相关讲座	217	31.6

在青少年对科学健身知识的自主学习方面,我们主要调查了相关书籍的阅读、收看相关电视节目以及网络查阅三方面内容。选择通过网络途径、相关书籍的阅读和收看相关电视节目获得科学健身知识的人数竟高达304人、262人和308人,分别占总人数的44.3%、38.1%和44.8%。这些结果表明,在目前互联网被广泛运用的时代,网络途径在青少年健身知识的传播方面起到了越来越重要的作用,已经超越阅读相关书籍的方式。据了解,青少年主要是通过浏览相关体育咨询网页,如新浪、搜狐等重要媒体网站的体育板块获取健身相关知识的;同时,各种体育健身论坛、网络社区、百度贴吧、微信、QQ、微博等也是青少年获取科学健身知识重要网络途径,这就要求我们必须重视科学健身知识的网络传播的途径。对政府来说,需要通过建设、完善体育管理部门的官方网站、官方微博等方式,充分发挥网络途径在青少年科学健身知识传播中的重要作用。对学校来说,也需要完善学校主页,在学校官方主页上设置和完善科学健身知识及指导板块,也可以通过学校官方微博等工具加强对学生的科学健身指导服务。

此外,有291人和259人分别选择同学之间交流和家长传授的方式,分别占总人数的42.4%和37.7%。同学之间的交流在青少年的相互学习中占有重要的地位,在同学之间的相互交流中,也促进了青少年科学健身知识的传播。家长对于孩子科学健身知识的传授水平较低,存在较大的提升空间。一是加强家长自身的科学健身知识学习,二是加强家长在科学健身知识方面对于孩子的指导,家长应多陪孩子进行体育锻炼,在锻炼的同时及时给予孩子科学健身知识的传授。

2. 家庭教育在青少年科学健身指导服务过程中发挥作用不大

家长对孩子的科学健身指导在青少年健身过程中占有十分重要的地位,家庭环境对孩子成长及其习惯的养成十分重要,因此家庭管理理应成为青少年科学健身指导服务体系中不可缺少的部分。调查显示,家长每周自身参与体育运动的时间较少,仅有29.8%的家长每周运动次数在3次以上;大多数家长每周运动次数不足,每周运动1~2次的家长占总数的50.9%;甚至有19.3%的家长每周运动不足1次。此外,家长陪同孩子参加体育运动的时间也同样不足,仅有7.9%的家长每周陪同孩子参加运动的次数在3次以上;大多数家长每周陪同孩子参加运动的次数不足,每周运动1~2次的家长占到总数的48.2%;甚至有43.9%的家长每周陪同孩子参加运动的次数不足1次。为了营造良好的家庭健身氛围,家长应多抽出一些时间来参与体育运动,并尽可能多地陪同孩子进行体育运动,这样不仅能够提高自身的体质健康状况,而且还能够在健身过程中对孩子进行科学指导。因此,家长对体育锻炼的认识有待提高,不仅要使家长自身提高对体育运动的重视,加强锻炼,养成良好的科学锻炼的习惯,同时要使家长多陪同孩子参加体育锻炼。家长应与孩子共同参与体育锻炼,加强家庭体育活动的开展,使其养成科学的健康的生活习惯和饮食卫生习惯。保证每天的营养供应,对孩子的健康进行全面管理,促进学生全面健康成长(表4)。

表4 家长每周自身参加体育运动和陪同孩子参加体育运动的次数

内 容	3次以上(人)	百分比(%)	1~2次(人)	百分比(%)	不足1次(人)	百分比(%)
家长自身参加运动	34	29.8	58	50.9	22	19.3
家长陪同孩子参加运动	9	7.9	55	48.2	50	43.9

此外,家长对于孩子科学健身所涉及的卫生、保健、营养、运动损伤的预防及急救等知识的掌握程度,直接影响到家长能够为孩子健身提供指导服务的水平。当问及家长对孩子科学健身方面的卫生保健常识的了解程度时,高达63.2%的家长认为自己的了解程度是了解,只有20.2%的家长认为自己对

孩子科学健身卫生保健常识的了解程度是一般,另外有 16.7% 的家长认为自己对这方面的知识并不了解(图 4)。可见,上海市多数家长对青少年科学健身知识是了解的,这个情况还是好的。只有家长充分掌握了青少年健身方面的卫生保健常识,才能充分发挥家庭教育在青少年科学健身指导服务过程中的作用。

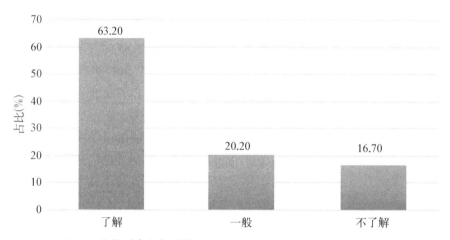

图 4　家长对青少年科学健身方面的卫生保健常识的了解程度

3. 学校教育在青少年科学健身指导服务过程中的作用

(1) 体育课和课外体育活动的健身指导作用还有待于提高。

调查发现,中小学体育课被文化课所挤占的情况仍然时有发生,有些学校课外体育活动的开展时间不能得到保障;有些学校课间操流于形式,没有起到锻炼效果。在体育课被挤占的现象调查中,有 5.4% 的人选择了体育课经常被挤占,有 29.4% 的人选择了体育课偶尔被挤占,就有 65.2% 的人选择了体育课从不被挤占(图 5)。上海的这种情况也是好的、理想的。

对课外体育活动时是否经常得到体育老师的指导的情况调查结果显示,多数学生在课外体育活动中都没有得到或没有经常得到体育教师的指导,被调查的学生中 57.6% 的人在课外体育活动中从来没有得到过体育教师的指导,有 36.1% 的人在课外体育活动中偶尔得到过体育教师的指导,仅有 6.3% 的人在课外体育活动中经常得到体育教师的指导(图 6)。

体育课和课外体育活动是学生在校期间进行体育锻炼的主要形式,对于青少年体质健康水平的提高十分必要,体育课和课外体育活动不能得到

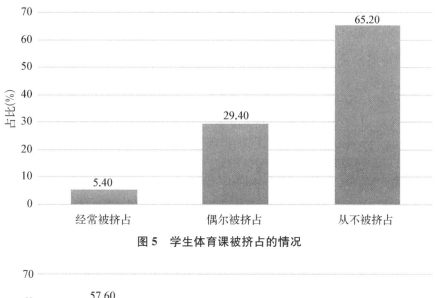

图 5 学生体育课被挤占的情况

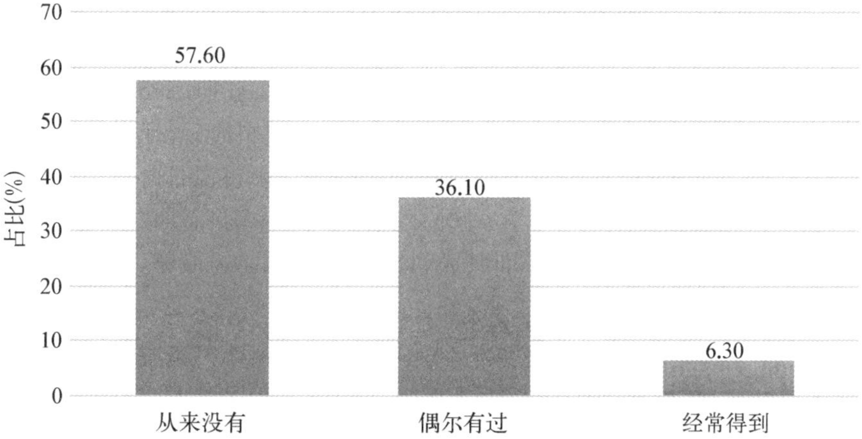

图 6 课外体育活动获得体育老师指导的情况

正常开展,将影响青少年的体质健康水平。同时,体育课和课外体育活动也是教师对学生科学健身锻炼进行指导服务的主要手段,通过体育课和课外体育活动,体育教师可以根据学生年龄、性别等特点,设置具有针对性的、个性化的锻炼内容,在培养学生的健身兴趣的同时,使学生养成科学健身的良好习惯。

调查显示,大部分学生希望学校能够为自己制定个性化的运动处方,学校应该充分利用体育课和课外体育活动,为学生量身定制科学的、个性化的运动处方,并尽可能地安排相应的体育卫生保健知识内容教学,使学生掌握体育卫生保健知识以及运动损伤的预防及康复手段等内容。

（2）部分学校的卫生部门及心理健康服务部门服务水平没有充分发挥。

调查发现，大部分学校均设有医务室。学校医务室能够对学生日常疾病进行一般的治疗及处理，不仅如此，有许多学校医务室还定期为学生开展卫生、保健知识讲座，这是很好的，说明学校已经能够结合体育运动中的卫生、保健常识进行健康教育。对于学校开展卫生保健知识讲座的调查结果显示：已经有48.2%的学校经常开展体育卫生保健知识讲座，有44.7%的学校偶尔开展卫生保健知识讲座，只有6.1%的学校则从不开展卫生保健知识讲座(图7)。

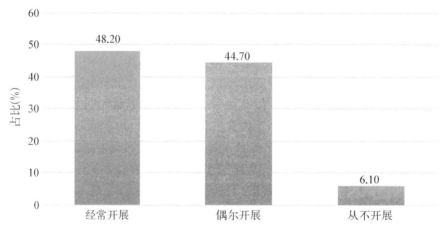

图7　学校开展卫生保健知识讲座情况

青少年的健康管理需要学校医务室等卫生管理部门的充分参与，这不仅要求学校卫生部门在学生发生体育伤害事故时及时地救助，而且要求学校卫生部门定期对学生开展卫生、营养等健康知识教育，使学生能够掌握科学的健身、营养以及疾病预防等方面的知识。

学校的心理健康咨询部门是学生健康服务体系的一个重要组成部分，调查发现，大部分学校已经设立了心理健康咨询部门，但多数学校流于形式，很少有学生因为心理问题求助于学校心理健康咨询部门。有些学校的心理健康咨询服务人员由学校医务室的人员兼职，有些学校的心理健康咨询服务人员则由普通教师兼职，没有真正发挥心理健康咨询部门的实质性作用。所以学校要重视心理健康咨询部门的建设，由具有相关资质的人员担任心理健康咨询老师,能够定期开展心理健康教育课程和心理健康教育活动,真正为学生的心理健康发展提供指导服务。对于学生是否在学校受到过心理健康援助的调查显示:已经有59.8%的学生在学校受到过心理健康援助,而高达40.2%的学生在学校则没有受到过心理健康援助(图8)。青少年时期的心理问题是多种多样的,学校应设立专门的心理健康咨询部门,定期为学生开展心理健康讲座及辅导并提供心理健康咨询服务,加大宣传,使更多的同学愿意主动走进心理咨询室,接受心理健康援助。

图8 学生在学校是否受到过心理健康援助的调查

四、结论与对策建议

(一)结论

1. 青少年获得科学健身知识的途径较为狭窄

上海青少年获取科学健身知识的途径较为狭窄,中小学生获取科学健身知识的途径主要集中于体育课堂的学习、网络查阅和阅读相关书籍,其中,体育课堂的学习是青少年获取科学健身知识的最普遍形式。但同时发现,在学校教育中,除了体育课之外,学生在课外体育活动、学校相关讲座、体质测试等活动中获得科学健身知识的比例明显偏低。

2. 家庭教育在青少年科学健身指导服务过程中发挥的作用不足

家长对孩子的科学健身指导在青少年健身过程中占有十分重要的地位,家庭环境对孩子成长及其习惯的养成十分重要,因此家庭管理理应成为青少年科学健身指导服务体系中不可缺少的部分。调查显示,家长每周自身参与体育运动的时间较少,大多数家长每周陪同孩子参加运动的次数不足。家长对于孩子科学健身所涉及的卫生、保健、营养、运动损伤的预防及急救等知识的掌握程度,直接影响到家长能够为孩子健身提供指导服务的水平,调查结果显示,大多数家长对于卫生、保健、营养、运动损伤的预防及急救等知识的掌握程度较差。

3. 学校教育在青少年科学健身指导服务过程中的作用有待提高

体育课和课外体育活动没有充分发挥作用。中小学体育课被文化课所挤占的情况仍然时有发生,有些学校课外体育活动的开展时间不能得到保障,有些学校课间操流于形式,没有起到锻炼效果。课外活动时,教师对于学生体育锻炼的指导较少。学生体质健康测试及服务质量水平有待提高,多数学校只是形式上完成测试和上报任务,并没有较好地对测试数据加以利用,缺少针对测试情况的反馈与指导环节。学校的卫生部门及心理健康服务部门服务水平没有充分发挥,部分学校医务室定期为学生开展卫生、保健知识讲座,还有学校没有结合体育运动中的卫生、保健常识对学生进行健康教育。学校的心理健康咨询部门是学生健康服务体系的一个重要组成部分,少有学生因为心理问题而求助于学校心理健康咨询部门。

(二)对策建议

1. 发挥学校在青少年科学健身指导服务体系中的核心作用

青少年体育锻炼的主要场所在学校,学校体育在青少年科学健身指导服务中无疑占据核心位置。一是要加强学校体育在青少年科学健身指导服务体系中的核心作用,应主要包括:加强学生体质健康测试相关服务,这不仅仅是指学生体质健康数据的测试和上报,而且更应该重视测试数据的利用,以更好地为青少年科学健身提供指导服务。二是要加强体育课和课外体育活动的健身指导作用,通过课堂教学,教师引导学生掌握科学的健身方法以及体育卫生保健知识,使学生建立终身体育意识及实施能力;在课外体育活动中,要重视发挥教师的指导服务作用,建立学生课外体育活动的指导教师制度,体育教师根据学生健身需求有针对性地为学生制定相应的健身计划或运动处方,让运动处方发挥它的实践应用作用。三是要加强体育锻炼常识的普及和宣传,学校应该重视开展健康教育,通过选修课、网络、讲座、报告等多种方式开展与体质健康相关的营养学知识、运动健身知识、运动安全知识等健康教育,建立心理、卫生及营养等咨询服务机制,安排专家、教师与学生面对面地进行相关咨询服务和指导,这些都可以为提高学生的体质健康水平提供外部条件。根据个体需要为青少年制定科学运动处方,学校应建立健身咨询办公室,为学生在健身过程中遇到的问题答疑解惑。

2. 加强家庭教育在青少年科学健身指导服务中的重要作用

家庭是社会生活的基本单位,也是个人在其中生活最长久的单位。根据调查表明,家庭尤其是父母本人对于体育的态度对子女态度影响最大,父母完全有义务和责任为孩子创造良好的家庭环境,让子女健康成长。加强家庭教育在青少年科学健身指导服务中的重要作用,主要包括:家长要经常开展适合全家成员参加的家庭体育活动,加强对孩子体育锻炼行为的监督与引导,重视家庭教育,重视与学校体育的密切结合,为孩子提供健康生活方式、营养等方面的指导及保障等。

3. 重视社区体育以及网络传媒的配套补充功能

社区体育教育也是学校体育的延续,应充分利用社区多种资源,发挥社区体育在促进青少年体质健康上的补充功能。加强由政府为主导,以家庭为单位,市场参与,根据居民不同层次的需求,提供相应的各种健康服务。在互联网络高速发展的今天,手机和互联网不仅成为青少年重要的信息交流工具,也是社会服务的重要手段和便利渠道。应该充分利用体育管理部门以及学校的官方主页、论坛、官方微信、微博等形式,发挥其对青少年科学健身的指导作用。

4. 落实国家相关政策、法规、制度的主导作用

近年来,我国出台了许多有关加强青少年体育、增强青少年体质健康的政策和措施。通过落实国家关于青少年体育的相关政策、法规、制度,促进形成以政府为主导,以学校为中心,以社区和家庭为依托,把有助于促进青少年体质健康的各种社会因素形成一个相互联系、相互合作的坚实体系,为青少年养成科学的锻炼习惯和提高体质健康水平提供优质的服务环境。

参考文献

[1] 肖林鹏,孙荣会,唐立成,等.我国青少年体质健康服务体系构建的理论分析[J].天津体育学院学报,2009(4).

[2] 牛丽丽,郭敏.青少年体质健康一体化体育服务体系构建[J].山东体育科技,2014(1).

[3] 孙爱萍.健康管理实用技术[M].北京:中国医药科技出版社,2009.

[4] 季成叶.儿童少年卫生学[M].北京:人民卫生出版社,2007.

[5] 岳保柱.构建我国青少年体质健康促进服务体系的若干思考[J].西安体育学院学报,2011(4).

[6] 杨学智,樊国庆,杨世禄.青少年体育服务体系现状研究[J].价值工程,2012(2).

[7] 陈培友,孙庆祝.青少年体质健康促进管理模式的创新[J].体育学刊,2014(2).

[8] 刘海元.全国教育系统落实中央7号文件的基本状况[J].体育学刊,2008(3).

[9] 李凌,李俊.构建青少年健康促进的有效模式[J].教学与管理,2007(7).

[10] 李枫,傅华.现代健康促进理论与实践[M].上海:复旦大学出版社,2003.
[11] 霍兴彦,林元华.基于我国青少年体质健康促进的组织服务体系构建研究[J].河北体育学院学报,2012(4).
[12] 平杰,郭修金.青少年公共体育服务平台的构建[J].上海体育学院学报,2012(1).
[13] 肖林鹏,李宗浩,杨晓晨.公共体育服务体系概念及其理论分析[J].天津体育学院学报,2007(6).
[14] 王才兴.构建完善的体育公共服务体系[J].体育科研,2008(2).
[15] 郇昌店,张琮.我国公共体育服务概念的辨析——兼与范冬云先生商榷[J].西安体育学院学报,2011(3).
[16] 任春香,李红卫.新时期我国公共体育服务体系的基本内容探析[J].体育与科学,2011(5).
[17] 侯宇星.北京市朝阳区公共体育服务供给研究[D].北京:北京体育大学学位论文,2010.
[18] 沈建华.上海市体育公共服务的需求[J].体育科研,2008(2).
[19] 裴立新.论全面建设小康社会的全民健身体系[J].中国体育科技,2003(6).
[20] 肖林鹏.论全民健身服务体系的概念及其结构[J].西安体育学院学报,2008(4).
[21] 汪波,李慧萌.论多元化全民健身服务体系的概念与结构[J].体育科学,2011(2).
[22] 绫川.以科学发展观构建和完善全民健身服务体系[J].体育文化导刊,2006(5).
[23] 孙飙.以身体活动为核心的学校"健康管理"模式研究[J].南京体育学院学报,2009(1).
[24] 吴宗喜,蔡晓波.高校开展学生体质健康管理的调查研究[J].南京体育学院学报,2008(1).
[25] 赵彦.我国学校实施学生健康管理新战略的研究[J].南京体育学院学报,2007(4).
[26] 曹丕军,潘勇平.青少年学生健康管理重要性的探讨[J].中国校医,2009(6).
[27] 李淼晶,许岩丽,李春梅.关怀伦理视角下实施高校大学生健康管理工作的探析[J].中国医学伦理学,2009(4).
[28] 唐纯晶.北京市西城区椿树街道科学健身个性化指导站创建的可行性研究[D].北京:北京体育大学学位论文,2014.
[29] 罗奇.大学生体质健康管理的研究与应用[D].武汉:华中师范大学学位论文,2011.
[30] 陈劲松.福建省青少年中学生体质健康管理的现状调查及对策研究[D].武汉:华中师范大学学位论文,2011.
[31] 孔令氷.基于网络的我国青少年科学健身指导服务体系研究[D].北京:首都体育学院学位论文,2014.
[32] 陆秀云.上海市青少年学生体质健康监测管理模式的探索性研究[D].上海:华东师范大学学位论文,2012.

上海市少体校"教练员—运动员"关系处理及教练员服务能力提升研究

刘 兵 董春华 邓彩兰 张正祎 刘青凤[*]

一、问题的提出

作为全国改革开放的排头兵和创新发展的先行者,上海目前在多方力量的联合推动下已形成以市区级业余体校为主体、以体育传统项目学校和二线运动队学校为基础、以青少年体育俱乐部等社会力量为补充的多元化竞技体育后备人才培养体系。其中,业余体校是自20世纪80年代我国实行"举国体制"管理模式下衍生而来的产物,至今在培养高水平运动员队伍中仍发挥着中流砥柱的作用。尽管过去遵循"思想一盘棋,组织一条龙,训练一贯彻"的方针,上海先后为国家培养出朱建华、孙雯、姚明、刘翔、吴敏霞等一大批杰出体育人才,但伴随竞技体育职业化、市场化的历史变迁以及运动员谋求自我实现的精神诉求等内外部因素正在逐步颠覆传统业余体校教练员管理方式。

Iso-Ahola研究指出,运动员竞技成绩的好坏主要取决于其个体内部因素和外在人际因素的共同影响,而"教练员—运动员"作为竞技体育中最基本、也是最核心的人际关系是保持竞技体育常青、优化竞技体育管理水平的关键要素之一。尤其是在部分体校集中学习、集中住宿、集中训练的"三集中"传统办训模式下,教练员通常需要扮演老师、父亲/母亲、朋友、知己等多重身份角色,给予运动员充分的技术指导、生活关怀和情感抚慰。已有多项研究证明,

---

[*] 本文作者单位:刘兵,上海大学体育学院,博导,教授,博士,研究方向为体育管理;董春华,上海体育学院,副教授,硕士,研究方向为运动训练管理;邓彩兰,青海民族大学,教授,博士,研究方向为体育管理;张正祎,上海体育学院经济管理学院,硕士研究生,研究方向为体育管理;刘青凤,上海体育学院经济管理学院,硕士研究生,研究方向为体育管理。

尊重、信任、宽容、理解、沟通是教练员与运动员形成"命运共同体"的重要因素，更是助推运动员增强训练满意度、激发主动性行为倾向、创造优异竞技成绩的主要动力。回溯我国竞技体育发展史，不难发现，"教练员—运动员"关系结构正处于一个从师徒身份向平等契约的演变过程中，过去所依赖传统道德"家长权威"、"师长权威"的身份枷锁将被一个相对开放、崇尚公平与个人权利的市场经济社会所湮没。

然而，当前上海部分业余体校教练员长期在体制内管理模式的庇护下往往利用"师徒关系"所赋予的伦理身份等级一味向运动员传授技战术动作和布置训练任务，"唯奖牌论"的指导思想过于忽视运动员内部需求和主体能动性，从而导致"被动训练"、"消极比赛"等不良现象的发生。另一方面，目前上海体校运动员数量正呈现不断减少的趋势，且绝大部分体校学生已经并入"体教结合"的管理模式之中，在职业化、市场化的巨大冲击下，我国竞技体育逐渐迎来"刘易斯拐点"。千里马常有，而伯乐不常有，专业教练员如何提高自身职业素养，从掌控绝对主导地位的指挥者向谋求合作共赢的服务者转型，激发运动员更加积极主动地投身日常训练已成为其职业生涯成功与否的重要考量。

二、理论分析与研究假设

（一）教练员服务行为与运动员训练投入

近年来随着服务型领导理论的兴起，以服务员工、服务组织、服务社会为核心管理特征的服务型领导风格开始适用于教练员群体队伍。Reinke 研究认为，服务型教练员的出现改变了过去以教练员为主导地位的依附关系，转而通过服务、愿景、授权等行为方式帮助运动员获得个人发展。Burton & Peachey 提出了服务型教练员与传统教练员的三大区别特征：一是服务型教练员能够将运动队集体利益和运动员个人利益置于自我利益之上，以沟通和服务来拉近与运动员之间的距离而非利用师长权威；二是服务型教练员不仅着眼于运动员的日常训练竞赛，更关注其文化学习、思想教育、未来职业规划等方面，强调以运动员为中心的培养策略；三是服务型教练员具备极强的国家自豪感和民族责任感，并试图通过自身努力让运动员为国家发展创造更大的价值。如今，"00后"运动员逐渐成为竞技场上的主角，他们自信乐观、独立自主，讲究以自我为中心而不愿受到较多的外在约束。服务型教练员的出现一改过去以

"指挥"和"命令"为主要特征的棍棒训练模式,转而以说服引导、利他主义、智慧启迪等关爱式人文教育来鼓励、支持新生代运动员成长,在满足其个性释放的同时又不断激发其内在动力。教练员服务行为俨然成为竞技体育时代发展的需要。

作为兴起于积极心理学领域的重要概念之一,训练投入受到越来越多的学者关注。Lonsdale等人最早就这一变量进行了相关研究,他们认为,训练投入是运动员在参与体育运动训练过程中所产生的一种积极、持久、充沛的情感和认知的良好心理状态,并将其归纳为自信、活力、奉献、热情四个方面。具体来看,自信是指运动员个体对其能在运动训练中取得优异竞技成绩的信念或确信程度;活力是指运动员在生理和心理上所饱含的旺盛生命力;奉献是指运动员个体为实现某一既定目标而为之努力付出的意愿;热情是运动员在参与竞技训练中所表现出来的热烈、亢奋的激情状态。Hodge等学者通过实证研究得出,个体认知、情感和行为等内源性因素能够直接或间接激活运动员高投入训练状态,进而增强其主动性行为倾向。此外,国内学者张忠秋将训练投入纳为测量运动员心理健康水平的重要指标,得分越高越能反映运动员身上所具备的乐观向上、顽强拼搏、坚韧不拔等积极品质,而这些品质也将成为影响个体运动绩效和日后行为走向的关键因素。通过对相关文献的总结和梳理可以发现,运动员训练投入状态与其技术水平、竞技成绩、心理健康、人格特征等方面息息相关,增强运动员训练投入将为其职业运动生涯乃至整个人生发展奠定坚实基础。

社会交换理论认为,人际关系的本质即为交换关系,当个体认识到他人所给予的报酬时会在互动公平原则的调节下主动做出回报行为,寻求共同利益的最大化平衡。服务型教练员能将其管理者、执教者的身份视为帮助运动员成长的机会,通过关爱、尊重、信任等服务行为来让运动员感知到教练员的付出,而运动员一旦实现内心的满足就会试图取得优异的竞技成绩来回馈教练员。这种基于提高"教练员—运动员"间交换质量的行为方式可以有效促进运动员高投入的训练行为,如积极完成训练任务、利用内外部资源提高技战术能力等。美国心理学家埃利奥特·阿伦森在他所著的《社会性动物》一书中把人们对社会影响的反应分为三类等级:第一类是依从,指一个人为了获取奖励或避免惩罚而做出的行为;第二类是认同,指个体与崇拜或喜爱的他人保持一致而产生的反应;第三类为内化,即个体在内心驱动下自觉主动的做出某种行为。在"三集中"封闭式的训练环境中,作为与体校运动员接触最为密切的群体,教练员一举一动显然受到了运动员的极大关注,如果教练员经常实施服务型管理和执教风格,那么运动员会在榜样作用的激励下自觉加强运动训练,并将其内化为个体人格特征的重要组成部分。因而,本课题推测教练员服务行为极有可能是增强运动员训练投入的重要前因变量。尽管目前国内还未有明确的文献来验证这两个变量之间的相关关系,但在管理学领域中大量学者均已证实服务型领导对员工工作行为、工作满意度、组织公民行为等方面的正向路径关系。据此提出假设一:教练员服务行为对运动员训练投入有显著正向影响。

(二)感恩的中介作用

外因是事物变化的条件,内因是事物变化的依据,外因通过内因发生作用。尽管本课题假设教练员服务行为作为外部因素会对运动员训练投入造成影响,但这种影响极有可能会借助运动员某种内部因素来发挥相应的机制作用。基于社会交换理论,运动员在有效识别教练员帮助时会主动做出一系列回馈行为,而这种行为背后往往隐含着运动员对教练员长期以来辛劳付出的感恩之情。McCullough 等人将感恩定义为个体在社会生活中所获得的自我认知、积极情绪和主动回报行为的一种心理特质,认为凡是怀有感恩心态的个体能够降低自我不良情绪和行为发生的概率,有助于推动个体获得良好的社会人际关系和亲社会行为,并由此推动社会和谐。感恩实质上是一种优良的道德品质,一个拥有感恩之心的人通常会善待周围的人与事,并保持积极、乐观、向上的生活态度。Fredrickson 曾说过,作为美好的道德情感,感恩会随着个体生活环境的变迁和人际交往的扩大逐渐成为一种稳定良好的行为倾向,在这种"温和推动剂"的催化下个体能够有效提升自我适应能力和社会责任意识,且感恩心理越强,个体对周边环境所做出的回报行为也就越多。在竞技体育领域中,国内学者王斌对 472 名现役运动员进行实证调查,发现运动员感恩倾向与其运动投入存在显著正相关关系,感恩所具备的积极情绪特质可以激发运动员对自我项目的热爱和奉献精神,从而促进他们产生高投入的训练回报行为。鉴于以上分析,本课题认为感恩有助于增强运动员的训练投入。

不同于以往教练员与运动员两者人际关系或运动心理的相关研究,服务型教练员更多地强调在运动队中教练员要以运动员利益为核心,通过尊重、关爱、授权、利他等服务行为来帮助运动员实现基本心理需求的满足,促进个体身心的全面发展。通常来看,服务型教练员往往秉承谦逊友好、待人真诚、无私奉献等优良品质,这种管理和执教风格会在社会认同动机的驱动下激发运动员感恩心理以及对组织的归属感和自豪感。在这种路径关系影响下,作为教练员与运动员相处过程中的预测因子,感恩能使那些感受到教练员服务行为的运动员表现出更多的主动行为倾向,并将这些积极情绪和美好体验转化为训练动力,尤其在个体状态不佳或遭遇逆境时效果更为明显。运动员对教练员所产生的这种强烈的情感依赖正成为其在竞技场上奋勇拼搏的不竭动力。

综上所述,教练员服务行为会自发催生运动员感恩心理的形成,进而推动运动员主动增强训练投入以回馈教练员所给予的帮助。对此,本课题提出假设二:感恩在教练员服务行为与运动员训练投入之间发挥部分中介效应。

三、研究结果

(一)共同方法偏差的控制与检验

尽管本次问卷设计采取了改进量表内容、分散同维度题项、匿名填写以及设置不同的反应方式(如"同意程度"、"频率程度")等控制措施,但在实际测量中还是有可能客观存在共同方法偏差情况。对此,研究首先构建包含教练员服务行为、感恩和运动员训练投入的模型 M1,其次将共同方法偏差作为一个潜变量加入模型 1 中,得到模型 M2。通过 AMOS 数据检验得知模型 1 拟合指数($\chi^2/df=1.199$,RMSEA=0.025,GFI=0.907,NFI=0.929,RFI=0.916,IFI=0.987,TLI=0.985,CFI=0.987)要明显优于模型 2($\chi^2/df=1.433$,RMSEA=0.037,GFI=0.895,NFI=0.916,RFI=0.899,IFI=0.973,TLI=0.967,CFI=0.973),说明本课题受共同方法偏差的影响较小。

(二)变量描述性统计及相关分析

从表 1 教练员服务行为、感恩和运动员训练投入三个变量相关系数可以看出,各因子之间均存在显著正相关关系($p<0.01$),说明教练员在执教和管理过程中服务行为表现得越多,运动员的感恩心理也就越浓厚,最终促进运动员在竞技训练过程中呈现高投入运动状态。具体来看,教练员服务行为与感恩的相关系数最高,达到 0.670,说明这两个变量关系最为密切;而教练员服务行为与运动员训练投入的相关系数最低,为 0.569,也就说明这两个变量关系较为疏远。各因子之间的显著相关关系为接下来的统计分析提供有力支撑。

表 1　各变量均值、标准差及相关系数

	M	SD	教练员服务行为	感　恩	运动员训练投入
教练员服务行为	4.27	0.61	1		
感恩	4.32	0.60	0.670**	1	
运动员训练投入	3.91	0.63	0.569**	0.574**	1

注：* 表示 $p<0.05$；** 表示 $p<0.01$；*** 表示 $p<0.001$（下同）

（三）感恩的中介效应分析

本课题将教练员服务行为作为自变量、感恩作为中介变量、运动员训练投入作为因变量，建立二阶混合路径模型图。根据温忠麟等传统中介效应逐步检验方法，即先检验自变量对因变量是否具有显著关系，如果显著相关则再检验自变量对中介变量、中介变量对因变量之间的关系，最后再将自变量与中介变量统一放入模型中检验变量间的整体路径关系是否显著。对此，研究在以运动员性别、年级、年龄、入学时间和运动等级为协变量加以控制的基础上，运用 AMOS 统计分析软件得出教练员服务行为对运动员训练投入效应分解表（表 2）和感恩中介效应模型图（图 1）。结合上述分析可知，本次模型拟合良好且各路径 p 值均显著相关，表明由三个潜在变量构成的假设模型路径成立，且这三个潜在变量对于观测变量的解释均有意义。具体来看，"教练员服务行为→运动员训练投入"（$\beta=0.45$，$p<0.001$）具有显著性差异，表明教练员服务行为作为前因变量能显著正向影响运动员训练投入，假设一成立；其次，"教练员服务行为→感恩"（$\beta=0.76$，$p<0.001$）及"感恩→运动员训练投入"（$\beta=0.27$，$p=0.002$）这两条路径系数均具有显著性，说明"教练员服务行为→感恩→运动员训练投入"间接效应显著，且间接效应值为 $0.76\times0.27=0.21$，总效应值为 $0.45+0.21=0.66$，中介效应占比 31.8%，证实感恩在教练员服务行为和运动员训练投入中发挥部分中介效应，假设二成立。

表 2　教练员服务行为对运动员训练投入效应分解表

影　响　路　径	标准化效应值	显　著　性
教练员服务行为→运动员训练投入	0.45	$p<0.001$
教练员服务行为→感恩	0.76	$p<0.001$

续 表

影响路径	标准化效应值	显著性
感恩→运动员训练投入	0.27	$p=0.002$
教练员服务行为对运动员训练投入间接效应	0.76×0.27=0.21	$p<0.001$
教练员服务行为对运动员训练投入总效应	0.45+0.21=0.66	$p<0.001$

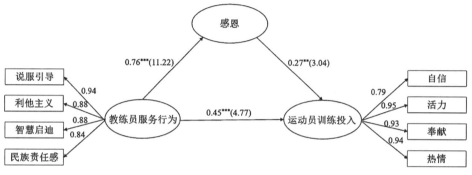

图 1 感恩中介效应模型图

然而,有部分学者指出传统中介效应检验方法可能存在自变量对因变量没有显著关系,但自变量对中介变量、中介变量对因变量存在显著关系这一漏洞,因此本课题同时采用自主重复抽样方法(Bootstrap)来检验感恩的中介效应。从表3模型总效应、直接效应及中介效应分解表可以看出,教练员服务行为对运动员训练投入的直接效应在 Bootstrap 5 000 次,95%的置信区间为[0.20,0.51],效应占比 68.2%,区间不包含 0 表明教练员服务行为对运动员训练投入具有正向显著关系。其次,感恩中介效应值为 0.21,在 Bootstrap 95% 置信区间为[0.14, 0.33],说明感恩在教练员服务行为对运动员训练投入影响路径中具有显著中介效应,且效应占比 31.85%。因而假设一、二再次得到验证。

表 3 模型总效应、直接效应及中介效应分解表

	效应值	Boot 标准误	BootCI 下限	BootCI 上限	相对效应值
总效应	0.66	0.06	0.47	0.71	
直接效应	0.45	0.08	0.20	0.51	68.2%
感恩中介效应	0.21	0.05	0.14	0.33	31.85%

(四)教练员服务行为不同维度对运动员训练投入的价值分析

尽管本课题已经证实教练员服务行为对运动员训练投入具有显著正向影响,但究竟其何种维度能够发挥最大作用这一问题还有待厘清。对此,研究通过逐步回归分析法得出不同因子模型中 R^2 值的变化,从而判断教练员服务行为 4 个维度对增强运动员训练投入的价值贡献。在将性别、年级、年龄、入学时间和运动等级作为控制变量的基础上,分别以说服引导、利他主义、智慧启迪、民族责任感为自变量,以运动员训练投入为因变量,得出表 4 教练员服务行为各维度对运动员训练投入的回归分析统计结果。可以看出,F 值均具有显著性差异($p<0.01$),代表 4 个模型成立,β 值分别为 0.51、0.52、0.47 和 0.42($p<0.01$),说明这 4 个维度对运动员训练投入均具有显著正向影响,且以利他主义影响程度最大,民族责任感影响程度最小。R^2 为拟合模型所能解释因变量变化的百分数,其中利他主义对运动员训练投入的解释贡献率最大,为 32%,其余依次是说服引导 31%、智慧启迪 27%,以及民族责任感 23%。这一结果再次表明,教练员服务行为 4 个维度对运动员训练投入均有不同程度的正向预测作用,且相比而言利他主义更为重要。

表 4 教练员服务行为各维度对运动员训练投入的回归分析

变量	运动员训练投入			
	模型 1	模型 2	模型 3	模型 4
性别	−0.08	−0.08	−0.09	−0.10
年级	−0.24*	−0.20	−0.22*	−0.28*
年龄	0.08	0.07	0.04	0.08
入学时间	0.10	0.06	0.10	0.12*
运动等级	−0.02	−0.09	−0.41	−0.10
说服引导	0.51**			
利他主义		0.52**		
智慧启迪			0.47**	
民族责任感				0.42**
R^2	0.31	0.32	0.27	0.23

续 表

变 量	运动员训练投入			
	模型1	模型2	模型3	模型4
调整后的R^2	0.29	0.30	0.25	0.21
ΔR^2	0.25	0.26	0.27	0.23
F 值	22.81**	24.02**	18.83**	15.21**

四、讨论与分析

（一）教练员服务行为对运动员训练投入的直接效应

李娜的教练卡洛斯曾经说过,当你满足了运动员来自灵魂深处的需求,技术和战术只不过是成绩的补充罢了。可见运动训练环境的改变为服务创造出了至高无上的地位。职业教练员以平等合作的有效人际关系为基础、以尊重和信任为手段、以丰富运动员合理精神世界为代表的执教之道已经成为培养一名优秀运动员的充分且必要条件。然而,我国体校专业教练员大多以为国争光为价值导向,过于重视竞技成绩所带来的"缺省式教育"往往成为遏制运动员身心全面发展的"枷锁"。本课题研究发现,教练员服务行为对运动员训练投入具有显著正向影响,换言之,教练员实施服务型管理和执教风格更能激发运动员积极主动地参与竞技训练,这也再次验证了在竞技体育职业化、市场化浪潮中教练员从指挥者向服务者转型的重要性与必要性。以往学者倾向于将教练员与运动员简单划分为领导者与被领导者的关系,例如试图通过包容型或变革型等领导方式来调动运动员的竞赛热情,忽视其基本心理需要和双方之间的情感联络,而服务型教练员是以运动队集体利益和运动员个人利益为核心,以尊重、信任、关爱、授权为执教理念,通过自身榜样带头作用来帮助运动员克服竞技训练的阻碍并与之建立良好的"教练员—运动员"关系,从而促进其个体社会化功能的不断完善。我国服务型教练员的出现和兴起正是"教练员—运动员"关系在社会主义市场经济体制内不断衍化的结果。

Davis & Jowett 研究指出,教练员服务行为的实施可以让运动员直观感受到教练员对他的重视和关爱,满足基本关系需要;其次教练员授权、利他行为能够赢得运动员的尊重与信赖,激发其自主性动机;进而在互动公平原则下增强运动员训练投入的积极性以实现教练员的期望。这三种心理活动逐层递进，最终所建立起"教练员—运动员"之间深层次的情感依赖也就成为推动运动员为之不断奋斗的强大动力。根据上文教练员服务行为不同维度对运动员训练投入的价值分析，本课题得出说服引导、利他主义、智慧启迪和民族责任感对增强运动员训练投入均有不同程度的贡献价值，它们都是运动员成长成材道路中不可或缺的动力因素，但相较而言利他主义更为重要。利他主义通常是指对他人有明显益处而对自己没有好处甚至可能会有所损失的一种自觉自愿行为，这种将他人利益置上的处世理念正与服务型教练员不谋而合，从理论上来说利他主义是教练员服务行为的最强因子。就实际而言，本次调研的体校运动员年龄主要集中在13～16岁，心智尚未完全成熟，"三集中"式的训练环境使其渴望得到教练员生活中更多的关爱和陪伴，例如教练员牺牲自己私人时间和精力来照顾运动员，或是主动掌握运动员的爱好、兴趣和家庭背景资料等利他行为就成为这些青少年运动员最为熟悉也最为看重的一个方面。

（二）感恩的中介效应

感恩是运动员个体在体校训练学习中所能体验到的对感知、思维和意识的自我认知、积极融入团队和参与训练任务的情绪，以及为回馈教练员和队友所做出一系列主动行为的心理特质。一般来说，具备高感恩倾向的个体更能体会到生活所赐予的美好，并在回馈他人的行为过程中激发更多的责任意识和亲社会行为以及与外界塑造良好的人际关系等。本课题数据表明，教练员服务行为对感恩的回归系数值为0.76，且能够解释57%的变异量，说明体校教练员服务行为对运动员感恩心理的形成具有极为显著的预测作用，这也与前人的研究结果基本一致。服务型教练员通常会秉承"以人为本"的工作作风，强调体校每位运动员均能健康成长、全面发展，同时在自己专项上又有所突出，这既摆脱过去运动员标准化教育，又实现其个性化成长。在长期相处过程中，教练员所给予运动员的尊重、关爱、授权、利他等服务行为会有效促进运动员基本心理需求的满足，诱发正向道德情感，而正是在这种情感的驱动下，运动员会更加珍惜周围的温暖和善意，并通过感恩之心来获得心灵的慰藉。

俗话说："滴水之恩，当涌泉相报。"一个心怀感恩的运动员更能深刻体会到教练员乃至整个训练团队的辛劳付出，他会将现在所拥有的一切视为生活赐予的礼物，并试图采取一系列主动行为来将这种恩惠回馈给教练员和身边更多的人。这种积极心理特质能够增强个体对待事物的理解和认知能力，在自主性动机的催化下激发运动员对自我项目的热爱和奉献精神,从而促进其产生高投入的训练回报行为。我国学者何安明曾说过:感恩作为一种正向的人生情感,可以帮助我们提高心理健康和幸福指数,抚慰消极负面情绪,打开一扇又一扇通往宁静祥和的大门。不难发现,高感恩特质的运动员在面对困难或风险时更能以一种积极乐观的心态来处理问题,充分发挥自我主观能动性。心怀感恩,砥砺前行,尽管在本课题当中感恩对运动员训练投入具有显著正向影响,但回归系数仅为 0.27,说明运动员还未能完全发挥出感恩对训练投入的正向预测作用。产生这种现象的原因可能是当前体校过于重视运动员的竞技训练而忽略了其道德素质教育的培养,致使部分运动员不能理解感恩的真正内涵抑或是不知如何表达对教练员的感激之情,也有可能是囿于体校运动员年龄偏小,对待事物的理解和认知能力略有欠缺等客观因素。但整体来看,教练员服务行为可以提高其与运动员之间交换关系的质量,并在感恩心理的中介效应下增强运动员的训练投入。

五、研究建议

(一)塑造教练员服务型管理和执教风格,增强运动员训练投入积极性

2019 年 9 月 2 日,国务院办公厅颁布的《体育强国建设纲要》明确提出"提升竞技体育综合实力,增强为国争光能力"的重大战略任务,而作为培养优秀运动员队伍的主力军,教练员在体育强国建设的征程中肩负着神圣的使命与责任。本课题研究得出,教练员服务行为对运动员训练投入具有显著正向影响,塑造教练员服务型管理和执教风格俨然成为竞技体育时代的呼唤。对此,上海市业余体校要定期开展教练员职业综合素质的相关培训,从运动训练专业知识、道德伦理、心理调控等基本素质到管理技巧、个性化执教风格等特质素质全方面提高教练员成功执教能力,摆脱过去"师父带徒弟"的行政命令式教学方法,转而以"沟通和服务"为宗旨的现代化人文主义教育思想来促进体校教练员队伍的转型升级。同时,教练员要以运动队集体利益和运动员个人利益为核心,以尊重、信任、关爱、利他为执教理念,主动加强自我服务意识,通过增强与运动员群体的亲密接触、虚心听取他们的意见和建议、在遇见生活和训练中困难时给予鼓励和帮助等方式平等地对待每位运动员,并使其感觉到

被团队的尊重和接纳,那么想要获得社交、尊重以及自我实现精神诉求的运动员将会主动付出更多努力来完成组织和个人的竞技体育目标。此外,良好的团队文化氛围和训练环境是服务型管理和执教风格实施的重要支撑,因而教练员要充分发挥自身榜样带头作用,尊重运动员主体地位,学会做一名优秀的捧哏演员来提高运动员的责任感和自信心,并且要以小窥大,借助服务营销模式在运动队中构建一种和谐友爱的团队服务氛围,增强运动员个体对其他成员及整个组织的认同感和归属感,以此形成团结友爱、互帮互助、积极向上的团队精神。

（二）建立完善的运动员资料档案,激发教练员利他主义行为倾向

在2019年女足世界杯英格兰对阵阿根廷的比赛前夕,主教练菲尔·内维尔把全体成员召集起来说:"我们是一个家庭,今天是弗兰母亲的生日,弗兰对于母亲的深爱以及想念,是真真切切的,而今晚对于我们来说是困难的,我告诉弗兰,你的母亲会在天上低头为你感到骄傲,我们是一家人,当弗兰哭泣时,我们都会哭泣。"菲尔·内维尔沉重的一番话感染了英格兰女足的每位姑娘,尤其是弗兰·科尔比,她将对母亲逝世多年的思念转化为球场上奋勇拼搏的动力,最终帮助英格兰女足1—0战胜阿根廷女足。赛后内维尔再次表示:"在球队中我们互帮互助,既能分享赢球的快乐,也要承载她们今日的悲伤。"英格兰女足的胜利源于球场上每位队员竭尽所能的付出,更离不开主教练菲尔·内维尔背后高超的服务能力以及对每位球员资料档案的熟悉程度。类似于客户档案管理,教练员建立完善的运动员资料档案是双方有效沟通的前提,可实现以下四个目的:一是让运动员感知到教练员对他的重视和关注,增强自信心;二是在某个关键节点上激发运动员比赛的动力;三是深入运动员内心,了解其真实心理活动;四是帮助运动员解决训练和生活中的困难。上海市体校运动员大多处于懵懂的青少年时期,人生履历相对单薄,教练员要深入一线队伍,基于每位运动员家庭、学习、训练等方面的成长经历建立相对完善的资料档案,从而有的放矢地开展日常管理和训练工作,例如对于困难家庭、外省运动员要多给予关心和照顾,对比较内向自卑的运动员则要多进行沟通和鼓励。教练员利他主义行为的有效实施可以让运动员深刻感受到体校的爱与温暖,在其内心需求基本得到满足的情况下将自己饱满的热情和活力投身到运动训练当中,从而为取得优异的竞技体育成绩打下坚实基础。

（三）加强运动员感恩素质教育，提升感恩认知和行为

运动员感恩素质教育是教练员或其他相关教育者运用一定的方式方法引导运动员对知恩、感恩、报恩等作出正确价值判断的教育实践过程，更是一名优秀运动员成长成材必不可少的受教经历。我国长期以来"举国体制"的管理模式决定了相对封闭的体校训练环境成为运动员素质教育实施的主场所。因而，教练员要积极将感恩素质教育有机融入运动队日常训练管理过程中，例如定期召开感恩主题班会、开设思想品德课程，或是通过竞技比赛营造良好的感恩情境，以及利用"父/母亲节"、"教师节"等重要节日引导运动员主动向家人、老师、队友表达感谢等一系列举措来帮助他们体会到感恩的意义和价值，由此建立教练员与运动员之间坚韧的情感纽带。另一方面，根据社会学习理论，个体在社会环境影响下会自觉主动地通过相关示范行为的观察模仿来获得自我行为的改变与重塑，尤其对社会规范还尚未成熟的青少年运动员而言，良好的感恩教育环境是其模仿学习的起始点与落脚点。据此，教练员要在运动队中积极营造感恩的良好氛围，诸如借助"互联网＋教育"技术向运动员分享典型感恩事迹，利用微博微信等新媒体传播感恩"好声音"，通过多样化的教学方法来激发运动员主动学习的兴趣。体校相关管理部门还可带领运动员走进福利院、养老院等开展爱心活动，既能丰富运动员实践教育经历，又能为社会发展贡献力量。同时，运动员个体要时刻保持感恩之心，学会发现生活所赐予的美好，以正确的世界观、人生观、价值观对待周边的人和事，努力提升自己的感恩认知和行为，并积极将自我感恩之心内化为赛场上奋勇拼搏的不竭动力之源。

参考文献

[1] 周战伟.基于发展方式转变的上海市竞技体育后备人才培养研究[D].上海：上海体育学院，2016.

[2] Iso-Ahola Se. Intrapersonal and Interpersonal Factors in Athletic Performance[J]. Scandinavian Journal of Medicine & Sciencein Sport, 1995(4).

[3] 刘兵.论教练员战略管理的组织使命与环境识别[J].中国体育教练员，2018(4).

[4] 郭修金，胡守钧.我国"教练员—运动员关系"研究述评与展望[J].上海体育学院学报，2011(5).

[5] 郭宇刚,夏树花,张忠秋.国际教练员—运动员关系研究现状、热点和前沿的可视化分析[J].成都体育学院学报,2015(4).

[6] 解欣.我国"教练员—运动员关系"结构演化及其再造策略[J].武汉体育学院学报,2018(6).

[7] Reinke S M. Towards a theory of servant leadership[J]. The Psychology of Sport and Exercise, 2003(4).

[8] Burton LJ, Welty Peachey J. The call for servant leadership in intercollegiate athletics[J]. Quest, 2013(65).

[9] Lonsdale C, Hodge K, Jackson SA. Athlete engagement: Development and initial validation of the Athlete Engagement Questionnaire[J]. International Journal of Sport Psychology, 2007(4).

[10] Hodge K, Lonsdale C, Jackson SA. Athlete engagement in elite sport: An exploratory investigation of antecedents and consequences[J]. Sport Psychol, 2009(2).

[11] 张忠秋.运动心理学在竞技体育领域的研究发展与应用[J].天津体育学院学报,2012(3).

[12] 刘小平.员工组织承诺的形成过程:内部机制和外部影响——基于社会交换理论的实证研究[J].管理世界,2011(11).

[13] 范景华.人:追求生存自由的社会性动物——关于人的本质问题的思考[J].南开学报(哲学社会科学版),1995(4).

[14] 邓志华,陈维政.服务型领导对员工工作行为的影响——以工作满意感为中介变量[J].科学学与科学技术管理,2012(11).

[15] 朱玥,王永跃.服务型领导对员工工作结果的影响:亲社会动机的中介效应和互动公平的调节效应[J].心理科学,2014(4).

[16] 高中华,赵晨.服务型领导如何唤醒下属的组织公民行为?——社会认同理论的分析[J].经济管理,2014(6).

[17] McCullough, Peter A, Li, et al. CKD and Cardiovascular Disease in Screened High-Risk Volunteer and General Populations: The Kidney Early Evaluation Program (KEEP) and National Health and Nutrition Examination Survey (NHANES) 1999-2004[J]. American Journal of Kidney Diseases, 2008(4).

[18] Fredrickson B L. The Broaden-and-Build Theory of Positive Emotions[J]. American Psychologist, 2004(1449).

[19] 王斌,叶绿,吴敏,冯甜,彭秀.感恩对运动员投入的影响:教练员—运动员关系的中介作用[J].北京体育大学学报,2014(9).

[20] Barbuto J E, Wheeler D W. Scale Development and Construct Clarification of

Servant Leadership[J]. Group & Organization Management,2006(3).
[21] 孙健敏,王碧英.公仆型领导:概念的界定与量表的修订[J].商业经济与管理,2010(5).
[22] 温忠麟,叶宝娟.中介效应分析:方法和模型发展[J].心理科学进展,2014(5).
[23] 刘兵.教练员与运动员有效人际关系的建立[J].中国体育教练员,2014(3).
[24] 马红宇,王二平.凝聚力对教练员领导行为、运动员角色投入和运动员满意度的中介作用[J].体育科学,2006(3).
[25] Davis L, Jowett S. Coach-athlete attachment and the quality of the coach-athlete relationship: implications for athlete's well-being[J]. Journal of Sports Sciences,2014(15).
[26] 何安明,刘华山.感恩的内涵、价值及其教育艺术探析[J].黑龙江高教研究,2012(4).
[27] 中国政府网.国务院办公厅关于印发体育强国建设纲要的通知[EB/OL]. http://www.gov.cn/zhengce/content/2019-09/02/content_5426485.htm?utm_source=UfqiNews.
[28] 刘兵.教练员与运动员的沟通方式和技巧[J].中国体育教练员,2011(2).
[29] 莫雷.教育心理学[M].广州:广东高等教育出版社,2004.

体教融合模式的实践探索

——以曹乒校与杨泰实验学校合作为例

陆体金 许汪宇 陈宝熙 万叶华[*]

一、前言

中华人民共和国成立后,我国竞技体育人才培养模式为举国体制。自 1952 年中华全国体育总会成立"中央体训班"开始,各省、市、自治区建立优秀运动队,大力发展竞技运动。进入 20 世纪 60 年代,政府凭借强有力的政策干预,建立了高度集中和封闭的从"业余体校—省市体工队—国家队"的运动员培养"三级训练体制"。那个年代的运动员从被选拔出来就开始进行相对专业的竞技训练,而忽略了与普通学生一样的文化教育。到 20 世纪 80 年代,伴随着政治、经济体制改革的不断深化和计划经济向社会主义市场经济转轨,"三级训练体制"造成的学训矛盾、退役运动员因为技能单一、文化程度不高,就业安置等诸多问题日渐显现。因此,国家提出了"体教结合"的方针政策,主要措施有体工队学院化、高校办高水平运动队、加强体校与普通中学的合作和在普通中学试办二线运动队以及加强体育传统项目学校建设。

上海,作为一个勇立潮头的城市,向来以改革创新辟新径的精神在各领域引领前进。多年来,"体教结合"工作也始终在不断探索中推进向前,从"体教两台戏、各唱各的戏"向"同谱一首歌、同唱一台戏"转变。2012 年以市委、市政府名义出台了《关于深化本市体教结合工作的意见》(双八条),首次明确包括

---

[*] 本文作者单位:陆体金,宝山区体育局,副局长,学士学位,研究方向:青少年训练与管理;许汪宇,宝山区体育事业管理中心,助理研究院,硕士学位,研究方向:青少年体育与健康;陈宝熙,曹燕华乒乓培训学校,常务副校长,研究方向:教育管理;万叶华,杨泰实验学校,校长,研究方向:教育管理。

学生体质增强、后备人才培养、运动员文化学习、体教结合运行机制与保障在内的四方面主要内容,突破了传统的将体教结合作为一般体育或教育的某项具体工作来对待的思维方式和工作理念,而是作为提高上海学生健康水平和促进体育事业可持续发展的新的推动力。2016年又出台了《上海市体教结合促进计划(2016—2020年)》(双十条),文中提出到2020年,本市青少年体质健康水平稳步提高,青少年体育活动蓬勃开展,青少年体育组织规模进一步扩大,青少年体育场地设施明显改善,青少年体育指导人员队伍显著扩大,政府主导、部门协作、社会参与的体教结合促进机制更加完善,青少年体育公共服务体系基本建成,学校体育综合改革新格局基本形成,并列出了体、教两家各自的任务和一系列措施。其中提到了政府主导、部门协作、社会参与的体教结合,这与近年来社会力量参与青少年业余训练的形势不谋而合,越来越多的社会力量加入业余训练中去。但由于体制不同,有的缺乏部门协作,有的缺少沟通平台,有的资金不足,大多数社会办训力量还比较单薄,很多以专业教练员进校园进行项目普及的形式在开展业训活动。而上海曹燕华乒乓培训学校与杨泰实验学校的合作办训,是实施"体教结合"办训的典型案例,两校合作21年来,已从当初的"体教结合"发展至目前的"体教融合"。

地处宝山区的上海曹燕华乒乓培训学校(以下简称曹乒校),是一家民办非企业单位,在宝山区体育局和教育局的支持下,依托杨泰实验学校联合办训。这一体育后备人才培养模式,不仅在青少年业余训练工作上成绩显著,在高水平运动员输送和成绩上也值得肯定,同时在对杨泰实验学校的乒乓球校园文化上贡献巨大。曹乒校与杨泰实验学校的合作办训模式,在业界被称为"曹乒模式",也是上海为数不多的体教融合成功案例。同时在宝山区体育局和宝山区教育局的努力下,继2012年以上海交通大学为甲方、宝山区教育局为乙方、上海大学附属中学和曹乒校为丙方,签订了乒乓球一条龙建设的协议后,2019年7月,以上海交通大学为甲方,宝山区教育局、宝山区体育局为乙方,上海大学附属中学、杨泰实验学校、曹乒校为丙方,再次签订乒乓球一条龙建设协议,为宝山区继续提升乒乓球品牌、培育后备人才夯实基础。

曹乒校与杨泰实验学校21年的合作,从结合到融合,理顺了机制,也创造了成绩。这是社会力量办训的典型,也是体教融合的典型。然而,成功也不是一帆风顺、顺理成章的,凝聚了政府、社会力量、家长和运动员的多方努力。其中的关键点、必要性和可操作性值得总结和思考。针对体教结合或体教融合的案例分析国内并不多见,且作为社会力量办训的体教融合更为鲜见。在体育大环境日益增强的背景下,越来越多的社会力量参与到青少年业余训练中来,如何做好榜样经验的梳理非常重要,政府也需借助社会力量扩充体制内的不足。因此,将曹乒办训模式进行梳理总结,找到曹乒模式成功的关键因素,同时探索发展至现阶段面临的瓶颈和问题,寻求解决方案和突破口,无论对社会力量还是政府办训部门都有现实的指导意义。

二、目前体教结合的主要矛盾

"体教结合"的初衷是改变高水平竞技体育人才文化教育缺失的问题,培养具有较高综合素质的竞技体育后备人才,以适应社会发展需求;同时普及运动项目,加强学生身体素质,提高学生体质健康水平。自"体教结合"提出三十多年来,虽然在整体状况上较早期有很大的改善,如高等教育前,体育部门要求运动员接受必需的义务教育,文化学习达到一定标准后才能参加比赛等,而教育部门大力推动各类运动项目的普及,积极推进阳光体育大联赛等。但由于体育、教育各自的工作定位、任务不一样,来自社会的压力也不同,因此始终还存在这样或那样的问题。就目前,上海及全国体教结合问题依旧还是集中在学训矛盾上,其在不同阶段的突出问题如下:

(一)义务教育阶段

《上海市教育委员会关于 2018 年本市义务教育阶段学校招生入学工作的实施意见》(沪教委基〔2018〕9 号)文件规定,严禁义务教育阶段学校自行招收计划外学生,学生只能按户籍所在地就近入学。传统集中的少体校(仅训练集中,读书分散在不同的学校)由于地域限制,招收的学生运动员集中训练受限,转学需要办理人户分离,而目前借读、转学难度较大。造成学生运动员因训练路途远、时间成本高而流失。

(二)高中阶段

教育部办公厅《关于做好 2018 年普通中小学招生入学工作的通知》(教基厅〔2018〕5 号)明确,到 2020 年普通高中取消体育特长生招生,这对初中已经有一定竞技体育水平的学生运动员继续专业训练影响较大,不利于后备人才培养的连续性。目前上海每年在中考前发布当年普通高中学校招收体育特长生工作通知,每年政策考试前几个月才发布通知,这对于体育特长考生来说无疑是提前一年在冒险，极大地降低了特长生坚持体育道路的热情。而事实上，体育特长生通过体育特招进入高中后，大部分都能通过体育院校单招或高校高水平运动队特招进入高校深造，并不降低高中的大学升学率。但这扇门却要在2020年关闭，因此，业余训练对于校方、家长和学生的吸引力越来越小。

（三）高校阶段

通过体育特长进入高校后，高水平运动员除了要完成正常的学业外，还需要利用课余时间继续进行专项运动训练，并要代表学校参加各类重大比赛。在这个阶段，部分高校具备高水平教练团队，能够继续组织高水平运动员进行专业训练，而一部分高校的教练团队专项水平不够，高水平运动员还要返回原单位从事训练，仅需要代表学校比赛时再回学校，很多大学专业课程依然缺失，并未真正受到高等教育，违背了高校试办高水平运动队"夺标育人"的初衷。体教结合也只是形式上的互利互惠，并没有在培养优秀的高水平竞技体育人才上有新的突破。

体教结合的整体形势：教育部门受教育公平化压力，各种体育优惠政策持续收紧，将"体教结合"定位在普及运动项目和提高学生体质健康的目标上，对现阶段业余训练造成了较大的困局；而体育部门迫于退役运动员就业压力和培养体系中不断被淘汰的非顶级运动员的出路问题，一直在加大力度扭转学生运动员文化缺失的困境，同时还要保证持续选拔、培养出高水平运动员，为国家在国际舞台上争金夺银，可谓压力重重。国家体育总局、教育部、财政部、人力资源社会保障部在2010年出台了《关于进一步加强运动员文化教育和运动员保障工作指导意见》，强调要重视并加强运动员文化教育；2016年《青少年体育"十三五"规划》中也提出把加强运动员的文化教育和提升青少年体育素养作为主要任务，并提出建立和完善体育、教育部门运动员文化教育联席会议制度等一系列体育和教育结合的措施。因此，以某种共赢的模式来达到体教两家各自根本目标，即解决了体教结合的关键问题。

三、探索——以曹乒校与杨泰实验学校的合作为例

（一）合作背景

曹乒校创建于1998年10月，由乒乓球世界冠军曹燕华亲自创办并担任

校长。学校位于宝山区杨行镇杨鑫路388号,拥有一座4 000平方米的训练、比赛馆和一幢3 000平方米的学生公寓。学校依托所在地上海市杨泰实验学校为全体运动员提供优质系统的九年义务教育,是一所集乒乓球训练与文化学习于一体、专业培养青少年奥运后备人才的寄宿学校。两校最初的合作,并未预见到现在的成绩。当年,曹乒校刚起步,杨泰实验学校当时也只是属于杨行中心校下属学校,并无独立建制,学校在1998年正式建制,独立办学,且最初只有小学,直到2010年才开始改为九年一贯制学校。最初的合作,来自曹燕华对乒乓球的热爱以及对学生文化学习重要性的认同,自创校以来,曹燕华始终强调"文化学习很重要,成绩好了,练球的悟性高、总结性强,利于球技的提高"。因此,她并不像其他运动培训学校那样,将学校仅定位于运动技能的教授,只看运动成绩不看文化成绩,而是建校之初就想办法与学校合作,驻扎于校园内,为学生运动员解决教育问题。而杨泰小学(杨泰实验学校前身)时任校长卜正祥对体育也有所偏爱,在体教结合大环境并不顺畅的前提下,大胆尝试,与曹乒校联手合作办训。两校在摸索中不断磨合,从结合走到融合。21年前两所名不见经传的初创学校牵手成就彼此,发展到现在,曹乒校向省市专业队乃至国家队输送了多名优秀运动员,培养了许昕这样著名的乒乓球国手,而杨泰实验学校也通过乒乓项目特色成了远近闻名的"金球文化"学校,从不知名的小学校变成了区域内抢手的学校。

(二)合作机制

曹乒校与杨泰实验学校的合作从无到有,从磕磕碰碰到分不开,经历了二十多年的磨合,不仅把自身优势发挥到最大,同时还通过自身资源不断拓展合作主体,在解决义务教育阶段体教结合矛盾的同时,还为学生运动员打通了升学或深造的通道,解决了家长和学生的后顾之忧。通过对两校管理人员、教练员、老师的访谈分析,其主要合作机制有以下几方面:

1. 两校管理工作的配合

两校根据国家体育总局等部门印发的《关于进一步加强运动员文化教育和运动员保障工作的指导意见》和上海市委、市政府《关于深化本市体教结合工作的意见》等文件精神,以及曹乒校和杨泰实验学校多年合作的经验制定了《杨泰 & 曹乒体教结合工作办法》,从两校管理的各个层面出发,解决实际问题。具体措施有:第一,完善两校体教结合联席会议制度。两校每学年不少于四次集中召开体教结合联席会议,与会人员为两校领导、教导处负责人、班主任及任课老师、教练员、课后督导老师等相关人员。此外,相关任课老师、教练员、课后督导老师就学习和训练保持日常全天候沟通和交流,并对产生的问题积极协商解决,对于难以解决或反复出现的问题做好记录,届时提交联席会议商讨解决。第二,明确两校体教结合具体分工。杨泰实验学校主要负责管理全体乒乓球运动员的行为规范、教育教学、期中和期末考评等,且在课程设置、优化作业布置、保证训练时间上做好科学、灵活安排,对因重大比赛缺课,各任课老师及时安排补课,争取参加乒乓训练学生学业水平达到各年级同等水平;曹乒校主要任务是积极主动组织代表杨泰实验学校参加市、区各级各类比赛(全市中小学生比赛、阳光联赛等),并力保金牌、奖牌、积分名列前茅,配合各年级班主任及任课老师做好乒乓班学生德育教育、行为规范和放学后学生作业及预、复习管理等具体工作。普及杨泰乒乓项目运动水平,协助做好"杨泰每人一拍"及特色班、普及班乒乓工作,同时提高杨泰行政、全体教职工,特别是乒乓班任课老师乒乓球运动的技术、战术水平。第三,制定激励机制。两校设立了专项奖励基金,对两校体教结合工作管理人员、任课老师、教练员等对体教结合工作做出突出贡献的相关人员,根据每学期或学年的文化成绩和竞赛成绩给予一定的奖励。奖励金额不大,但在形式上推动了不同岗位上工作人员体教结合的积极性。

2. 学生招生与培养的协作

曹乒校以在杨泰实验学校乒乓球特色推广为抓手,外省市优秀苗子招生为补充,开展兼顾乒乓球项目普及和高水平乒乓后备人才培养的任务。曹乒校运动员队伍主要由杨泰实验学校在读本地籍学生组成,因此并不影响杨泰实验学校正常招生工作,另有一小部分则每年9月通过从全国各地选拔乒乓球成绩优异的学生进入杨泰实验学校就读。曹乒校现有在训运动员222人,其中常规班136人,一年级特色班40人,二~五年级特色班46人,其中常规班为每天4小时训练,每周6练,而特色班为每天1~2小时训练,每周4~5练。

曹乒校主要通过抓杨泰的普及训练——乒乓球兴趣班(每天1小时),在传授全体学生人人参与乒乓运动、掌握一项体育技能的同时,从中挑选具有一定乒乓天赋的好苗子,尝试转入曹乒校的常规班,源源不断地为曹乒校各年龄段专业队伍输送后备人才。且本身两所学校就在一起,苗子进队、退队相对便利,也不影响学生文化学习。因此两校乒乓球普及和高水平乒乓后备苗子培养形成了普及训练1小时、特色训练2小时、专业训练4小时的梯队训练模式,运转有序,科学合理。这同时实现了教育部门项目普及、提高学生身体素质的目的以及体育部门从普及中挑选好苗子、集中力量培养优秀后备人才的目的,两者相互补充,共享成果。

3. 课程设置与专业训练的配合

两校的密切合作还体现在文化课与专业训练的相互配合上。曹乒校与杨泰实验学校敢于打破常规,对学生运动员合理编班,并配备名师执教优化教学,通过保证学习时间和质量、课后跟踪管理和辅导、赛后补课和补差等方式,有效保障了运动员的文化学习时间,也保证了两校"普及训练 1 小时、特色训练 2 小时、专业训练 4 小时"梯队训练模式的有序进行。因此,在参加上海市年度运动员赛前文化考试、全国青少年比赛赛前文化考试和专业运动队入队文化考试中,曹乒校的合格率均为 100%,历年中、高考升学率均为 100%。改变了传统体校学生运动员文化成绩落后的现象,解决了学与训之间的最大矛盾。

4. 寻求外力与疏通培养通道

2001 年 9 月,曹乒校通过自身资源优势,与上海市体育运动学校合作成立"上海市曹燕华乒乓球俱乐部"(具有上海市体育局批准的一线专业队编制 16 个和二线运动队编制 50 个),由此曹乒形成了集"三线启蒙、二线提高、一线专业队"于一体,自行衔接、系统训练的人才培养、输送体系。同时,在区体育局和区教育局的协调下,经多方协商,建立了拥有小学(杨泰实验学校)—初中(杨泰实验学校)—高中(上大附中)—大学(上海交大、体院等高校)的"一条龙"文化学习培养输送体系,从而形成了两条培养通道,两者间相互弥补,打通学生运动员的上升通道(图 1),为学校、家长和学生解决了后顾之忧,同时也降低了学生运动员的选择成本和走运动道路的风险问题,让家长放心,让孩子无虑。

(三)办训成绩

1. 输送及比赛成果

(1)人才输送。截止到 2019 年中,学校先后向国家队输送了许昕、尚坤、赵子豪、杨屹韵等 8 名优秀运动员。目前,现役国家队运动员有许昕、赵子豪、杨屹韵 3 名。输送曹乒俱乐部一线专业运动员 28 名。另向上海队及外省市专业队输送优秀运动员 20 余名。

(2)比赛成绩。近五年来,许昕共获得世界冠军 8 个、奥运冠军 1 个。曹乒校培养输送的许昕、尚坤、赵子豪、彭飞龙、陈志阳还代表上海取得阔别 52 年的全运会男团冠军。曹乒校运动员还先后取得世界大学生运动会、亚洲青少年锦标赛、全国青少年锦标赛、全国青运会、学运会、全国少年南方赛区比

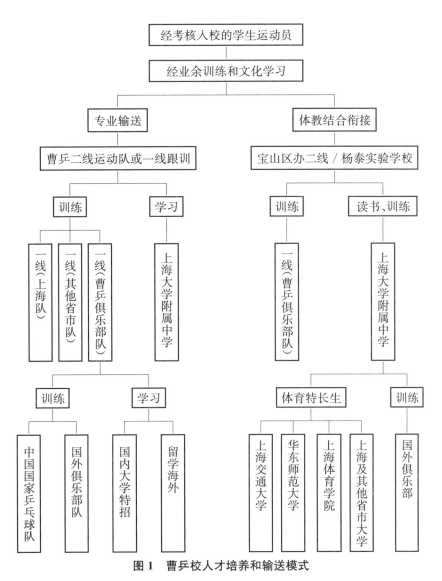

图 1　曹乒校人才培养和输送模式

赛、全国后备基地总决赛等国内外青少年重大比赛冠军 30 余项,四年一届的上海市运动会等上海市重大比赛,曹乒校代表宝山区参赛,历届(年)均保持在金牌、奖牌和总分第一。竞赛方面取得了许多公办体校几十年未曾取得的好成绩和办学成果。

2. 文化成绩和升学

曹乒校和杨泰实验学校每学期都对有学业测试的年级进行专项质量分

析,乒乓专业队半数以上科目平均分超年级平均分(表1),年级第一名的科目也不少,成绩位列年级前茅的多半是参加体育训练的学生。多年来,累计16名学生被上海交通大学录取,继2016年1名学生考入清华大学后,2019年又有1名学生被北京大学录取,其他多名学生考入中国政法大学、华东师范大学、华东理工大学、上海财经大学、上海体育学院等高校(表2),高考升学率始终保持在100%。

表1 近五年曹乒校队员期中、期末考试情况表(单位:科)

学年\项目	期中考试				期末考试			
	总数	超年级平均分	平均分年级第一	单科满分	总数	超年级平均分	平均分年级第一	单科满分
2014学年上	24	15	3	2	30	19	2	11
2014学年下	24	18	3	7	30	21	5	9
2015学年上	24	10	2	2	30	15	2	20
2015学年下	24	12	2	2	24	17	4	1
2016学年上	15	11	0	1	19	9	0	1
2016学年下	15	13	4	4	19	8	1	7
2017学年上	15	9	2	3	24	15	2	3
2017学年下	15	12	2	3	24	13	4	5
2018学年上	15	10	0	2	24	16	3	2
2018学年下	2019年起学生成绩以优、良、中、合格、需努力为评价标准,无分数							

表2 曹乒校部分学生运动员高校录取学校汇总表

大学名称	年份	被录取学生名单
清华大学	2016	周冉
北京大学	2019	张誉文
上海交通大学	2008~2019	胡冰涛、许昕、尚坤等16人
中国政法大学	2017	程皖宜
华东师范大学	2013~2019	祁振宇、郑思佳、杜培妍等11人
华东理工大学	2019	杨霁雯

续 表

大学名称	年份	被录取学生名单
上海财经大学	2012	李翔
上海体育学院	2009~2019	笪蓉蓉、杨锷峰、韦文野等28人
南京体育学院	2014	罗宇
宁波大学	2010~2019	王雪松、罗维、孙倩等7人
扬州大学	2009	李烽
郑州大学	2019	彭修筠
黑龙江工业大学	2010	张宝
上海体育职业学院	2012~2018	陈晓芸、吴桐俣、胡悦悦等9人
南京航空航天大学	2018	李江珊
苏州大学	2018	罗钦源
齐鲁医药学院	2017	王麒然
上海工程技术大学	2018	刘之慧

四、实践经验总结

在体育和教育各自有不同目标的前提下,"体教结合"需要寻求体育与教育的互通之处,围绕"资源共享、优势互补、人才共育、良性互动"来探索合作点,相辅相成,互相渗透,实现各自目标,从而达到体教融合之高点。一路走来,曹乒校与曹乒俱乐部三线、二线、一线培养和输送体系,与杨泰实验学校、上海大学附属中学、上海交通大学等高校的小、初、高、大体系,两条体系将曹乒校和杨泰实验学校的体教结合成果最大化地展现出来,结出了合作的果实。如果把体教结合比喻成一棵果树,那么青少年阶段的业余训练与文化学习好比是树干的两部分,该阶段的体教合作越紧密、越畅通,树干吸收的营养就越多,树干也就越粗壮,这就如同现在的曹乒校和杨泰实验学校。而再向上发展的树枝,则是专业阶段的训练与高层次的文化学习,这部分内容的缺失,大树也无法成为大树,更不可能结出硕果。曹乒校与杨泰实验学校的合作,不仅把树干培养得结实粗壮,还延伸出了与之相匹配的繁茂枝叶,使得营养能继续向上输送,最终开花结果。这些枝叶即曹乒俱乐部、省市专业一线队以及高级中学和高校等学生运动员向上培养的平台。

回顾曹乒校与杨泰实验学校合作办训的21年,无论是体制、机制上还是教学、训练的细节中,都有值得深思与学习的地方。本研究通过访谈、调研等研究手段,现归纳总结如下:

(一)优势互补、学训并重,体教结合走向体教融合

曹乒校一贯重视青少年运动员的文化学习,早在开办之初,就制定了九年义务教育阶段运动员必须接受完整文化学习的规定,制定了严格、规范的招生入学标准和招生流程。这与杨泰实验学校作为一所九年一贯制学校的基本要求保持了一致,双方都将实现培养德智体全面发展的、具有较高文化素质和运动水准的乒乓后备人才作为共同目标之一。

曹乒校依托杨泰实验学校,通过不断创新,转变观念,把资源有限共享深化为资源交叉融合:杨泰升旗仪式和班队集会为乒乓球比赛获奖学生颁奖,曹乒校学生集中教育时表彰奖励文化学习成绩优异的学生;教练员经常走进教室,随时了解运动员学习表现和文化成绩,任课老师经常走进训练馆,感受学生训练氛围,与教练现场沟通。工作中彼此认同、互相支持、紧密合作,使两校"教练和任课老师联系制度"落到实处,从思想和行为上做到了"学训并重"。

两校领导高度重视,教练老师积极配合,硬件设施、软件服务、文化学习等互不设限、互为补充,曹乒校的乒乓资源和品牌影响力,与杨泰实验学校的优质教学资源得以充分发挥,实现良性发展。两校办学已经升华为"更深层次的以培养具备良好文化教育素质的综合人才为目的"的体教融合的成功典型。

(二)健全制度,优化课程,运动员综合素质得到提升

由两校校长挂帅,分管领导、文化督导教师及教练、班主任和任课教师共同参与的体教结合领导小组,为体教结合工作保驾护航。学校先后制定了两校联席会议制度、两校体教结合工作实施办法、乒乓班任课教师学期考评制度、体教结合专项奖励发放细则等规章制度。体教结合工作小组动足脑筋,抓"招生质量、升学进队、学籍管理、规避或减少学训矛盾"的有效沟通和细节落实。为在有限的时间内让学生完成正常文化学习,充分发挥杨泰实验学校优质教学资源优势,打破常规,在课程安排、设置及任课老师选派上科学调配,优化课程,名师执教,确保学生学习时间和质量。另外,根据运动员的特点,通过加强课后管理辅导、赛后补课补差等形式,有效地保障了运动员文化学习的正常进行。

曹乒校通过建立并执行系统的运动队管理制度,发挥班主任、任课教师和教练员三位一体的教育作用,重奖学习成绩和运动成绩双突出学生等一系列措施,既强调社会对人才培养的刚性标准,也运用了市场化的柔性激励。

(三)目标明确,体系完善,确保人才输送通道畅通

我国传统的竞技体育后备人才"一条龙"培养模式最让人诟病的弊端,一是"金字塔"形,成才率较低;二是自我封闭,从专业训练开始,运动员一条道走到底。曹乒校为乒乓球后备人才建立了多元开放、自由流动的人才培养机制。

体与教有不同的人才培养任务和目标,在明确各自目标的前提下,寻求两条不同培养路径的交叉线。在市、区各级政府及体育、教育主管部门的支持下,实现了曹乒校与曹乒俱乐部三、二、一线的贯通,实现了杨泰实验学校与上海大学附属学校、上海交通大学/上海体育学院等高校的小、初、高、大的贯通,两条培养体系完美地实现了青少年阶段共生,高水平阶段各自开花的格局。乒乓球后备人才在曹乒校构建的培养体系中能上能下、能进能出,保证了走到金字塔上层的运动员是喜爱乒乓球运动的,也是具有较高运动能力和教育程度的优秀运动员,实现了人才培养效果最优化。

(四)积极探索,提升品质,以自身实力吸引更多优秀人才

两校不仅通过发挥自身优势进行合作,同时也在不断完善和提升自身品质。曹乒校通过参与社会组织中的民办非企业单位等级评估来规范学校的日常管理,学校由于日常管理严格规范,服务社会意识强,主动性高,在等级评估中所有指标均取得了高分,获得AAAAA的最高等级评估。通过规范化建设评估,使学校管理工作更趋规范,办学水平又跃上新台阶,让社会、让家长、让学生更加信任。

杨泰实验学校则以打造"金球文化"办学特色实践为契机,打造了"金球"阳光学生培育工程、课改实践演练工程、教师形象塑造工程、教育生态建设工程和特色文化育人工程,培养教师专业素养,构筑教师文化自信,培养学生核心素养,引导学生阳光励志,提升了学校整体精神面貌,创建了一所文化自信并在市区有一定影响力的优质的九年一贯制学校。

两校自身品质的提升,无论是对在校学生,还是社会外界,都起到了非常积极的正面影响,从而能吸引更多优秀人才。

（五）形式多样，内容丰富，为乒乓球后备苗子搭建交流平台

曹乒校在抓好学习、比赛的同时，还利用自身品牌优势，每年暑假开办乒乓球普及、提高培训班、夏令营等，承办上海市甚至全国乒乓球高级别赛事，开展多种形式的国际乒乓球文化、技术交流活动。先后与奥地利施拉格乒乓球学校、日本开志国际学校签订友好交流协议；和德国名将波尔合作，创造了新的乒乓球接力赛世界吉尼斯纪录；每年都有境外团队及个人来校交流训练和比赛；还接待上海主办的"上海—台北学生体育节"乒乓队在沪的行程及训练比赛和参观等活动；组织出访德国、瑞士、奥地利等国家，进行乒乓球技术交流和比赛等。这一系列活动，一方面为乒乓项目普及作贡献，另一方面也为选拔优秀乒乓球苗子提供平台，在提升曹乒校知名度的同时，也吸引了大批喜爱乒乓球的学生了解曹乒校，走进曹乒校。

（六）注重德育，严格管理，良好学风助推学习、训练双丰收

曹乒校和杨泰实验学校都非常注重学生品德及行为规范的教育。曹乒校固定每周四晚停训举行全体常规班运动员周总结会，会上通过相关教练员及老师反馈近一周队员们的行为规范、训练生活等各方面情况，加强了教练员、文化老师、生活后勤老师之间的信息沟通，也使全体运动员始终保持端正的学习和训练态度，在不断修正中获得学习和训练的进步。同时，曹乒校每个月会给学生家长发一封信，反馈学生本月在校的各方面表现以及学校重大比赛和活动情况，让家长及时掌握孩子的近况。这些都是曹乒校营造良好学风的有力措施，从而以良性循环的模式解决学训矛盾。

五、结论与建议

（一）曹乒校与杨泰实验学校合作办训为体教融合树立了成功案例

第一，定位清晰，目标明确。通过建立不同上升通道解决了体教两家不同培养目标的分歧，真正实现了"资源共享、人才共育、合作共赢"的初衷；第二，管理顺畅，合理激励。通过两校校长直接管理，建立适当的奖励机制，确保两

校各个岗位工作人员的积极性,从细节处达到融合协作的工作氛围;第三,大胆创新,灵活变通。通过调整编班、课表和作息时间,解决学生文化课学习与训练时间的冲突,保证学训两不误。

(二)曹乒校与杨泰实验学校合作离不开政府部门的协调支持

曹乒校与杨泰实验学校的合作,单从两校之间的配合来说,双方有合作意愿,无论是训练安排,还是课程设置,都在各自的管理范围之内,容易达成一致并相互协调,解决现阶段的主要学训矛盾。然而学训矛盾不仅仅是九年制义务教育阶段的,它更深层次的矛盾和压力其实来源于中考和高考,学生的升学问题、出路问题才是最终的矛盾所在。曹乒校学生运动员的升学与出入,在市、区两级政府和相关部门的协调支持下,分别有进专业队和升高中甚至大学两条选择,学生运动员可根据自身学业情况和竞技水平来选择更适合自己的发展道路,为体教结合最高级矛盾列出了解决方案。这一矛盾的解决,要有突破性的政策,这需要上级部门的协调、搭建平台,单靠曹乒校和杨泰实验学校是无法完成的,必须由体育、教育部门和政府来参与解决,且出台的政策需要具有延续性。

参考文献

[1] 丁永玺."体教结合"与"教体结合"思辨[J].体育与科学,2008(3).

[2] 许巍.我国普通高校高水平运动队现状调查[J].教育与职业,2012(6).

[3] 王晖,王跃.体育后备人才培养体系构建新思路——以上海为例[J].山东体育科技,2014(6).

[4] 国家体育总局.青少年体育"十三五"规划[Z].2016-9-9

[5] 王凯珍,潘志琛,刘海元.深化"体教结合"构建运动员文化教育新体系[J].首都体育学院学报,2009(2).

[6] 杨蒙蒙,吴贻刚.体教结合制度变迁的路径依赖与突破策略[J].体育文化导刊,2019(6).

[7] 郭建军.加强青少年体育工作,培养优秀竞技后备人才[J].北京体育大学学报,2014(4).

长三角青少年足球
协同发展路径研究

杨 琼 刘 茹 樊 硕[*]

2018年11月,国家主席习近平在首届中国国际进口博览会上表示,将支持长江三角洲区域一体化发展并上升为国家战略。2019年5月,《长江三角洲区域一体化发展规划纲要》印发。长三角一体化发展进入新阶段。长三角地区青少年足球的协同发展,是实现长三角地区一体化发展和教育区域协作的重要举措,同时对于长三角青少年足球乃至国家足球的未来发展都具有重要的推动作用。

一、长三角一体化发展上升为国家战略

党的十八大以来,中国区域发展的战略格局与以往相比有更大的调整、优化和升级,比较注重重点板块和流域性的带动。这次把长三角板块放在更加突出的位置,上升到国家战略地位,是战略的必然性,是要在当前形势下更好地发挥长三角积极、特殊的作用。为此,从中央到地方出台了一系列改革举措,加快推进长三角一体化国家战略落地。

(一)出台《长江三角洲区域一体化发展规划纲要》

2019年5月13日,中共中央总书记习近平主持召开中共中央政治局会议,会议审议了《长江三角洲区域一体化发展规划纲要》。会议指出,长三角是

---

[*] 本文作者单位:杨琼,上海体育学院发展规划处研究员,教育学博士,研究方向为教育政策与评估;刘茹,上海体育学院经济管理学院硕士研究生,研究方向为学校体育管理;樊硕,上海体育学院经济管理学院硕士研究生,研究方向为学校体育管理。

我国经济发展最活跃、开放程度最高、创新能力最强的区域之一，在全国经济中具有举足轻重的地位。长三角一体化发展具有极大的区域带动和示范作用，要紧扣"一体化"和"高质量"两个关键，带动整个长江经济带和华东地区发展，形成高质量发展的区域集群。

（二）上海与江浙皖一市三省错位竞争协同发展

2018年《上海市城市总体规划（2017—2035年）》公布，提出促进长三角一体化发展，携手打造长三角世界级城市群。上海市发改委相关负责人解读称，上海将促进长三角进行合理分工、错位竞争，进行协同发展；共同互补，制定长三角区域协同发展三年行动计划，进一步夯实产业基础，促进公共服务深度融合。在长三角一体化发展中，各地分工明确。上海充当操作系统平台，并在全球、全国吸引一流人才为长三角提供人才、资金、平台。江苏的优势在制造业，浙江的互联网、数字经济发展快速，安徽的科教行业、新型工业化是亮点。江浙皖与上海形成良好互动，就能推动要素自由流动。

（三）长三角教育一体化发展迈入新阶段

2018年12月13日，上海与江浙皖一市三省在沪共同签署《长三角地区教育更高质量一体化发展战略协作框架协议》。作为今后长三角教育一体化发展的总体战略规划和纲领性文件，该战略协作框架协议明确了长三角一体化发展的主要目标、发展的推进路径以及发展的保障机制，标志着长三角教育发展迈入一个全新的一体化、高质量发展阶段。据此，长三角一体化发展将分"两步走"：一是到2020年，长三角地区基本形成富有效率、更加开放、联动发展的教育更高质量一体化发展机制，积极将优质教育资源向长江经济带乃至中西部地区辐射。二是到2025年，长三角地区整体率先实现教育现代化，携手打造并初步建成全球卓越的教育区域创新共同体，形成具有区域特点、中国特色、世界发达国家教育发展水平的区域教育体系。

二、长三角青少年足球协同发展现状

青少年体育是群众体育的社会基础，是全民健身的重点人群，也是竞技体育的人才基础，更是体育产业发展的消费基础，推进体育强国建设的根本在青少年体育。目前长三角一市三省在青少年球员培养、足球师资培养等方面已经开展了相关合作,有效推动了长三角地区青少年足球一体化协同发展的进程。从长三角一体化国家战略未来发展视角来看,长三角各省市在青少年足球协同发展领域的合作仍然有待拓展,尤其是协同路径亟待探索。近几年来,长三角一市三省出台多项政策,推动青少年足球发展,具体如表1所示。

表1 长三角青少年足球相关政策一览表

地区	时间	发布部门	发布文件	主 要 内 容
上海	2019年6月	上海市人民政府	《上海市人民政府办公厅关于构建本市竞技体育发展新体系的实施意见》	完善后备人才选拔体系,将经验选材和科学选材相结合,健全业余训练二三线运动队向一线输送机制;完善优秀后备人才引进政策,规范引进标准和流程,缓解重点项目后备人才不足的问题
江苏	2019年2月	江苏省体育局和教育厅	《省体育局教育厅关于加强江苏省竞技体育后备人才培养工作的实施意见》	以培养有理想、有道德、有文化、有纪律的高质量竞技体育后备人才为目标,遵循青少年身心发展规律、文化学习规律和运动员成长规律,进一步完善青少年三级训练体制,科学规划项目布局,建立项目准入机制,构建与选材育才相匹配的青少年运动竞赛体制机制,完善运动员选拔与分流机制,推进各级各类体校和高水平人才基地建设,营造良好的竞技体育后备人才育人环境,建成具有江苏特色的体育系统、教育系统、社会组织"三位一体"的新型竞技体育后备人才培养体系
浙江	2018年9月	浙江省体育局	《浙江省体育局关于做好2019—2022周期全省体育后备人才训练网(业余训练)布局的通知》	各市按照省体育局、省财政厅的相关要求,逐步落实布局经费,积极开展业余训练,为体育后备人才培养提供有力保障
安徽	2018年1月	安徽省体育局	《安徽省体育发展五大任务行动计划》	进一步推进体育、教育融合发展;深入实施"青少年体质强健工程",进一步提升青少年公共体育服务水平;继续巩固"青少年体育塔基工程",进一步加强青少年体育后备人才培养

续 表

地区	时间	发布部门	发布文件	主要内容
安徽	2018年4月	安徽省体育局	《竞技体育创佳绩行动计划》	打牢全省青少年训练基础,加强后备人才培养输送,推动竞技体育"选材科学化、训练数字化、竞赛国际化、管理人本化、保障精准化、团队复合化"建设

（一）长三角青少年足球管理机构

青少年足球人才是中国足球不断向前发展的根基所在,为更多热爱足球的青少年打造更为科学、可持续的足球发展路径,是中国梦、足球梦的重要工作之一。目前,长三角各省市体育局主要负责管理统筹规划青少年足球发展,指导和推进青少年足球工作。但是一市三省具体的管理机构又有很大的差异。总体来说,长三角地方现存的行政藩篱会是长三角青少年足球协同发展的一大难题。长三角一市三省的管理机构及职能具体如表2所示。

表2 长三角青少年足球管理机构一览表

地区	主管部门	管理机构	职能
上海	体育局	上海市足球管理中心	负责对本市青少年足球训练单位的业务指导、管理和资质认定等工作
		上海市青少年训练与反兴奋剂管理中心	参与制定全市青少年训练发展规划;承担全市体育后备人才选拔、培养、输送工作,指导全市青少年体育教练员培训和培养工作;承担市级青少年竞赛计划规程制订、运动员教练员注册和赛事组织、督导、评估等相关工作
江苏	体育局	江苏省足球运动管理中心(省江宁足球训练基地)	制定全省足球运动项目发展规划并组织实施;负责足球运动队训练管理、参赛、反兴奋剂、思想政治教育、运动员文化教育和后勤服务保障等工作;承担足球运动项目教练员、裁判员业务培训和考核工作;统筹、指导足球运动项目业余训练管理和后备人才培养工作;承办足球运动项目国际或国内比赛,承接国内外体育团队训练等

续 表

地区	主管部门	管理机构	职　能
江苏	体育局	江苏省足球运动协会	全面负责足球项目的管理,促进全省足球后备人才的培养;负责全省各级、各类足球俱乐部的管理、监督和协调;研制全省足球竞赛制度、计划、规划,负责全省各类足球竞赛活动的实施和管理;负责组织全省足球教练员、裁判员的培训、考核和晋升等工作
浙江	体育局	体育训练处	负责指导全省竞技体育、青少年体育工作。负责全省优秀运动队和体育后备人才队伍建设,组织竞技体育项目比赛的训练备战和参赛。负责教练员岗位培训和运动员文化教育
		浙江省足球协会	负责管理和指导全省各级各类青少年足球后备人才的培养和管理,开展青少年足球运动等工作
安徽	体育局	青少年体育处	拟订全省青少年体育发展规划草案、竞技体育后备人才培养计划和青少年训练管理制度,并监督实施;指导各级各类体育运动学校、体育传统项目学校、体育专项特色学校、青少年体育俱乐部和体育后备人才基地的建设及有关学生文化教育工作,承办全省"体教结合"的具体工作;组织指导全省青少年体育训练、竞赛和重大青少年国内外体育比赛参赛工作;负责全省基层教练员培训,一级运动员、裁判员技术等级审核和一级以下技术等级审批管理等
		青少年体育联合会	开展青少年体育培训、竞赛等多种公益性的体育活动,吸收各类社会力量和青少年体育组织

注：各管理机构及职能均来自各省市体育局官网及足球协会官网。

（二）长三角青少年足球教练培养

足球教练的数量和质量是影响长三角青少年足球发展水平的重要因素。目前长三角区域各省市足球教练数量严重不足。为此,长三角一市三省采取多项措施,促进足球教练员培养,具体如表3所示。

表 3　长三角青少年足球教练培养措施

地 区	青少年足球教练培养措施
上 海	将教练员派送至国家少年足球选拔队教练组进行带队与学习;系统培训足球骨干教师、教练员、裁判员,积极引进国内外优质的教练团队
江 苏	对体育教师、教练员、裁判员、讲师和校外辅导员等进行培训;请德国团队对一线课业训练教师进行提高培训,从中选拔派出优秀体育教师赴德国参加培训
浙 江	多渠道配备充实师资,邀请有足球特长的其他学科教师兼上足球课,鼓励足球教练员、裁判员和经过培训的优秀足球退役运动员以及有足球专长的志愿人员担任兼职教师
安 徽	依托高校资源共建"安徽省教练员培训基地",建立教练员培训专项资金,加强基层一线教练员和体育教师培训;鼓励、支持退役运动员从事教练工作,实施退役运动员转岗培训计划,开设为期一年的培训课程,为退役运动员顺利走上工作岗位打下良好的基础;实施"精英教练员"工程,到 2020 年,重点培养 30 名基层优秀教练员,每年选拔 10 名优秀教练员赴省外或国外培训,拓宽视野

(三)长三角青少年足球训练体系

1. 长三角青少年足球球员选拔体系

目前长三角已经形成以政府为主导,体育、教育两大系统为主渠道,校园足球、青少年业余足球为基础,职业俱乐部梯队、体校、足球学校、青训中心为核心的球员选拔路径,且呈现形态多样化,主要表现为:校园足球与职业俱乐部合作,教育系统与足校合作,职业俱乐部与体育系统合作,职业俱乐部与业余俱乐部、足校合作。近年来,长三角足球后备人才培养力度不断加大,2025年将达 1 万所,参与人数超 300 万人。

2. 长三角青少年足球培养体系

1992 年以前,我国主要是采用"金字塔"培养模式,在业余体校中扩大人数,逐步进行人才选拔,进入重点体校、运动学校等,最后进入省市、国家代表队。这样的模式在一定时期极大地推动了我国足球运动发展。但是随着社会不断进步,这一模式中的漏洞与弊端也逐步显现——选拔机制不透明、运动员成才率低、球员文化素质低等。这种情况下,我国在 1992 年开始了足球管理体制改革,对我国青少年足球运动员培养模式有着很大改善。1992 年以来,我国的足球发展越来越依靠市场,逐步建立起以市场为依托的培养体系,增进足球与经济、社会的关系,打破了传统的"金字塔"模式,开始与职业足球挂钩。

党的十八大以来,校园足球发展迅速,响应党中央的号召,各级各类学校都加强了校园足球的建设,点燃了青少年足球发展的希望,逐渐成为人才培养的主要方式。当前,长三角地区正在以校园足球为突破口,集聚体育、教育和社会资源,探索"多方联办"的青少年体育训练培养合作模式。这种模式打开了不同的晋升渠道,让更多的青少年参与其中。

3. 长三角青少年足球竞赛体系

目前,长三角各省市已整合优化现有的青少年竞赛、学校竞赛、社会竞赛资源,构建了U系列体育竞赛体系,设立了县、市、省三级青少年体育竞赛制度和逐级参赛机制,横向与原有的学校体育赛事、青少年综合赛事相衔接,纵向与国家体育总局U系列锦标赛相对接的四级青少年足球竞赛体系。2019年长三角"踏趣枫叶杯"青少年足球邀请赛、2019年上海静安长三角青少年足球精英挑战赛等赛事的举办,为长三角地区青少年足球爱好者同台竞技,提供了良好平台。

(四)长三角青少年足球资金投入

长三角在经费方面提出了探索建立政府支持、市场参与、多方筹措支持青少年足球发展的经费投入机制。根据长三角教育部门相关文件,各省市青少年足球经费将纳入各级财政。地方各级财政会出一部分资金,用于区域内的青少年足球教学、研究、师资培训、聘请高水平教练员以及地区性赛事。此外,还有社会企业、组织的支持。以浙江省为例,浙江省为弥补当地山区、海岛偏远地区学校足球基础设施建设薄弱的短板,推进青少年足球发展,于2016年10月,由共青团浙江省委员会、浙江省青少年发展基金会启动了"梦想足球场"公益项目,截至2018年6月14日项目吸引了20余万人次及多家爱心企业参与,共筹集捐款755万余元。

三、国外青少年足球协同发展经验

(一)德国

1. 德国青少年足球的管理模式

德国足协利用自身社会化协会属性,采取合作发展型理念,陆续推出

"Team 2011 和 Doppelpass 2020"计划,将青少年足球融入社会,形成德国足协、德国政府部门、学校、俱乐部、家长、足球志愿者、媒体等多元合作化培养形式。合作性培养明确了德国政府部门实行宏观把控和支持;德国足协为责任主体,制定发展蓝图,成立训练基地,促进俱乐部和学校的深度合作,建立足球精英学校,监控各个培养等级和培养机构青少年培养的质量和数量等。

2. 德国青少年足球的教练培养

德国足协的教练员培养主要有等级制度和继续培养制度,等级培养实行线下培养,继续培养则实行线上和线下相结合培养。主要包括在训练基地定期举行培训班、建立足球训练在线网站、传送大量的服务性邮件提供信息和指导基层教练员的训练与俱乐部工作等。

3. 德国青少年足球训练体系

(1) 德国青少年足球选拔体系。德国足协会委托地方足球俱乐部以及地方足协为青少年足球运动给予技术支持。许多州和地区都成立了足球训练支持节点,这些地方持续地观察和培养青少年球员,表现好的青少年有更多参加比赛的机会,由低级别的训练支持节点逐步迈入高级别节点训练,同时,对于那些训练表现还不突出的青少年,也不会因为暂时业绩不佳而被忽视。在德国,优秀的足球运动员迈入高级别足球比赛的道路非常畅通,高度社会化的足球资源,为优秀足球运动员发展提供了通道。

(2) 德国青少年足球的训练模式。德国足球青训体系主要分为面向3~10岁儿童的基础训练、11~18岁青少年的人才开发、15~20岁青少年的精英推动、18岁以上的顶级球员培养四个阶段。基础训练阶段主要通过幼儿园、学校和社区业余俱乐部开展,以培养个人兴趣和身体的全面发展为目标,进行足球体验和一般运动技能学习。11岁之后,如果青少年展现出一定的天赋,就有可能得到欧足联持证教练一对一的指导,在健康、营养和心理建设等领域,也会配备专门团队来予以辅助。18岁之前,顶尖球员通过青年国家队、精英学院和人才中心的培养后,未来可能走向德甲、国际联赛和国家队的道路。

(3) 德国青少年足球的竞赛体系。德国有较好的后备人才竞赛体系,青少年也有很多联赛,甚至每个企业、公司、业余体育俱乐部都拥有自己的足球队。每逢周末,随处可见足球赛。德国的学校系统没有足球比赛体系,学生经常是放学后去业余足球俱乐部参加训练比赛。因此,德国足球后备人才的培养离不开其特有的俱乐部形式。在青少年足球比赛系统中,足球的普及和足球后备人才的培养受到德国足协的高度重视。

4. 德国青少年足球的资金投入

德国足协在青训方面投入了相应的资金支持。2012年数据显示,德国足协平均每年至少向青训投入1700万欧元,每年还会拨款30 000~45 000欧元用于达到质量检查标准的足球精英学校的建设。而"Doppelpass 2020"计划则对每组成功结对的校园和俱乐部伙伴给予2.5万欧元及"课堂启动包"(AG-Starter-Paket)的支持。此外,德国足协德国甲级、乙级和丙级联赛俱乐部每年投资将近1亿欧元用于后备人才的培养,自2002年以来,累积总投入为9.25亿欧元,用于青训中心的扩大和修缮。

(二)法国

1. 法国青少年足球的管理

法国足球协会下设法国青少年足球技术指导委员会(DTN)负责组织开展全法青少年足球活动,保证了法国青少年足球运动的有序开展。DTN在法国13个大区、101个省下设分会,负责教练员培训、运动员选拔、技战术规范等工作。DTN根据相应年龄阶段在全法统一规定了比赛层级、竞赛赛制及合同类型。此外,DTN在全法建立了15个精英训练中心,采用上午文化学习、下午足球训练的教训模式,培养全法顶尖的U15球员。

2. 法国青少年足球的师资培养

DTN划分不同等级教练员培训内容,并对执教证书的训练对象、竞赛级别、培训时长及考核要求进行严格规定,保证了教练员执教的专属性与针对性。法国足协规定青少年足球俱乐部教练员必须获取相应执教证书方可上岗。同时,DTN对执教证书的训练对象、竞赛级别、赛制类型、培训时长及考核要求进行严格规定。为保证教练员知识体系不断更新,DTN规定持证教练员每两年进行为期一个月的"回炉"培训。完善的教练员培训体系保证了全法教练员执教质量以及统一的执教理念与方式。

3. 法国青少年足球训练体系

(1)法国青少年足球球员选拔体系。法国青少年球员选拔是一个动态分层过程,不同年龄阶段都有细致的选拔标准。法国青少年足球运动员选拔体系分为青少年足球和俱乐部足球两部分。小学阶段划分不同兴趣小组,组织课堂教学与课余训练。初中阶段进入特色学校足球特长班,部分球员被球探选拔进入精英训练中心或俱乐部青训中心。高中足球特长班为球员职业选择服务,即学生球员在面临继续求学或成为职业球员的双重选择时,进入特长班等待过渡,高中毕业后作出最终选择。俱乐部选拔通过全国选拔赛方式进行。12岁后,法国青少年足球技术指导委员会组织全法精英选拔赛,挑选球员进入精英训练中心。其间,球员参加全国U14、U15选拔赛,部分球员签订"锁定合同"进入职业俱乐部。

(2) 法国青少年足球的球员培养。法国足协注重科学理论指导教学训练实践,在经典条件反射、斯金纳强化学说等理论基础上,提出青少年足球"五环节训练课"模式,归纳总结了球员不同年龄阶段社交层面、生理层面、心理与心智层面特征及指导原则,制定了各年龄阶段教学训练内容及目标。同时,基于对学习理论和足球项目规律的认识,法国足协提出主动性教学法和指令性教学法。

(3) 法国青少年足球的竞赛体系。法国足球竞赛体系主要以俱乐部竞赛体系为主、青少年足球体系为辅,合理的顶层设计使得两大竞赛体系形成良好衔接,球员可以同时参赛,且职业俱乐部梯队、业余俱乐部球队、青少年足球队等同场竞技,有效提高了比赛竞技水平。

4. 法国青少年足球的资金投入

法国青少年足球的经费除来自政府和学校财政拨款外,还有来自足协、社会及个人的捐赠,实现了多渠道的经费支持,充足的经费为青少年足球的普及与提高奠定了物质基础。学校的资金投入主要是用于校内外各种比赛、人员培训、器材等方面的开销,足协主要负责培养青少年足球所需的师资以及组织和管理足球竞赛。

(三) 日本

1. 日本青少年足球的管理模式

日本青少年足球采取的是"学校推普及、足协抓提高"的管理模式。日本青少年足球真正做到了"从娃娃抓起",形成了从小学到大学的普及与提高机制。体教两部门各司其职,学校负责普及工作,足协负责高水平训练工作,通过各类青少年足球竞赛,足协与教育部门协同配合、衔接紧密。

2. 日本青少年足球的教练培养

日本足协对教练员认证分为S、A、B、C、D五个等级。日本地方足协每年会设置多达近百场针对教练员培养的活动。在各类培训活动中,不仅对教练员技战术指导能力进行培养,还包括对足球情报、足球科研成果进行交流研讨等。

3. 日本青少年足球训练体系

(1) 日本青少年足球选拔体系。日本各都、道、府、县学生在进入小学四年级后,学校便开始对优秀的学生进行选拔,与其他学校的学生一起组建区队、市队、县队等各级球队。被选中的学生除了参加本校的训练和比赛以外,还要参加相应级别的球队训练,更有机会参加高质量、高水平的足球比赛。小学毕业升初中是学生足球生涯的"分水岭",有些学生会将足球运动作为业余爱好进行活动,有些学生则选择青少年足球开展较好的中学,并进入学校组建的足球俱乐部接受更高水平的训练。

(2) 日本青少年足球培养体系。日本地方青少年足球的普及与提高,主要通过校内普及与提高、校外提高两个途径实现。中小学均不针对足球开设专门课,仅把足球作为体育课球类运动的一个项目,足球运动的普及与提高工作,主要依托于学校足球"部活"(体育运动俱乐部)来实现。"部活"由教练员和家长共同管理,教练员多为兼职且会接受日本体育协会的监督和管理。此外,在有条件的地域,大学的足球运动员会根据周围中小学的需要,定期定时分散到各中、小学业余足球俱乐部进行指导。此外,由日本足球协会在各地区创办的"训练中心"、足球学院和短期训练营,以及由社会足球俱乐部组织的训练活动等会对高水平的学生进行更专业的培训与培养。

(3) 日本青少年足球的竞赛体系。日本青少年足球竞赛以年度为周期,由日本地方足球协会单独或协同各级学校体育联盟(足球联盟),针对小学、中学、高中、大学层级的学生,设置相应的比赛,具有类型多样、覆盖面广、衔接合理的特点。日本地方足协和各级日本学校足球联盟设置的青少年足球年度竞赛,既有学校校队之间的竞赛,也有学校球队与职业俱乐部梯队、社会足球俱乐部共同参与的竞赛。从 U12~U18 的所有年龄段均有相应的不同水平等级的赛事设置,保证了每一名参与青少年足球的学生都有参与比赛的机会。

4. 日本青少年足球的资金投入

日本各地青少年足球开展经费主要有教育部门、足球协会、社会企业与个人、体育振兴基金与彩票、家庭等支撑渠道。日本教育部门的青少年足球经费投入,主要用于校内普及和参赛补助等方面。日本足协已将"足球指导普及事业"的专项经费列入"经常费用"一栏。

日本有许多企业和个人非常热衷于为青少年足球的发展提供资金支持。同时,日本的体育振兴基金与体育振兴彩票,每年为青少年足球的竞训活动、教练员的培训工作、足球科研工作提供积极的资金支持。此外,日本各级青少年足球训练与竞赛的费用绝大多数需要家庭承担,包括"入队费""会员费"(用于校队的注册、训练器材购置)等。

四、长三角青少年足球协同发展路径探索

目前长三角青少年足球协同发展面对着各方利好条件,但同时在发展运行中也存在着诸多问题。因此,为了落实青少年足球发展目标和解决发展中所遇到的问题,未来需要从长三角各省市教育部门与体育部门等多部门的协调机制、教练员与指导员的科学化指导能力、社会与家庭的后援保障机制等多方面科学论证,脚踏实地、因地制宜地设计与完善,以此构建长三角青少年足球协同发展机制,只有这样才能实现长三角青少年足球发展目标和足球运动发展目标。

(一)构建长三角青少年足球协同发展的组织架构

对于"跨边界"管理的区域足球而言,最大困境并非资源不足、权责不分等,而在于如何形成部门之间高效联动机制与横向联合管理格局。基于长三角青少年足球发展现状,首先应充分发挥地方政府主导作用,积极联合当地教育部门、体育部门、足球协会等相关部门,理清相互之间的组织关系,协调各部门之间利益冲突与主体博弈,提高部门间协作共治能力与效率,真正形成"牵头＋联动"管理模式。其次,确立行业协会"引领"地位,充分发挥足球协会的专业作用。地方足协及会员协会应在教学训练、竞赛组织、球员选拔、师资培训等专业领域提供更为优质的技术支持与服务。最后,提出"大青训体系"概念,高度融合青少年足球与竞技足球。破除传统壁垒,在顶层设计层面将两大体系资源进行整合,在培养理念、培养路径、选拔机制等方面达到高度统一。从西方一些国家的青少年足球管理机制来看,教育部门应当负责构建青少年足球普及体系、开发足球课程教材、构建特色青少年足球赛事体系、构建青少年后备人才培养体系、加强青少年足球师资队伍建设,而体育部门则要负责足球人才队伍建设、引进优秀教练员运动员、引进足球赛事、与俱乐部合作建立足球队、与社会机构合作培养青少年球员。

(二)规划长三角青少年足球教练培训衔接体系

面对长三角空前高涨的青少年足球热潮,教练数量严重不足已成为各地

发展的突出问题。加强教练队伍建设已成为青少年足球发展的重要工作之一。国外青少年足球教练员培养工作的许多经验值得借鉴。

首先,统一规划长三角青少年足球教练员培训体系,推进教育系统师资培训与足协教练员培训体系的有效衔接,充分利用足球协会优质资源,提高教练员培训的专业化水平。其次,调整青少年足球教练员培训层级制度,根据青少年年龄或学龄阶段特征划分不同层级培训课程与标准,使培训更加具有针对性与专属性。同时,对教练员执教证书的训练对象、竞赛级别、培训时长及考核要求进行严格规定。最后,规范青少年足球教练员队伍,建立严格的教练员考核制度。参加培训人员应通过严格的考核才可持证上岗。应侧重于实践考核,为学员提供日常教学训练教案,考察教学训练及带队情况,持证后定期安排考核,不合格的足球教师或教练员取消执教资格。

(三)坚持"体、教、社"结合青训体系

1. 实现长三角区域内青少年球员流动选拔

青少年球员选拔应当是一个动态分层过程,不同年龄阶段应有细致的选拔标准。相对国外而言,目前长三角青少年球员选拔缺乏良好的制度环境与选拔方式。建立长三角地区科学、合理的青少年球员选拔机制可以从三方面入手:首先,应构建公平合理的选拔平台与动态分层的选拔机制。选拔平台由各地足协与教育部门联合设计,根据竞赛层级及学龄阶段划分。小学进行市级选拔,利用课余或周末进行集中培训,可恢复业余体校模式或依托优质学校成立青训中心;初中进行省级选拔,以借读形式将球员集中至几所优质初中,教练进驻学校训练;高中及大学球员进行长三角地区以及全国选拔,为成为职业球员做准备。这种分层选拔机制使得球员在小学、初中阶段"蓄力",高中、大学阶段"抉择",球员不脱离家庭、学校与社会,降低职业规划风险。其次,遵循球员身心发育特点,科学制定不同年龄阶段选拔指标体系。同时,着重评价球员心理与心智能力,为后期发展创造空间。最后,推动区域性精英训练中心建设。各省市建设精英训练中心,以培养和输送足球后备人才为核心目标,作为青少年足球与竞技足球人才选配的衔接纽带。

2. 落实球员"体教结合"的培养模式

青少年足球的保障措施,如教练、场地、资金、竞赛等内容,只是普及与提高工作的"技术性保障",而从人才综合素质培养与未来发展的角度,文化教育与道德素养培养、人才成长通路设置等方面的工作,则是长三角青少年足球可

持续发展的"社会性保障",必须加以高度重视。在文化教育与道德素养培养方面,应保证所有学生在足球训练的同时,始终不脱离学校和家庭环境。将学生训练与文化课学习紧密挂钩,建立长三角足球特长生文化教育档案,使之成为足球人才阶段性成长评估评价的主要参考指标之一。通过代表学校足球队参加各级各类训练与竞赛活动,培养学生们的竞争意识、荣誉意识、精英意识、责任意识、社会意识以及面对挫折的理性意识和顽强拼搏永不放弃的进取意识。只有文化和体育教育紧密结合,长三角青少年足球人才未来的成长道路才能更为宽广。

在人才成长通路设置保障方面,也要坚持"体教结合"的原则,无论是职业足球俱乐部梯队学龄级球员,还是青少年足球精英,必须完成义务教育阶段的学习任务。为此,长三角各级学校应形成联动机制,体育主管部门建立青少年足球人才评价认证体系,教育部门开辟初中、高中、大学的足球高水平运动员入学考试考核体系,从而形成校足球后备人才培养的"教育通道"。不仅要将足球人才培养成为足球精英,更要通过足球教育和高等教育把他们培养成为有理想、有担当的社会精英。

3. 建立长三角区域青少年足球赛事体系

相比国外青少年足球竞赛体系较为成熟并已形成传统化,长三角青少年足球竞赛设置与实施正处于重新规划与起步阶段。由于各省市青少年足球发展的基础与现状差异较大,故应从普及的角度为广大学生设置比赛,倡导"人人参与"的体育精神,摒弃单纯为夺取锦标而注重"抓精英、要成绩"的发展思路。扩大青少年足球人口数量,在此基础上,形成区级、市级、省级、区域级的赛事结构。积极探索校园足球训练竞赛体系与专业化青少年足球训练竞赛体系有效对接、融合发展的体制机制。此外,由于青少年生长发育具有差异性,足球运动潜力的表现时间不同,因此应加强赛事种类设置,让不同水平的学生都能参加竞赛。利用周末和寒暑假时间完成竞赛,从而形成在校期间通过体育课、体育活动课开展足球普及活动,业余时间通过校内外高水平训练和竞赛实现足球能力提高的学、训、赛机制。

在设立长三角四级联赛体系时,将青少年足球联赛与现有的职业俱乐部梯队比赛衔接,进而与职业联赛衔接,表现优异的青少年运动员可以参加职业俱乐部梯队的比赛,为其通过层层选拔成为职业球员提供可能。政府要动员媒体对青少年足球联赛进行报道,这样既对学校有宣传作用,也增加了青少年球员的自我认同感和社会对青少年从事足球运动的认同感。随着青少年足球的发展和影响力的扩大,要着力将长三角青少年足球打造成为全国青少年体育的品牌工程。

(四)探索长三角青少年足球社会资本引入机制

目前长三角青少年足球在经费方面提出了探索建立政府支持、市场参与、多方筹措支持青少年足球发展的经费投入机制。长三角青少年足球经费来源渠道应如国外一样多元化,包括在体育彩票基金中建立青少年足球专项资助基金,各省足球协会及各市足球协会为青少年足球提供一定的资金支持,广泛动员社会企业(职业足球俱乐部)和个人为青少年足球这项教育公益事业提供资金、技术、实物等多种方式赞助,各地学校可因地制宜地适度要求家庭在孩子的足球普及与提高过程中提供一定的经费支持等多条途径。并且,政府应尽快制定相应的法规政策,在资金的吸纳、用途、权限等管理方面加以法律约束。只有统筹规划与合理分配政府、社会、家庭对于青少年足球的经费支持,才能保障长三角青少年足球缩小城乡差距,实现普及的最大化布局与高水平训练环境建设的有机结合,从而挖掘更多的足球人才。

五、结论

长三角一体化发展上升为国家战略,不仅对长三角青少年足球协同发展提出了战略要求,同时也为长三角青少年足球协同发展提供了坚实保障;长三角青少年足球协同发展既是一种区域发展战略的重要举措,同时也为国家在区域层面整体提升青少年足球发展水平提供可复制和可推广的经验。当然,从实践层面来看,区域协同发展虽然迎来了重大利好,甚至可以说也加快了长三角青少年足球协同发展的步伐,但是由于一市三省青少年足球发展并不平衡,而且也呈现了不同的阶段性特征。所以我们看到长三角青少年足球在"热"的同时,也应看到当前重竞赛成绩轻普及推广、青少年足球教练数量薄弱、竞赛水平较低等现实问题。由于国情不同,而且长三角各省市经济条件、社会人文环境、足球发展水平差异也较大,不能"照搬"国外发展经验。因此,如何统筹政府、社会、家庭等各方资源,因地制宜地构建长三角青少年足球协同发展机制,需要研究者和实践工作者进一步深入探索。

参考文献

［1］ 王俊等. 解读：长三角一体化区域发展上升为国家战略［EB/OL］. http://www.china.com.cn/lianghui/news/2019-03/06/content_74536653.shtml.

［2］ 王德培. 长三角一体化,江苏的落脚点在哪？［EB/OL］. https://www.yicai.com/news/100144199.html.

［3］ 王逸飞,钱晨菲. 浙江按下融入长三角"快进键"［EB/OL］. http://zj.ifeng.com/a/20190802/7636112_0.shtml.

［4］ 朱思雄,韩俊杰. 安徽：融入长三角 注入新动能［J］. 人民日报,2019-05-22(11).

［5］ 上海市人民政府. 上海市人民政府办公厅关于构建本市竞技体育发展新体系的实施意见［EB/OL］. http://www.shanghai.gov.cn/nw2/nw2314/nw2319/nw10800/nw11408/nw44388/u26aw59388.html.

［6］ 江苏省体育局. 省体育局教育厅关于加强江苏省竞技体育后备人才培养工作的实施意见［EB/OL］. http://jsstyj.jiangsu.gov.cn/art/2019/2/2/art_48910_8110663.html.

［7］ 金华市政府. 金华市人民政府办公室关于加强竞技体育后备人才队伍建设的意见［EB/OL］. http://www.jinhua.gov.cn/11330700002592599F/02/sbjxzgfxwj/201906/t20190619_4005819_1.html.

［8］ 安徽省体育局关于印发《安徽省体育发展五大任务行动计划》的通知［EB/OL］. http://tiyu.ah.gov.cn/xxgk/info_293.aspx?itemid=18556&lcid=0.

［9］ 安徽省体育局. 安徽省教育厅关于印发《竞技体育创佳绩行动计划》的通知［EB/OL］. http://tiyu.ah.gov.cn/xxgk/info_293.aspx?itemid=19890.

［10］ 安徽省体育局. 安徽省教育厅关于印发《2019年安徽省青少年体育比赛计划》的通知［EB/OL］. http://tiyu.ah.gov.cn/xxgk/info_309.aspx?itemid=25173&lcid=105.

［11］ 上海青少年体育网. 上海市足球管理中心职能［EB/OL］. http://www.shqxzx.com.cn/ZXZW_ZXJS/List/list_0.htm.

［12］ 上海市体育局. 市体育局青少年训练与反兴奋剂管理中心职能［EB/OL］. http://jsstyj.jiangsu.gov.cn/art/2019/8/1/art_48913_5877075.html.

［13］ 江苏省体育局. 省足球运动管理中心（省江宁足球训练基地）职能［EB/OL］. http://jsstyj.jiangsu.gov.cn/art/2019/8/1/art_48913_5877085.html.

［14］ 江苏省足球运动协会·关于协会［EB/OL］. http://www.jiangsufootball.org/html/1/158/index.html.

［15］ 浙江省体育局. 体育训练处［EB/OL］. http://tyj.zj.gov.cn/art/2019/2/26/art_1357691_6.html.

［16］ 浙江省足球运动协会-关于协会［EB/OL］. http://www.zjfa.org/ch103/gyxh/.

[17] 安徽省体育局.青少年体育处职能[EB/OL]. http：//tiyu. ah. gov. cn/xxgk/info_321. aspx？itemid＝11058&lcid＝.

[18] 安徽省青少年体育联合会第一届理事会第二次会议在六安市召开[EB/OL]. https：//mp. weixin. qq. com/s？src ＝ 11&timestamp ＝ 1571396703&ver ＝ 1920&signature ＝ r8tviygabyQJ2iImBY ＊ lRI4tgdoVT6bLGRtspL6K5wfQtT 8rUt8sLCAyFnNK8jCzFVvw58SE9n3XVXsl7o362nTUYX3S3aIQufSj aOfqKovq8P9RIqZLQSIOF38hTTuT&new＝1.

[19] 中华人民共和国教育部.划重点！上海青少年校园足球发展有了新目标[EB/OL]. http：//www. moe. gov. cn/s78/A17/ ztzlxyzqxly/201809/t20180926 _ 349936. html.

[20] 2018 年江苏省青少年体育工作会议召开[EB/OL]. http：//www. sohu. com/a/ 230945450_114731.

[21] 领跑中的浙江校园足球：或会列入中考体育项目[EB/OL]. http：//www. sohu. com/a/2160521_99925888.

[22] 李卫东,夏伦等.校园足球活动政策的本质内涵、发展目标与推进思路[J].体育文化导刊.2018(2).

[23] 青少年足球运动员培养"短板"在哪？[EB/OL]. https：//mp. weixin. qq. com/s？src ＝ 11&timestamp ＝ 1571402259&ver ＝ 1920&signature ＝ CW2uheUuYtEMp l6ZuRHo － 2SNNejQRRt2B09iptW3b0yNxeOyHiQVfzPjea ＊ TFcXmI5qO9XZi 33z085EIUKHal9m1x ＊ pAimyvv4C EtJTNyMOmRAb9o － iE4tgrcvVCMUh& new＝1.

[24] 安徽省体育局.安徽省体育局关于印发《安徽省体育发展五大任务行动计划》的通知[EB/OL]. http：//tiyu. ah. gov. cn/xxgk/info _ 293. aspx？itemid ＝ 18556& lcid＝0.

[25] 安徽在首届"长三角杯"青少年校园足球邀请赛中获第二[EB/OL]. http：// ah. ifeng. com/a/20190923/7729148_0. shtml.

[26] 安徽省体育局.省体育局、省教育厅召开 2019 年体教结合工作联席会议[EB/OL]. http：//tiyu. ah. gov. cn/xxgk/info_309. aspx？itemid＝25814&lcid＝104.

[27] 廖振丹,周晓.从德国青少年足球运动员的培养论中国"新校园足球"的顶层设计 [J].才智,2018(22).

[28] 蔡红彬,徐立彬.国外青少年足球培养模式及其对我国的启示[J].洛阳师范学院学报,2019(2).

[29] Lopatta K，Buchholz F，Storz B. Die，50＋1'-Regelung im deutschen Profifu ball- Ein Reform Vorschlag auf Basis eines Vergleichs der europ ischen Top 5 Fu balligen/'50＋1－rule in German football-a reform proposal based a comparison of

the European Big 5 football leagues[J]. Sport Und Gesellschaft, 2014(1).
[30] 浦义俊. 德国足球甲级联赛的历史演进与支持系统分析[J]. 成都体育学院学报, 2016(3).
[31] 张庆春. 法国青少年足球训练理念实证研究[D]. 北京：北京体育大学, 2016.
[32] 梁伟, 刘新民. 法国校园足球发展体系的构建与解析[J]. 西安体育学院学报, 2015(5).
[33] 张新. 法国青少年足球教练员现状的调查与分析[J]. 天津体育学院学报, 2013(3).
[34] 李元, 张生杰. 中国青少年足球后备人才培养模式研究[J]. 体育文化导刊, 2012(6).
[35] 陈倩. 世界足球强国与中国足球训练课模式及其方法理论的比较研究[D]. 重庆：西南大学, 2008.
[36] 杨立国, 钟秉枢. 校园足球圆梦法兰西[M]. 北京：人民体育出版社, 2015.
[37] 孙华清. 足球后备人才培养面临的问题及对策思考[J]. 成都体育学院学报, 2009(2).
[38] 高建林. 中日青少年足球竞赛体系的比较研究[J]. 镇江高专学报, 2009(5).
[39] 孙克诚, 何志林, 董众鸣. 国外足球强国后备人才培养路径与启示[J]. 南京体育学院学报, 2011(5).
[40] 汪玮琳, 王莉. 中日青少年校园足球发展比较研究[J]. 西安体育学院学报, 2014(6).
[41] 熊崎敬, 李志红. 日本足球独家揭秘大学足球重新振兴[J]. 足球俱乐部, 2011(20).
[42] 孙一, 梁永桥. 中日足球青少年培养比较[J]. 北京体育大学学报, 2008(9).
[43] 刘同记, 叶巍. 日本 U15 足球运动员培养机制研究[J]. 体育与科学, 2012(1).
[44] 中国驻日本大使馆教育处. 日本校园足球发展情况简介[J]. 基础教育参考, 2016(5).
[45] 张宝强. 日本国家足球文化的构建及其启示[J] 南京体育学院学报（自然科学版）, 2014(1).
[46] 陈星潭, 康涛. 中国校园足球发展研究[J]. 南京体育学院学报. 2017(2).
[47] 解读 2018 年校园足球工作三个关键词：普及、竞赛、改革[EB/OL]. http：//news.juesheng.com/a/45298.html.
[48] 舒川, 吴燕丹. 本土化视角下我国校园足球发展路径研究[J]. 当代体育科技. 2015(5).
[49] 谭刚. 日本青少年足球发展策略对中国足球发展的启示[J]. 南京体育学院学报：社会科学版, 2017(1).

第3篇 体育产业

上海市民体育消费热点研究结题报告

曹 扬 侯 捷 吕 客 宋牟晟 戴 酉[*]

一、前言

(一)研究背景

随着中国经济的迅速发展、人民生活水平的普遍提高,以健身运动、娱乐等特点为主的体育消费愈加受到人们的关注,并在家庭消费支出中所占比重日益增加。国家体育总局《体育发展"十三五"规划》中明确提出:"到2020年,全国体育产业总规模将超过3万亿元,体育消费在体育产业的总体中占比约50%。"为了进一步推动经济结构转型升级,满足人民日益增长的美好生活需要,推动中国体育强国和健康中国建设,增强全民健身的氛围,2019年1月国家发改委发布《进一步促进体育消费的行动计划(2019—2020年)》,提出"2020年全国体育消费总规模达到1.5万亿元,人均体育消费支出占消费总支出的比重显著上升,体育消费结构更为合理"。随着体育产业的发展,居民的体育消费水平也在快速提高,但也逐渐出现了一些矛盾,2019年9月国务院办公厅发布了《关于促进全民健身和体育消费推动体育产业高质量发展的意见》,为体育产业高质量发展指明了方向,解决了许多微观层面的问题,并着重指出促进体育消费的发展。

但是当前体育消费信息和数据的收集与共享方面仍存在一些问题,主

---

[*] 本文作者单位:上海应用技术大学。曹扬,教授,博士,研究方向:区域经济分析;侯捷,硕士研究生,研究方向:管理科学与工程;吕客,女,讲师,硕士,研究方向:新闻舆论;宋牟晟,硕士研究生,研究方向:管理科学与工程;戴酉,讲师,硕士,研究方向:计算机图像处理。

要表现为体育消费信息统计不完全、不完整,信息公开不及时等。随着国内体育产业飞速发展,人们对体育消费信息的关注越来越多,在进行消费决策前往往需要了解一定的信息,如通过百度、新浪微博等工具获取相关信息,政府和企业也需要通过了解消费热点和趋势,进一步制定政策和战略等,周应恒通过食品安全调查验证了信息强化或信息刺激对消费者购买意愿有显著影响。

但是随着大数据时代的到来,各个领域的可用数据量已经大幅度增加,尽管海量的数据中有大量有价值的信息,但是人们无法吸收所有信息,如何通过数据挖掘从大数据中快速准确地提取有用信息是一个巨大的难题。目前网络上也有各种热度计量方法,如微博热搜、百度指数等,通过浏览和点击量等指标来计量某条新闻的热度值,但是具体到体育消费领域的热点依旧缺乏量化标准。学术方面,当前学者们大多是从理论的角度对消费热点进行定义,没有一个准确的量化标准,且数量较少,以"体育消费"和"热点"为主题对中国知网的期刊论文数据库进行检索,只有22条检索结果,并且匹配程度不高;以"消费热点"为标题检索,共有422条检索结果,但是对于消费热点的定义都是定性的概念,难以应用到实际计量中。研究从网络舆情的角度,利用组合评价法对体育消费相关信息加权计算出其热度值,根据"帕累托定律"发现热点并分析其形成原因,对某时段具体的体育消费热点进行预测。

(二)研究目标

研究旨在开发出一种体育消费热点量化的方法,从舆情角度根据"帕累托准则"定义体育消费热点,并通过质性方法分析体育消费热点的成因,通过横向对比发现热点形成的规律和特点,预测下一阶段的体育消费热点趋势。

(三)研究意义

研究开发出一种量化的体育消费热点计量法。目前国内学者多是对某一地区或群体根据统计数据和问卷调查预测体育消费趋势,缺少对体育消费趋势预测的细化分类。研究在文献回顾的基础上,结合学术评价指标的思路,通过主观评价和客观评价结合的方法对体育消费的信息来源进行赋权,加权汇总排序后计算出体育消费热点,验证了体育消费热点基本符合"帕累托准则",

补足了体育消费热点研究量化方面的缺失,通过猎酷法分析体育消费热点的成因,根据热点的成因预测某一时段具体的体育消费热点,所以本研究有一定的理论贡献。

实际应用方面,使用量化的方法及舆情大数据工具,对体育消费的舆情信息进行实时监测并发现热点,为人们在海量体育消费信息中寻找主要信息节省了大量时间精力;可以通过月度、年度的纵向比较探究体育消费热点的规律,有助于深入并准确地了解上海居民参与型体育消费需求的全貌,同时又能为刺激潜在的体育消费需求寻求理论支持,为体育产业商家制定合理的营销战略提供数据和理论支持;利用猎酷对热点新闻进行解读,预测体育消费热点的成因和趋势,为政府促进体育消费、增强全民健身、将上海打造为国际化体育都市提供理论支持。

二、课题研究主要路线及阶段性成果

(一)细分热流

通过文献回顾对体育消费的定义和具体分类(名称)进行归纳总结,确定

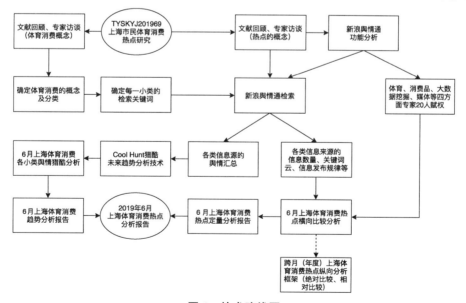

图 1　技术路线图

体育消费热点的研究主题,将体育消费分为三大类,若干子类,如表1所示;并通过专家咨询提取出184个关键词,建立检索词库,如表2所示。

表1 体育消费分类表

类 别	大 类	中 类	小 类
实物型体育消费	7		50
参与型体育消费	3	43	99
观赏型体育消费	1		35

表2 体育消费关键词表

类 别	小 类	关 键 词
实物型	运动服饰	如运动手套、运动鞋、袜,运动服装、运动帽,运动饰品等
	体育器械	健身器材、器械;跑步机、踏步机、康体器材、握力器、臂力器等
	体育运动产品	足球、篮球、排球、乒乓球、网球、棒球、垒球、壁球、保龄球、台球、高尔夫球,以及围棋、象棋、扑克,等各种项目用品
	运动防护用品	如滑雪镜、护腕护膝、防护眼镜、骑行镜、篮球眼镜等
	户外运动休闲用品	如帐篷、睡袋、折椅、登山包、运动手表、望远镜等
	运动食品及饮料	如运动营养品(蛋白粉、增肌粉、维生素、营养棒)、运动饮料(功能饮料)等
	其他体育用品	纪念品、奖杯、奖牌、体育书报、体育杂志、体育音像制品等
参与型(刘转青.我国体育分类刍议.2017)	休闲体育	体育旅游(登山、攀岩、野外探险、漂流、滑雪、骑马、潜水、野外露营) 体育彩票(超级大乐透、排列3、排列5、七星彩、地方体彩、足球竞彩、顶呱刮等)
	竞技体育(根据大众体育消费进行筛选并增加)	(参赛费用、场馆服务)健美、游泳、舞蹈、健美操、滑冰、足球、橄榄球、手球、羽毛球、网球、乒乓球、棒球、板球、篮球、高尔夫球、台球、排球、保龄球、格斗、帆船、自行车、射箭、射击、马术、田径、马拉松、电子竞技/电竞

续 表

类 别	小 类		关 键 词
参与型（刘转青.我国体育分类刍议.2017）	竞技体育（根据大众体育消费进行筛选并增加）	专项训练	新兵训练营、专项能力、柔韧性/灵活性、功能性、高强度间歇训练、减肥
		力量型训练	自重训练、循环力量、力量训练、核心训练、杠铃
		团体训练	团体训练、团体课程、户外活动
		跑步	跑步、步行/跑步/慢跑俱乐部、健步走
		格斗	拳击、跆拳道、综合格斗
		健身操	舞蹈、瑜伽、普拉提、健身操
		游泳	水中健身、游泳
		互联网＋	虚拟/在线训练、可穿戴设备、远程健身、互联网健身房、App、虚拟现实/VR
	健身体育（提取自问卷中关键词）	健身房	低花费健身房、健身工作室、健身体验卡、测量与评价、健身结果测量
		私人教练	私人教练、营养指导、私人训练、健身指导、认证培训
		青少年	青少年体育、青少年培训、青少年儿童肥胖治疗和预防运动、青少年健身
		老年人	老年人健身计划、广场舞、太极
		社区健身	体育综合体、社区指导员
		医疗健身	运动即良医、体医结合、出院后干预、康复/恢复
		其他（孕妇/产后班受众和实际应用相对较少，不予检索；工作场所健康促进及员工激励计划在国内企业中难以应用，不予检索）	孕妇/产后班、工作场所的健康促进、员工激励计划

续 表

类别	小类		关 键 词
观赏型(2019年上海体育国际及国内赛事)	体育赛事(从5、6、7三个月的体育赛事中提取的关键词)	电子竞技	EA冠军杯2019春季赛
		马术	2019年上海环球马术冠军赛
		射箭	2019年射箭世界杯(上海站)
		自行车	2019年环崇明岛国际自盟女子公路世界巡回赛、2019"临港杯"环上海国际自盟公路自行车赛
		帆船	上海邮轮港国际帆船赛、第二届全国青年运动会部分项目决赛帆船诺卡拉15级混合赛、2019年江浙沪OP帆船邀请赛
		击剑	2018~2019国际剑联花剑世界杯大奖赛
		田径	2019年国际田联钻石联赛上海站
		滑板	2019VPS职业公园滑板赛职业巡回赛上海站
		象棋	"一带一路"上海友好城市象棋邀请赛
		赛车	2019亚洲赛车电子竞技锦标赛、华夏杯(赛车)
		拳击	2019赛季拳盟中华CBU巡回赛、"一带一路"拳击精英赛
		围棋	全国围棋新人王赛(决赛)、中国围棋甲级联赛
		户外	中国坐标·上海城市走向户外挑战赛
		空手道	2019年全国青少年空手道俱乐部联赛、2019年世界空手道联盟K1超级联赛(上海站)、上海静安国际空手道精英交流赛、全国青少年空手道俱乐部联赛上海分站赛

续 表

类 别	小 类		关 键 词
观赏型（2019年上海体育国际及国内赛事）	体育赛事（从5、6、7三个月的体育赛事中提取的关键词）	跆拳道	2019年第二届中国上海跆拳道国际邀请赛
		垂钓	2019年中国垂钓电视直播精英赛
		散打	中国武术散打俱乐部超级联赛
		龙舟	2019年中国龙舟公开赛（上海普陀站）
		汽车	中国TCR国际汽车系列赛
		足球	2019"白洋淀杯"上海国际少年足球赛、2019英超亚洲行上海站、国际冠军杯上海站、2019中国足协女甲联赛、2019中国足协女超联赛及预备队比赛
		篮球	CBA夏季联赛
		网球	国际网联青少年（U18）网球巡回赛
		板球	2019年全国板球锦标赛、2019年全国青年板球锦标赛
		台球	第四届沪苏工会系统老干部台球比赛、2019年美式九球世界杯、首届长三角地区老年台球邀请赛、2019沪苏昆老年台球团体赛
		保龄球	中国国际青少年保龄球公开赛、2019年全国中小学保龄球邀请赛
		高尔夫球	中国业余高尔夫球公开赛、全国业余高尔夫球希望赛
		橄榄球	2019年澳式橄榄球超级联赛上海站
		乒乓球	"崧泽杯"全国青少年乒乓球精英邀请赛
		房车	中国房车锦标赛上海站

续　表

类　别	小　类	关　键　词	
观赏型 （2019 年上海体育国际及国内赛事）	体育赛事 （从 5、6、7 三个月的体育赛事中提取的关键词）	跑车	中国超级跑车锦标赛
		健美	2019 年第 16 届黄金联赛上海分站赛
		舞蹈	2019 年中国体育舞蹈公开赛
		旱地冰球	第五届全国青少年旱地冰球冠军赛
		飞镖	2019 世界职业飞镖上海大师赛、全国飞镖公开赛
		游泳	2019 第二届华东地区暨国际青少年游泳邀请赛

（二）定义热度

为不同类别的关键词分别构建合理的检索式，如表 3 所示，利用新浪舆情通对 2019 年 7 月的体育消费关键词（库）进行检索并得到大量体育消费相关的舆情数据，制作出 184 个体育消费关键词的热度报告，共 7.46GB 文件。随后通过层次分析法和熵权法对每个关键词的数据来源赋权，加权汇总后计算出其热度值。

表 3　体育消费关键词检索式

类　别	小　类	构建检索式
实物型消体育消费		实物型体育消费主要是以购买实物为主,关键词选取为（购买|买|消费|销售|支出|网红|时尚|热销|折扣|网购|线上）,通过检索获得关键词云,筛选关键词后进行二次检索,利用检索到的信息生成简报,并将图表分析得到的一些图加入简报生成单个体育消费报告
参与型体育消费	1 休闲体育	休闲体育包含了体育旅游等户外运动和体育彩票,因此关键词应区分开,体育旅游应包含（买|购买消费|支出|花销|装备|参与|参加|报名|）等;体育彩票应包含（买|购买|销售|比赛|投注|指数|赔率|中奖）

续　表

类　　别	小　　类	构建检索式
参与型体育消费	2 竞技体育	竞技体育包括大部分竞技类比赛,消费类型属于场馆服务或参赛费用,因此关键词的选取应包含(买|购买消费|支出|花销装备||参与|参加|报名|)等
	3 健身体育	健身体育是参与型的主要类型,以健身房消费为主,关键词的选取经筛选后确定为(买|购买|支出|花钱|消费|花销|报名|价格)+(XX)+(健身)
观赏型体育消费		赛事的选取以 5、6、7 三个月的上海体育赛事为主,直接使用赛事全名作为关键词较长,且难以匹配,因此考虑将赛事进行归类,如田径、足球、篮球等,拟使用关键词(购买|买|门票|报名|观看)+(XX赛事|比赛|赛)

（三）发现热点

使用组合评价法将主客观的赋权结合,将关键词热度值按照组合评价结果由高到低排序,通过"二八原则"发现体育消费热点,如表 4 所示,由于条目过多,此处仅显示热点关键词及条目数量。

表 4　上海市 6 月体育消费热点(热度值前 20%)关键词表

体育消费类别	占比(%)	热点关键词	热度排名	信息条目(条)
观赏型体育消费	56.36	足球	1	15 824
		篮球	2	10 301
		汽车	4	9 669
		舞蹈	5	5 769
		户外	10	4 189
		乒乓球	12	3 607
		龙舟	14	3 046
		赛车	17	2 523
		游泳	18	2 261
		网球	19	2 081
		自行车	20	2 069

续 表

体育消费类别	占比(%)	热点关键词	热度排名	信息条目(条)
观赏型体育消费	56.36	田径	22	1 767
		拳击	24	1 299
		电子竞技	27	1 230
		围棋	31	962
参与型体育消费	41.63	减肥	3	9 838
		足球	6	4 910
		跑步	7	4 766
		健身操	8	4 310
		瑜伽	9	4 093
		广场舞	11	3 929
		篮球	13	3 257
		舞蹈(竞技)	15	2 920
		游泳(健身)	16	2 571
		马拉松	21	1 766
		舞蹈(健身)	23	1 265
		体育彩票	25	1 312
		网球	26	1 250
		杠铃	28	992
		康复/恢复	29	1 046
		乒乓球	30	1 046
		游泳(竞技)	33	914
		滑雪	35	723
		电子竞技/电竞	36	911
		羽毛球	37	632
实物型体育消费	2.01	运动鞋	32	999
		足球	34	733

（四）追溯热源

利用检索结果中的关键词云提取出热点新闻,使用猎酷法对每个体育消费热点新闻分析,探究体育消费热点的形成原因和发展趋势。

三、细分热流：体育消费关键词分类

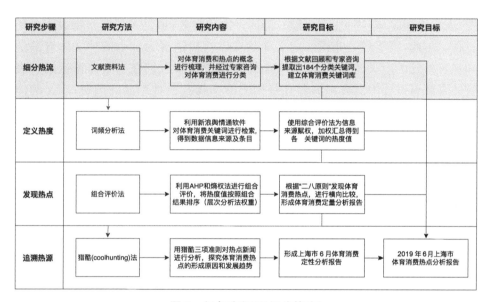

图 2　任务流程图（细分热流）

（一）体育消费的相关研究

消费是人类社会活动的重要行为和过程,也是社会经济生活的一个重要领域。居民消费是个人赖以生存和发展的基础,正如马克思说:"人从出现在地球舞台上的第一天起,每天都要消费……"直到 20 世纪 70 年代,体育参与的社会和经济的重要性都没有得到足够关注,随着社会生产力的发展,人民生活水平逐渐提高,在过去的 40 年里,体育参与人数大量增加,无论是发达国家还是新兴的发展中国家,大量的企业涌向体育消费市场。阿里体育公布了 2018 年"双 11"的全民体育消费数据,仅天猫淘宝两大电商平台,体育消费总额就突破了 60 亿元,如今体育消费已成为人们日常消费的重要部分。

国内对体育消费的概念并没有统一界定,主要分为两种:一是从货币支出的角度,邵淑月、钟天朗等学者将其定义为人们在体育消费实践过程中的个人或家庭的消费支出;二是从体育消费资料的消耗与使用视角,于振锋、朱柏宁等学者认为体育消费是人们在体育消费实践过程中,对不同性质的体育消费资料的消耗与使用。随着学界的讨论、发展,学者们逐渐倾向于将体育消费归属到消费经济学的内容,应用消费经济学的内容对体育消费概念进行界定,应用体育消费行为中的核心要素——人、物、事三者之间的关系定义体育消费,人是消费主体;物是消费对象,包括实物和服务;事是人消费实物或服务的过程。由此,当下最具共识的定义即是以直接消费为核心的狭义体育消费和包含外延的广义体育消费,狭义的体育消费是指人们在参与体育运动或观赏体育赛事过程中对体育消费直接相关的实物及精神产品的消费;广义的体育消费不仅包括直接体育消费,还包括间接的体育消费行为,如参加体育活动或观赏体育赛事需支出的交通费、住宿费、餐饮费等。研究中的体育消费以狭义的体育消费为准。

国外学者对于体育消费进行了许多研究,Hing 和 Lamont 等探讨了各种营销活动对于消费者参与体育彩票消费的影响程度,Herrmann 通过实证研究分析了体育赛事赞助活动对于球队粉丝的体育消费行为的影响,主要从心理学角度研究了影响居民体育消费决策的各种因素;Eakins 研究了经济衰退对于不同类型体育消费的影响,Thibaut 调查了直接和间接体育消费的收入弹性和社会经济决定因素等,发现收入水平严重影响家庭体育消费水平,Scheerder 和 Vos 根据社会人口统计数据分析了不同生活方式特征对于运动服装消费的影响,采用社会统计数据从经济学的角度对体育消费水平的影响因素进行了分析并提出一些建议;Sato 和 Jordan 研究了影响人们参加大规模体育赛事的因素,根据结果为商家制定营销活动提供一些建议;Park 和 Onufrak 通过国民健康访问调查数据,发现不同国家、性别、职业群体的运动饮料消费状况的差异,并分析了该类型体育消费对人体健康水平的影响,总体上国外体育消费的研究主要集中于体育赛事的影响以及人体健康的相关研究。

国内学者也对体育消费进行了许多研究,部分学者借助问卷调查和统计数据,调查了体育消费的现状及问题,对体育消费的现状和发展趋势进行了研究,戴健利用长三角都市圈的居民生活方式和体育参与方面的数据揭示了居民的体育实物型、参与型和观赏型的需求现状,并对消费趋势进行预测;刘东升以消费社会和生活风格理论为基础,梳理了现代女性体育消费方式的演变,预测现代女性体育消费趋势；苏义民和易剑东从体育产业发展的角度分别对当前体育消费市场的薄弱点以及居民消费环境的改善提出政策性建议；奚红妹调查了个体差异对体育消费观念及行为的影响；陈永军研究了城市居民体育消费行为的决定因素及各影响因素之间的关系；王宏江则以成都市中小学生为例，探讨了青少年体育消费行为及其影响因素的内在规律。国内学者整体上侧重于体育消费现状与居民消费行为的影响因素方面的研究，主要使用问卷调查和数理统计方法研究体育消费趋势，预测未来某一地区或某一类别消费者的体育消费趋势，研究从网络舆情的角度在发现体育消费热点的基础上，探究其形成机理和影响因素，并根据规律预测下一阶段的具体消费热点。

（二）体育消费分类及关键词提取

国外有学者对人们参与体育运动时的消费支出进行调查，多是从整体视角上进行研究，然而不同体育消费类别可能存在不同的消费模式，因此需要对体育消费进行分类，也有实证研究证明了不同的类别之间的体育消费有显著差异。由于国内外体育消费形式和消费习惯有一定差别，研究主要对国内的体育消费进行分类，通过文献回顾，将以往学者的主要分类方式进行整理，并提取出具体类别，进而对体育消费的现状特征、消费水平等进行研究，具体如表5所示。

表5 体育消费分类表

作者	体育消费分类	具体类别
申亮等，钟天朗等	实物型支出、观赏型支出、参与型支出、博弈型支出	● 实物型消费（运动服装、体育报纸杂志、器械等） ● 观赏型（体育比赛门票等） ● 参与型（体育健身场馆、体育组织、雇佣教练等） ● 博弈型（体育彩票等）
于振峰，蔡军，王乔君	实物性体育消费、服务性体育消费	● 实物性（购买体育服装鞋帽、购买体育器材、订阅体育报纸、购买体育彩票等） ● 服务性（收费场所体育锻炼、购买体育赛事门票、体育培训、体育健身等）
徐钟仁，何敏学	实物型体育消费、参与型体育消费、观赏型体育消费	● 实物型体育消费（运动服装鞋帽、运动器材、报纸杂志） ● 参与型体育消费（体育健身、休闲体育、体育彩票） ● 观赏型体育消费（体育赛事）

注：钟天朗认为体育彩票归属于参与型体育消费

经过考察和综合专家意见,研究支持体育消费三分法,将体育消费分为实物型体育消费、参与型体育消费和观赏型体育消费。实物型体育消费主要包括运动服装、鞋帽、器材等,这一类关键词都是消费者直接购买,直接地促进体育消费;参与型体育消费则是以休闲体育、竞技体育和健身体育为主,休闲体育如体育旅游和体育彩票的消费也是体育消费的主要增长点,2018年体育彩票销售达到2 869亿元,人们参与休闲体育消费的热情高涨;竞技体育则是各种体育赛事的报名和场馆租用消费,健身体育则是各种体育健身活动的消费,如健身房以及私人教练等类型消费,随着全民健身活动的影响,人们参与健身的消费也是日益增加;观赏型体育消费以各种体育赛事为主,如篮球、足球等主要赛事以及马拉松、自行车比赛等,以马拉松为例,2019年北京马拉松的赛事收入约为5 000万~6 000万元,其中赞助收入占比约9成,举办体育赛事,不仅包括门票收入,电视版权以及赞助商是更大的收入来源,可以有力地推动体育消费的快速增长,并且激发人们参与体育运动,购买体育用品等。

根据我们的定义并经过专家咨询,提取出约200个有代表性的体育消费关键词建立检索的关键词库,经过筛选最终确定了184个体育消费关键词,其中实物类消费关键词50个,参与型99个,观赏型35个,将体育消费分类进一步细化。新浪舆情通获得2019年中国大数据行业应用TOP Choice奖项,研究利用新浪舆情通对184个体育消费关键词进行检索,根据不同的消费类别构建不同的检索式,如实物类体育消费的检索式"(运动服)+(购买+消费+花费+支出……)",检索结果包括数据来源、关键词云和变化趋势图等。

四、定义热度:网络舆情确定热度

(一)舆情热点的相关研究

热点一般指引起人们关注的人或事物等,由于互联网以及社交软件的普及,经常出现许多"热点":热点新闻、热点话题、热点问题等,因缺乏统一的量化标准,很容易出现虚假热点。如今热点的概念基本以网络舆情热点为准,姜胜洪认为网络舆情热点是网民思想情绪和群众利益诉求在网上的集中反映,是网民热切关注的聚焦点,是民众议论的集中点,反映出一个时期网民的所思

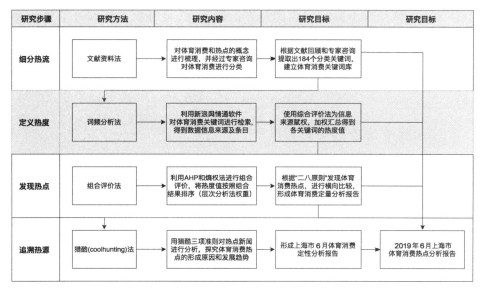

图3 任务流程图(定义热度)

所想。

随着互联网技术的发展以及随之而来的信息爆炸,热点的存在本应是让人们从海量的信息中找到被社会大众关注的信息,但由于各种自媒体及舆论的误导,使人们难以辨别什么是热点。国内有许多商业报告多次提到热点,如中信证券发布的《煤炭行业2019年热点聚焦》、毕马威发布的发布的《2018年中国银行业调查报告暨银行业20大热点课题研讨》,这些商业报告根据强大的数据库和专业人士分析指出行业的热点,但这种热点仍然具有相当的主观性,商业报告中的"热点"都存在这种问题,网上各种热点更加缺乏量化标准。

学者们从网络舆情的角度对热点进行了量化,集中于网络舆情热点发现的研究,主要分为两个方向:一是基于自然语言处理技术——词频统计方式的研究,唐涛和丁晟春分别基于搜索引擎日志分析和微博文本,利用词频统计和权重算法发现舆情热点,Kim基于Twitter数据使用词频统计法来检测社交热点话题,Xing利用自然语言处理技术进行财务预测,并讨论了对于热点发现的理解;二是从数据挖掘的角度考虑热点信息的发现,利用复杂网络的特性对信息进行分类和聚合,王亚民和王林森分别根据聚类算法和复杂网络分析设计合理算法,对热点进行预测,Ying提出热点话题的热量计算公式,利用数据挖掘的方式寻找微博热点话题,Yu和Weng等人开发出新的算法发现微博用户不同时间内的热点话题分布,并分析了不同社交媒体和搜索引擎上的热点话题之间的相关性。研究主要通过词频统计的方式对体育消费进行检索,借助现有的舆情检索工具,节省了大量的时间精力,利用组合评价法对体育消费的网络舆情数据来源进行加权排序,以计算出实时热点。

(二)体育消费热点的界定

当前对体育消费热点的研究仍然是定性概念为主,曹亚东指出体育消费热点是指消费者在追求时兴事物的体育消费热潮中形成的从众化需求,某种体育消费趋势短时间内广泛流行即被称为体育消费热点,仍是从理论上界定,难以从体育消费的角度对热点进行量化。传统的词频分析方式将各种不同来源的网络舆情数据以同样的权重进行处理,可能无法反映出真实的信息量,得到的结果相对缺乏准确性。

学术评价指标 Altmetrics 收录了专利、图书、政策、文献管理工具、专家推荐、新闻、博客、社交网络等多处数据。综合各种数据来源的论文引用或提及情况,为每篇论文计算综合得分,即时测量出的学术论文的影响力。研究在 Altmetrics 评价指标的启发下提出体育消费热点计量法 MHS(The Metric of Hot topics in Sports),利用组合评价法为各个信息来源赋权,经过加权汇总得到其热度值,也代表了其网络关注度,将热度值由高到低进行排序。意大利经济学家帕累托在19世纪末提出了"二八原则",认为在任何一组东西中,最重要的只占其中一小部分,约20%,其余80%尽管是多数,却是次要的,根据"二八原则",研究将热度值排名前20%的关键词定义为热点,其热度值应包含总体信息量的80%。

(三)综合评价方法确定热度

1. 层次分析法

层次分析法(Analytic Hierarchy Process,AHP)是由美国运筹学家 Saaty 在20世纪70年代提出的,将与决策有关的元素分解为目标、准则、方案等层次,在此基础上利用专家打分进行定性和定量分析的决策方法,该方法的优点包括系统、灵活、简洁等。基本步骤则包括构造层次结构模型,进行两两判断,计算权重向量和一致性指标,最后进行 AHP 的总排序,得到各个指标的权重。

利用新浪舆情通对184个体育消费关键词进行检索后得到每条数据的检索条目和来源，研究邀请了来自上海工商联、上海市体育局、复旦大学、华东师范大学、青浦区融媒体中心、海信、携程、快销品网、114产学研、上海应用技术学院的领导专家以及新媒体记者、数据挖掘教授共20人参加了评价，对信息来源进行打分赋权，随后使用迈实层次分析法软件对20名专家的打分进行计算，一致性检验结果合格，得到主观评价法赋权（图4）。

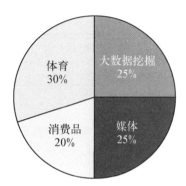

图4 层次分析法专家占比图

2. 熵权法

香农（Shannon）在1948年首次提出信息熵的概念。它采用数值形式，表达随机变量取值的不确定性程度，用以确定信息含量的多少。熵权法是根据各项指标反馈的信息量大小而赋予相应权重，如果指标的熵值越小，那么它提供的信息量越大、权重越大，在综合绩效评价中的作用也越大，熵权法是一种客观赋权法，因而由它得出的指标权重值比主观赋权法具有较高的可信度和精确度。

由于专家打分对体育消费热点的计算结果影响较大，研究又使用熵权法进行赋权，计算体育消费数据的客观权重。利用专家打分和数据条目，研究计算出AHP法和熵权法的权重，如表6所示。

表6 主观与客观评价法赋权权重

信 息 来 源	层次分析法	熵 权 法
客户端	0.088 0	0.063 9
微 博	0.103 0	0.060 6
网 站	0.092 3	0.073 5
新 闻	0.076 9	0.054 4
视 频	0.102 8	0.091 9
论 坛	0.117 6	0.069 1
报 刊	0.073 3	0.071 7
外 媒	0.088 9	0.212 6
微 信	0.080 8	0.089 4

续　表

信息来源	层次分析法	熵权法
博客	0.121 3	0.150 9
政务	0.055 0	0.062 1

将权重系数 w 与各个信息来源项条目加权汇总，得到体育消费关键词的绝对热度值，其公式如下：

$$\text{绝对热度值} = \sum_{i}^{n} y_i w_i \quad (1)$$

（其中 y_i 为第 i 项信息来源条目，w_i 为第 i 项的权重系数，信息来源项标号如表7所示，$n=11$）

五、发现热点：组合排序计算热点

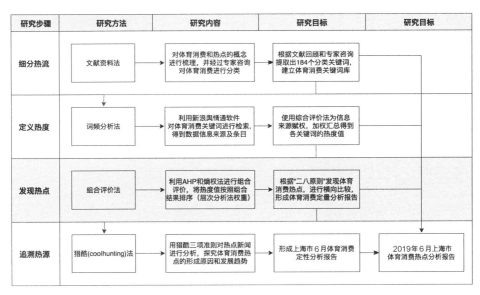

图5　任务流程图(发现热点)

（一）单一评价方法结果分析

将层次分析法和熵权法的赋权结果由高到低排序，结果如表7所示，由于数据条目过多，此处仅显示排序前10位。

表7 单一评价方法加权结果排序

类　　别	层次分析法	熵权法
足球（观赏型）	1	1
减肥（参与型）	2	3
篮球（观赏型）	3	2
汽车（观赏型）	4	4
舞蹈（观赏型）	5	5
跑步（参与型）	6	8
足球（参与型）	7	10
瑜伽（参与型）	8	6
户外（观赏型）	9	11
健身操（参与型）	10	7

对加权后的184条数据排序结果进行Spearman相关分析,排序相关性为0.9996,两种赋权排序的结果高度相关,相容性较好,可以进行组合评价。两种赋权结果相关性极高主要是由于关键词检索条目较多,且检索结果中包含一定的热度值为0的体育消费项目,因此结果呈现高度相关。由于熵值法权重根据数据的信息量进行赋权,条目越少权重越高,收集到的信息中,外媒条目基本为0,其熵权赋权最高,但是对于计算结果没有影响;专家打分是由20位专家进行群决策打分,因此权重趋同化,不会有太大的差距。

AHP法计算出的排序结果和熵权法得到的排序结果总体趋势较为一致,热度值排序前10位的都为观赏型体育消费和参与型体育消费,前十排名中观赏型和参与型基本各占一半,整体上排序没有较大出入。但是观察部分排序结果（如表8所示）,发现仍存在一定差异性,仅从排序前十的结果看,前5名的变动不明显,足球和篮球赛事以及参与型体育消费中的减肥运动的热度值排名都在前三,但是从第6~10名排序结果明显有较大变动,层次分析法赋权结果的第6名,熵权法排序是第8名;层次分析法赋权结果第10名,熵权法排序为第7名。由于检索条目较多,部分排序的差异性不显著,需要对两种赋权结果进行组合评价。

（二）两种单一评价方法的组合结果

由"平均值法""Borda法""Copeland法"对两种评价结果进行组合,由公式(3)到公式(4),计算结果如表 8 所示,由于条目较多,仅显示排序前 10 的体育消费类别。

表 8　三种组合方法组合结果

类　别	平均值法		排名	Borda法得分	排名	Copeland法得分	排名
	得分	方差					
足球(观赏型)	184	0	1	183	1	183	1
减肥(参与型)	182.5	0.5	2	181	2	180	2
篮球(观赏型)	182.5	0.5	3	181	3	180	3
汽车(观赏型)	181	0	4	180	4	177	4
舞蹈(观赏型)	180	0	5	179	5	175	5
跑步(参与型)	178.5	0.5	6	177	6	172	6
足球(参与型)	178	1	7	176	7	171	7
瑜伽(参与型)	176.5	1.5	8	174	9	168	8
户外(观赏型)	176	1	9	174	8	167	9
健身操(参与型)	175	1	10	173	10	165	10

由表 9 可知,三种组合评价方法得到的排名标准差均小于两种综合评价方法得出的热度排名标准差,可见组合后的结果更具有合理性和较好的一致性。从组合方法的结果上看,平均值法和 Copenland 法相关性完全一致,利用 SPSS 软件分别对两种评价方法结果和平均值法、Borad 法、Copeland 法组合评价结果进行相关性检验,结果如表 9 所示。

表 9　单一评价结果与组合评价结果的相关系数

	平均值法	Borda 法	Copeland 法
层次分析法	0.999 9	0.999 8	0.999 9
熵权法	0.999 9	0.999 8	0.999 9

由表 9 可得,几种组合评价法和单一评价结果之间均具有高度相关性,可以认为本研究用不同方法得出的排序结果基本接近,能够真实地反映体育消费热度情况,具有统计学意义。

从评价结果来看,基于组合评价的体育消费热度值计算更加合理。几种组合结果前几名的变化都不大,单一评价结果中AHP和熵值法的结果排序差距都较为明显,主要的变数在于"客户端"和"微博"的权重,层次分析法中专家给予这两个信息来源的权重高于熵权法,而熵权法赋权最高的是"外媒",但收集到的数据中"外媒"的条目基本为0,所以单一评价方法有所偏颇,若使用组合赋权法则需要对权重进行重新组合,且需要考虑两种方法的权重,层次分析法赋权结果与组合赋权结果基本一致,为避免再次赋权对排序结果的影响,研究仅使用AHP法的专家赋权作为权重,利用组合评价中的平均值法和Copeland法的排序结果对体育消费热度进行排序。

(三)上海6月体育消费热点

按照公式(1)计算出所有体育消费关键词的热度值,并按照组合评价结果进行排序,根据"二八定律"将体育消费检索结果的热度值划分为前20%和后80%,将体育消费热度值的占比进行对比,结果如图6所示,排序前20%的关键词热度值远大于后80%,除去观赏型体育消费,各类排序前20%的热度值占比都在80%~85%之间,基本符合"二八原则",排序前20%的检索词占据了80%的总信息量,因此对于热点的关注也可以借鉴"二八原则"。上海是中国的国际化都市,体育赛事频繁,居民体育消费水平较高,参与体育赛事消费的热情较高,因此观赏型体育赛事的前20%占比相对较小。

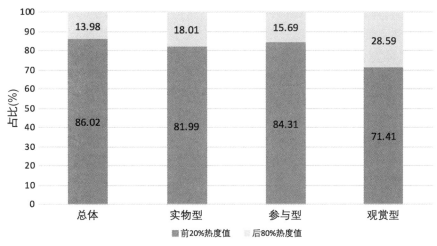

图6 体育消费热度值占比对比图

为了解体育消费热点的定义在体育消费小类别中是否同样适用,同样使用"二八原则"将参与型体育消费类别下的三个子类的热度值划分为前20%和后80%,通过对比发现虽然三个小类的热度值占比有所差异,休闲体育和竞技体育的前20%关键词热度值占比相对较低,健身体育类别的前20%关键词热度值占比则高达90%左右,主要由于参与型体育消费类别下热度值为0的关键词多集中于健身体育中,所以热度值占比有所差异,但整体上仍基本符合"二八原则",如图7所示。

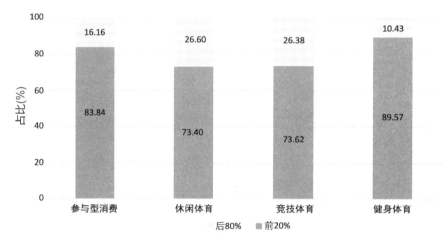

图7 参与型体育消费子类热度值占比对比图

根据计算出的热度值绘制体育消费热点帕累托图,如图8所示,由排序结果发现,热点部分仅包括前一部分,后面的大多数结果都是没有太大意义的。上海6月体育消费热点信息条目最多的是观赏型体育赛事中的"足球",共15 824条,最低的是参与型体育消费中的"App",639条。

将体育消费热度值前20%进行排序,结果如图5.4所示,整体上海6月体育消费中观赏型消费得分最高、参与型体育消费其次,实物类消费最低。且观赏型体育消费热度值在体育消费前20%中占比为54.23%,观赏型体育消费得分较高可能归功于上海市国际化程度较高,体育赛事频繁,居民参与体育赛事消费较频繁;参与型消费占比为44.36%,与观赏型消费的差距并不大,整体上人们的健身消费意识在过去的几年已经有了显著提高;实物型消费占比最低,为1.42%,比例过低是因为研究目的是寻找体育消费热点,收集的是互联网舆情数据,无法反映真实的消费状况。整体上上海市民的体育消费结构在不断优化,参与健身

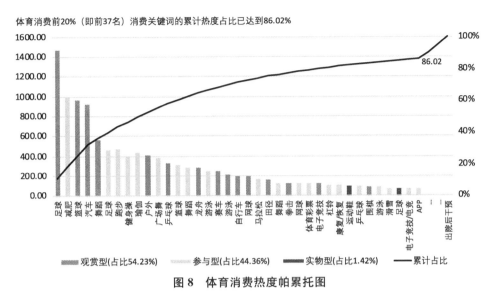

图 8　体育消费热度帕累托图

注：图中仅显示前 20% 的关键词及最后一项，中间部分信息量过少，因此略去。

消费和体育赛事的热情愈发高涨，正是迎合全面健身的发展趋势。

（四）体育消费热点现状及问题

通过观察上海 6 月体育消费热点，可以发现居民的体育消费关注点以及需求变化，尽管国内的体育消费仍然以实物型体育消费为主导，但是居民的关注点即热点主要包括观赏型和参与型体育消费，说明当前体育消费结构在不断优化。虽然体育消费逐渐多样化，但是当前体育消费热点仍然是"两球"关注度最高，在上海 6 月体育消费热点排行榜中，足球和篮球关键词在三类消费热点中基本均有出现，体育赛事关注度最高的也是这两项，体育消费产业仍需要继续向多样化方向发展。随着近年来电子竞技逐渐走进市场，无论是参与型还是观赏型消费都已成为热点，人们需要更多新的体育消费热点来丰富人们的多样化需求，类似"马拉松"和"自行车"类的赛事也有相当大的市场，无论是运营、转播、赞助、周边商品都可以促进体育消费的发展，且有利于提高居民参与体育运动的热情，无论政府还是体育厂商都需要加强引导。

随着国务院印发全民健身计划后，各地区都在加强建设和宣传，积极推动人们参与健身、竞技类项目等锻炼身体，热点排行榜中参与型消费排名也较高，人们参与健身、竞技的热情大大增加。但是参与型体育消费中"健身＋减肥"的组合结果得分最高,体育健身热度不断增长,减肥仍然是主要动力之一,且参与型体育消费中排名较高的是减肥、跑步、足球、篮球等传统运动,对于参加健身房消费的热情并不高。整体上人们的健身意识在过去的几年已经有了显著提高,但是居民仍然较难接受价格较高的"健身类"消费,居民的体育消费意识仍然有待改善,应从传统的"花钱买罪受"的思想逐渐转变为"花钱买健康",不仅可以促进体育消费产业的发展,同时有利于提高人们的健康水平和身体素质。

六、追溯热源:总结成因预测热点

猎酷(Coolhunting)一词是20世纪90年代初发明的,指一种新的营销专业人士对新的或现有的"酷"文化风尚和趋势的变化进行观察和预测。Coolhunting也称为"趋势发现",是一种趋势分析方法。通过新浪舆情通检索到的结果不仅包括数据条目和来源,还包括关键词云,词云文本数据的视觉表示,将检察到的舆情数据中的关键词提取,以不同大小颜色呈现,最大的几个关键词即是最热的新闻。对每个热点的关键词云进行分析,提炼出热点新闻,利用猎酷法根据这些数据分析该热点的形成原因和发展趋势。

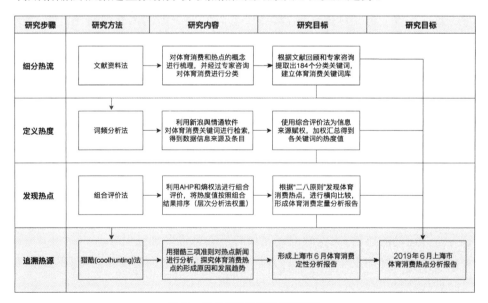

图 9　任务流程图(追溯热源)

在分析体育消费热点形成的过程中,猎酷法的分析准则主要为以下三点:一是 Attractive(这个热点吸引眼球、与众不同、莫名其妙、过目不忘、惹人发笑);二是 Inspiring(这个热点让人为之振奋、令人眼前一亮、不禁赞叹的);三是 Guiding consumption(引起购买兴趣,唤起购买欲望,产生实际购买,想去买票看这个比赛,想去买这个产品,想去买装备参加这个锻炼等)。这三条准则从消费者的主观感受以及体育消费项目自身的特点出发,能够在一定程度上解释热点形成的原因。此处以三条热点新闻为例进行猎酷分析,结果如表10 所示。

表 10 基于猎酷的体育热点新闻分析

热点新闻	Attractive	Inspiring	Guiding consumption
(1)【广场上来了支网球队?♯东北大妈拿灭蚊拍跳广场舞♯:健身驱蚊……	标题及内容惹人注目,具有引人发笑的属性	广场舞大妈的行为让人眼前一亮,鼓舞更多中老年人用多种方式参与广场舞锻炼中	促进新式广场舞道具购买、广场舞服装的购买
(2)中国篮球史上第一个世界冠军诞生!上海姑娘占了一半	"史上第一个篮球世界冠军诞生",具有开天辟地的特征,能吸引关注	中国篮球史上的重大进程,具有里程碑意义,是中国的骄傲,能振奋人心	促进篮球比赛门票和赛事周边的购买、篮球运动装备购买
(3)转发微博【原微博】@运动健身教程 适合减肥者的营养早餐……	减肥的饮食搭配是女性和减肥人士的重点关注话题,因此该标题及内容具有一定吸引力	减肥期间的饮食是一个棘手的问题,知名博主的减肥营养早餐搭配具有一定科学性和吸引力,为减肥人士提供参考,使之心情振奋,并逐渐接受	促进减肥食品以及减肥课程的购买,并在一定程度上推动体育健身的消费。

通过猎酷法对三条体育消费热点新闻做如下分析:

第一,具有吸引眼球的效能(Attractive)。通过对热度值排名前20%的体育项目的归纳分析,可以发现热点的形成在很大程度上是由一些重要的体育比赛项目和运动博主分享的教学视频以及相关的体育行业的重要事件等促成的,这些比赛、教学视频、新闻事件,本身具有较强的辨识度,符合大众的价值取向和实际需求,且在内容或形式上具有闪光点,因此能够吸引公众的眼球,使人过目不忘。同时,一些题材或者标题新颖的新闻(如大妈用灭蚊拍跳广场舞等)能惹人发笑,同样能引起广泛关注。

第二,具有振奋人心的效能(Inspiring)。一些大型体育项目,如足球、篮球等,各种赛事较多且过程与结果受到众多体育迷的关注,从而使得这些体育项目成为热点。同时,中国队擅长的比赛项目如乒乓球、排球等,也能引起相对广泛的关注。这些热门体育项目往往能出现让人为之振奋、令人眼前一亮、不禁赞叹的事件(如中国队获得各种奖项),从而进一步促使其成为热点。

第三,具有消费导向(Guiding consumption)。在热门体育项目的驱动下,往往能够促进受众围绕该项目展开各种形式的消费,如球类爱好者对各种球衣、球鞋以及各种现场比赛的门票购买,由此衍生出的可能还有带动交通运输、住宿餐饮等行业的效果;而健身、舞蹈、减肥等个人形式的参与型体育消费项目,也能带动相关健身行业的消费,如健身房得益于此类消费者得以发展和扩张。除了既有的爱好者,一些被广泛关注的体育项目,其爱好者的相关消费行为还可能带动一些原本并非该领域爱好者的消费行为,比如一个足球爱好者的相关爱好行为,可能会带动、感染其周围的家人、好友,存在一定的可能性使他们也一起参与到体育消费过程中,从而无形中增加了消费量。

根据这些热点的成因可以预测下一阶段具体的体育消费热点,上海7月举办国际冠军杯,足球赛事仍是体育消费热点;随着冬天的到来,冰雪体育消费如滑雪滑冰势必成为新的体育热点,体育厂商和消费者对热点的关注自然会促进相关消费的增加,提高人们的体育消费热情。政府和商家不仅可以根据热点的成因预测体育消费趋势,同样可以培育新的体育消费热点,促进体育消费多样化,继续推进全民健身活动,以健身促消费,发展体育产业的同时提高人民健康水平。

七、结论及建议

(一)总结

通过文献回顾将体育消费进行分类并提取出具体关键词,利用舆情大数据平台对其检索得到体育消费相关数据,从舆情角度进行体育消费热点的趋势预测;利用主客观相结合的组合评价法开发出量化的体育消费热点计量法,填补了以往研究中对于体育消费热点量化研究的不足;最后发现体育消费热点基本符合"二八原则",为体育消费热点的进一步研究提供理论支持,并为其他领域的热点计量提供新的思路。

实际应用方面,使用量化的方法及舆情大数据工具,对体育消费的舆情信息进行实时监测,计算出固定时间段的热点,为人们在海量体育消费信息中寻找热点节省了大量时间精力;研究以上海 6 月例计算出体育消费热点,同理可以应用到其他时间、地区,通过月度、年度的纵向比较探究体育消费热点的规律,有助于深入并准确地了解居民体育消费的全貌,同时又能为刺激潜在的体育消费需求寻求理论支持,为体育产业商家制定合理的营销战略提供数据和理论支持;利用猎酷对热点新闻进行解读,政府不仅可以根据热点的成因预测体育消费趋势,同样可以培育新的体育消费热点,促进体育消费多样化,继续推进全民健身活动,以健身促消费,发展体育产业的同时提高人民健康水平。

(二)建议

上海市人民政府在解决居民在体育消费上面临的问题时应在了解居民体育消费需求和消费趋势的基础上为体育消费的发展指明方向;体育商家可以通过数据支持预测体育消费趋势并制定精准的营销战略,节省人力和财力,推动体育产业的快速发展;居民在进行体育消费时可以更多地关注相关的体育消费热点报告和数据,更合理地选择体育消费方向和类别。

本课题仍存在一定的不足之处,研究使用组合评价法对体育消费热点进行计量,得到较为合理的权重,但是从动态分析的角度,组合评价法并不适用于体育消费热点的长期监测。从动态监测的角度使用单一的综合评价法更为简洁,对长期的历史数据分析,使用组合评价法更为精确;且舆情检索结果仍然包含一些与消费无关的新闻和信息,希望未来能设计合适的算法,利用机器学习的方实现热点的自动挖掘。

研究在筛选舆情数据时没有对数据的情感性进行详细的鉴别,下一步可以通过语义识别来分析每条数据对体育消费行为是正向还是负向的影响;研究可以对每个体育消费项目进行细化,利用纵向数据分析对每个体育消费热点的热度变化进行深入挖掘,但由于时间和精力限制,此处没有进行过多研究。最后,研究认为体育消费热点发现的方法同理可以应用到其他行业,形成行业消费热点探寻规范。

参考文献

[1] 国家体育总局.体育发展"十三五"规划[EB/OL].(2016-05-05)[2019-8-29]. http://www.sport.gov.cn/n316/n340/c723004/content.html.

[2] 国家体育总局.进一步促进体育消费的行动计划(2019—2020年)[EB/OL].(2019-01-15)[2019-8-29].http://www.sport.gov.cn/n316/n340/c890059/content.html.

[3] 国务院办公厅.关于促进全民健身和体育消费推动体育产业高质量发展的意见[EB/OL].(2019-9-17).http://www.gov.cn/zhengce/content/2019-09/17/content_5430555.htm.

[4] 郑和明,赵轶龙.改革开放40年我国体育消费研究:演进、成就、反思与展望[J].北京体育大学学报,2019(3).

[5] 朱信凯,韩磊,曾晨晨.信息与农产品价格波动:基于EGARCH模型的分析[J].管理世界,2012(11).

[6] 周应恒,霍丽玥,彭晓佳.食品安全:消费者态度、购买意愿及信息的影响——对南京市超市消费者的调查分析[J].中国农村经济,2004(11).

[7] ZHANG L, SUGANTHAN P N. A survey of randomized algorithms for training neural networks[J]. Information Sciences, 2016, 364: 146-155.

[8] 中商情报网.2018年中国体育用品行业市场前景研究报告[EB/OL].(2018-07-04).http://www.askci.com/news/chanye/20180704/1544261125562.shtml.

[9] 钟天朗,徐琳.体育消费研究[M].上海:复旦大学出版社,2013.

[10] 张作舟.世界主流竞技体育项目的衍生和分类研究[J].体育文化导刊,2014(11).

[11] 上海体育学院.2019中国健身趋势调查[EB/OL].[2019-4-30].https://www.wjx.cn/xz/25667217.aspx.

[12] 马克思,恩格斯.马克思恩格斯全集:第23卷[M].北京:人民出版社,1972.

[13] LERA-LÓPEZ F, RAPÚN-GÁRATE M. Sports participation versus consumer expenditure on sport: Different determinants and strategies in sports management[J]. European Sport Management Quartely, 2005(2).

[14] ANDREFF M, ANDREFF W. Global trade in sports goods: International specialisation of major trading countries[J]. European Sport Management Quarterly, 2009(3).

[15] 邵淑月,陈梦周,张智会.我国体育消费的内涵、影响因素及其特点研究[J].天津体育学院学报,1996(4).

[16] 于振峰,叶伟,许高航.对我国体育消费现状的研究[J].体育科学,1999(3).

[17] 朱柏宁,阮国定,李汉伟,等.上海市区居民体育消费状况的调查及其思考[J].体育学刊,1998(2).

[18] 郑和明,叶鸣.基于市场营销学视角的体育服务产品内涵与特征[J].上海体育学院学报,2015(5).

[19] 张岩.略论体育消费[J].成都体育学院学报,1993(4).

[20] HING N, LAMONT M, VITARTAS P et al. Sports bettors' responses to sports-embedded gambling promotions: Implications for compulsive consumption [J]. Journal of Business Researsh,2015(10).

[21] HERRMANN J‐L, KACHA M, DERBAIX C. "I support your team, support me in turn!": The driving role of consumers' affiliation with the sponsored entity in explaining behavioral effects of sport sponsorship leveraging activities[J]. Journal of Business Research,2016(2).

[22] EAKINS J. An examination of the determinants of Irish household sports expenditures and the effects of the economic recession [J]. European Sport Management Quarterly,2016(1).

[23] THIBAUT E, EAKINS J, VOS S, et al. The determinants and income elasticities of direct and indirect sports expenditure categories[J]. European Sport Management Quarterly,2018(2).

[24] SCHEERDER J, VOS S, TAKS M. Expenditures on sport apparel: Creating consumer profiles through interval regression modelling [J]. European Sport Management Quarterly,2011(3).

[25] SATO M, JORDAN J S, KAPLANIDOU K, et al. Determinants of tourists' expenditure at mass participant sport events: a five-year analysis[J]. Current Issues in Tourism,2014(9).

[26] PARK S, ONUFRAK S, BLANCK H M, et al. Characteristics associated with consumption of sports and energy drinks among US adults: National Health Interview Survey, 2010[J]. Journal of the Academy of Nutrition and Dietetics,2013(1).

[27] 戴健.长三角都市圈大众体育需求的实证研究[J].上海体育学院学报,2011(6).

[28] 刘东升.女性体育消费方式的演变及现代消费特征分析[J].体育与科学,2016(6).

[29] 易剑东.中国体育产业的现状、机遇与挑战[J].武汉体育学院学报,2016(7).

[30] 苏义民.我国体育健身产业发展现状与政策建议——关于加快我国体育健身休闲产业发展的思考[J].西安体育学院学报,2010(6).

[31] 奚红妹,魏农建,左鹏等.中国城市消费者个体差异对体育消费观念和消费行为的影响[J].体育科学,2010(3).

[32] 陈永军,段鹏,高秋平.城市居民体育消费行为决定因素的实证研究[J].体育学刊,2010(2).

[33] LERA‐LÓPEZ F, RAPÚN‐GÁRATE M. The demand for sport: Sport

consumption and participation models[J]. Journal of Sport Management,2007(1).

[34] THIBAUT E,VOS S,SCHEERDER J. Hurdles for sports consumption? The determining factors of household sports expenditures[J]. Sport Management Review,2014(4).

[35] PAWLOWSKI T,BREUER C. Expenditure elasticities of the demand for leisure services[J]. Applied Economics,2012(26).

[36] 申亮,肖焕禹.不同社会阶层居民体育消费行为的研究——以上海市阶层地位影响消费行为的社会调查为案例[J].体育与科学,2006(6).

[37] 于振峰,王庆伟,任园春.我国现阶段大众体育消费与体育产业关系的研究[J].成都体育学院学报,1998(4).

[38] 蔡军.对我国城市居民体育消费的研究[J].体育科学,1999(4).

[39] 王乔君,童莹娟.长三角城市居民体育消费结构研究[J].体育科学,2013(10).

[40] 徐钟仁.散论体育的经济功能[J].当代财经,1989(4).

[41] 何敏学,都晓娟.大学生体育消费现状及其影响因素[J].体育学刊,2004(3).

[42] 姜胜洪.网络舆情热点的形成与发展、现状及舆论引导[J].理论月刊,2008(4).

[43] 唐涛.基于搜索引擎日志分析的网络舆情监测方法研究[J].情报杂志,2012(8).

[44] 丁晟春,王楠,吴靓婵媛.基于关键词共现和社区发现的微博热点主题识别研究[J].现代情报,2018(3).

[45] KIM H-G,LEE S,KYEONG S. Discovering hot topics using Twitter streaming data social topic detection and geographic clustering;proceedings of the 2013 IEEE/ACM International Conference on Advances in Social Networks Analysis and Mining (ASONAM 2013),F,2013[C]. IEEE.

[46] XING F Z,CAMBRIA E,WELSCH R E. Natural language based financial forecasting:a survey[J]. Artificial Intelligence Review,2018(1).

[47] 王亚民,胡悦.基于BTM的微博舆情热点发现[J].情报杂志,2016(11).

[48] 王林森,王学义.基于复杂网络分析的微博传导热点预测算法[J].情报科学,2018(6).

[49] YING K,JINGCHANG P,MINGLEI W. Data Mining and Analysis of the Propagation Law of Hot Topics in Micro-blog[C]//Proceedings of the 2nd International Conference on Big Data Research,F,2018,ACM.

[50] YU Q,WENG W,ZHANG K,et al. Hot topic analysis and content mining in social media[C]//Proceedings of the 2014 IEEE 33rd International Performance Computing and Communications Conference (IPCCC),F,2014,IEEE.

[51] 曹亚东.我国体育消费热点的成因及引导对策研究[J].中国商贸,2009(5).

[52] FAN C,WU Y,ZHANG J,et al. Research of public opinion hotspot detection model based on Web big data[C]//Proceedings of the 2016 IEEE International

Conference on Network Infrastructure and Digital Content(IC‐NIDC),F,2016,IEEE.

[53] PARETO V. Manuale di economia politica[M]. Societa Editrice,1906.

[54] 汪应洛. 系统工程[M]. 北京：机械工业出版社,2003.

[55] SHANNON C E. A mathematical theory of communication[J]. Bell System Technical Journal,1948(3).

[56] 程启月. 评测指标权重确定的结构熵权法[J]. 系统工程理论与实践,2010(7).

[57] 国宏,美娟,衍泰. 组合评价及其计算机集成系统研究[M]. 北京：清华大学出版社,2007.

[58] 郭显光. 一种新的综合评价方法——组合评价法[J]. 统计研究,1995(5).

[59] GLOOR P A,COOPER S M. Coolhunting：chasing down the next big thing[M]. AMACOM/American Management Association,2007.

动力结构、重点领域与推进路径：
上海推动长三角体育
产业一体化发展研究

黄海燕 廉 涛[*]

一、引言

  实施长三角一体化发展国家战略，是国家赋予上海率先实现探索性、创新性和引领性发展的三大任务之一（其他任务是增设自贸区新片区、推动上海证券交易所设立科创板并试点注册制）。2018年以来，随着长三角体育产业联动发展先后纳入《长三角地区一体化发展三年行动计划（2018～2020年）》和《长江三角洲区域一体化发展规划纲要》，长三角地区体育产业实现了区域协作向一体化发展的阶段跃升、地方行动向国家意志的动能转换，真正融入长三角一体化发展全局和核心框架。加快推进长三角体育产业一体化发展，业已成为上海全面实施长三角一体化发展国家战略的重要内容与支撑。

  现有文献普遍聚焦于长三角体育产业一体化发展的障碍与策略方面，行为主体角度的相关研究尚属空白。在其上位概念区域经济一体化研究中，主流观点认为政府是一体化发展的核心主体之一。倪晓光（2005）指出，政府是区域一体化整个过程的核心，尤其在一体化发展的初级阶段，通过政府间的谈判和协议将达成合作共识的政府联系在一起，利用政策的强制性影响市场，能够有效弥补以企业为主体的自发诱致路径所达不到的效果。陈建军（2010）进一步指出，政府可分为中央政府和地方政府，其中次区域地方政府在区域经济

---

[*] 本文作者单位：上海体育学院。黄海燕，教授，博士，博士研究生导师，主要研究方向为体育产业政策、体育赛事与城市发展；廉涛，在读博士研究生，主要研究方向为体育经济。

一体发展中的作用是双向和二元的,即同时具有动力和阻力、一体化和区隔化的倾向。刘志彪(2019)也认为,在所有可能影响区域经济一体化发展的因素中,源于政府的制度阻碍是真正可能长期地、持续地扭曲其进程的主要力量。只有通过政府进行市场化的制度创新,才能打破传统体制的制度均衡,从而推动区域体育产业朝一体化的方向发展(周清明、周咏松,2008)。有鉴于此,在长三角体育产业一体化初级阶段的现实条件约束下,更好地发挥政府作用,特别是发挥好次区域地方政府在这一过程中的动力作用至关重要。

作为长三角城市群的龙头和服务国家战略的重要地理空间,如何发挥上海在长三角体育产业一体化进程中的动力作用与示范价值是政府和研究机构时下关注的焦点问题。围绕这一问题,本文从上海的定位与作用入手,构筑了上海推动长三角体育产业一体化发展的动力结构,并站在服务服从国家战略和面向全球、面向未来的高度,明确了上海体育产业发展的重点领域。在此基础上,探寻了上海推动长三角体育产业一体化发展的可能路径。

二、上海在长三角体育产业一体化发展中的功能定位与作用

上海与长三角一体化170多年的互动发展史反复证明,上海在长三角一体化进程中始终发挥着龙头作用(郭继,2018)。但过去尤其是20世纪90年代初以来,上海的龙头作用主要体现在发展外向型经济方面,而在对内开放的引领作用发挥并不够(刘志彪,2019)。参与长三角体育产业一体化建设是上海在新的历史阶段引领和扩大对内开放的重要内容与举措,其本质在于加强上海体育产业与江浙皖等外延空间的协同互动和一体化发展。站在新的起点上,准确定义上海在长三角体育产业一体化发展中的功能定位,对于更好地发挥上海的龙头作用具有重要意义。

(一)上海在长三角体育产业一体化发展中的功能定位

1. 制度创新的先行区

制度创新是一体化发展的重要内容和根本保障,但它时常并非出现在所有地方,而是以不同的强度出现在一些条件适宜的地区。上海因处全国改革开放的最前沿,当前也肩负了一批国家战略与改革任务,具有先行先试优势,最有条件成为长三角体育产业一体化创新发展的先行者(见表1)。长三角体

育产业一体化的制度创新先行区是指在不改变行政区划的前提下,围绕统一规划、协同治理模式、合作组织治理效能以及区域体育要素市场和产权市场等关键环节,率先探索、创设更能有效激励利益相关者行为的制度、规范体系,并以制度化的方式持续推进区域体育产业一体化进程的地区。特别是"长三角生态绿色一体化发展示范区"的设置,将成为上海探索一体化体制机制的核心试验区。

表1 上海近几年肩负的国家战略与改革任务一览

时间	发布/审议单位	战略/任务	上海作用
2015年	国家发展改革委、外交部、商务部	《推动共建丝绸之路经济带和21世纪海上丝绸之路的愿景与行动》	桥头堡作用
2016年	中共中央政治局	《长江经济带发展规划纲要》	引领作用
2019年	中共中央政治局	《长江三角洲区域一体化发展规划纲要》	龙头作用
2014年	中央全面深化改革领导小组	《上海市司法体制改革试点工作方案》	主体责任
2015年	中央全面深化改革领导小组	《上海市开展进一步规范领导干部配偶、子女及其配偶经商办企业管理工作的意见》	主体责任
2015年	中央全面深化改革领导小组	《上海市群团改革试点方案》	主体责任
2018年	国务院	《国务院关于印发上海系统推进全面创新改革试验加快建设具有全球影响力科技创新中心方案的通知》	主体责任
2019年	国务院	《中国(上海)自由贸易试验区临港新片区总体方案》	主体责任
2019年	中国证监会	《关于在上海证券交易所设立科创板并试点注册制的实施意见》	主体责任

注:资料基于政府门户网站整理,属于不完全统计。

2. 高质量发展的示范区

体育产业高质量发展是产业结构高级化、效率最佳化和价值最大化三者的有机统一,是生产要素投入低、资源配置效率高、资源环境成本低、经济社会效益好的质量型发展水平(徐开娟、黄海燕等,2019)。统计数据显示,2017年上海体育产业增加值占GDP比重达1.6%,体育服务业增加值占比81.7%,

人均体育消费额2 460元,领先全国水平,基本接近西方发达国家水平(黄海燕等,2019)。作为全国体育产业经济贡献度最高、结构最优、消费支撑最好的地区,上海体育产业绝不应局限于自我发展,还应包括在长三角一体化进程中,发挥示范价值,通过地理、制度和市场等方面的进一步开放,不断强化与江浙皖等外延空间的协同互动、一体化发展,最终将长三角地区打造成为全国体育产业高质量发展的示范区。

3. 国际竞争的桥头堡

除了对内追求规模经济效应和1+1+1+1>4的协同效应,长三角体育产业一体化发展更重要的是提升长三角体育产业代表国家参与全球竞争的能力。从空间形态上看,上海地处通江达海的要道,坐落于长三角地区的顶端,是中国与国际对话的重要窗口。从经济活动上看,上海一直是长三角乃至全国国际体育经济的活跃区,上海也提出到2025年基本实现全球著名体育城市的建设目标,努力打造世界一流的国际体育赛事之都、国内外重要的体育资源配置中心、充满活力的体育科技创新平台。这将进一步增强上海全球体育资源的配置与引领作用,通过打造世界体育经济合作和竞争的开放高地,树立长三角乃至全国国际体育竞争桥头堡的战略定位。

4. 区域发展的辐射源

上海依托自身卓越的城市定位,"海纳百川"的城市精神,业已形成的体育总部经济发达、高端体育要素集聚、国际赛事运营经验成熟、体育产业与消费政策先行先试等先手优势,以及未来国际体育赛事之都、全球体育资源配置中心和体育科技创新平台所带来的国际竞争优势,成为长三角地区体育产业发展的重要辐射源。随着长三角一体化的持续推进,这些优势将通过一体化机制与通道,将产业、资本、人才、经验与技术辐射到长三角、长江经济带等腹地,从而推进整个区域体育产业的繁荣与发展。

(二)上海在长三角体育产业一体化发展中的功能作用

1. 龙头作用

上海在长三角一体化进程中始终发挥着龙头作用(郭继,2018)。2018年,江浙沪皖三省一市人大常委会同步作出《关于支持和保障长三角地区更高质量一体化发展的决定》,通过协同立法的方式进一步肯定了上海的龙头地位。但从产业数据看,尽管上海体育产业近年来在产业结构、消费支撑和经济贡献度等方面建立了领先优势,一些表征发展速度的指标却并不理想。2017年,上海体育产业总规模年平均增幅为 18.2%，低于江苏的 19.7%；增加值增速为 15.1%，垫底长三角；体育企业主体数量较去年增长 29.2%，也低于浙江的 35.6%（徐开娟、黄海燕，2019）。与此同时，南京、杭州等城市也与上海在打造全球著名体育城市方面形成一定竞争。如果上海无法持续发展的话，它作为龙头的后劲就将匮乏无力。

2. 试验田作用

长三角体育产业一体化发展面临的最大障碍源于行政区经济和体育管理体制所引致的行政壁垒和制度阻梗已是学界共识。政府赋能的制度创新是最有效的破解路径。上海一直是全国改革开放排头兵，也是党中央着力打造的可复制可推广制度创新高地。近期上海自贸区新片区、长三角生态绿色一体化发展示范区等一批新的创新发展方案纷纷出炉，为上海实施系列国家战略提供了有实体空间依托的、具有国家战略能级的实操空间。将体育产业积极融入这批重大行动中，能够进一步发挥好上海全面深化改革和扩大开放试验田的作用，并有效借助这些实操空间制度改革与创新的先行先试之势，探索长三角体育产业一体化发展的体制机制，形成经验向全国推广。

3. 辐射作用

恪守好长三角体育产业一体化进程中区域发展辐射源的战略定位，上海要在全球著名体育城市打造中做大做强核心功能，积聚对周边地区的辐射能力。为此，要积极发挥上海在区域体育产业合作中的助推服务作用，推动长三角地区各类组织、合作项目与政策规划的对接；要发挥上海先行先试的制度创新作用，为长三角体育产业一体化发展提供有效的制度保障；要发挥上海国内外高端体育要素集聚优势和体育助推城市发展的成熟经验，将体育产业融入整个长三角城市群的发展中；要发挥上海国际竞争桥头堡的作用，带动长三角构建与世界经济规则相接轨的现代体育市场体系，努力提高中国在国际体育事务中的话语权，在打造中国体育标准与规则方面做出巨大贡献。

三、上海推动长三角体育产业一体化发展的动力结构

上海推动长三角体育产业一体化发展的行为实质，是地方政府在一定外部社会经济环境的刺激结构和内部动力结构交互作用下，为实现体育产业发展的地方利益和区域共荣所作出的一系列有效反应。构筑地方政府投身一体化建设的动力结构，即解答地方政府为什么要参与一体化建设的问题，则是这

些有效反应形成的基本前提。通常情况下,这种有效反应是多种动力机制共同作用的结果。

(一)源自政府自利性的利润动力机制

政府自利性是公共选择理论的核心观点,认为追求自身利益及其最大化是政府及其官员的行为动机(王桂云、李涛,2010)。推动区域一体化发展恰恰蕴涵政府所要追求的潜在利润。根据新制度经济学理论,政府出面实行区域一体化制度创新可能获得原有制度下不能获取的潜在利润(伋晓光,2005)。在长三角体育产业一体化中,这种潜在利润主要源于政府的行政壁垒,既包括客观存在的行政区划所形成的区域体育市场分割,也包括以行政区为单位的竞技体育竞争体制对体育资源配置的刚性约束。当地方政府预见到通过长三角体育产业一体化有将潜在的利润转换成现实收益的可能,它们就会采取有效行动参与到区域体育产业一体化的建设。这种内生于政府自利性的利润动力机制,赋予地方政府很强的"经纪人"色彩。基于这种"经纪人"假设,地方政府推动长三角体育产业一体化发展的终极目标,是在区域一体化发展中实现自身利益的最大化。由此不难理解,利润动力机制是上海推动长三角体育产业一体化发展的重要内部动力,它决定了地方政府参与一体化建设的可能性。当然,从理性的角度讲,包括上海在内的每一个地方政府,应该将追求区域共荣和本地利益最大化之间的均衡点作为推动长三角体育产业一体化发展的出发点和最终落脚点。

(二)源自政府公共性的行政动力机制

公共性是政府的第一属性。政府的公共性是靠其各个职能部门或单位的行政行为来保证的,在行政系统的科层组织里,上级的意图便转化为下级的责任,当来自上级的意图具有明确的公共性并对这种公共性有着明确的检查指标和严格的检查程序的时候,下级的行政行为便有可能促进政策的公共性(祝灵君、聂进,2002)。具体而言,上海实施党中央赋予的长三角一体化发展国家战略的任务,就属于下级为实现对上级的责任而采取的一种政府行政行为。很明显,长三角一体化发展国家战略具有明确的公共性,如果不考虑严格的约束条件,上海的这一行政行为也具有较大的公共性。作为上海实施长三角一体化发展国家战略的重要内容,推动长三角体育产业一体化发展毫无疑问属于具有较大公共性的政府行政行为。此外,作为全国重要的中心城市,始终将自己的发展放到全国、全球的坐标系中思考谋划，更好地在长三角体育产业一体化实践中探路先行，更好地在服务国家战略中引领区域体育产业高质量发展，更好地在国际舞台上代表国家参与全球体育经济的合作与竞争，同样凝结着上海作为地方政府对上级责任的职责履行、使命担当等公共性内容。这种源于政府公共性和对上级责任的行政动力，引致了上述政府行政行为的发生，构成了上海推动长三角体育产业一体化发展的另一内部动力。如果说利润动力机制决定着地方政府参与一体化建设的可能性，这种行政动力机制则影响着地方政府参与一体化建设的合法性与公共性。

（三）源自中央政府的政策动力机制

历史表明，以注入加速改革、开放与发展的政策性资源为重要内容的国家赋能，一直是上海城市发展的重要外部动力。上海与长三角一体化发展的互动史也证明，来自中央决策层的政策因素在其历史进程中发挥了重要推动作用。当前以长三角一体化发展、自贸区新片区建设等国家战略的实施为重要引擎，上海正开启新一轮发展征程。这些源于中央政府赋能的政策动力，究其本源，根植于上海地理空间的区位优势和国家战略空间的中心地位，是长三角其他任何地方所不具备的。只要上海的区位优势和战略地位不丧失，它就不会失去这些政策动力。毫无疑问，这种政策动力机制对上海推动长三角体育产业一体化发展具有深远影响。它很大程度上决定着上海参与长三角体育产业一体化建设的行动能级。众所周知，长三角体育产业一体化起步晚、水平不高，这与长期处于地方体育部门自主探索发展阶段、发展能级较低具有重要关系。能否将体育产业真正融入上海主导的长三角生态绿色一体化发展示范区、自由贸易区新片区等具有国家能级的战略发展空间，让上海所拥有的中央政府赋能的政策动力机制高效传导到长三角体育产业一体化发展上，将直接影响长三角体育产业一体化发展的质量与水平。

（四）源自全球化的竞争动力机制

当前，全球化趋势与逆全球化浪潮并存，城市群特别是全球城市逐渐演变为国际竞争的主体。国际经验则表明，全球城市打造不仅要发挥自身优势，更要发挥周边城市群的优势，比如纽约、伦敦、东京、巴黎等世界城市均与一批周边联系紧密的城市共同形成了经济联系密切、空间组织紧凑、一体化程度高的"世界级城市群"（李智、欧阳慧，2017）。在这种国际趋势与规律下，上海要实现打造卓越的全球城市目标,加强自身与江浙皖等外延空间的协同互动和一体化发展就成为必然选择。由此可见,全球变化的复杂性与不确定性所蕴含的竞争动力机制,是上海参与长三角一体化建设的重要外部刺激因素。作为上海实施长三角一体化发展国家战略的重要内容,这种竞争动力机制与行政动力机制一样,也会传导到长三角体育产业一体化发展上。前文也分析到,上海是长三角和长江经济带国际体育竞争的桥头堡,它必须始终发挥好全球体育资源的配置和引领作用,通过打造世界体育经济合作和竞争的开放高地,增强自身面向国际国内"两个扇面"的集聚和辐射能力,从而促进长三角地区体育产业全球竞争力的全面提升。但要恪守好这一定位,上海必须积极参与长三角体育产业一体化建设,构建与国际经济规则相接轨的现代体育市场体系,以更高标准的制度设计推动长三角地区体育产业共同市场的建设。显而易见,竞争动力机制与政策动力机制共同构成了上海推动长三角体育产业一体化发展的外部动力结构,前者决定上海参与长三角体育产业一体化建设的行动方向,后者则影响着上海参与长三角体育产业一体化建设的行动能级。

四、上海推动长三角体育产业一体化发展的重点领域

在长三角体育产业一体化进程中,为实现本地利益和区域共荣,上海体育产业要以服务服从国家战略和面向全球、面向未来为基本原则,既高度重视既有政策、规划中规定动作的落实落地,更要有效把握全球体育产业发展趋势与规律,将一些具有引领性的领域作为重要方向予以推动。

(一)推进体育产权市场一体化,下好一体化发展的先手棋

生产要素和产品在区域间的自由流动是产业一体化的本质要求(景体华等,2004)。作为体育产业的核心生产要素,体育产权的顺畅流转及其市场一体化建设是长三角体育产业一体化发展的重要前提与保障。从发展现状看,我国体育产权交易存在着体制性障碍、交易费用较高、有效交易平台缺乏等问题(黄海燕、张林,2007)。从政策导向看,发挥市场在体育资源配置中的决定作用,研究建立体育产业资源交易平台,鼓励具备交易条件的体育资源通过交易平台公平、公正、公开流转,是国家的重要政策主张。可见,推进体育产权顺畅流转与市场一体化建设,需要体育体制改革的配合,更需要尽快建立有效的体育资源交易平台。作为改革开放的排头兵和先行者,上海的各项创新举措

一直在全国起到示范引领作用。2015年底,上海市政府联合上海联合产权交易所筹建了"体育产权交易中心",筹建后主动服务体育场馆退租还体和部分赛事市场化改革,特别是以此为依托共同创办并成功举办了两届体育资源配置上海峰会,吸引了近3 000万人的关注,也积累了一些成功案例和经验。因此,依托上海联合产权交易所体育资源交易服务平台的已有基础,抓住长三角一体化发展国家战略实施和国家体育总局改革契机,积极争取部市合作,推动国家体育资源交易平台落户上海,将是推进我国体育产权市场一体化建设、服务长三角体育产业一体化发展比较可行的路径,这对于上海体育产业更好地服务长三角、服务全国、服务世界也具有重要意义(表2)。

表2 国家和省市促进体育产权交易的相关政策

时间	政策	内容
2014年10月	国务院《关于加快发展体育产业 促进体育消费的若干意见》(国发〔2014〕46号)	研究建立体育产业资源交易平台,创新市场运行机制,推进赛事举办权、赛事转播权、运动员转会权、无形资产开发等具备交易条件的资源公平、公正、公开流转
2018年8月	上海市人民政府《关于加快本市体育产业创新发展的若干意见》(沪府发〔2018〕31号)	通过部市共建等方式,积极推动国家体育产权交易平台落户上海
2019年9月	国务院办公厅《关于促进全民健身和体育消费 推动体育产业高质量发展的意见》(国办发〔2019〕43号)	鼓励将赛事活动承办权、场馆运营权等通过产权交易平台公开交易

注:资料基于政府官方门户网站整理,属于不完全统计。

(二)建设现代体育产业体系,撬动一体化发展的新支点

建设现代体育产业体系是促进我国体育产业迈向全球价值链中高端,提升我国体育产业国际竞争力的必由之路。国务院办公厅印发的《体育强国建设纲要》,也将"打造现代产业体系"作为加快发展体育产业、培育经济发展新动能的重要任务。从全国视野看,以上海现代体育产业体系的建设为引领,率先实现长三角地区体育产业体系的现代化是打造我国现代体育产业体系、推进体育强国建设的不二路径,也将是长三角体育产业一体化建设新内容新任务。为此,上海要按照《体育强国建设纲要》和《关于加快本市体育产业创新发

展的若干意见》(沪府发〔2018〕31号)相关任务安排,不断完善体育全产业链条,促进体育与相关行业融合发展,加快推动互联网、大数据、人工智能与体育实体经济深度融合,创新生产方式、服务方式和商业模式,促进体育制造业转型升级、体育服务业提质增效。特别要持续推进以竞赛表演业和健身休闲业为引领的产业体系更加合理,以国际竞争力和带动性强的体育企业为主体的市场体系更加发达,以重大体育场馆设施和产业集聚区为载体的空间体系更加优化,以产业政策和营商服务为重点的支撑体系更加完善,最终形成符合国家现代化经济体系建设要求的现代体育产业体系。

(三) 开展促进体育消费试点,培育一体化发展的新动能

消费是经济发展的基础与动力,促进体育消费将是较长期我国体育产业发展的关键着力点。国家文化消费试点城市建设经验表明,截至2018年底全国45个文化消费试点城市累计吸引居民消费约6亿人次,实现文化消费约1 500亿元(刘士林,2019),对居民文化消费产生了极大的促进作用。为充分发挥地区体育消费发展的示范引领作用,国务院办公厅《关于促进全民健身和体育消费 推动体育产业高质量发展的意见》(国办发〔2019〕43号)也提出以创建国家体育消费试点城市为主抓手、开展促进体育消费试点的重大举措。根据《2018年上海市全民健身发展报告》,上海人均体育消费升至2 580元,2015年以来平均增长10.1%,可供市民健身的人均体育场地面积达2.23平方米,经常参加体育锻炼的人数占常住人口比例达42.8%(季爽,2019),体育消费增长速度及基础保障堪称全国典范。上海未来应紧密围绕建设全球著名体育城市和健康上海的目标,按照国家政策要求,从体育产业规划、城市体育用地供给、社区体育设施配套、经常参加体育锻炼人数等多方面入手,进一步深化改革、增加供给、优化服务,争创国家体育消费试点城市,释放对区域乃至全国的示范带动作用,为长三角体育产业一体化发展增添新动能。

(四) 促进体育科技创新,抓牢一体化发展的"牛鼻子"

创新是长三角体育产业一体化发展的不竭动力。习近平总书记指出,"抓住了科技创新就抓住了牵动我国发展全局的牛鼻子"。其中,作为新一代信息技术的发展方向和数字经济的基石,5G是当前全球科技竞争的战略制高点。公开数据显示,到2035年全球5G将创造12.3万亿美元的经济产出(陈琴,2018),我国5G商用在2020~2025年间直接带动经济总产出也将达10.6万

亿元(辛闻,2019)。随着全面推进5G在产业领域的商用试点成为国家政策和市场投资的重要内容,体育场景下5G业务逐步受到运营商的关注,目前围绕2019年男篮世界杯、2022年北京冬奥会等体育赛事的创新应用探索已经展开。但作为未来的国民经济支柱产业,体育产业与5G的融合绝不仅限于赛事消费,将在智能穿戴、体育场馆、运动康复、电竞产业等领域存在更广阔的融合空间。上海是全国首个5G试用城市,兼具全球科技创新中心建设创新资源集聚与制度优势,应顺势而为抢占体育5G商用全球战略制高点。通过上海这项示范项目的引领作用,全面深化长三角地区现代科技与体育产业的深度融合,带动新兴产业成长,并以更多区域试点或重点项目为牵引,打造世界级智慧体育产业集群。这必将进一步产生区域和城市科技创新要素集聚的"连锁效应",从而真正推动长三角地区体育产业的高质量发展和全球竞争力的提升。

(五) 实施肥胖症运动干预行动,担当一体化发展的新使命

肥胖是全球性的重大公共卫生挑战,目前尚无国家层面成功解决肥胖问题的先例(David、Stephen,2016)。根据联合国最新报告,截至2018年全球肥胖症患者超过6.7亿人,每年导致约400万人死亡(李圆征、贾文婷,2019)。著名医学杂志《柳叶刀》的报告显示,2014年我国肥胖人口全球第一,达8 960万人(王树淼,2017)。原国家卫计委2015年的报告也承认我国超重肥胖问题凸显,成人和青少年超重肥胖增长幅度已经超过一些发达国家(许晴晴,2015)。肥胖不仅危害全球可持续发展的健康基石,也造成了巨幅经济损失。麦肯锡报告显示,2014年全球每年肥胖问题造成的经济损失高达2万亿美元,相当于同期全球GDP的2.8%。另一项权威数据表明,中国在2000年因肥胖带来的间接经济负担相当于同期全国GDP的3.58%,2025年预计将超过8.7%。中国正逐渐成为全球肥胖治理问题的中心。与此同时,为实施健康中国国家战略,2019年上海市人民政府颁布了《关于推进健康上海行动的实施意见》,提出"到2030年成为具有全球影响力的健康科技创新中心和全球健康城市典范,为促进国家参与全球健康治理,履行第九届全球健康促进大会发布的《上海宣言》,实现联合国可持续发展目标作出贡献"的战略目标。而从肥胖治理路径看,世界卫生组织顾问Philip James认为,多部门参与的全政府治理方式是最有希望的(Philip James,2013)。为此,实施肥胖症运动干预行动,建立肥胖治理领域的中国标准、规范与指南,提升上海在全球卫生健康治理领域内的影响力,理应成为上海打造全球健康典范城市和建设"健康上海"的重要内

容。按照《健康上海行动(2019—2030年)》的规划部署,实施肥胖症运动干预行动,率先在长三角地区培育一批具有全球影响力的肥胖运动干预品牌,推出一批肥胖运动干预示范、优秀案例,也应成为落实"深化长三角健康一体化行动"任务的新的使命与支撑。

五、上海推动长三角体育产业一体化发展的路径与举措

长三角体育产业一体化建设是一个系统工程。本研究认为,上海参与这一系统工程的建设,要从一体化发展的群众基础、制度保障等环节入手,还要特别重视从实操层面出发,将体育产业发展真正融入上海规划建设中的重要战略空间。

(一)以文化认同增进一体化发展的群众基础

文化与认同常常结合起来形成特定的文化认同,成为个人或集体界定自我、区别他者,加强彼此的同一感以凝聚成拥有共同文化内涵的群体的标志(张旭鹏,2004)。文化认同在国际区域合作中具有培养社会成员的共同体意识,消解功能主义合作的"脆弱性"等作用(胡永保、宫倩,2017)。欧洲一体化实践证明,欧盟构建起的"欧洲文化认同"成为欧洲一体化顺利前行的坚实基础,"没有欧洲文化认同,没有具有欧洲意识的欧洲公民,欧洲政治的共同发展和政治联盟将几乎不能付诸实现"(朱定秀,2008)。虽然我国区域间合作不需要像欧盟那样克服"因民族国家的差异性而形成的文化认同危机"(张旭鹏,2004),长三角地区更拥有吴越文化同源文化基础,但长三角各领域的一体化发展水平却远未达到人们的预期,这与主要依靠政治、经济手段而忽视文化和文化认同的价值不无关系。欧洲之父让·莫内说过,"如果能重新做起的话,我将从文化入手"(张骥、闫磊,2004)。迈入新的发展阶段,上海推动长三角体育产业一体化发展必须从普遍增强民众对长三角地区的文化认同开始,深化人们对长三角地区的身份认同和集体意识,以克服一体化进程不断深化所带来的复杂利益矛盾,弥合、融注和巩固一体化的政治经济成果。这对于上海实施长三角一体化发展国家战略同样具有重要意义。具体举措如下:

1. 塑造共同文化符号

正如欧盟为了激发欧洲人的文化认同制定了联盟共同的盟旗、盟歌及护照等象征符号,上海可以发出倡议,遵循企业形象识别系统(CIS)原理,运用视

觉沟通技术(Visual),共同探索构建长三角地区的视觉识别系统(VI),将吴越文化融入旗帜、象征图形、标准字、标准色、吉祥物等具体的文化符号中,并研制出台这些文化符号在体育产品、办公用品、车辆外观等载体与体育赛事、产业论坛等活动中的使用办法。

2. 培育品牌赛事活动

作为一种动态的识别符号,品牌赛事、品牌活动具有更强的文化渲染力和传播力。培育长三角品牌赛事活动,上海要坚持存量优化和增量创新原则,继续办好长三角运动休闲体验季、环太湖自行车赛等存量赛事活动,不断提高赛事活动质量与服务水平;在增量赛事活动上下功夫,建议借鉴"欧洲日"的运作模式,将 F1 中国大奖赛、网球大师赛等上海品牌赛事的举办日作为长三角的公共假日,围绕这些赛事举办长三角体育产业论坛、博览会、旅游节等各类活动;同时建议重点围绕大、中、小学生群体,以学校和家庭为依托,举办各类运动项目的长三角城市业余联赛、长三角家庭户外定向赛等品牌活动,强化对学生即明日"长三角人"的心灵塑造。

3. 创建新的长三角媒介系统

人类生活已经步入"全球信息空间"这种新的世界环境,媒介系统成为人们日常生活不可或缺的组成部分。如何将长三角文化认同演化成一种人们亲历的体验、情感和日常事务,创建一个新的长三角媒介系统至关重要。上海可以依托中央广播电视总台上海总站、长三角总部,整合五星体育、聚力传媒 PPTV 等媒体平台,创造一个长三角视听空间,借助信息的共享帮助长三角人认识到他们在诸多领域分享的共同命运。要允许公共服务性传统媒体和新媒体充当一支一体化的势力,来造就一个意识到共享历史的社会群体。

(二)以机制完善强化一体化发展的制度保障

区域一体化协调机制是指为协调区域内各个城市间相互冲突的利益关系而进行的一系列制度安排,包括公共决策机制、对话沟通机制、规划协调和监督机制、政策环境协调机制、专项事务协调机制以及利益协调机制等(徐晓新、张利华,2011)。健全的协调机制是破解"行政区经济"困局,促进区域一体化发展的重要举措。作为我国最早开展体育产业协同联动和一体化发展的地区,长三角地区初步建立起由协调领导小组明确任务方向、联席会议协调推进、联席会议办公室和秘书处具体落实的协调机制框架。这一框架在长三角体育产业由协同联动迈向一体化历史进程中发挥了巨大作用,但在阶段升级后面临更高质量一体化发展新要求,它的机制不健全、制度约束力不足等弊端开始凸显。站在新的历史起点,上海应恪守好"制度创新先行区"的功能定位,发挥龙头带动作用,着力推进一个稳定的具有较强制度约束力的新型区域协调机制的形成,为长三角体育产业的一体化发展提供强有力的制度保障。

1. 推动形成多中心、多形式的协调机制

突破业已形成的仅限于政府体制内"决策—协调—执行"自我循环的协调机制,上海主导搭建长三角体育产业联盟,将政府行为与市场机制结合起来,激发企业和企业家在推动长三角体育产业一体化发展中的主体作用;着力推动省、市、县多层级和城市间双边、多边等多形式的协调机制的形成,纳入法制化管理轨道;提升业已形成的区域体育产业协调管理机构的行政权威性,以契约化的形式签署机构运行章程和协作协议,明确赋予它所作决议跨区域的治理效能和法律效力。

2. 健全统一协调的市场竞争机制

聚焦体育体制内和体制外双重制约因素,一方面按照国务院办公厅《关于促进全民健身和体育消费 推动体育产业高质量发展的意见》(国办发〔2019〕43号)(以下简称"国办43号文")的最新部署,上海牵头深化区域内单项体育协会和体育场馆改革,向市场释放体育资源与项目;完善体育赛事管理服务机制,制定体育赛事活动办赛指南、参赛指引,当好"店小二";联合启动区域内已出台体育产业规章制度、政策法规的审查,开展大规模地清理和整理,促进政策衔接。另一方面主导搭建长三角体育资源交易平台,鼓励地方政府及各级体育部门、各类体育组织将赛事承办权、赛事转播权、场馆运营权等体育资源通过产权交易平台公开交易;建立健全区域体育市场信用制度和监管体系,研制出台信用信息在体育产业具体领域的使用办法。

3. 创新监督落实机制

突破当前仅限于长三角体育产业协作联席会议内部交流汇报形式,由上海牵头建立一体化优先监管目标责任制度,借鉴金融保险的办法建立保险制度,通过事前契约化的资产抵押、担保和保险等措施,防范事后不履约行为(倪鹏飞,2019);建立通报制度,定期将年度工作落实情况向"长三角一体化发展领导小组""上海(江浙皖)推动长三角一体化发展领导小组""长三角区域合作办公室"报告;强化长三角体育产业协作联席会议办公室和秘书处的跟踪分析职能,动态掌握年度计划和重点任务落实情况;加强督促检查,将年度重点工作和重大合作事项纳入市委、市政府重点工作督查范围;加强考核管理,研究将相关工作成效纳入体育职能部门和单位绩效考核的内容。

（三）以战略融通打造一体化发展的实操空间

上海是长三角区域一体化发展、自贸试验区建设、行政审批制度改革、全面创新改革试验区等重大国家战略和重要改革创新任务的核心承载区，特别是长三角绿色生态一体化示范区、上海自贸区临港新片区和虹桥枢纽商务区的规划建设，形成了上海乃至长三角地区国家战略和改革创新任务实施的实操空间。促进区域体育产业发展与这些重大战略和改革协同任务的互动融合，真正将体育产业融入这三大实操空间，对于放大改革创新示范效应，带动长三角体育产业一体化具有重要意义，也不失为上海推动长三角体育产业一体化发展的新路径。

1. 依托示范区加快体育产业区域一体化的制度创新

示范区体育产业发展要注重"不破行政隶属、打破行政边界"的跨区域协作机制创新，走从项目协同到区域一体化制度创新的道路。首先要推动"多中心、多形式协调机制""统一协调市场竞争机制""监督落实机制"以及利益捆绑机制和分配机制在示范区内差别试点，系统集成，形成可复制可推广的创新举措向全域、全国推广。其次将长三角体育产业联盟办公室设立在示范区，配套议事中心、数据中心和资源配置中心等功能区，发挥长三角体育产业协调机构职能。再次根据"国办43号文"的部署，努力将"国家体育产业发展协同创新中心"落户示范区。项目布局上，聚焦水上和自行车两种运动元素，对标国际著名湖区日内瓦湖的发展模式，打造长三角世界级水上运动集聚区，参考世界顶级自行车赛事标准，培育世界一流的自行车赛事品牌和自行车运动项目产业集聚区。

2. 依托上海自贸区临港新片区探索"体育产业创新试验区"建设

培育一批体育产业创新试验区是"国办43号文"部署的新任务。上海要依靠自贸区自由贸易平台和金融服务平台优势，重点推动体育金融和体育贸易的创新发展。体育金融上，集中试点"国办43号文"创新政策，鼓励银行业金融机构开展体育企业应收账款、知识产权等质押贷款创新，引导政府性融资担保机构将体育企业纳入支持范围，支持符合条件的体育企业发行社会领域产业专项债券，鼓励保险机构积极开发相关保险产品。体育贸易上，借鉴文化企业与项目入驻自贸试验区的经验，打造上海国际体育贸易展示平台和保税仓库，推动体育及相关产业项目以平台形式集体进驻临港新片区，减轻税费负担,提升境内外体育产业项目要素的流动效率(宋昱,2015),最终将临港新片区打造成为国际体育优质资源进入中国的重要通道和核心承载地,助力上海国家体育贸易中心的打造和全球体育资源配置能力的提升。

3. 依托虹桥枢纽商务区打造具有全球影响力的现代体育服务业集聚区

紧扣虹桥商务区国家现代服务业综合试点区、上海现代服务业集聚区和服务长三角地区、服务长江流域、服务全国的高端商务中心的功能定位,聚焦体育总部经济和现代体育科技融合产业,打造具有全球影响力的现代体育服务业集聚区。首先以安踏在西虹桥规划建设世界级体验用品企业总部为契机,聚焦设计研发和品牌营销等核心功能,积极吸引更多国内外知名体育用品企业总部入驻虹桥商务区,形成"单聚焦,多品牌"的体育用品企业总部集聚区。其次充分联动周边的国家会展中心、虹桥综合交通枢纽等商贸设施,举办世界顶级体育用品和体育科技展会,打造影响全球的世界级体育用品总部经济。同时积极参与上海全球科创中心建设,加快5G、人工智能等现代科技在体育领域的应用和推广,将虹桥商务区打造成为具有全球影响力的体育用品创新中心和研发高地,示范带动长三角体育用品制造业转型升级,并有效助力上海抢占体育5G商用全球战略制高点,形成长三角体育产业一体化发展的新动能。

在实施长三角一体化发展国家战略和推进长三角体育产业一体化发展进程中,加强江浙沪皖三省一市与其外延空间的协同互动,把握各自的角色定位与作用,注重培育和释放地方政府推动一体化发展的动力,是全面提升长三角地区体育产业全球竞争力、创造力与辐射力的基本行动逻辑。在此过程中,上海要以服务服从国家战略和面向全球、面向未来为基本原则,既高度重视长三角一体化发展规划纲要和上海实施方案中规定动作的落实落地,更要有效把握全球体育产业发展趋势与规律,将一些具有引领性的领域作为重要方向予以推动。唯有如此,才能让上海、长三角更好地服务全国发展大局,更好地代表国家参与全球竞争与合作。

六、结语

推动长三角体育产业一体化发展,是上海实施长三角一体化国家战略的重要内容,也是新时代服务国家大局的战略支撑。上海参与长三角体育产业一体化建设,要以实现探索性、创新性和引领性发展为己任,恪守上海的功能定位,特别要注重培育和激发作为次区域地方政府在一体化进程中的动力作用,构筑上海投身一体化建设的动力结构,从而促进长三角地区体育产业全球竞争力、创造力和辐射力的全面提升。在此过程中,上海要坚持服务服从国家战略和面向全球、面向未来的基本原则,既高度重视既有规划和政策中规定动作的落实落地,更要有效把握全球体育产业发展趋势与规律,将一些具有引领性的领域作为重要方向予以推动。唯有如此,才能让上海、长三角更好地服务全国发展大局,更好地代表国家参与全球合作与竞争。

参考文献

[1] 伋晓光.从新制度经济学角度看经济全球化和区域经济一体化[J].经济与管理,2005(8).

[2] 陈建军.长三角区域经济一体化的源流、动力机制与价值目标[J].嘉兴学院学报,2010(5).

[3] 刘志彪.长三角区域高质量一体化发展的制度基石[J].人民论坛·学术前沿,2019(4).

[4] 周清明,周咏松.成渝地区体育产业一体化开发的政府合作机制研究[J].成都体育学院学报,2008(11).

[5] 郭继.上海与长三角一体化发展历史回顾[J].党政论坛,2018(12).

[6] 刘志彪.长三角一体化发展示范区建设:对内开放与功能定位[J].现代经济探讨,2019(6).

[7] 徐开娟,黄海燕,廉涛,李刚,任波.我国体育产业高质量发展的路径与关键问题[J].上海体育学院学报,2019(4).

[8] 黄海燕等.上海体育产业发展报告(2017—2018)[M].北京:社会科学文献出版社,2019.

[9] 徐开娟,黄海燕.长三角地区体育产业发展态势、经验与建议[J].中国体育科技,2019(7).

[10] 王桂云,李涛.政府自利性与合法性危机——一种基于公共选择理论的分析[J].社会科学家,2010(8).

[11] 祝灵君,聂进.公共性与自利性:一种政府分析视角的再思考[J].社会科学研究,2002(2).

[12] 李景鹏.论政府政策的公共性[J].天津社会科学,2002(6).

[13] 李智,欧阳慧.准确把握世界城市发展趋势 探索内陆中心城市崛起的成都模式

[J]. 先锋,2017(12).

[14] 景体华,等. 中国区域经济发展报告(2003—2004)[M]. 北京：社会科学文献出版社,2004.

[15] 黄海燕,张林. 我国体育产权的分类及其交易研究[J]. 成都体育学院学报,2007(1).

[16] 刘士林. 以文化消费引领消费结构升级[N]. 中国城市报,2019-09-16(16).

[17] 季爽.《2018年上海市全民健身发展报告》发布：超四成市民积极参与锻炼[EB/OL]. http://m.gmw.cn/2019-09/19/content_1300659075.htm,2019-09-19.

[18] 陈琴. 5G来了,更快更好[N]. 人民日报(海外版),2018-08-13(8).

[19] 辛闻. 工信部：2025年5G将带动经济总产出10.6万亿元[EB/OL]. http://news.china.com.cn/txt/2019-01/21/content_74394713.htm,2019-01-21.

[20] David Raubenheimer, Stephen J. Simpson. Nutritional Ecology and Human Health[J]. Annual Review of Nutrition,2016,36:603-626.

[21] 李圆征,贾文婷. 联合国报告说2018年全球8.2亿人挨饿[EB/OL]. http://world.people.com.cn/n1/2019/0716/c1002-31237453.html,2019-7-16.

[22] 王树淼. 十九大首次提出健康中国战略以应对国民肥胖问题[EB/OL]. http://news.sina.com.cn/gov/2017-11-24/doc-ifypathz5496610.shtml,2017-11\24.

[23] 许晴晴.《中国居民营养与慢性病状况报告(2015)》解读[EB/OL]. http://health.china.com.cn/2015-07/08/content_8052175.htm,2015-07-08.

[24] xuxu. 中国肥胖报告：3亿以上的国民体重超重[EB/OL]. https://health.qq.com/a/20170427/045063.htm,2017-4-27.

[25] Philip James. All-of-government approach needed to tackle obesity[J]. Bulletin of the World Health Organization,2013(91):551-552.

[26] 张旭鹏. 文化认同理论与欧洲一体化[J]. 欧洲研究,2004(4).

[27] 胡永保,宫倩. 国际区域合作中的文化认同：内涵、作用及限度[J]. 贵州社会科学,2017(5).

[28] 朱定秀. 欧洲文化认同危机评析[J]. 当代世界与社会主义,2008(2).

[29] 张骥,闫磊. 论欧洲一体化进程中文化因素的影响[J]. 当代世界社会主义问题,2004(1).

[30] 徐晓新,张利华. 基于复合治理视角的区域一体化协调机制构建——以甘肃酒泉嘉峪一体化为例[J]. 中国软科学,2011(11).

[31] 倪鹏飞. 扬长避短推动长三角一体化高质量发展[N]. 中国城市报,2019-08-19(16).

[32] 宋昱. 自贸区战略进程中体育服务贸易推动体育服务业发展的策略研究[J]. 体育科学,2015(4).

上海建设国际体育贸易中心的战略选择与实施路径研究

周晓燕[*]

一、前言

(一) 研究背景

随着经济全球化的深入发展,国际贸易中心正成为城市参与国际竞争与全球化分工、资源配置、开拓世界市场的重要战略平台。它以该城市的国家综合实力为依托,通过挖掘本地产业优势,进行资源整合,将城市打造成能够为商品、资本、人员、信息等流通要素提供交汇平台的高效率服务中心和集散中心。

近年来,体育贸易在国际贸易中的重要性日益增强,体育贸易的内涵随着体育产业领域的拓展和体育产业结构的调整也在不断丰富。体育贸易包括:体育用品贸易(围绕着运动器械、装备、服装、饮品以及健身休闲设施等体育运动产品的贸易);体育服务贸易(以体育竞赛表演、健身休闲、体育培训、体育场馆、体育旅游、体育彩票、体育传媒、电子竞技、体育展览、体育中介、体育知识产权等的服务为内容的贸易)。

"十三五"时期是我国全面建成小康社会的决胜阶段,也是加快体育产业发展的重要时期。上海市政府在《关于加快本市体育产业创新发展的若干意见》中指出,体育产业是国民经济的新增长点,是城市软实力和吸引力的重要支撑,并提出了到 2025 年体育产业总规模达到 4 000 亿元左右、跻身世界体育

---

[*] 本文作者单位:周晓燕,华东理工大学体育科学与工程学院国际经济与贸易专业教研室主任,讲师,管理学博士,研究方向:体育经济,体育管理,国际经济与贸易。

产业发达城市行列的发展目标。为达成这一目标,上海要对标顶级全球城市,加快上海体育产业创新发展,紧跟国际发展的新趋势、新潮流,尽快融入全球化进程中,推进全球著名体育城市建设。特别要依托上海在总部经济和服务贸易集聚地方面的优势,深入挖掘本市体育贸易的发展潜力,建成上海国际体育贸易中心。

(二)研究意义

上海体育资源丰富,体育消费需求旺盛,体育贸易市场潜力巨大。充分发挥上海的综合区位优势,积极开展体育贸易,参与国际分工,扩大国际经济合作,对于促进上海体育产业的长远发展以及打造国际体育贸易中心目标的实现,意义重大。当前,国内关于国际体育贸易中心的研究刚刚起步,国际体育贸易中心的内涵和外延尚不明晰,缺乏成熟的国际体育贸易中心发展模式,体育贸易中心理论体系尚不完善。同时,上海体育贸易本身存在着结构不合理、与发达国家相比规模较小、缺乏国际竞争力、流通体系和市场体系不完善、专业人才匮乏、亟须政策指导等诸多问题,限制了上海体育贸易的发展。正确认识上海体育贸易的现状与发展趋势,开展上海国际体育贸易中心建设研究,对于上海体育产业发展乃至整个城市的发展,具有理论指导意义与实际应用价值。

二、对研究对象的综合评价和具体分析

(一)现状和趋势

关于国际贸易中心方面的研究,许多学者都有涉及,但研究内容大都偏重于对国际贸易中心进行理论分析和政策研究。如汪亮(2011)界定了国际贸易中心城市的含义,剖析了国际贸易中心城市建设的经验与教训。于圆圆(2010)研究了国际贸易中心建设的条件与方法,分析了上海在国际贸易中心建设过程中面临的机遇与挑战,并提出了相应的战略对策。杜建耀等(2012)认为,上海国际贸易中心必须转型发展,打造低成本的商贸环境,培育各类贸易主体,完善基础设施和支持体系。在体育贸易方面,国内部分学者进行了研究,如武文丽(2015)分析了国际贸易框架下的中国体育经济发展,曹盛民(2018)探讨了体育产业贸易前景及趋势。但在体育贸易方面的研究主要集中

与对体育用品贸易进行研究,如田广等(2018)剖析了体育用品进口额、出口额、进出口额、净出口额等对体育产业的影响方式与程度。吴兆红等(2018)利用回归分析方法,系统对比了我国与西方竞技体育强国在体育用品贸易方面的优势与不利因素。季雯婷等(2018)通过对比,认为中美两国在体育用品贸易方面存在较强的互补性,两国在进口和出口贸易方面的差异较大,中国产品的竞争力较弱。凌硕(2019)、薛林峰(2018)等学者分别从提升体育用品贸易竞争力、产业转型升级的角度,提出了我国发展体育用品贸易的对策和建议。在体育服务贸易方面的研究也成为近几年的热点,如张胜利(2010)在研究了上海体育文化环境特点的基础上,提出要运用地域体育文化特色,建立民族或区域体育品牌,实现体育文化环境跨越式发展。宋昱(2015、2019)提出了借助上海自贸区在要素聚集和流动方面的政策优势,实现体育服务业快速发展的观点。邵怡、陈雄(2016)对体育服务贸易融入上海自贸区发展的策略进行了初步研究。

关于国际贸易中心问题的研究方法上,以定性分析为主,也有实证分析,但缺乏调查研究、数理模型等定量分析。如郭延花(2010)定性研究了建设上海国际贸易中心问题,黎国林等(2016)定性研究了广州建设国际贸易中心发展模式与路径选择,龚欣欣(2014)对天津国际贸易中心建设作了实证分析。

但在关于国际体育贸易中心相关理论与建设方面的研究,目前尚属于空白。

(二)国际体育贸易中心的内涵界定和基本类型

本课题通过系统深入的研究与归纳总结,凝练出国际体育贸易中心的内涵和基本类型。即国际体育贸易中心是指一个国家通过国家战略层面的规划,确立某个具有体育贸易比较优势的中心或骨干城市作为体育资源配置的主要载体与战略平台,形成体育商贸产业、体育商贸主体和配套服务业密集集中的场所。国际体育贸易中心是以大规模体育流通,包括体育商品流、体育物资流、体育资金流、体育人才流和体育信息流为主要内容、以体育贸易为特征的全球或区域性体育经济活动的中心及体育服务型综合体。

按照辐射力和吸纳力等综合影响力,国际体育贸易中心一般分为两种基本类型:全球性国际体育贸易中心和区域性国际体育贸易中心。这两种类型划分的依据包括目标定位、跨国公司的集聚程度、基础产业、支撑产业和配套服务产业的发展程度等方面,具体内容如表1所示。

表 1　国际体育贸易中心的基本类型

划分依据	全球性国际体育贸易中心	区域性国际体育贸易中心
目标定位	立足本土、面向全球,承担国家实施体育资源全球化、体育市场国际化的战略任务,具有强大的国际影响力和竞争力	以体育资源全球化、市场国际化为战略目标,依托在某一地区具有区位优势的地区或城市,逐渐向各国市场渗透
跨国公司集聚程度	成为本土跨国体育公司的孵化基地和聚集地,实现全球范围内的体育资源配置,以海外市场为目标市场;其他国家的国际化体育公司不断进入	发达国家的跨国体育公司一般在该地区建有区域总部,本土体育服务企业纷纷抱团进入
基础、支撑及配套服务产业	体育商贸产业高度发展,金融、航运等支撑产业及配套服务业繁荣,工业发达,制造业快速发展	体育商贸产业功能不断增强,逐渐形成资源配置型、市场扩展型体育产业集群
代表性城市	洛杉矶、纽约、伦敦、巴塞罗那、巴黎	里约热内卢、莫斯科、香港

(三)上海建设国际体育贸易中心的 SWOT 分析

要成为国际体育贸易中心,一般需具备下列条件:一是地理位置优越,体育商贸要素高度聚集;二是环境宽松开放,相关法律制度健全;三是配套的金融、交通及物流、服务等业态发展程度高;四是体育用品跨国公司地区总部云集,龙头企业较多;五是体育服务贸易发达,结构优化;六是体育产业国际化程度高,体育贸易能辐射全球,总量大,具有较强的经济影响力。

SWOT 分析法,主要用于内外部竞争环境和条件下的态势分析,最早由美国学者 Heinz Weihrich 于 20 世纪 80 年代提出,该方法常被用来确定某企业或行业的 Strengths(竞争优势)、Weakness(竞争劣势)、Opportunity(机会)和 Threats(威胁),将经营活动与其内部资源、外部环境有机结合,综合制定企业或行业的经营战略。

本课题研究中,采用了 SWOT 分析法对上海建设国际体育贸易中心的有利条件、不利因素、面临的机遇与挑战等进行系统深入分析,为制定上海体育产业的发展战略提供理论依据。

1. 上海建设国际体育贸易中心的有利条件

上海具有建设国际体育贸易中心得天独厚的有利条件,各类体育贸易资源丰富(见表2)。具体表现为:上海体育服务体系完善,市民的体育消费需求大;体育赛事多,其中国际性赛事约占 40%,且所举办的体育赛事具有较大的国际影响力;体育产业规模大,体育服务业方兴未艾,体育中介市场规模稳步扩大,国外知名体育经纪公司陆续进驻上海;产业环境佳,贸易政策支持体系逐步完善,行业规范与标准相继建立,形成了有利于体育贸易可持续发展的良好趋势和氛围。

另外,上海体育产业的发展指数长期位居全国各城市前列,体育软硬件建设具备由大向强转变的良好基础,具有开展体育赛事运作、体育依法管理、竞技体育人才培养的完善体系与经验。

表2 上海体育贸易资源分类统计

资源类型		体育资源项目
自然类	陆地及水体类	东平国家森林公园、佘山国家森林公园、海湾国家森林公园、共青国家森林公园、上海滨海森林公园、共青森林公园、炮台湾湿地森林公园、九段沙湿地公园、江湾湿地公园等;苏州河亲水观光休闲带、杭州湾北岸休闲娱乐旅游带、城市沙滩海滨休闲区、东方绿舟、环淀山湖休闲旅游区
人文类	体育节庆	苏州河龙舟赛、淀山湖龙舟赛、外国留学生龙舟赛、国际大众体育节、国际武术博览会、世界著名在华企业员工健身大赛、国际风筝节、森林旅游节、丰收节、东方明珠登高节、三民文化艺术节、赶海节、海派秧歌以及遍及各区县的弄堂运动会、棋牌赛等
	体育赛事	F1中国大奖赛、国际田联钻石联赛、ATP1000网球大师赛、国际马拉松赛、斯诺克公开赛、汇丰国际高尔夫公开赛、国际摩托艇赛、国际自行车联盟女子公路世界杯赛、世界游泳锦标赛、国际极限运动挑战赛、国际体育舞蹈大奖赛总决赛、世界桥牌锦标赛、世界攀岩比赛、国际沙排巡回赛、上海环球马术冠军赛、城市定向挑战赛、浦东国际房车街道赛、国际滑联"上海超级杯"等冰上赛事,以及崇明全国公路自行车冠军赛、CBA/WCBA篮球职业联赛、中超足球赛、乒超联赛、市民运动会、农民运动会、航空跳伞表演,以及各类特色商业性精品体育赛事
	体育基础设施及建筑	上海体育场(馆)、源深体育中心、东方体育中心、虹口足球场、上海游泳馆、江湾体育场、国际赛车场、东方绿舟、旗忠网球中心、国际沙滩排球场、上海国际体操中心及游泳馆、国际体育舞蹈中心、国际极限运动场馆、澳洋国际潜水俱乐部、上海马术运动场、上海马术城、上海射击中心、上海欢乐谷、上海跑马场、闵行体育公园、浦东体育公园、长风海洋世界、仙霞网球中心、美格菲运动俱乐部、浦东游泳馆、银七星室内滑雪场、热带风暴、太阳岛高尔夫俱乐部、东方巴黎高尔夫乡村俱乐部、西部渔村垂钓休闲中心、新天鸿高尔夫俱乐部、根宝足球基地、海上星国际潜水俱乐部、九子公园、海滨水上运动中心、奉新国际风筝放飞场、松声马术俱乐部、松江大学城体育中心、佘山生态体育旅游基地、莘庄体育训练基地、锦江乐园等

2. 上海建设国际体育贸易中心的不利因素

上海建设国际体育贸易中心也面临着许多不利的方面。

目前,与纽约、伦敦、巴黎等知名的国际体育贸易中心城市相比,上海体育产业结构不甚合理。生产模式主要是微利代工,以贴牌代工或加工贸易方式生产低端的体育用品,处于体育用品全球价值链的下游,主要是由跨国公司或大买家主导的进出口型贸易。体育企业多为中小型企业,市场份额小,经济效益不高。缺少体育用品核心技术,难以形成自主知识产权,产业结构无法与国际贸易实现有效结合。

其他方面,专业性的高端体育场馆较少,以赛事为标签的场馆的知名度较高,但国际体育组织入驻数量严重稀少,仅有国际体育仲裁院上海听证中心,全球或区域总部落户上海的国际体育商业机构数量几乎为零,与巴黎、伦敦等城市相比差距较大。巴黎是国际曲棍球联合会、击剑、航空等的国际总部所在地,伦敦则是国际体育运动理事会、网联、帆联、业余拳联等的总部。另外,上海举办的国际体育赛事的级别和影响力有待进一步提升。除纽约外,其他全球性国际体育贸易中心城市均举办过夏季奥林匹克运动会,在国际上具有较高的知名度。上海在这方面则是短板。

3. 上海建设国际体育贸易中心面临的机遇

上海作为"一带一路"倡议中海上丝绸之路经济带的桥头堡、主要集结点和"长三角经济圈"的龙头,承担着"四个中心"建设、具有全球影响力的科创中心建设等国家战略联动任务,"一带一路"给上海发展体育贸易提供了独一无二的机遇。同时,上海拥有中国首个自由贸易试验区,经济实力强劲、辐射示范效应大,开放程度高,这些都为上海建设国际体育贸易中心提供了新的机遇。

近年来,上海市针对体育产业做出了一系列重大的决策和部署,在《上海市体育改革发展"十三五"规划》《关于加快本市体育产业创新发展的若干意见》等文件中提出,要依托上海体育用品品牌总部和服务贸易集聚地的优势,打造国际体育贸易中心。《上海市体育产业发展实施方案(2016—2020年)》提出,将上海打造成为国内外重要的体育资源配置中心。伴随着这些政策的出台,上海体育贸易将迎来新一轮的发展高潮。

随着"互联网+体育"产业融合与加速发展,传统产业发展的固有模式和价值链将被打破,与体育产业相关的新技术、新产品、新业态、新模式不断涌现。

总之,上海建设国际体育贸易中心恰逢其时,具有良好的机遇。

4. 上海建设国际体育贸易中心面临的挑战与威胁

从挑战与威胁上说,近几年,随着体育逐渐成为城市经济发展的重要驱动力,纽约、伦敦、巴黎、东京等许多国际大都市都在制定新的体育贸易发展战略,将体育作为战略性资源进行运营,力图抢占国际贸易竞争的制高点。体育用品业呈现出明显的产业集聚效益和品牌效应,不仅具备全球领先的设计研发能力,而且通过其影响力,引领许多新型体育用品的发展潮流与趋势,主导了体育用品标准的制订,在全球价值链中始终处于优势地位。因此,未来国际体育贸易的竞争将更加激烈。

反观上海体育产业,则面临诸多矛盾和问题。总体发展水平较低,与纽约等国际知名体育城市相比,面临诸多不足,同时还面临着北京、杭州、广州和晋江等国内城市巨大挑战。体现在市场在体育资源配置中的决定性作用、区位优势、资源优势未得到充分发挥,大量体育资源和体育知识产权有待开发,缺少主体产业,体育贸易的规模小,产业能级不高,龙头企业及骨干企业缺乏国际竞争力,体育场馆及健身场所的利用率有待提升,体育赛事的社会组织、运行机构需要进一步完善等。截至2017年初,上海体育用品生产企业数量较少,仅占全国的5.34%,与广东的31.48%、浙江的11.68%、北京的9.88%尚有不小的差距。上海体育贸易发展面临着许多结构性、深层次的矛盾,亟须管理模式的创新与转型。

三、对策建议

(一)上海建设国际体育贸易中心的战略选择

当前正是上海体育全面建设"十三五"规划、推进上海建设国际体育强市、体育创新驱动、转型发展的关键时期,上海体育贸易的提升对于上海体育产业的总体发展将发挥重要作用。SWOT分析显示,正确认识上海体育贸易现状与发展趋势,结合上海市打造世界一流国际体育赛事之都、国内外重要体育资源配置中心的发展定位,依托上海体育用品品牌总部和服务贸易集聚地的优势,深挖体育贸易发展潜力,开展上海国际体育贸易中心研究及建设,将助力上海城市能级和核心竞争力的提升,对上海体育产业发展乃至整个城市的发展,具有理论指导意义与实际应用价值,是一项具有深远意义的战略选择。

基于SWOT分析,笔者提出了上海建设国际体育贸易中心的战略选择:

以"一体两翼、多轮驱动"的建设模式,基于上海建设全球著名体育城市和"健康上海"的契机,立足上海体育产业独特的区位优势,依托"四个中心"建设,对标顶级全球性国际体育贸易中心城市,建设与全球著名体育城市定位相匹配的国际体育贸易中心。即以"整体推进"为主体,以"体育用品业贸易"和"体育服务业贸易"为两翼,以"总部经济、龙头企业、展会论坛、服务贸易体系、贸易示范区、融入自贸区和进博会"为六轮驱动的上海国际体育贸易中心建设模式(见图1)。

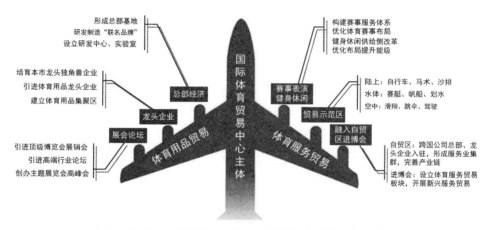

图1　上海国际体育贸易中心"一体两翼、多轮驱动"建设模式

在上述模式指导下,分阶段实施上海国际体育贸易中心建设:第一阶段,从现在起用5年时间,到2025年建设成区域性国际体育贸易中心,体育贸易总体水平走在全国乃至亚洲地区前列,跻身世界体育贸易较发达城市行列;第二阶段,再用5年时间,到2030年建设成全球性国际体育贸易中心,达到与全球著名体育城市相适应的体育贸易发展水平。

(二)上海建设国际体育贸易中心的实施路径

1. 上海体育用品贸易

上海是国内较大的体育用品生产基地,上海的体育用品生产企业包括运动服饰、运动装备与器械、运动保健与娱乐用品、户外器材等共12大类。其中,球类制造业产值约占全国的13%,运动防护用品占全国的10%。但上海无论是体育用品跨国公司地区总部数量,体育龙头企业数量,还是顶级体育用品展会及论坛数量,均较少,与上海国际大都市的地位尚不匹配。

（1）引进体育用品跨国公司地区总部。伴随着经济全球化，国际国内各大城市纷纷凭借自身的资源优势吸引跨国公司将总部设在该区域，进行集群布局，以实现价值链与区域资源的最优空间耦合。总部经济可以给城市经济发展带来外溢效应，如税收效应、产业聚集、消费拉动、就业乘数和资本放大效应等。上海市统计局数据显示，截至2019年6月底，上海累计吸引跨国公司地区总部692家，其中亚太区总部98家，吸引外资研发中心446家，其中亚太区以上海为研发中心69家。在这些地区总部中，体育用品生产、销售和体育服务类跨国公司地区总部屈指可数，主要包括全球最大的综合体育用品零售商之一"迪卡侬"中国区总部、阿迪达斯中国区总部、SPALDING体育用品（中国）有限公司总部、耐克（中国）总部和"数字工作室"以及奥递乐体育用品贸易（上海）有限公司总部等。中国体育用品十大品牌中，总部位于上海的只有上海红双喜股份有限公司，总部经济的外溢效应尚未得到充分体现。

因此，上海应积极发展体育用品总部经济，具体对策如下：

一是聚焦人工智能、先进制造，引进各类国际体育用品企业在沪设立区域总部。大力发展体育智能制造的研发、设计和销售，形成具有海派文化特色的国际体育用品智能制造总部基地。

二是通过品牌组合实施产品组合，鼓励本地体育企业和境外国际体育企业开展合作，在沪设立地区总部或分支机构，共同研发和制造"联名品牌"产品。

三是以体育保险、智能体育运动装备、运动饮料和体育中介为重点，吸引大型跨国体育用品企业设立上海研发中心、实验室。

（2）培育和引进体育用品龙头企业。经过多年建设，我国一大批体育公司已逐步成长为国内领先的体育龙头企业，其中上市公司高达60多家（见表3）。在体育用品方面，李宁、安踏、特步、361等一批体育用品公司分别在香港等地上市。这些上市企业网罗了运动服装鞋帽、健身器材、运动装备、球类等，已形成完整的产业链和产业集群，如晋江、温州的运动鞋业集群，石狮、中山的运动服装业集群，富阳、泰州的体育器材产业集群等。以晋江为例，晋江全市共有运动鞋生产企业3 000多家，年产运动鞋及休闲鞋9亿多双，拥有21家体育用品上市企业和7个产值超百亿产业集群，与体育产业相关的制鞋、服装产业双双超过1 000亿元。创造了安踏、特步、匹克、361、鸿星尔克、乔丹、美克、喜得龙等一大批闻名中外的运动鞋生产企业和品牌，产业链完整，产品远销世界八十多个国家和地区。其他城市中，广州、北京、杭州、天津等近年来也涌现了多个国内体育用品生产的龙头企业。

表 3　中国体育上市公司统计一览表

公司类型	公司名称	公司所在地	公司类型	公司名称	公司所在地	公司类型	公司名称	公司所在地
体育营销	贵人鸟	福建晋江	体育场馆	当代明诚	湖北武汉	体育金融	贵人鸟	福建晋江
	当代明诚	湖北武汉		奥拓电子	广东深圳		雷曼股份	广东深圳
	雷曼股份	广东深圳		莱茵体育	浙江杭州		分众传媒	广东广州
	省广股份	广东广州		金晶科技	山东淄博		莱茵体育	浙江杭州
	中体产业	天津市		武汉控股	湖北武汉		双象股份	江苏无锡
	华录百纳	北京市		强生控股	上海市		金螳螂	江苏苏州
	东方明珠	上海市	体育俱乐部	当代明诚	湖北武汉		雏鹰农牧	河南郑州
体育版权	当代明诚	湖北武汉		浔兴股份	福建晋江		中体产业	天津市
	中体产业	天津市		苏宁云商	江苏南京		华谊兄弟	北京市
体育经纪	当代明诚	湖北武汉		互动娱乐	广东汕头		探路者	北京市
	贵人鸟	福建晋江		亚泰集团	吉林辽源		奥瑞金	北京市
	中体产业	天津市		华夏幸福	河北固安	体育装备/设备	贵人鸟	福建晋江
体育培训	当代明诚	湖北武汉		雏鹰农牧	河南郑州		信隆实业	广东深圳
	莱茵体育	浙江杭州		泰达股份	天津市		青岛双星	山东青岛
	华策影视	浙江杭州		天津松江	天津市		奥康国际	浙江杭州
	国旅联合	江苏南京		莲花健康	北京市		浙江永强	浙江宁波
	奥瑞金	北京市		中信国安	北京市		探路者	北京市
体育传媒	贵人鸟	福建晋江		绿地控股	上海市		三夫户外	北京市
	莱茵体育	浙江杭州		上港集团	上海市		姚记扑克	上海市
	省广股份	广东广州	电竞	顺网科技	浙江杭州		嘉麟杰	上海市
	粤传媒	广东清远		万家文化	浙江杭州		兰生股份	上海市
	华录百纳	北京市		浙报传媒	浙江杭州	赛事运营	贵人鸟	福建晋江
	乐视网	北京市		国旅联合	江苏南京		雷曼股份	广东深圳
	暴风集团	北京市	体育游戏	姚记扑克	上海市		莱茵体育	浙江杭州
	真视通	北京市	体育彩票	鸿博股份	福建		亚泰集团	吉林辽源
体育旅游	信隆实业	广东深圳		安妮股份	福建厦门		广弘控股	广东鹤山
	长白山	吉林长春		综艺股份	江苏南通		同洲电子	广东深圳
	大湖股份	湖南常德		国旅联合	江苏南京		大湖股份	湖南常德
	凯撒旅游	北京市		东港股份	山东济南		中体产业	天津市
	海航创新	上海市		高鸿股份	贵州贵阳		三夫户外	北京市
体育社区	分众传媒	广东广州		杭州解百	浙江杭州		华录百纳	北京市
	华策影视	浙江杭州		人民网	北京市		海航创新	上海市
	探路者	北京市		姚记扑克	上海市		强生控股	上海市

相比之下，上海体育龙头企业则较少，大多数公司主要从事体育赛事的运营，如海航创新、强生控股、阿里体育、PP体育、久事、虎扑体育、五星体育、盛力世家等，体育旅游方面有海航创新，体育场馆运营方面有强生控股，体育俱乐部方面有绿地控股、上港集团和上海东方篮球俱乐部，体育传媒方面有东方明珠，体育文化有上海久事、双刃剑、上体文化和复娱文化等。但体育用品企业只有红双喜、嘉麟杰、兰生股份等少数几家公司，在国内七大体育用品品牌中，上海无一上榜。

因此，上海体育产业应立足以下方面，加快培育和引进体育用品龙头企业：

一是加快培育本地的体育龙头企业和"独角兽"企业。目前，上海虽然拥有像红双喜、美帆游艇、飞扬冰上、盛力世家等多个具有引领性的体育用品生产企业，但与安踏等知名企业相比，无论是规模、营收，还是集群效应方面都相去甚远。未来，上海应立足于自己在教育、科研和文化方面的领先地位，以人工智能、大数据和"互联网＋"为引领，推动上海体育制造业向智能化方向转变。引导具有资本优势的体育用品企业研发和制造科技含量高的智能化、高端化体育产品，形成以智能运动服饰与装备、智能运动器械与可穿戴设备、智能化、移动式运动场馆等为代表的体育用品生产骨干企业和龙头企业。

二是积极引进体育用品龙头企业落户上海。通过政策引导，吸引国际国内体育用品龙头企业在上海设立研发、设计、生产及销售中心。同时，通过本地企业与国内体育用品龙头企业以兼并重组、上市等模式组建跨地区、跨行业、跨所有制的产业联盟，形成新的体育用品制造龙头企业。例如，安踏公司以8.04亿元拍得上海青浦商办地块，正着力打造"单聚焦 多品牌"的世界级体育用品企业总部，这为其他体育用品龙头企业提供了很好的范例。

三是建设区域性的体育用品产业集聚区。上海市体育局等部门印发的《上海市体育产业集聚区布局规划》（2017—2020）提出，上海体育产业将按照"一核两带多点"的空间体系进行布局，走集群化、融合化、特色化发展道路，并提出到2020年，着力建设15个重点体育产业集聚区和一批体育产业特色集聚区。这些集群主要是体育休闲旅游、体育用品商贸、体育文化休闲、体育健身培训、体育生态旅游、体育赛事观赏等集聚区。未来，上海应发挥自己在球类制造、运动防护用品制造方面的优势，进行体育产品的深度开发，建设有影响力的上海体育用品产业集群。

（3）引进和举办顶级体育用品展会及论坛活动。中国国际体育用品博览会已连续多年在上海举办(2002~2005年,2017~2020年),这对推进上海体育产业发展,提高上海城市的知名度和影响力起到了重要作用。未来,上海应在办好中国国际体育用品博览会、上海(国际)赛事文化及体育用品博览会、上海国际户外用品及时尚运动展览会、中国(上海)国际游乐设施设备博览会、上海国际水上运动及潜水装备展览会等展会的基础上,以"一带一路"高端体育合作平台为依托,引进国际体育用品及运动时尚贸易博览会、国际水上运动及沙滩用品展览会等顶级体育用品展会及中外、中美、中法、中日体育用品产业高峰论坛和国际体育用品行业高峰论坛、全球著名体育城市论坛等高端论坛,创办以运动及户外用品、高尔夫用品、垂钓用品、旅游休闲用品等为主题的博览会、展览会。

2. 上海体育服务贸易

统计显示,2018年上海体育产业总规模为1 496.11亿元,增加值为556.90亿元,占上海GDP的1.7%。2017年上海体育从业单位11 489家,其中,体育服务业占比超过60%。未来,上海应继续大力发展以体育竞赛表演和健身休闲为引领的体育服务贸易,完善上海体育服务贸易体系。同时,构建特色体育服务贸易示范区,将体育服务贸易融入上海自贸区和中国国际进口博览会,形成多元发展的上海体育服务贸易发展格局。

(1) 完善以体育竞赛表演业和健身休闲业为引领的体育服务贸易体系。上海具有举办各类大型体育赛事的良好基础和经验,已有ATP1000网球大师赛、国际田联钻石联赛、上海国际马拉松赛、F1中国大奖赛、斯诺克上海大师赛、城市自行车定向挑战赛、国际沙排巡回赛、上海环球马术冠军赛、汇丰高尔夫冠军赛等多个顶级品牌赛事。在健身休闲业方面,上海一直在全国处于领先地位,各区县更是争奇斗艳,形成了多个健身休闲集群。

未来,上海体育竞赛表演业和健身休闲业应主要围绕产业结构转型升级和布局优化为主,具体对策如下:

一是以竞赛表演业为核心,构建多层次体育竞赛表演体系和配套服务体系。整合各类线上线下体育赛事资源,创新赛事管理与运营,形成涵盖国际级和国家级体育重大赛事、区域性赛事、邀请赛以及各类对抗赛、联谊赛、表演赛等在内的多层次职业与群众体育竞赛表演体系。引进特色体育赛事与项目,培育具有上海地域特点和独立知识产权、凸显生态优势的本土原创品牌赛事与体育项目,完善体育赛事产业链,形成配套的体育赛事产业服务体系、资助体系和质量评价体系。

二是加强体育赛事战略规划,优化体育赛事布局。以上海体育场(馆)、虹口足球场、源深体育中心、东方体育中心、嘉定国际赛车场、东方绿舟、旗忠网球中心、松江大学城体育中心、闵行体育公园、长风海洋世界等运动场馆为载体,培育大型城市体育服务综合体。

三是积极进行健身休闲产业供给侧结构性改革,提升产业能级。开发具有海派文化特色的健身休闲服务项目,挖掘上海各类自然类、人文类的水、陆、空体育资源,将体育设施设计与生态发展相融合,建设户外健走、徒步骑行、旅游露营、划船漂流和飞行探险等各类健身休闲设施及主题公园。

四是优化健身休闲产业布局。当前,上海各区健身休闲产业发展极不平衡,城区基础好,郊区及崇明区发展相对滞后,并且这种差距呈现出继续扩大态势。根据上述特点,上海应围绕"中心城区及扩展区+郊区+浦东地区+崇明三岛地区"的功能区域定位,打造"单核+多轴+多区"的发展模式,形成"一核二轴三带四区三岛"的布局(图2)。

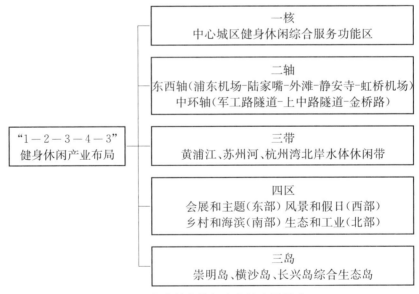

图 2 上海健身休闲产业的布局模式

(2) 建设特色体育服务贸易示范区。多年来,优越的区位优势和国际化大都市的地域特点,造就了上海"东方文化、海派风格"的特色体育文化环境与氛围,诞生了多个极具上海城市特色的体育项目,如乒乓球、网球、游泳、路跑、滑板、街舞、户外运动、极限挑战、3对3篮球、花式足球、电竞、帆船帆板、跳伞、以及舞龙舞狮、健身气功、太极拳、海派秧歌等。但大多数特色体育项目规模较小，地域分散，缺乏集聚效应。因此，上海应加快培育和建设以体育赛事表演、健身休闲为主体，以海纳百川、兼收并蓄和中西合璧为特点的、具有海派文化特色的体育服务贸易示范区，重点发展包括自行车、赛马、沙滩排球等陆上项目，赛艇、帆船等水上项目，滑翔、跳伞等空中项目，以及体育培训、体育中介、体育知识产权开发在内的特色体育服务贸易。

（3）将体育服务贸易纳入上海自贸区和中国国际进口博览会。上海自贸区的设立，为上海体育贸易发展带来了大好机遇。上海体育服务贸易应以此为契机，快速融入其战略进程中，形成相对集中的对外开放平台，提升自身的开放能级和竞争力。另外，随着首届中国国际进口博览会在上海成功举办，一些体育行业企业把目光聚焦到进博会，部分国际体育组织、俱乐部参展上海进博会，体育元素成为上海进博会的一大亮点。上海应抓住这一前所未有的发展良机，将体育服务贸易纳入进博会，加大对体育服务贸易的推广力度。对策包括：

一是引进体育服务跨国公司地区总部、国内龙头企业、各类国际国内体育组织或机构入驻上海自贸区，增强自贸区总部经济的吸引力和聚集效应。

二是在自贸区创建各类复合型体育休闲园区，包括体育商贸与休闲区、健身与休闲服务示范区、体育用品研发与体验区，形成具有示范效应的体育服务产业集群。

三是完善上海自贸区体育服务贸易产业链，打造体育服务贸易展示平台，通过举办各类体育用品、体育旅游、体育文化博览会及论坛，拓宽体育服务贸易领域。

四是在中国国际进口博览会服务贸易展区设立专门的体育服务贸易板块，开展以体育赛事举办权、赛事转播权、赛事无形资产开发权等为对象的体育赛事贸易，推进体育产权交易、体育评估咨询、体育融资租赁、体育策划规划、体育教育培训等新兴体育服务贸易，开发体育旅游服务资源，创立体育服务高端论坛。

四、结语

上海国际体育贸易中心建设是一个庞大的系统工程，需要各方齐心协力，共同努力。研究认为，区域性乃至全球性国际体育贸易中心的建设，今后应进一步加强下列工作。

（一）完善体育基础设施建设

国际体育贸易产业的健康发展依赖于体育基础设施的完善。体育贸易基础设施包括交通运输、港口码头、通信网络、供水供电等。近年来，上海体育贸易基础设施的建设取得了较大的成果，但与全球性国际体育贸易中心城市相比仍然存在较大的差距，这将是今后几年上海市的工作重心之一。

（二）调整体育用品产业结构

加快构建现代体育产业体系，完善体育用品产业结构。注重体育用品的升级，占领全球价值链的高端。引入大数据、区块链、人工智能等新技术，推动体育用品业转型升级、创新发展。培育一批有规模、技术新、能创新、发展潜力大的体育用品骨干和龙头企业，促使体育用品制造企业向精细化、专业化方向发展，满足消费者的个性化需求，鼓励体育用品销售企业积极拓展国内外市场，提升我国体育用品业的国际地位。

（三）优化体育服务产业结构和布局

积极进行体育服务产业的供给侧结构改革，重点发展体育竞赛表演和健身休闲市场，切实发挥体育赛事的引领作用，通过建设体育赛事资源平台，规范赛事市场，形成具有上海特色的赛事体系，提升品牌体育赛事的国际影响力。着力打造智慧体育服务平台和特色体育产业功能集聚区，开发具有地域特色的品牌休闲服务项目，助力"上海制造"品牌建设，建设具有较高国际知名度的体育消费城市。

（四）整合体育贸易流通体系

国际体育贸易中心最主要的功能是商品、资本、信息、服务等的集聚与流通，需要配套的流通体系进行支持。建议由市政府牵头，对体育流通环节，如检验检疫、报关、物流、保险、咨询等进行整合。以质量监管和标准化为抓手，进一步改善体育营商环境，规范体育用品和体育服务的运作、市场监管和标准化工作，与相关国际组织质量管理体系接轨，建立上海体育用品和体育服务标准化体系，保障体育用品产品和体育服务质量。在税收、土地出让、交通等方面出台相关优惠政策。重视体育行业协会、中介组织和科研机构的作用，加强地区间、国际间体育贸易合作。

(五)培育高层次体育贸易人才

统筹规划,建立多元化体育贸易人才培养机制,形成市级、区级和企业三级人才培育体系,完善人才评估体系和激励机制。以行业领军人才培育为重点,推动体育用品制造、贸易企业和高等院校、科研机构开展国际国内合作,培育高端人才,同时引导高层次体育贸易人才在上海创业。

参考文献

[1] 上海市人民政府.关于加快本市体育产业创新发展的若干意见;上海市体育改革发展"十三五"规划,上海市体育产业发展实施方案(2016—2020年)[EB/OL].上海市人民政府网站,www.shanghai.gov.cn.

[2] 汪亮.国际贸易中心城市崛起的经验与启示[J].城市观察,2011(4).

[3] 于圆圆.上海国际贸易中心建设的约束条件与战略对策研究[D].上海外国语大学,2010.

[4] 杜建耀,席艳乐.上海国际贸易中心建设中的转型发展研究[J].商业时代,2012(3).

[5] 武文丽.国际贸易框架下的中国体育经济发展研究[J].当代体育科技,2015(30).

[6] 曹盛民.试论体育产业贸易前景及趋势[J].商业经济研究,2018(8).

[7] 田广,郭敏.我国体育产业与体育用品对外贸易互动关系研究[J].天津体育学院学报,2018(5).

[8] 吴兆红,周坤,司增绰.竞技体育强国体育用品业贸易的优劣势、竞补性及优劣势影响因素[J].天津体育学院学报,2018(6).

[9] 季雯婷,顾江.中美体育用品贸易的竞争性、互补性及增长潜力的实证分析[J].体育科学,2018(8).

[10] 凌硕,朱寒笑.提升我国体育用品贸易竞争力的对策研究:基于钻石模型的视角[J].湖北体育科技,2019(5).

[11] 薛林峰,杨明.我国体育用品加工贸易转型升级研究[J].武汉体育学院学报,2018(5).

[12] 宋昱.自贸区战略进程中体育服务贸易推动体育服务业发展的策略研究[J].体育科学,2015(4).

[13] 张胜利.建设上海特色体育文化环境研究[J].人民论坛,2010(9).

[14] 邵怡,陈雄.体育服务贸易融入上海自贸区发展的策略研究[J].南京体育学院学报,

2016(4).

[15] 宋昱.我国体育产业高质量发展的组织创新与布局优化研究[J].成都体育学院学报,2019(4).

[16] 郭延花.建设上海国际贸易中心问题研究[D].安徽大学,2010.

[17] 黎国林.王云峰.广州建设国际贸易中心发展模式与路径选择[J].探求,2016(4).

[18] 龚欣欣.天津对外贸易中也建设研究分析[D].天津财经大学,2014.

整体性治理视角下上海体育产业高质量发展研究

王 跃 曾 理 杜 梅 吴 婷
王钦澄 肖巧俐 黄嘉涵 施 羽*

  在上海公共服务模式改革、加快体育产业发展和落实完善全民健身计划的三重背景下,体育产业的高质量发展已然成为改革的重点。与此同时,由于人们对于体育需求的快速上升及未来体育需求的内在巨大潜能,上海城市与体育互动发展的改革转型也正在进行中,解决如何以更健全的体系、更多元的供给模式、更有效率的供给方式来匹配人民群众的体育需求已是当务之急。

  体育是建设"健康上海"的重要组成部分,是打响上海"四大品牌"的重要载体,更是城市软实力和吸引力的重要支撑,2019年推动与实施的"长三角一体化发展"国家战略,为打造全球著名体育城市、夯实体育产业基础、促进公共服务深度融合、探索区域协同治理、实现现有价值链的升级和产业结构的突破创造了良好的契机。通过回顾上海体育产业的发展进程,发现上海体育产业仍存在碎片化、不均衡发展、体制机制滞后、财政困难等核心问题。本课题基于智能时代下的大数据技术带来的产业革命以及信息化、碎片化社会治理背景下催生的产业变革,以"高质量"为导向,评估上海体育产业的发展现状与问题瓶颈,深入探究上海体育产业高质量发展的理论基础、路径选择及创新治理之道,依托大数据平台构建产业生态,在整体性治理框架下探索体育产业融合

---

* 本文作者单位:华东理工大学体育科学与工程学院。王跃,院长、教授、博士生导师,硕士,研究方向:体育经济学;曾理,院长助理、讲师,硕士,研究方向:体育经济学;杜梅,副教授、硕士生导师,博士,研究方向:体育管理学;吴婷,副教授、博士,研究方向:体育经济学;王钦澄,在读体育人文社会学硕士研究生,研究方向:体育经济学;肖巧俐,在读体育经济学博士研究生,研究方向:体育经济学;黄嘉涵,在读体育人文社会学硕士研究生,研究方向:体育经济学;施羽,在读体育人文社会学硕士研究生,研究方向:体育经济学。

发展的路径、机制与政策。

本项目的理论价值在于：其一，在体育产业领域证实党的十九大报告中指出的"上海经济已由高速增长阶段转向高质量发展阶段"；其二，结合上海社会经济发展阶段国情特征和新时代经济新常态下产业高质量发展的共性要求，研究界定上海体育产业高质量发展的概念内涵和路径选择问题，有助于进一步丰富经济高质量研究的理论框架，有利于揭示上海体育产业高质量发展的特征与变化规律，形成高质量发展路径演化和政策制定的理论依据。

本项目的实践意义在于：其一，为体育产业赋予基于大数据的认知特征，为认识体育产业这一复杂网络提供研究思路；其二，在新的公共管理模式下，提出本土化的整体性治理理论，提升政府体育产业治理能力和现代化水平；其三，为体育产业转型升级，提供生态链功能构架的思路和综合指导方案，助推体育与城市协同快速发展。

一、国内外相关研究评述

（一）关于高质量发展方面的研究评述

1. 经济高质量发展内涵

党的十九大报告提出，高质量发展是生产要素投入少、资源配置效率高、资源环境成本低、经济社会效益好的发展。此后其内涵在实践中不断拓展，通过对文献的整理发现，与高速度增长的含义不同，高质量发展意味着经济发展不再简单追求量的扩张，而是量质齐升、以质取胜，反映的是经济增长的优劣程度，是量与质相协调的演进发展。详见表1。

表1 经济高质量发展的观点梳理

认识角度	作者	观点
社会矛盾	杨伟民（2018）	满足人民日益增长的美好生活需要；创新、协调、绿色、开放、共享
新发展理念	任保平（2018）周振华（2018）	经济发展的有效性、充分性、协调性、创新型、分享性和稳定性的综合；提高全要素生产率并实现经济的内生性、生态性和可持续性；"创新＋绿色"作为新动力

续 表

认识角度	作 者	观 点
经济增长	赵华林(2018) 任保平(2012) 李禹墨(2018)	量质齐升,以质取胜,量与质相协调的演进发展;反映经济增长的优劣程度
经济学	王一鸣(2018)	从规模速度型发展方式向质量效率型发展方式转变;提高全要素生产率
投入产出	李伟(2018)	高质量的供给、需求、配置、投入产出;高质量的收入分配和经济循环
问题角度	赵昌文(2018)	识别经济社会发展中突出的不平衡、不充分问题
动态视角	金碚(2018)	高速增长与高质量发展的异同

2. 经济高质量发展测度

诸多观点认为,高质量发展的测度需要对经济增长质量各个方面进行评价,从而对高质量发展阶段相关政策的实施效果起到预测、考核和评判的作用。详见表2。

表2 经济高质量发展的测度研究观点梳理

认识角度	作 者	观 点
经济结构的合理性	李变花(2004)	形成经济增长质量指标体系
经济效率	赵英才等(2006)	产出效率、产出消耗、产品质量、经济运行质量和生存环境质量
经济增长可持续性	钞小静、惠康(2009)	经济增长的结构、稳定性、福利变化与成果分配、资源利用和生态环境代价
满意度	Mikucka等(2017)	生活质量、健康水平、教育程度
经济基本面和社会发展	IMF(2014);Mlachila(2014);Asongu&Nwachukwu(2017)	政治因素、宏观经济环境、外部环境
经济基本面	徐瑞慧(2018)	经济增长基本面、社会发展和环境保护
发展水平测度	魏敏、李书昊(2018)	经济结构优化、创新驱动发展、资源配置高效、市场机制完善、经济增长稳定、区域协调共享、产品服务优质、基础设施完善、生态文明建设和经济成果惠民等10个方面

3. 经济高质量发展路径

高质量发展路径应注重政府、社会、市场的沟通合作,在创新、协调、绿色、开放、共享的新发展理念指引下,依托大数据支撑的信息反馈,引导数字经济和实体经济深度融合,通过产业优化和供给侧改革,推动经济高质量发展。详见表3。

表3 高质量发展的路径梳理

作 者	观 点
余泳泽、胡山(2018)	以创新驱动作为第一动力,以市场化改革作为主要抓手,以新一轮对外开放作为重要手段
涂圣伟(2018)	构建实体经济、科技创新、现代金融、人力资源协同发展的产业体系;推进供给结构优化、生产效率提高和价值创造提升
张永恒、郝寿义(2018)	关键在供给层面,要提高要素流动形式多样化、提升各类要素禀赋等级、细化要素禀赋分类、创造更多具有创新性的新要素
冯升波等(2018) 毕凯军、张志昂(2018)	大数据支撑的能源供给侧结构性深化改革;以数字经济引领实体经济,两者良性互动和深度融合
韩兆柱、翟文康(2015)	满足公众的需求;政府组织内外部与非政府组织的沟通合作;信息技术;有效的协同、协调和整合
胡佳(2009)	以协调、整合为核心
胡象明、唐波勇(2010) 曾凡军、定明捷(2010)	协调机制、整合机制和信任机制的培养和落实;协调是碎片化问题的解决之道
刘超(2009) 谭海波、蔡立辉(2010)	整体性公共危机治理战略的制定,大危机管理部门的建构,政府与社会、市场的协作治理,统一、高效的危机治理信息中心建设;从机构、信息资源、业务流程、服务与沟通渠道等方面整合建立"整体型政府"

4. 体育产业高质量发展研究

体育产业有发酵效应,可以融合第一、第二、第三产业,可以带动其他产业高质量发展,对经济转型升级是一个强大的新动力。根据经济高质量发展的基本内涵,体育产业高质量发展研究主要包括体育产业转型升级和体育产业发展质量评估两个方面。详见表4。

表4 体育产业的高质量发展的基本内涵梳理

研究角度	作　者	研　究　主　题
体育产业转型升级	杨明、李留东(2008);周云涛、储建新(2010)	全球价值链视角探讨体育用品产业的转型升级
	夏碧莹(2011);向绍信(2014);梁希、袁云(2017)	行业层面研究体育产业转型升级的路径与对策
	张燕中(2017);范尧(2017);任波等(2018);黄道名(2018)	基于"中国制造2025"、供给侧结构性改革等时代背景的研究
体育产业发展质量评估	霍照、刘建平(1993)	体育投资经济效益主要包括全部投入要素生产率、全部投入要素边际生产率两个基本指标和劳动生产率、工资产出率、投资产出率和技术增产率等多个结构指标
	李国岳(2006)	体育产业可持续发展评估包含对体育经济、体育社会、体育环境等可持续发展的状况、实现程度及发展趋势进行系统的评价
	路连举(2014)	体育产业核心竞争力评估指标体系包括对人口、经济、体育产业、周边产业和政府投入等要素的评价

（二）整体性治理概念梳理

整体性治理理论强调多元主体间通过网络状连接进行充分沟通与合作，达成有效协调与整合，使彼此的政策目标连续一致，政策执行手段相互强化，达到合作无间的目标治理行动。该理论兴起于英国学者对新公共管理所造成的"碎片化"政府的反思，Perry(2002)将整体性政府与协同型政府、贵族式政府、渐进式政府和碎片化政府进行比较，从政策目标和政策机制、顾客目标和顾客机制、组织目标和组织机制、机构目标和机构机制等多方面介绍了整体性治理的特征和具体措施。此后，国内外学者发展了整体性治理理论的相关研究，他们对整体性治理内涵的主要观点见表5。

表5 整体性治理的概念梳理

作　者	观　点
Perry(2002)	整体性政府概念(holistic government)，是政府机构组织间通过充分沟通与合作，达成有效协调与整合，彼此的政策目标连续一致，政策执行手段相互强化，达到合作无间的目标的治理行动

续 表

作 者	观 点
Patrick Dunleavy (2006)	由于碎片化等一系列问题,信息系统几十年来一直是形成公共行政变革的重要因素,政府信息技术成了当代公共服务系统理性和现代化变革的中心
Pollit(2003,2010)	通过横向和纵向协调的思想与行动来实现预期利益的政府治理范式,包括消除政策间的矛盾和紧张以增加政策的效力、减少重复、整合稀缺资源、增进某一政策领域中不同利益主体的协作、为顾客提供无缝隙而非分离的服务
陈铮(2002)	是国内最早介绍整体性治理理论的学者,介绍了英国由"竞争政府"转向"合作政府"的发展轨迹以及朝"整体政府"迈进的改革方向
张立荣、曾维和(2008)	整体性治理具有公平正义的公共服务目标、联合的公共服务方法和协调的公共服务政策;在价值取向、组织结构、技术手段等方面有重要的借鉴意义:一是建立"内联"治理结构,如大部制;二是发展"外协"合作关系;三是转变政府职能,建设和谐行政文化
曾维和(2010) 竺乾威(2008)	公共服务向以合作为特征的整体政府改革迈进;主张管理从分散走向集中,从部分走向整体,从破碎走向整合;整体性治理的实现有赖于信息技术的发展
周志忍(2009) 韩兆柱、翟文康(2015)	整体政府理念针对并试图取代"碎片化政府",是指以满足公众的需求为基础,强调政府组织内部及外部与非政府组织间充分的沟通合作,以信息技术为治理手段,达成有效的协同、协调和整合,使其目标一致,实现无缝隙服务的一种治理方式;协调是碎片化问题的解决之道
胡佳(2009) 谭海波、蔡立辉(2010)	整体性治理理论以协调、整合为核心; 分析了"碎片化"政府管理模式的形成、流弊,认为政府需要从机构、信息资源、业务流程、服务与沟通渠道等方面加以整合,建立"整体型政府"

这些学者认为,在整体性治理理论应用过程中,需要多元主体的协同合作创新,注重连接性和整体性。而大数据可以跨越政府内部各部门之间及政府与企业、其他公共组织之间的鸿沟,做到信息、资源共享,实现协同。在大数据背景下,政府内部各部门之间的信息交流需要建立一个公共平台,形成一个整体,在政府与企业、其他公共组织之间通过大数据技术做到多向衔接,成为一个有机整体(见图1)。

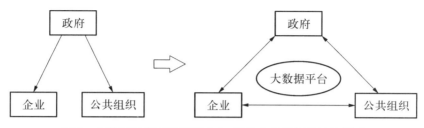

图 1　大数据时代下政府与企业、其他公共组织的连接形式

（三）研究评述

上述相关研究结果为本课题研究奠定了重要基础，国内对经济高质量发展的研究近年来迅速增加，经济"高质量"发展的理念已经提出，但具体到产业层面的高质量发展，尤其是体育产业高质量发展的相关研究还十分有限。高质量发展既有倒逼机制，又有主动行为，只有研究了体育产业高质量发展的关联因素、了解了动力所在，体育强国策略才能有的放矢。

上海体育产业高质量发展的实践形式丰富多样，但理论研究与现实状况相互脱节，理论无法较好地指导实践，实践亦无法推进现有理论，这凸显出该领域理论研究的相对欠缺，已落后于体育产业发展实践，且缺乏理论源头方面的思考。而整体性治理是当代政府管理的一个新理念，是当今发达国家政府改革的热门实践和学术研究的热门领域，其理念和机制对上海体育产业高质量发展具有重要的现实意义。

二、国内外体育产业发展现状

（一）我国体育产业发展现状

1. 产业规模不断扩大

近年来，受政府政策刺激和宏观经济增速的影响，我国体育产业规模不断增长，体育产业增加值的增速基本保持相对平稳，2017年全国体育产业总规模（总产出）为2.2万亿元，增加值为7 811亿元，从名义增长看，总产出比2016年增长15.7%，增加值增长了20.6%。体育产业产值的不断增长与2008年北京奥运会的成功举办和2014年国务院出台《关于加快发展体育产业促进体育消费的若干意见》的政策刺激有明显的关联性。

2. 产业结构不断优化

2017年全国体育用品及相关产品制造的总产出和增加值最大,分别为13 509.2亿元和3 264.6亿元,增长速度分别为12.9%和14.0%。体育服务业增加值从2016年的55%上升到2017年的57%,其中直接与公众体育消费相关的体育竞赛表演活动、体育健身休闲活动增长突出,增长速度分别达到39.2%和47.5%,反映出我国体育服务业蓬勃的发展势头。

3. 产业集群逐步形成

近年来产业基地已经发生从量表到质变的转化过程,标志着中国体育产业集群逐步形成,体育产业的规模经济效应开始显现。国家体育产业基地作为体育产业的"国家队",经过多年培育,经济贡献和社会地位表现较为突出,为体育产业总结新路径、创造新经验、提供新范例、激发新活力发挥了重要作用。

4. 产业融资不断增长

中国体育资本正"跑马圈地",开始布局全业态的体育产业领域,体育产业融资规模呈现井喷之势。证券市场"新三板"挂牌的体育企业从2014年的7家增长到2015年的54家,"A股资本市场"体育上市公司达到了60多家,仅乐视体育、腾讯体育、体奥动力在体育版权购买上的投入就高达200多亿元。体育融资是体育产业市场化程度的主要体现,融资规模的扩大为体育产业的可持续发展奠定了社会资本基础。

5. 产业内容和边界不断扩展

党的十八大以来,党中央、国务院高度重视体育工作,在一系列体育产业政策的引领和指导下,体育产业得到了快速推动和发展,新业态、新商业模式等新情况不断涌现,"体育服务综合体管理""体育广告与会展服务""体育表演与设计服务""体育咨询""体育博物馆服务""体育用相关材料制造""体育相关用品和设备制造"7个种类新增至《体育产业统计分类(2019)》,体现了体育产业在国民经济中的渗透,体育产业的内容和边界不断拓展。

(二)国外体育产业发展经验

1. 以人为本的政策导向

美国,体育产业政策法规制定除政府负责外,各州都有属于自己的实施法令,依托制度促使分工明确、有法可依,民众参与、资源共享。英国,体育产业政策法规落归至社区,实现个人群体的积极覆盖。加拿大,政府高度重视公共体育设施建设与完善,将其纳入福利与制度保障范畴,并重视户外场地设施建设。日本,在经历1964年东京奥运会后,实现了竞技体育向大众体育的迅速转型,2000年提出终身体育思想,2010年将体育上升为国家文化战略,2011年《体育基本法》提出"体育是一项人权",促进政府职能转变,2012年《体育基本计划》提出建成竞技体育与大众体育互为基础的循环机制,2013年《21世纪国民体育振兴计划》创建综合型社区体育俱乐部会议,在体育指导员制度中增设志愿者事项,促进民间体育组织自立、自律、自治。

2. 分工明确的管理体制

美国,体育产业组织分工明确,政府统领,社区体育社团实施,企业性体育俱乐部则为更高级体育服务供给做好补充,实现全面且均等的体育产业目标。英国,政府是体育产业政策制定者,政策的执行交由社会组织,如俱乐部或地方非营利组织等。德国,体育产业主体分工明确且以体育社会组织为主,政府较好地实现了任务与权力转移,并从法律上确保组织自我治理。加拿大,政府对体育事业的管理也分为国家级和地方级。日本,三级体育管理体制,政府和社会团体管理系统。

3. 多元参与的资金来源

美国,体育产业的资金来源包括政府投资、体育彩票和其他来源。其中,政府投资一般占国内生产总值的1%左右,且地方政府多于中央政府,投资方式有直接的财政补助和间接的投入。政府还通过免税、转让土地、低价出租等措施为体育场馆的建设提供财政帮助。体育彩票的盈利主要投向教育事业、环保事业、公园和娱乐场所等建设。其他来源方面,社会筹资约占体育经费的70%以上。英国,体育产业经费一部分来源于国家财政拨款,彩票收入也是政府财政拨款的重要部分,另一重要来源来自社会团体自筹,包括社会捐赠、基金会资助、会员会费、企业赞助、场地出租及门票出售等。加拿大,联邦政府为体育产业体系建设提供资金支持,此外,加拿大大众体育休闲活动的经费来自城市税收,再有就是登记注册费、租金以及捐赠和特许经营收入等。日本,体育产业经费采取国家财政补贴,但是最高不超过30%,形成政府、协会、民间组织及个人的三元模式。

(三)借鉴与启示

发达国家在社会经济发展中,民众对生活品质和运动健康理念的关注,国民的终身体育理念和日常运动习惯均为体育产业发展提供旺盛的市场需求,加之活跃的市场供给和完备的体育产业链结构,均为各国在体育产业政策制定、运营管理和资源投入方面提供了前提和保障。各国在具体要素环节亦表现出相异的特点,于动态标准中体现着自己独特的魅力,这也给予上海体育产业体系建设良多启示:政策法规方面要保持颁布的连续性和强调依法治体的关键性;场地设施要做到标准化建设同时还需达到有效利用的期望;政府部门应增强整合能效以促成协调联动机制;体育社会组织积极参与社会治理进程且不断提升自身能力;经费来源需引入社会资本并建立专项财政制度以加大转移支付力度;推进体育产业智慧平台搭建,同时创新"保底性"体育产业供给模式。

国外体育产业发达国家注重大众体育的发展,改革重心由经济领域转向社会范畴,上海自经济"新常态"提出后,中高速的增长目标维持已宣告进入社会改革阶段,在此时期有两大任务需要完成:一是整体性的社会治理,政府需要权力释放,社会力量不断融入;二是体系化的制度建设,依法治国刻不容缓。对体育而言,能够较好地与其对接,尤其是体育产业供给,更是需要多元主体的联合推动,与社会治理理念相契合,而依法治体促使体育产业运行中有法可依也与大环境的法制完善相一致,所以通过对国外发达国家体育产业体系建设的实践获取经验是十足必要的,他们都能在实际推进过程中形成固定的要素体系,如政策法规、场地设施、组织机构、经费来源及活动开展等,较为系统地确保体育产业良性运行与协调发展。随着中国特色社会进入新时代,人民的需要已经从物质文化需求发展到美好生活需要,对个人文化建设和精神需求也要提升至更高层面,需要更多的内容承载和服务供给。

中华人民共和国成立 70 周年,改革开放 40 周年,全面建成小康社会、实现两个一百年奋斗目标,体育大国到体育强国的建设中,需要上海参照国情和城市发展状况,探索建立符合上海城市发展定位,助力国家战略实施,实现人民美好生活的体育产业高质量发展。

三、上海市体育产业发展动力、机遇、现状

(一)上海体育产业高质量发展内生动力

1. 随社会需求不断发展

体育产业的高质量发展,必须对整个体育产业链进行客观、理性地分析,在此基础上确定体育产业的发展策略、目标定位、内容构成、保障措施等,真正

促进体育产业理论体系的发展。

2. 整体系统的构建方式

体育产业本身具有综合性特征,需要整体性、长远性的考虑,使人们对体育产业发展的关注将不仅仅单纯集中于发展目标、发展过程等方面,而且还促使人们对各种管理方式的适切性、有效性、合理性作进一步的思考,从而寻找到与体育产业发展相契合的管理方式。

3. 新技术新手段协同机制

依靠网络平台和大数据分析处理技术,完善治理结构体现整体性、协商性和多元性。借助体育产业发展规划的制定、实施、评价等一系列活动的开展与完成,引导社会各界广泛参与,形成发展合力,改善体育产业的管理、实施、运行等工作,并在长期持续不断地体育产业开展过程中,调动社会上各种积极因素,逐步丰富体育产业的可利用资源,充分发挥各种资源的潜能。

4. 客观民主的评价体系

通过构建完善的沟通表达机制发扬社会民主、广泛吸收相关利益群体的建议,以此来指导体育产业发展规划的设计、编制、实施,协调不同利益群体间的关系,由此获得广泛的社会认同,促进体育产业事业的发展。

(二)上海体育产业高质量发展外部动力

1. 城市空间布局引领

上海市政府已经启动在 2020 年将上海市建成功能优化、空间集约、交通便利、生态优美的大、中、小城市协调发展的都市圈的目标。同时,《上海市城市总体规划(2017—2035 年)》指出,要增加体育公共服务设施,推进市级体育健康设施功能布局,至 2035 年,全市拥有专业足球场数 5~10 个,并预留高等级专项体育场馆和训练基地以满足举办国际大型体育赛事的需要;增加社区公园、小尺度广场、游泳馆、足球、篮球、健身点等各类体育运动场地和休憩健身设施,形成多样化、无处不在的健身休闲空间,广泛开展全民健身活动,满足各类市民健身需求。上海市未来城市空间布局成为推动上海体育产业发展、功能转移的动力机制。

2. 体育产业政策指导

上海市人民政府《关于加快发展体育产业促进体育消费的实施意见》指出:到 2025 年,上海将基本实现全球著名体育城市的建设目标,努力打造世界一流的国际体育赛事之都、国内外重要的体育资源配置中心、充满活力的体育科技创新平台。《上海市体育改革发展"十三五"规划》指出,到 2020 年,形成体育氛围浓烈、体育事业繁荣、体育产业发达、体育品牌凸显、体育人才辈出、体育交流活跃、体育要素集聚的全球著名体育城市基本框架。《上海市体育产业发展实施方案(2016—2020 年)》进一步确立了体育服务业的主体地位,明确体育服务业作为发展重点,着力构建完善体育设施和体育功能区的整体布局。《上海市全民健身实施计划(2016—2020 年)》中提出要重点新建一批便民利民的市民健身活动中心、中小型体育场馆、户外多功能运动场、健身步道等全民健身设施,将全民健身作为城市发展战略,发挥全民健身在健康上海建设中的基础性作用,鼓励国际体育组织落户上海。经济全球化和区域一体化不断深入发展,以及上海经济发展进入新常态和"一带一路"、长江经济带、京津冀协同发展,都给上海体育产业发展带来机遇。

3. 体育相关产业助推

《上海市教育改革和发展"十三五"规划》要求进一步强化学生综合素养和德智体美全面发展,更加重视体质健康、艺术素养和科学素养;《上海市科普事业"十三五"发展规划》中明确要求培育一批精品科普场馆和专题性科普场馆;《上海市基本公共服务项目清单》的 9 大类 96 个公共服务项目中包含卫生、养老、文化、体育(全民健身)等服务;《关于推进健康服务业高质量发展加快建设一流医学中心城市的若干意见》中指出,要以健康医疗、健康服务、健康保险为重点,推动健康服务业集聚化、融合化、特色化、高质量发展;《关于加快推进本市"四新"经济发展的指导意见》提出加快推进本市新技术、新业态、新模式、新产业的蓬勃发展;《上海市加快制造业与互联网融合创新发展实施意见》鼓励有条件、有实力的大型企业,整合国内外优质的创新资源,面向企业内部和社会,构建一批低成本、便利化、全要素的"双创"服务平台;《关于上海市推动新一代人工智能发展的实施意见》支持各区基于大数据、云计算、车联网、机器人等基础优势,依托各类"双创"基地、众创空间,扩大超算、智能云服务、测试数据集、安全应用认证等公共供给,形成一批人工智能"四新"企业集聚示范区。依托当下特殊的时代背景和上海市社会经济发展大趋势,必将为上海体育产业高质量发展提供强大动力。

(三)上海体育产业高质量发展的新机遇

1. 体育产业蓬勃发展,多元需求催生战略布局

作为上海经济新常态下的潜在增长点,体育市场需求呈现多元化发展趋

势,陆上、水上、航空、冰雪等体育竞赛表演活动和体育健身休闲活动的社会推广和产业发展势头迅猛,为更好地激活体育核心运动项目资源、发挥其社会作用和经济价值创造了条件。同时,上海体育服务综合体、体育主题公园、滨江体育公共空间等在利好政策引导下得到较大发展、在全民健身活动中发挥了重要作用,展现了健身休闲基础设施建设、运营探索的新阶段。近年来,上海体育产业体系和产业链、生态圈逐步形成,有助于促进提升体育产业治理能力,形成拉动内需的新的经济增长点和动力源。

2. 科技进步加速变革,智能时代激发产业变革

当前,体育产业持续保持快速增长,数据、人工智能等新技术新产业的快速发展浸润着体育产业的改革。在体育与旅游、健康、金融、科技、互联网、传媒等多个产业融合发展的"体育＋"和"＋体育"模式,将进一步拓展体育产业中体育服务业的范畴,打破传统产业发展的固有模式和价值链条,激发与体育产业相关的新产品、新技术、新业态和新模式。以"互联网＋体育"为代表的模式在体育领域催生了诸多新内容:"体育健身和赛事服务平台""体育物联网""体育网络视听""体育网络直播""体育大数据处理"等新应用满足和开拓了人民群众日益增长了体育需求,反映了"互联网＋体育"业态的新变化。随着上海经济进入新常态,贯彻供给侧结构性改革思路,展现科技助力发展体育产业新成果,将有助于进一步激发体育产业变革、促进体育产业结构优化。

3. 战略机遇挑战并存,问题瓶颈亟待整体治理

在迎来战略发展机遇和重要时间窗口的同时,上海体育产业在发展中也面临着结构失衡、供需错位、供给滞后等问题,一定程度上制约新时代体育产业的高质量发展。如何解决制约体育产业发展的顽疾,寻求上海体育产业高质量发展的路径与对策,在稳的前提下,有所进取、以进求稳,更好满足多样化、多层次、多方面的需求,无论对理论还是对实际应用都具有重要的价值。

(四) 上海体育产业发展现状及表现

近年来,上海体育产业规模增长迅速,2017年,全市体育产业规模达到1 266.93亿元,同比增长21.14%,占当年全市GDP比重为1.6%。但仍面临两大挑战:一方面,体育产业规模较小,2016年,福建、江苏、浙江、山东等四个体育大省体育产业规模分别达到3 450亿元、3 200亿元、2 292.18亿元、1 683亿元;另一方面,产业结构仍需优化,2017年,上海体育服务业占比达到65.5%,高于体育制造业,但体育服务业发展不够均衡,体育竞赛表演活动、体

育中介服务、体育场馆服务、体育健身休闲等领域仍待加强。2018年8月29日出台的《关于加快本市体育产业创新发展的若干意见》(沪府发〔2018〕31号)提出,到2025年,全市体育产业规模将达到4 000亿元左右,2020～2025年产业规模年均增速保持在20%左右。

现阶段,上海市体育产业主要依托政府产业政策的催发,其内在"自然秩序"和"市场秩序"尚未形成,还处于从量变到质变的发展进程中,且这些低质量发展具体表现在以下几个方面:

1. 结构失衡,成果转化率低

目前上海体育产业结构中业态占比失衡,体育本体产业发展较慢。其中体育制造产业链市场呈现出规模大、产品科技附加值小、创新性产品少。还没有从根本上摆脱模仿、加工的发展模式,科技创新和市场营销创新水平处于较低水平。

2. "互联网+"流于形式

"互联网+"思维的体育产品大多是形式大于内容,大部分互联网体育产业平台是在追捧"互联网+"的概念,缺乏实际的体育服务内容支撑、服务产品迭代缺位,也反映出体育消费和市场需求的潜力。

3. 社会资本"热钱羊群效应"

自2015年,在加快发展体育产业的政策刺激下,体育产业领域的社会资本蜂拥而至,资本规模非常惊人。社会资本的注入,为体育产业的发展注入了资本的活力,但体育产业总体发展尚处于低质量阶段,获利周期较长,而追求"短平快"获利的非理性投资,直接影响了体育产业发展后劲和持续性。

4. 公共体育资源稀缺

近年来,上海体育人口的规模和需求增大,但从体育资源供给水平来看,不同区域之间的供给水平差异显著:一是城乡、区域之间经济发展水平、居民收入水平差异导致的体育产品的供给水平差异;二是城乡、区域之间体育公共实施与公共服务水平存在差异。

5. 知名赛事IP缺乏

体育赛事是体育的本体产业。上海目前在世界有影响力的品牌赛事多数主要来源是购买版权来实现。自有IP品牌体育赛事资源的缺乏直接影响体育产业链的可持续发展。

6. 体育消费潜力不足

现阶段,政策推动下的上海体育产业得到了快速发展。但上海体育消费市场还没有真正形成,而政策推动的边际递减效应,会直接影响体育产业发展的可持续性。

四、上海体育产业高质量发展的要素及策略

(一)高质量发展两大要素

1. 信息数据要素,大数据平台支撑

基于互联网技术的大数据平台为体育产业高质量发展的产业生态构建提供了条件保障。体育产业的产业链、产业种类、产业内容、组织数量、联系方式等繁复多样,产业属性差异巨大,与产业生态链有关的要素集、关系集和环境集,内容多样,变化多端。在截面数据上,产业生态链的主体(企业、企业群落、产业、产业集群等)、生态链维度(职业体育、校园体育和社会体育)、上下游的关联产业以及市场与政府等,在不同区域的相关信息量巨大。同时,计划和市场两种职能在不同产业内的分界各有不同,由此产生了不同的资源分配方式和技术供给条件。所有这些再加上产业在转型不同阶段,其产业生态链的生态性功能各异、产业成熟度不尽相同所形成的时间序列数据。多个截面多种形式的多维空间,加上时间序列,所生成的数据信息量之巨,必须要借助于大数据的信息处理工具,才能保证对产业链的生态功能准确判断。

2. 管理体制要素,整体性治理创新

尽管体育产业结构正朝着积极方向变化,但与高质量发展要求相比还存在一定差距。尤其是在当前上海经济运行稳中有变、变中有忧,经济下行压力加大的背景下,体制性结构性矛盾以及发展不平衡、不充分问题依然突出。因此,要推动体育产业迈向高质量发展,不仅要深化改革,激发内在活力,把创新驱动与人才资源、技术资源、生态资源、资金资源等整合起来,还要建章立制,破除体制机制障碍,形成一个同市场充分对接、充满活力的体制机制振兴实体经济的治本之策,用整体性治理的视角推进供给侧结构性改革,以生成更多市场主体的发展路径。

(二)整体性治理下的发展策略

1. 要以需求和问题为导向

整体性治理理论不仅以实现公共利益为出发点,为公众提供无缝隙而非

分离的整体性服务,确保满足公民的需求,而且特别强调满足公民需求的公平性。针对体育产业发展过程中的各种问题,整体性治理理论主张防患于未然,建立预防性政府,预防和避免问题的产生和恶化,以降低治理成本。

2. 强调活动、协调与整合

活动、协调、整合是整体性治理的三个核心概念。体育产业高质量发展中,活动是指包括政策、管制、服务和监督四个层面在内的治理行为;协调是指确立合作和整体运作、合作的信息系统、结果之间的对话、计划过程以及决策的想法;整合是指通过确立共同的组织结构和合作在一起的专业实践与干预以实现有效协调的过程。

3. 注重目标与手段的关系

整体性治理理论特别注重治理目标与手段的协调。体育产业高质量发展就必须认识政府、企业、市场和社会的需求及关系。

4. 建立信任与责任的保障

整体性治理旨在通过对碎片化的有效整合建立跨部门或跨组织的网络关系,实现公共议题的合作治理。因此,在体育产业高质量发展过程中,首先需要树立治理主体间良好的信任和责任感,并建立制度化的保障。不同主体之间还存在其他功能性要素,如信息系统、预算等,而建立组织之间的信任就必须多种功能性要素的整合。

5. 依赖信息与技术的运用

实践中,整体性治理以信息技术为治理工具,在互动的信息提供与搜集基础上打造透明、整合的行政业务流程,实现信息的充分共享,使相关治理主体在应对复杂公共事务时能够具有战略视野并能够做出科学决策。体育产业高质量发展也需要构建这种信息沟通模式,推动产业整体协同的决策方式,打破政府内部以及政府与社会之间的藩篱,柔化政府主体间和社会主体间的边界,简化行政层级和业务流程,加强治理主体间的协商和沟通。

五、整体性治理视角下上海体育产业高质量发展的对策与建议

在政府、市场、社会的沟通配合下,上海建设全球著名体育城市的改革道路已取得了巨大成就,但上海城市与体育互动发展的改革转型以及人工智能、大数据与区块链技术激发的体育需求巨大潜能,给上海体育产业的高质量发

展提出了新的要求,以更健全的体系,更多元的供给模式,更有效率的供给方式来匹配人民群众的体育需求已是当务之急。本研究认为,在国家战略、上海城市发展战略创造的良好契机下,以"高质量发展"为导向,从整体性治理的角度入手,上海体育产业高质量发展的创新治理途径可以从以下四个方面入手。

(一) 厘清不同主体之间的关系

1. 政府内部

聚焦破除行政管理内部的科层屏障,包括体育市场准入与监管指标是否完善,跨区政府是否有体育市场需求与供给状况交流,跨区信息库建立,跨区生产要素流动监控。

2. 政府与企业

着重建立政策、信息指标、培育机制三方面的合作。首先要配备技术创新激励政策、相关人才引导政策,还要检查技术创新体系是否完善,确保对企业发展的技术指标及原创性,并对完善企业负债风险报告体系及披露渠道。同时,建立政府对企业发展培育机制,提高培育质量,搭建企业发展质量信息库。

3. 政府与市场

重点优化产业结构。优化产业结构首先要建立体育产业生态的评价指标,在产业数据定性定量的分析基础上,评价产业生态体系,合理布局。

4. 政府与社会

关注和谐增长。消除体育产业低质量表现,促使市场的自然生态修复,定期检验政策与指标健康程度。

(二) 建立新的管理体制及财政补偿机制

1. 整体性治理的制度体系、多部门沟通机制

针对体育产业所需的各项资源,从土地开发、资金筹措、政策引导等方面形成较为完备的法规政策体系,强化主管部门的公共服务职能。建立政府多部门的合作平台,共同制定体育产业高质量方案,设立由多部门共建上海体育产业高质量发展管委会,统筹规划、协调推进,提高整体性治理行政管理实效和沟通机制。

2. 制定有效的财政补贴机制

针对投入较大的体育产业项目,设立完善基础设施投资补偿和回报机制,支持符合条件的体育企业进入资本市场,通过股票上市、企业债券、项目融资、

产权置换等渠道筹措资金,鼓励和引导金融机构加大对体育企业的信贷投入,并给予必要的税费减免和政策激励。

(三)发挥市场机制,完善产业体系

1. 优化资源配置,改善投资环境

通过营造一流的软、硬件条件,提供完善的公共服务,充分发挥市场机制在资源配置中的基础性作用,围绕上海体育产业的高质量的需求,整合区域体育资源、人力资源、组织资源,创造适合体育产业集聚、投资发展的外部环境,扶持一批体育产业治理团队。

2. 建立孵化机制,完善产业体系

通过建立体育产业孵化机制,形成通往政府、产业、高校、研究机构、中介机构等的广泛渠道和接口,组织和搭建体育产业加速创新网络,进一步提升对政府资源、企业资源、中介服务资源等一系列资源的整合能力。

(四)引入监督机制,营造和谐氛围

1. 建立政府与企业的沟通渠道

重视和加强政府与体育产业相关企业的服务,建立有效的联席会议机制,定期召开体育产业沟通会,建立便捷、畅通的沟通渠道,及时把握并协调解决企业投资经营过程中的相关问题。通过联合年检和第三方测评,建立政府检查企业、企业监督政府的相互监督机制。

2. 发挥社会组织的监督作用

加大体育总会、各单项协会等体育组织在社会监督方面的职能,为上海体育产业高质量发展打下基层社会组织基础,加强社会组织之间协作配合,实现均衡发展、突出特色创建,形成基本公共服务体系与多元化社会投入体系相结合的体育产业监督机制。

3. 加快体育产业人才队伍建设

大力培养懂体育、善创意、会经营的高端复合型体育经营管理人才和各种操作型、技能型、实用型人才。鼓励有关高等院校设立体育产业智库,支持高等院校、科研机构、职业培训机构和体育企业建立具有规模化、专业化、市场化、国际化的体育产业教学、科研和培训基地。完善人才评估体系和激励机制,吸引财税、金融、科技等领域的优秀人才进入体育产业领域,注重海外体育经营、研发、管理等高端人才的引进,为体育产业发展提供强有力的保障。

(五) 大数据平台及数据资源

1. 制定合理多方共建共管的数据平台

体育产业的高质量必须建立在信息数据实时、快速互通的基础上。体育产业大数据平台需要能呈现动态的体育产业发展特征。成立有政府、企业、市场、社会多方共建共管的大数据平台,从而实现明确体育产业链中的各组织关系,记录动态数据,比较相对优势,识别要素联结,制定政策方案的目的。

2. 鼓励体育产业数据资产开发

体育产业数据资源本身是体育产业大数据平台的产物。合理挖掘和利用体育产业生态数据资产,是吸取更多的资源和资金、向社会提供体育产品、满足社会体育需求的重要手段。对有资质、有能力、有条件利用数据资产的组织实行监管,一方面保障数据安全,一方面深挖数据资源在新的开发经营中的潜在价值,从而为整体性治理体育产业,实现高质量发展,开辟一条信息互通、监督共管的新路,最终实现"以体养体"产业转型。

参考文献

[1] 上海市人民政府.关于加快本市体育产业创新发展的若干意见(沪府发〔2018〕31号)[Z].

[2] 杨伟民.贯彻中央经济工作会议精神 推动高质量发展[J].宏观经济管理,2018(2).

[3] 任保平.新时代中国高质量发展的判断标准、决定因素与实现途径[J].改革,2018(4).

[4] 赵华林.高质量发展的关键:创新驱动、绿色发展和民生福祉[J].中国环境管理,2018(4).

[5] 任保平.经济增长质量:理论阐释、基本命题与伦理原则[J].学术月刊,2012(2).

[6] 任保平,李禹墨.新时代我国高质量发展评判体系的构建及其转型路径[J].陕西师范大学学报(哲学社会科学版),2018(3).

[7] 王一鸣.深化改革推动经济高质量发展[J].理论视野,2018(11).

[8] Mikucka M, Sarracino F, Dubrow J K. When does economic growth improve life satisfaction? Multilevel analysis of the roles of social trust and income inequality in 46 countries, 1981 – 2012[J]. World Development, 2017, 93: 447 – 459.

[9] Mlachila M, Tapsoba R, Tapsoba S. A Quality of Growth Index for Developing

[10] Asongu S A, Nwachukwu J C. Quality of growth empirics: comparative gaps, benchmarking and policy syndromes[J]. Journal of Policy Modeling, 2017(9).

[11] 方堃.当代中国新型农村公共服务体系研究[D].华中师范大学,2010.

[12] 狄骥著,郑戈,冷静.公法的变迁·法律与国家[M].辽海出版社,1999.

[13] 王谦.城乡公共服务均等化的理论思考[J].中央财经大学学报,2008(8).

[14] Samuelson P A. The Pure Theory of Public Expenditure[J]. Review of Economics & Statistics, 1954, 36(4): 387 - 389.

[15] Denhardt R B, Denhardt J V. The New Public Service: An Approach to Reform[J]. International Review of Public Administration, 2003(1).

[16] Denhardt J V, Denhardt R B. The New Public Service[J]. Washington, 2007(6).

[17] Denhardt R B, Denhardt J V. The New Public Service: Serving Rather than Steering[J]. Public Administration Review, 2010(6).

[18] 张康之.寻找公共行政的伦理视角[M].中国人民大学出版社,2002.

[19] 张康之,向玉琼.领域分离与融合中的公共服务供给[J].江海学刊,2012(6).

[20] 陈昌盛,蔡跃洲.中国政府公共服务:基本价值取向与综合绩效评估[J].财政研究,2007(6).

[21] 项继权,袁方成.我国基本公共服务均等化的财政投入与需求分析[J].公共行政评论,2008(3).

[22] 唐铁汉.建设服务型政府与基本公共服务均等化[J].国家行政学院学报,2008(2).

[23] 汪来杰.论我国服务型地方政府的职能定位[J].社会主义研究,2008(3).

[24] 张康之,向玉琼.从领域分离到领域融合:政策问题建构权的变化[J].东南学术,2016(4).

[25] 范冬云.我国体育公共服务研究中几个问题的探讨[J].成都体育学院学报,2010(2).

[26] 范冬云.中国城市化进程中的乡镇体育公共服务研究——基于广州市花都区新华街的实地调查[J].成都体育学院学报,2012(2).

[27] 刘亮.我国体育公共服务均等化的理论模型与实证分析[J].体育科学,2013(1).

[28] 刘亮,刘元元,王鹤,等.我国体育公共服务均等化的评价模型及指标体系构建研究[J].武汉体育学院学报,2015(5).

[29] 肖林鹏,李宗浩,杨晓晨.公共体育服务概念及其理论分析[J].天津体育学院学报,2007(2).

[30] 郇昌店,肖林鹏,杨晓晨.我国公共体育服务研究框架探讨[J].山东体育学院学报,2009(2).

[31] 郇昌店,肖林鹏,李宗浩,等.我国公共体育服务发展述评[J].体育学刊,2009(6).

[32] 尹维增,张德利.对构建和谐社会环境下公共体育服务的基本责任研究[J].体育与科学,2009(1).

[33] 尹维增,万发达,张德利,等.体育公共服务的非政府组织供给[J].武汉体育学院学报,2013(10).

[34] 张利,田雨普.我国体育公共服务均等化现状及发展对策研究[J].西安体育学院学报,2010(2).

[35] 刘艳丽,苗大培.社会资本与社区体育公共服务[J].体育学刊,2005(3).

[36] 戴永冠,林伟红.公共体育服务概念、结构及人本思想[J].武汉体育学院学报,2012(10).

[37] 樊炳有.体育公共服务的理论框架及系统结构[J].体育学刊,2009(6).

[38] 王景波.加强体育行政部门体育公共服务职能的研究[J].沈阳体育学院学报,2009(1).

[39] 任春香,李卫红.新时期我国公共体育服务体系的基本内容探析[J].体育与科学,2011(5).

[40] 岳骥阳.我国体育公共服务评价研究[J],武汉体育学院学报,2015(6).

[41] 吕维霞.论公众对政府公共服务质量的感知与评价[J].华东经济管理,2010(9).

[42] 丁辉侠.公共服务质量评价体系构建思路分析[J].商业时代(原名商业经济研究),2012(7).

[43] 张凤彪,王松.我国公共体育绩效评价研究述评[J].体育科学,2017(4).

[44] Perriy. Towards Holistic Governance:the new reform agenda[M]. New York:Palgrave,2002:37.

[45] Dunleavy P, Margetts H, Bastow S, et al. New Public Management Is Dead:Long Live Digital-Era Governance[J]. Journal of Public Administration Research and Theory:J‐PART,2006(3).

[46] Pollitt C. Public Management Reform:Reliable Knowledge and International Experience[J]. Idb Publications,2003(3).

[47] Pollitt C. Joined-up Government:A Survey[J]. Political Studies Review,2010(1).

[48] 竺乾威.从新公共管理到整体性治理[J].中国行政管理,2008(10).

[49] 竺乾威."大部制"刍议[J].中国行政管理,2008(3).

[50] 韩兆柱,翟文康.大数据时代背景下整体性治理理论应用研究[J].行政论坛,2015(6).

[51] 顾丽梅.新公共服务理论及其对我国公共服务改革之启示[J].南京社会科学,2005(1).

[52] 曾维和.评当代西方政府改革的"整体政府"范式[J].理论与改革,2010(1).

[53] 彭锦鹏.全观型治理:理论与制度化策略[J].台北:政治学系,2005.

[54] 刘波,王力立,姚引良.整体性治理与网络治理的比较研究[J].经济社会体制比较,2011(5).
[55] 朱玉知.整体性治理与分散性治理:公共治理的两种范式[J].行政论坛,2011(3).
[56] 曾令发.整体型治理的行动逻辑[J].中国行政管理,2010(1).
[57] 孙志建.论整体性政府的制度化路径与本土化策略[J].广东行政学院学报,2009(5).
[58] 翁士洪.整体性治理模式的兴起——整体性治理在英国政府治理中的理论与实践[J].上海行政学院学报,2010(2).
[59] 崔会敏.整体性治理:超越新公共管理的治理理论[J].辽宁行政学院学报,2011(7).
[60] 蔡英辉,曹文宏,刘晶.总体性治理——多元政府间关系的趋向[J].领导科学,2011(1z).
[61] 胡佳.整体性治理:地方公共服务改革的新趋向[J].国家行政学院学报,2009(3).
[62] 刘超.地方公共危机治理碎片化的整理——"整体性治理"的视角[J].吉首大学学报(社会科学版),2009(2).
[63] 谭海波,蔡立辉.论"碎片化"政府管理模式及其改革路径——"整体型政府"的分析视角[J].社会科学,2010(8).
[64] 胡象明,唐波勇.整体性治理:公共管理的新范式[J].华中师范大学学报(人文社会科学版),2010(1).
[65] 曾凡军,定明捷.迈向整体性治理的我国公共服务型财政研究[J].经济研究参考,2010(65).
[66] 叶璇.整体性治理国内外研究综述[J].当代经济,2012(6).

上海自主品牌体育赛事创意产权的保护研究

晏 慧 王英丽[*]

一、前言

2019年4月26日,迎来了第19个世界知识产权日,本次世界知识产权日的主题是"奋力夺金:知识产权和体育"。这是第一次世界知识产权日将体育与知识产权集合起来,充分将不同的知识产权权利类型——专利、商标、外观设计、版权以及商业秘密等,与全球体育产业的生态系统进行融合,以促进世界体育产业的增长和竞技体育成绩的提高。那么,是什么将体育与知识产权紧密联系起来的呢?是创意,是承载着发明人(或作者)智慧和创造力的创意产品、作品和设计。伴随着世界经济技术的发展,创新、创造成为体育产业的主旋律,创意产业在体育领域逐步崭露头角。创意产业这一概念出现的时间并不长,英国是首次提出创意产业的概念的国家,并于20世纪90年代末成立了专门负责国家创意产业发展规划的制定与体系的建设的机构,创意产业的重要组成部分是知识产权法保护下的著作权(版权)、商标、专利和外观设计等。知识产权是产业创新发展的重要驱动力,能为企业和产业的发展带来较大的经济价值,因此美国、韩国、日本等,越来越多的国家在结合自身特色的基础上,注重本国创意产业的发展,使该产业已成为国家经济发展的支柱性产业。

我国在2006年发布的《国家"十一五"时期文化发展纲要》中,首次将创意

---

[*] 本文作者单位:晏慧,上海体育科学研究所,研究实习员,硕士研究生,主要研究方向:体育管理;王英丽,国家知识产权局专利局,主任科员,硕士研究生,主要研究方向:专利信息利用。

产业纳入国家发展的纲要中,创意产业的发展成为了我国重要的发展战略。2014年3月14日国务院颁布的《国务院关于推进文化创意和设计服务与相关产业融合发展的若干意见》中,将文化创意拓展到了体育产业发展的空间,并对促进体育产业各领域的发展提出了要求与实施路径。2018年李克强总理曾提出,知识产权是第一生产力,是创新性经济发展的基础,中国要加大对知识产权的保护。在我国体育相关政策中,政府也在一直呼吁加强体育领域无形产权的开发与保护工作。2010年,国务院办公厅发布了《关于加快发展体育产业的指导意见》(国办发〔2010〕22号),将加强体育赛事的无形资产的开发与保护作为实现目标的重要举措。2014年10月,国务院颁发了《关于加快发展体育产业促进体育消费的若干意见》(国发〔2014〕46号),再一次强调完善无形资产保护与创新政策的制定。

以创新作为体育产业发展的核心竞争力,已得到了国内外学者的共识。体育赛事作为我国体育产业发展的重要组成部分,特别是在"国发46号"文件颁布之后,商业性、群众性体育赛事的审批权被取消之后,政府积极鼓励社会资本举办赛事,鼓励各地政府根据自身特色举办群众性体育赛事,以满足群众对体育赛事的需求。自主IP赛事的创意如何界定与保护,应该成为政府所关心的问题。就保护体育产业健康环境的角度而言,有效保护赛事创意产权,才能培育出具有世界影响力的自主IP体育赛事。2015年上海市政府在《关于加快发展体育产业促进体育消费的实施意见》中,明确加快世界一流的国际体育赛事之都的建设工作。上海市体育局于2018年9月印发了《建设国际体育赛事之都的三年行动计划(2018—2020年)》,将积极培育、发展上海自主品牌体育赛事作为重点内容。创意是自主品牌体育赛事的生存基础,加强体育赛事创意产权的保护研究,对上海自主品牌体育赛事的培育至关重要,同时也可为上海市加快国际一流的体育赛事之都、全球著名体育城市的建设提供基础性研究。

二、体育创意产权的研究基础

(一)相关概念的界定

1. 知识产权

传统意义上的知识产权是对具有更大经济意义的非物质商品进行的法律

保护，具体而言是指人类创造力和想象力的结果，例如艺术和文学作品、工业发明和商标。世界知识产权组织（WIPO）在其官方网站上给出的知识产权定义指出：知识产权权利保护的宗旨是通过确保发明人和创造者能够因其劳动获得公平回报并能以此谋生、保护品牌所赋予的商誉，从而鼓励更多的创新和创意活动。不同类型的知识产权主体需要不同的权利来保护，例如发明（专利）、品牌（商标）、外观设计（工业品外观设计权或外观设计专利）和创意作品，如体育节目和体育方面的其他创意成果，以及部分体育转播（版权和相关权）。

知识产权的权利人拥有阻止他人未经其许可复制或使用其知识产权的权利。这意味着权利人可以因他人使用其知识产权收取费用，这一获得经济回报的前景从一定程度上鼓励了人们和企业投资开发、创新创造和经营品牌产品，并从中获利。大多数知识产权必须满足一定条件时才被认定，并且一般具有一定的保护期限。还有一些法律规定在某些有限情况下允许使用不同类型的知识产权，而无须首先获得权利人的许可，被称为合理使用和法定许可。这些安排有助于确保在创新者和创作者的利益与普通公众的利益之间保持平衡，从而使每个人都能从知识产权中受益。知识产权鼓励所有领域中的创新和创意活动，以促进本行业的创新发展，这其中包括体育领域。

2. 创意产业

20世纪90年代，为推动创意产业的发展，英国政府不仅建立了专门的创意产业工作组，还于1998年发布的《创意产业专题报告》中首次提出"创意产业"的概念，创意产业是指通过个体的创造性、技艺和才能获取发展动力的企业，以及那些通过对知识产权的开发可创造潜在财富和就业机会的活动，通常包括通过广告、建筑艺术、工艺设计、表演艺术、体育娱乐等方面。美国等国家将创意产业称为"版权产业"。

英国学者约翰·霍金斯（John Howkins）被称为世界创意产业之父，他认为创意产业的产品都是在知识产权法保护范围内的经济部门，即通过专利、版权、商标和设计的每一类保护下产生的不同种类的创造性产品，而这四种要素构成了创造性产业和创造性经济。由此看来，创意产业与知识产权有着紧密的关联，就目前而言，国内外均是通过知识产权相关法律以保护创意，避免侵权行为的发生。

3. 体育创意产权

体育创意产业是由体育与创意产业融合，是创意产业的新兴门类，是指通过技术创新创造、品牌管理、赛事运营等产生的拥有自主知识产权的、高回报、高附加值的体育产品和服务。在这一过程中诞生的体育创意产权,主要是通过不同类型的知识产权权利来进行保护的。体育赛事创意产权是指在体育赛事运营中产生的,本研究围绕的是自主品牌赛事的体育创意产权保护工作。

(二)文献综述

创意是指企业或个人应用智慧、创造力的思维而产生的具有创新性的主意和观点。好的创意能够给相关产业带来较大的经济价值。在经济高速发展和竞争加剧的时代,知识经济的发展核心是创新、创意,创意产业发展强调的是生产过程中创意产生的市场价值,没有创意的产品或服务已无法为企业持续高效地产生经济效益。

有学者认为,我国的广义文化产业包括版权产业和其他文化产业,包含而不限于以下产业形态:新闻出版业、广播影视业、文化娱乐业、网络新媒体产业、广告服务业、文化演出业、艺术产业、旅游业、教育业、体育业、信息产业,等等。体育赛事创意产权属于广义的文化产业创意产权的一部分。

李南筑的关于体育赛事创新创意产权制度分析一文是国内最早探讨体育赛事创意产权的学术文章,他认为体育赛事是在一定的竞赛规则约束下,公平的体育竞赛,其本质是为大众提供娱乐信息服务的活动。随着我国体育事业的发展,体育赛事已呈现出多样化的发展趋势。从参与对象来看,体育赛事既可以是世界顶级职业赛事,如奥运会、世界单项锦标赛等竞技体育比赛,也可以是本地或线上组织的群众性体育比赛,这些都会吸引到观赛群体。一是体育赛事具有涉及主体多的特点,一场体育赛事大多都要包括组织者、赞助商、供应商、运动员和观众等,如果是大型国际赛事,其包含的主体更加繁杂;二是具有功能多的特点,体育赛事肩负了城市营销、赞助营销、全民健身和满足大众体育消费需求等多种功能。因此,体育赛事本身是一个复杂且庞大的系统,其蕴含文化创意、创新创造的可能性非常大。同时,体育赛事涉及的知识产权的客体多,竞赛规则、赛事品牌(标识)、比赛用品的专利、赛事版权、赛事衍生产品以及运动员形象权,运动队伍的名称、标识,等等,所以知识产权在体育赛事运营中扮演着重要的角色,发挥着不可或缺的作用。

创意产权在整个商业活动中,包括在体育运动中很重要,尤其是得到知识产权保护的创意具有价值性和重要性,可以被作为体育营销的工具。体育赛事以特殊商标和标识的形式被应用到商业化的活动,这就产生了利润丰厚的全球体育营销商业。在创意产权的判定标准上,张艳认为相对新颖性应是标准之一,具体而言,创意权利人的创意应对他人形成一项有价值的服务,从而使得他人在使用或转让创意的过程中获利。换言之,这就意味着虽然某些创意在国外已经被公开知晓或者已经有相应的产品出售,但只要在我国还属于未被公开的情况下,且对使用人而言具有经济价值,同样可以也可以获得法律保护。目前,这种创意的认定方式在国内已成为主流,另外张艳认为创意保护的前提还包括可操作性。

但不少学者表示国内虽有体育赛事知识产权的保护,但是现阶段的实践效果并不理想,国家性以及地区体育赛事的知识产权的保护力度明显落后于国际性赛事;我国反隐性营销工作开展得并不理想;赛事特许商品的监管力度不够,仿冒、假冒商品泛滥。这些都阻碍了体育创意的供给,不利于我国体育赛事的商业开发。为此,不少学者纷纷针对目前体育赛事创意产权保护不力的现状,提出改善措施。

英国、美国、日本、韩国作为创意产业的发达国家,从立法的角度,分别对它们国家创意产业知识产权保护的法律和政策方面进行了详细的约定,我国可以学习这些国家的创意产权的保护举措,其中"完备的立法体系、适时的法律修订、稳定的政策支撑"是我国创意产业知识产权保护的主要借鉴之处。李南筑则认为应该通过建立"准专利"的创意产权制度,使创意得到及时保护,以增加我国体育创意的供给,同时降低体育赛事创新风险,才有利于我国自主品牌赛事的发展。

通过对文献的梳理发现:首先,创新和创造已成为体育赛事发展的核心驱动力,在体育的各个领域,发明家和创造者通过智力劳动,不断地创造新的体育技术和服务等,这提升了运动员的运动表现,同时也不断满足了人们参与体育、享受体育的需求。体育赛事作为一个为大众提供娱乐和信息的庞大复杂的生态系统,其在运行中很好地展示了与知识产权的关系,并且这其中更容易产生创意与创新,例如专利鼓励技术进步,从而带来更好的运动器材;商标、品牌和外观设计有助于体育赛事、团队及其衍生产品的特殊标识识别;与著作权相关的权利可为体育赛事组织者和广播公司等相关利益群体带来赛事转播权收入。

其次,创意产权是赛事许可和销售协议的基础,而这类协议可帮助体育赛事组织者(经营者)或广播公司等赚取收入,为体育赛事提供了巨大商业机会。知识产权(特别是专利、商标和广播权)及为其提供的法律保护,有助于确保体育赛事的经济价值,这反过来刺激了体育消费的增长,为体育赛事的运作提供资金,并提供了促进产业创新发展的手段。因此加强体育赛事的创意产权保护是体育赛事健康、可持续发展的重要保证,从促进赛事发展的角度出发,体育赛事创意如得不到相应的保护,"万众创新"的意愿也会随之降低。体育赛事创意产权的保护对于我国体育产业的发展具有重要的促进作用。

最后,国内的学者对文化产业"创意"的保护的必要性进行了论述,提出创意被保护的两个前提,运用知识产权法进行保护,并借鉴国外对于创意知识产权的做法,提出完善立法、加强制度建设等不同举措。

三、体育产权保护国内外案例分析

(一) 美国体育赛事保护

在美国,体育赛事不是作品,因此其不在著作权法保护的范围内。但是,体育赛事的传播是作品,可以得到著作权法的保护。美国有四大联赛,联赛运营方意识到体育赛事传播的经济价值,因此美国制定了专门的法律,即1961年《体育广播法》,该法规范和保护体育媒体权利的销售和发行。除赛事的传播得到著作权法的保护之外,美国判例法中也有相当多的保护赛事传播的法律。本研究以1997年美国职业篮球协会(NBA)诉摩托罗拉公司案为例说明,摩托罗拉制造、销售了SportsTrax的寻呼设备,SportsTrax的使用依赖于跟踪记者提供的"数据馈送"。这些记者通过电视观看比赛或广播收听到比赛,将分数和其他信息(例如投篮命中率、犯规次数等)输入到电脑。这些信息通过调制解调器中继到追踪系统(STATS)的主机,后者对数据进行编译、分析和格式化以进行重新传输,然后将信息发送到公共运营商。该运营商再通过卫星将信息发送到本地FM无线电网络,后者依次发出各个SportsTrax寻呼机接收的信号。NBA声称,摩托罗拉通过滥用有关篮球比赛的信息侵犯了NBA的权利,理由是该比赛的事实数据代表了比赛的整体价值,此举侵犯NBA对赛事转播拥有的著作权并构成不正当竞争,NBA共向法庭提出了诉摩托罗拉挪用国家法律等6项诉求。地方法院驳回了NBA的全部索偿请求,并仅裁定摩托罗拉公司停止销售该寻呼设备,双方均提出上诉。上诉法院驳回了NBA的主张,认为体育比赛都不是"创作",并指出NBA比赛的传播专有权获得著作权保护,但不保护比赛本身。但摩托罗拉对赛事比分这一客观事实的实时更新没有侵犯到NBA的著作权,也不构成不正当竞争。

在1976年以前,联邦著作权法在体育赛事转播上没有发挥积极的作用,甚至对赛事的录制传播或其录像带是否能被当作作品进行保护,还是存在疑问的。1976年,美国国会通过了一项立法,明确为现场录制的赛事表演传播提供著作权保护。著作权保护的八类"作者作品"中不包括体育赛事,这是因为体育赛事组织者不是传统意义的"作者"。当然,虽然赛事的举办需要大量的专业准备,但与电影、戏剧、电视节目或歌剧不同,体育比赛具有竞争性,没有基本的剧本。另外,体育赛事作为作品进行保护,还存在一个问题,如果运动项目要吸引粉丝,就必须允许竞争对手复制,只有这样才有利于运动项目的传播与繁荣。因此,美国对体育赛事传播的保护"更为合理"的立场是体育赛事本身不享有著作权。

（二）欧洲体育赛事保护

欧洲法律和欧盟成员国法律提供给体育赛事组织者一些法律工具,主要是通过财产权、合同的救济、知识产权、反不正当竞争规则和其他"特殊"的保护形式。在欧洲法院作出英超联赛诉QC Leisure的裁决之后,再次明确了体育赛事本身不符合欧盟著作权法的规定。尽管如此,基于传统和新形式的财产权、知识产权和相关权利的补救措施仍可以为欧盟体育组织者提供强有力的保护形式。

第一,许多体育比赛要在专用的场地上进行,体育组织者可以在这些专用场地上要求专有权,并据此制定有条件地使用协议（即场地权利"House Right"）,即通过财产权和合同对体育赛事进行创意保护。体育赛事通常在场馆、线路和跑道等专用场地上举行,因此体育组织者和媒体部门一直在场地上不断寻求排他性。第二,体育赛事的录制和传播可能会产生的各种知识产权,受到著作权法的保护。第三,反不正当竞争规则,已被用来保护体育活动不受未经授权的复制。第四,最近在国家层面设计了特殊形式的保护,以提供另一层保护体育组织者的权利。欧盟更倾向使用场地权利,它类似于结合财产权和合同权保护体育赛事组织者的权利,以及使用版权和相关权保护赛事录像等载体的许可权,其认为反不正当竞争法中的权利保护,越来越不适用于作为体育赛事产权保护的救济措施或替代品。

法国并没有专门的体育知识产权保护的法律,而是独创性地将保护思想体现在了《法国体育法典》第L.333-1条第1款中。该条款规定,"L.331-5条所述体育联合会和体育赛事的组织者是其组织的体育赛事或比赛的开发权的所有者",这里所述的"开发权",可以理解为以盈利为目的开发体育赛事所具有的经济价值,从而获得经济收入的权利,简而言之,就是体育赛事组织者拥有获得体育赛事产生的所有利润的权利。法国制度下的这种"组织者的权利"是一种可以与著作权相比较的特殊权利,是给予体育赛事及其权利所有者的一种特殊保护。这一特殊权利与著作权在基本概念上是相似的,即创作原创作品的人拥有其创作权,以便获得补偿并防止未经授权使用其创作。《法国体育法典》中,对于体育赛事组织者享有的"开发权"并没有做出详尽的罗列和解释。但是该法典中特别提到了某些权利,例如视听权、博彩权。另外,从法理学的角度解释了"开发权"的概念,包括赛事票务、比赛中的照片以及比赛内容,并且给出了一个非常笼统的陈述,"任何形式的经济活动,其目的是产生利润,如果体育赛事不存在,那么该种经济活动就不会存在。"也就是说,法典中所指"开发权"中的经济活动是以体育赛事为生存载体的,如果没有体育赛事就不会产生此类经济活动,也就不能产生利润。《法国体育法典》为视听权营销的联盟(LFP)提供了法律框架。例如,视听权销售必须通过招标程序进行销售,招标程序应是非歧视性和透明的。LFP必须在报价中提供其依赖的定性(电视曝光、观众等)和定量(提供的金额)标准。LFP与广播公司之间的协议不能超过四年。因此,体育赛事的开发在法国的司法制度下获得了比较完善的保护环境。

(三)我国体育赛事保护

2012年,美国举办了50场Color Run比赛,吸引了超过60万名的跑者。2013年,Color Run作为"地球上最欢乐的5公里跑派对",进入了中国市场。因该项赛事富有创意的竞赛形式,得到中国跑者的喜爱。但国内一些跑步活动都有了彩虹跑的"创意",甚至有些赛事将彩虹跑翻译成Rainbow Run,使得Color Run的参与度降低。作为拥有Color Run中国区域赛事运营权的国际管理集团(IMG)无法通过反不正当竞争法进行维权,同时还因"彩虹跑"中文商标被抢注而不能使用中文,仅能用Color Run的名称进行赛事宣传。虽然最后IMG通过申请实用性专利对彩虹跑的粉末进行了保护,但这无法全面地保护该项商业赛事所有者因创意而产生的经济效益。

上海久事体育赛事运营管理有限公司的"蒸蒸日上"元旦跑活动,通过两方面对该项赛事进行了创意的保护:首先是注册了蒸蒸日上的商标,另外是通过"场地使用权"进行了保护——该项赛事是在F1赛车场进行的新年跑活动,在合同的保护下,使得其他赛事组织者没有办法进行创意复制。

四、我国现有体育赛事产权的保护手段

知识产权几乎可以在商业行为的各个领域中激发创造力,它使好的创意(Idea)转化为可收益的成果,现代体育需要广泛的知识产权保护才能蓬勃发展。依据我国现有的知识产权制度的保护客体[发明、实用新型、外观设计、集成电路布图、地理标志、商标、著作权(版权)、商业秘密、植物新品种等],并形成了以专利法、著作权法、商标法等共同组成的知识产权法律体系。体育赛事组织者在赛事开发和运营过程中,可以根据自主品牌赛事的所属客体类型来选择最合适的保护模式,建立商标权、专利权、著作权等全方位、多维度的保护模式。

(一)商标权保护

举办体育赛事是一项费用高昂的工作,战略性地运用商标能够使赛事组织者积累声誉等无形资产,使其获取巨大的收入来源,以承担这些赛事的成本。根据《中华人民共和国商标法》的规定,"商标注册人享有商标的专用权,并为注册商标提供相应的法律保护",即商标是将一家实体的商品或服务与其他实体进行区分的标识,同时商标也是品牌的外在有形体现,因此自主品牌赛事组织者应注重赛事商标的注册。

体育赛事的赞助协议同样是以商标权为基础,可以为赛事的组织者带来巨额的利润。很多行业的公司意识到体育赛事作为营销平台的全球吸引力和能量,于是逐渐向体育靠拢,通过体育赛事营销,达到在消费者中建立品牌认知、推动销售,并在拥挤且竞争激烈的市场中脱颖而出的目标。赞助收入也是目前我国赛事运营中最大的收入来源。

第四次修改的《中华人民共和国商标法》国务院已审议通过,并于2019年11月1日正式施行。本次商标法的修改,一是强调了商标注册的"使用",增加了"不以使用为目的的恶意商标注册申请,应当予以驳回"的条款,抵制恶意抢注商标的行为;二是提高了商标侵权的赔偿标准,一定程度上增加了商标侵权的成本,加强了商标权的保护力度。《中华人民共和国商标法》是体育赛事名称、标识的重要的法律保护手段,本次《中华人民共和国商标法》的修订,对今后体育赛事的商标权保护和品牌经营增加了一份有法可依的保障,对于防范

竞争对手恶意抢注和打击商标侵权提供了更为有力的法律保障。

（二）专利权保护

专利权在知识产权保护中拥有最强的排他性和垄断性，可以给予权利人最强的保护。拥有了自主专利权的体育赛事组织者，就拥有了同行业市场的核心竞争力。根据《中华人民共和国专利法》的制定是"为了保护专利权人的合法权益，鼓励发明创造，推动发明创造的应用，提高创新能力，促进科学技术进步和经济社会发展"。专利法所保护的发明创造包括发明、实用新型和外观设计。专利法的保护客体是含有技术信息的新的技术方案和富有美感并适于工业应用的新的设计。专利权具有独占性、地域性、时间性的特点。也就是说一项专利在一定时间内，在申请国法律管辖的范围内有效，在专利保护期间内，其他任何单位和个人未经专利权人许可不得进行生产经营目的制造、使用、销售和进口其专利产品，使用其专利方法，或未经专利权人许可进行生产经营目的制造、使用、销售和进口依照其方法直接获得的产品，否则就是侵权行为。

体育赛事中使用的特殊器材、独特道具、特许产品等都可以通过专利权进行保护，并且可以通过许可销售、专利质押融资等运营手段为赛事组织者创收。当然，在申请专利保护时要具有一定的前瞻性，提前布局：一是要考虑到申请流程的时长，实用新型和外观设计的申请时长一般在 6 个月以上，发明专利从申请到获权，一般需要 3 年左右的时间。体育赛事组织者应根据赛事开发、运营的情况，预留出足够的时间进行产品的研发和专利申请；二是要考虑产品的技术含金量，具有行业核心技术的专利，才能帮助自主品牌赛事的组织者占领市场并获得长远的收益。

（三）著作权保护

《中华人民共和国著作权法》旨在"保护文学、艺术和科学作品作者的著作权，以及与著作权有关的权益，鼓励有益于社会主义精神文明、物质文明建设的作品的创作和传播，促进社会主义文化和科学事业的发展与繁荣"。中国公民、法人或者其他组织的作品，不论是否发表，都依法享有著作权。

体育赛事依靠广播机构传播体育赛事，吸引到全球粉丝的参与，并提高赞助商的赞助效益。著作权和邻接权，特别是其中与广播组织有关的权利，是体育与电视、其他媒体之间关系的基础。尽管从我国或者国际案例来看，体育赛事本身不具有著作权保护的资格，但是体育赛事的转播权一直是国际体育赛事组织者的重要经济来源。近年来,赛事的转播权售价飙升,因其资金可以弥补为重大体育赛事提供资金、翻新体育场馆和帮助基层体育发展而承担的成本。例如,2016年里约奥运会的版权收入约为28.68亿美元,国际奥委会通过赞助商协议和出售广播权获得的资金中有90%被重新投入到全球体育发展之中。

随着数字技术的进步,体育媒体的格局正在迅速地发生演变,新的非传统媒体从业者,如腾讯视频、百度网盘等流媒体平台正在加入赛事版权的竞争,这对体育赛事直播和转播节目的产权保护提出了新的挑战。在我国,关于体育赛事直播和转播节目的保护还存在争论,主要包括著作权保护、邻接权保护、反不正当竞争法保护以及不保护的四种观点,其争论点主要在体育赛事直播和转播节目是否属于著作权法的保护客体。马法超认为:形成完整思想表达的体育赛事直播和转播节目,是完全可以达到著作权法要求的作品保护条件的,应该给予其著作权保护,促进体育赛事传播。

另外,虽然依照我国著作权法的规定,作品的著作权是产生即存在的,但对于体育赛事组织者而言,需及时进行著作权登记,可作为权利人认定的法律保障证据,也是权利转让和许可的重要凭证。因而自主品牌体育赛事的组织者应尽早考虑对可能涉及的著作权作品进行登记,这样既有利于对相关知识产权的战略管理,也能有效地打击侵权行为,及时保护自身的经济权益。

五、我国体育赛事创意产权保护困境

(一)创意制度缺失

虽然目前《中华人民共和国商标法》《中华人民共和国专利法》和《中华人民共和国著作权法》可以从一定程度上保护我国自主品牌赛事的创意产权,但就Color Run的案例可以看出,专利与商标联合的保护模式是不完全的,或者说没有办法彻底保障赛事组织者的合法的经济利益。我国自2006年将创意产业的发展提升至国家战略之后,中央及地方多次发布了有关创意产业发展的相关政策,提出要深入实施知识产权的国家发展战略,通过商标法、专利法、著作权法和反不正当竞争法等对创意产权的法律保障,完善体育创意产权的机制,加强发展体育产品的品牌建设,促进创意的设计、保护和交易等环节。我国学者对反不正当竞争法和知识产权之间的关系,以及反不正当竞争法对我国创意的保护力度上,保持不同的观点。就目前自主品牌体育赛事创意的保护现状来看,没有知识产权保护的创意,同时得不到反不正当竞争法的保障,这与反不正当竞争法应与知识产权法联合保障体育赛事市场竞争市场的初衷是不一致。随着我国体育创意产权内容的丰富,现有的制度将更加不能有效地保障我国体育赛事市场的有序竞争。

(二)保护意识薄弱

体育赛事组织者自我创意产权的保护意识薄弱。在赛事组织过程中,赛事组织者对自身拥有的知识产权权利客体没有一个全面的认识,同时对我国知识产权法律制度了解不深,不能很好地利用法律保护自己的权益,也未能利用知识产权为自己获取更多的经济收入。换言之,可以说能够实现创意到产品的有效转化,但不一定能实现产品到知识产权的转变。

知识产权保护的范围是非常广的,能想到的所有和知识、智力有关的成果,基本都在知识产权保护范围内。鉴于此,体育赛事的组织者和运动员应该学习了解掌握相关法律法规,根据创意权利的客体特征,采取多元化、科学的保护举措,以维护自身的经济权益。

(三)经营环节缺失

体育赛事的组织者未能充分地重视知识产权的保护工作,因此大多体育赛事的组织者没有预先进行创意产权的保护工作,以及获得权益后的有效运营。事实上,知识产权权利人可以利用市场资源配置,采取一定的商业模式获取更大的经济收入。自主品牌的体育赛事组织者可以把手中的专利、商标、版权等转化为商业收入。市场主体有很多实现知识产权价值的方式,比较常见的知识产权运营的传统模式有:通过许可获取许可费(包括单向许可、交叉许可等)、通过转让或技术转移等获取转让费(主要针对自身不实施专利,或转让后仍可保留实施权的专利)、并购(一般与企业物质产权购买同时发生)、技术进出口(大多与设备、服务的贸易一起发生)。赛事组织者如能将这些收入重新投入到体育赛事运营中,可以促进开发更多的体育创意产品,提高企业的竞争力。

六、上海市体育赛事创意产权的保护对策

(一)政府层面

上海市政府明确到2035年基本成为全球卓越体育城市。创意产权的保

护工作对于上海品牌体育赛事的良性发展是至关重要的,同时也是保持上海体育赛事市场有序竞争环境的重要保障手段。中央发布的有关体育创意产权的相关政策,尚需要上海市政府依据自身条件进一步细化,使其达到真正落实的目的。建议完善创意产权保护制度的建设工作:一方面,从政策高度上强化体育创意产权的保护意识,法国对体育知识产权的保护思想与立意值得上海市政府借鉴,同时加强体育创意涉及的知识产权知识的宣传力度,为体育小微企业等提供创业支持;另一方面,体育赛事不是作品,其本身得不到著作权的保护,加之体育赛事是一项复杂的信息系统,创意的形式也越发呈现多样性,创意创造经济利益的可能很短暂。就目前而言,使用知识产权相关的法律已不能对其进行及时、全面而广泛的保障,从制度上无法杜绝搭便车行为的产生,这将不利于高质量创意的供给,本研究希望或通过扩展反不正当竞争法的执法,或设计新的制度,使创意产权得到知识产权和新制度的联合保护。但也有学者表示知识产权的保护强度与创意产权的产出之间并不是简单的线性关系,换言之,力度越强的保护并不是越能促进创意的产生,存在临界值。因此在制度设计的过程中,应注意临界点,以免创意产权保护制度阻碍了创意产业的发展。

(二)赛事组织者层面

创意能为上海自主品牌体育赛事的发展提供经济效益,赛事组织者应积极地开发赛事创意,以提高赛事自身的品牌价值和竞争力。但作为赛事创意产权的拥有者——赛事组织方,既是创意权益的获得者,同时也是创意侵犯的经济损失方,建议赛事组织者应从三方面加强对自身权益的保护工作:首先,因为体育赛事的创意产权与知识产权具有密切的关联,因此,赛事组织者应了解并熟悉我国知识产权保护的相关法律知识,在侧重创意产品(服务)的开发与运营时,加强对创意产权的保护工作,形成良好的自我保护创意的意识;其次,选择科学的创意产权保护路径,在充分了解创意客体权利的基础上,结合目前我国现有的法律制度,提前做好权利的保护工作,实施科学的、联合的保护模式,以达到尽可能全面的保护范围;最后,加强创意产权的管理工作,提高赛事组织者对知识产权的管理水平,由专门部门负责知识产权的认定与管理工作,充分发挥创意产权的经济价值,提升自身品牌等知识产权的经济转化率,并根据赛事的经营情况有效地进行创意产权交易等行为,获取相关的经济收入。

参考文献

[1] 杨双燕,许玲.英国体育文化创意业发展及对中国体育产业的启示——基于主导产业扩散效应理论视角[J].北京体育大学学报,2015(1).

[2] 张世君.论我国文化创意产业法律保护体系之构建[J].法学杂志,2011(1).

[3] 张艳.我国创意保护之现实困境[J].法学论坛,2011(3).

[4] 张丽艳,颜士鹏.国外创意产业知识产权保护的法律与政策评析[J].黑龙江省政法管理干部学院学报,2010(9).

[5] 李南筑,姚芹,缪意丽.体育赛事创新:创意产权制度分析[J].上海体育学院学报,2008(2).

[6] 石喆.我国体育赛事运营中的知识产权保护研究[D].山东体育学院,2015

[7] Margoni, Thomas. The Protection of Sports Events in the EU: Property, Intellectual Property, Unfair Competition and Special Forms of Protection [J]. IIC — International Review of Intellectual Property and Competition Law, 2016(4).

[8] 张婷,张勍,毛维国.欧洲体育赛事知识产权保护研究[J].体育与科学,2019(3).

[9] 江苏法院网.创意产业知识产权保护问题研究[EB/OL].(2016-03-21)[2019-10-16].http://www.cnipr.com/xy/swzs/zlgl/201707/t20170718_215094.html.

[10] 王太平.知识产权的基本理念与反不正当竞争扩展保护之限度——兼评"金庸诉江南"案[J].知识产权,2018(10).

[11] 黄蓉.知识产权保护对文化创意产业发展影响的实证研究[D].浙江大学,2014.

快消企业赞助大型体育赛事的效果研究

吕季东 葛以悦 龙跃玉[*]

一、引言

（一）研究背景

随着我国经济的飞速发展，人们的生活水平得到了大幅度提高，2017 年我国的人均 GDP 已达 9 481 美元，而根据国际经验显示，当人均 GDP 超过 5 000 美元时，体育文化等高层次消费会迎来重要的升级转型期；当人均 GDP 超过 8 000 美元时，体育产业将会成为国民经济的支柱型产业。2014 年 10 月，国务院发布《关于加快发展体育产业促进体育消费的若干意见》，大力鼓励社会资本进入体育产业，优化产业布局，改善产业结构，发展休闲项目，简化体育赛事审批，完善体育设施，并明确提出到 2025 年时，国内体育产业规模需达到 5 万亿元；在 2016 年 5 月国家体育总局发布的《体育发展"十三五"规划》中更加明确的指出，2020 年经常参加体育活动的人数须达到 4.35 亿人。在国家政策的大力支持下，国内的体育产业将会在未来几年迅速发展。

体育赛事是体育产业中一块尤为重要的组成。赞助、转播权转让收入和门票及衍生品三大收入是一般赛事运营的收入来源。在体育产业发展比较成熟的国家，赛事转播权转让收入占比比较大，保持在 40%～50%，而且赛事运营的三大收入来源维持在一个均衡的水平，但在中国的赛事运营收入结构中，

---

[*] 本文作者单位：吕季东，上海财经大学体育教学部主任、教授、博士，研究方向为赛事管理；葛以悦，上海财经大学商学院硕士研究生，硕士，研究方向为赛事管理；龙跃玉，上海体育学院体育教育训练学院副教授，硕士，研究方向为运动训练。

绝大部分收入来自赞助。

在这种时代背景下,越来越多的企业开始关注体育赛事能够带给企业的价值,开始通过赞助的形式来提高品牌的知名度和品牌价值。赞助是以金钱或实物的形式对于某一特定活动(主要是体育、娱乐、非营利的事件或组织)进行投资,并由此获得这些活动带来的商业利益。国际著名的赞助咨询服务公司 IEG(International Events Group)在 2016 年赞助行业年度报告中指出,2016 年全球企业赞助支出已达 601 亿美元,体育赞助在众多的赞助形式中已经占据近 70% 的份额,体育赞助逐渐成为企业提升品牌形象的重要沟通手段。

(二)选题背景

自 1998 年以来,国际网球赛事在上海已经有 20 多年的发展历程了,1998～2002 年上海喜力公开赛就连续在上海举办了 5 年,2002 年上海迎来了 ATP 年终总决赛上海大师杯,2003、2004 年两年喜力公开赛又回归了上海,2005～2008 年上海大师杯再次落户申城,直至 2009 年 ATP1000 成为上海的一项永久性赛事,20 多年来,国际网球赛事在上海不断向前发展,其赛事的质量和规格也在不断提高。

表 1　1998 年至今上海国际网球赛事汇总

年　份	赛事名称	赛事基本情况
1998～2002 年	上海喜力公开赛	上海第一个国际网球赛事
2002 年	上海大师杯	根据全年积分,只有 8 位选手参赛 高手云集、网坛最高水平 参赛选手包括:阿加西、费德勒、休伊特等世界顶尖级选手
2003～2004 年	上海喜力公开赛	/
2005～2008 年	上海大师杯	/
2009 年至今	上海 ATP1000 网球大师赛	亚洲唯一一项大师赛 排名前 20 强制参赛 参赛运动员 100+ 参赛选手包括:费德勒、纳达尔、德约科维奇、穆雷等世界顶尖级选手

喜力网球公开赛作为 ATP 巡回赛国际系列赛事之一,虽然喜力公开赛的级别并不高,但 1998 年举办的喜力网球公开赛是上海首个国际网球赛事。喜

力公开赛连续4年在上海举办,2002年由于迎来了更高级别的国际网球赛事大师杯赛,喜力公开赛暂时离开了上海,但在2003～2004年由于大师杯离开的喜力公开赛又回到了上海,后来由于大师杯的续约和ATP1000赛事在上海稳定举办,喜公开赛彻底告别了上海。

网球大师杯赛诞生于1999年12月9日,四大满贯赛委员会、ITF(国际网球联合会)和ATP(男子职业网球协会)共同宣布ATP年终总决赛和男子大满贯杯赛将被"网球大师杯赛"取代。从每年的1月1日起,男子职业选手从四大满贯赛、九大大师系列赛和个人成绩最好的五站ATP巡回赛上获取积分,到每年最后一站ATP巡回赛结束后第一周为止,积分排名前七名选手有资格参加网球大师杯赛,第八个名额留给排名前20并且是当年的四大满贯赛冠军之一的选手,若这些选手中没有符合条件的,则名额给排名第八的选手。大师杯赛因此成为高手云集、网坛最高水准较量的比赛。2002年是上海第一次举办高级别国际网球赛事,随后2005～2008年也连续在上海举办。

2009年ATP1000网球大师赛落户上海,且往后每年10月上旬在上海举行。在规模方面,ATP1000大师赛是ATP巡回赛中级别最高的赛事,规模仅次于四大满贯,是亚洲唯一的一项大师赛,总奖金额超过500万美元。在参与人数方面,参赛运动员有100余名;支持比赛顺利进行的裁判、球童、志愿者等相关工作人员有上千名;同时,观看本赛事的大众人数也非常庞大,并且历年来观众人数保持稳定,2014～2018年现场观众平均人次为14万人。在电视转播方面,2014～2017年平均全球观看人数达到4 000万人,2018年全球累计收视观众达到35 984 895人次,覆盖150多个国家与地区,2018年上海地区的收视率达到了12.35%,观众人数达到299万人次。在竞技水平方面,作为ATP巡回赛,对于参赛球员的条件是有要求的——世界排名前20的选手必须参加,这一条件保证了这项赛事的高竞技水平。在媒体推广方面,从2016年12月31日至2017年10月24日,共监测到上海ATP1000网球大师赛相关新闻7 535篇,网媒(网站、微信、微博、App)新闻报道合计6 851篇,其中带有微博话题#上海ATP1000网球大师赛#的微博超过1亿条,广播电视媒体共计293篇,平媒新闻量有391篇。

本文作为案例的喜力啤酒是一家荷兰酿酒公司,由阿姆斯特丹的Gerard Adrian Heineken于1863年创立。2012年,喜力拥有遍布在世界85个国家的超过165家酿酒厂,共酿制超过170种顶级、地区性及特制啤酒,目前为世界500强企业。喜力在全球闻名的亮点在于出色的品牌战略和过硬的品质保证。近些年,喜力啤酒推出了全新包装,不仅使其增添了一份年轻活力,而同时又带点酷炫的感觉，刚好符合年轻一代所拥有而且追求的生活个性，提高了品牌竞争力。

选取喜力的原因是从 1998 年至今在上海举办的网球比赛都有喜力公司的赞助，可以说是喜力陪伴着上海网球事业的发展。喜力这个品牌赞助 ATP1000 大师赛的此项赛事在上海已经举办了 10 年，并且它将继续赞助此项赛事。品牌赞助营销的影响是有个需要一个阶段来反映的，比起其他只赞助了两三年或者赞助了有一段时间但因为公司战略调整不会再赞助该项赛事的企业来说，选取喜力是最优选择。另外喜力作为荷兰的外企啤酒品牌，公司策略受国内政策影响相对国企较小。

（三）研究目的与意义

体育赞助主要包括赞助者（企业）、被赞助者（体育赛事）、目标受众和媒体四个方面。对于快消企业来说，赞助一项体育赛事好似一种投资活动，赞助体育赛事之所以如此受到企业青睐的原因有：体育赛事本身的魅力；高水平的体育赛事极具观赏性，受到大众和媒体的广泛关注；大众对体育明星的崇拜隐藏着巨大的广告效应，且这种广告效应与传统广告不同，会使观众产生好的联想，不会产生逆反心理。同时，企业的生存之本是盈利，赞助的效果对企业的可持续发展有相当关键的作用。本研究通过三个角度来研究调查喜力公司赞助上海 ATP1000 大师赛的效果，总结喜力公司赞助的经验，给未来投资体育赛事的快消企业提供优化赞助营销的对策。通过评估，可以知道赞助的效果到底如何，赞助活动方案还有何不足，还可以为以后的营销活动提供参考借鉴。对于我国的体育产业来说，做好赞助效果评估更有利于合理运用资源，促进体育产业健康发展。

二、文献综述

（一）大型体育赛事相关研究

目前国内有学者按照赛事规模将体育比赛分为大型体育赛事（包括超大型体育赛事和标志性体育赛事）和规模相对较小的体育赛事。关于大型赛事的定义和特点，国内外学者有着不同的观点。

国内有学者认为大型体育赛事主要以"全运会、亚运会、奥运会、世界单项锦标赛、职业联赛、城市运动会、农民运动会、少数民族运动会"为主。另有学者认为大型体育赛事应该具备以下特点：赛事规模大，涉及项目广，参加人数众多；竞技水平高，影响力大；赛事申办与筹办周期长；赛事的市场化运作程度较高；政府积极参与赛事的举办。

国外学者对"大型体育赛事"概念定义有很多，其中美国学者 Maurice Roche 的定义最具有代表性，他认为"大型体育赛事是有长期影响力的短期事件"，并且认为大型体育赛事有三个显著特点：赛事影响深远、引起极大关注、吸引大量观众。学者 John Horne 和 Wolfram Manzenreiter 指出大型体育赛事应该具有两个条件：一是对赛事举办城市、地区或国家具有显著的影响效果，而是该赛事能吸引相当程度的媒体关注。

笔者概括总结，本文将研究范围定于大型体育赛事，本文的大型体育赛事特指为：赛事规模大、参与人数众多、竞技水平高、影响力大、媒体推广度大的国际赛事。对比上海 ATP 1000 网球大师赛符合以上特色，可以将其列为研究赛事。

（二）快消品行业相关信息

快消品，全称快速消费品，主要是在高频次和重复的使用和消耗下，通过规模的市场量来获得利润和价值的实现的日常用品。往往拥有巨大的消费群体，但品牌忠诚度不高，可替代性强，销售渠道纷繁复杂，新兴业态不断冲击传统业态。所以快消品的品牌知名度、营销策略等对冲动购买的品牌的销售起到举足轻重的作用。

我国快消品市场空间大。根据数据，2016 年我国快消品零售额为 3.2 万亿元，其中包含包装食品、含酒精饮料、软饮料、日化品等产品，销售额同比增长 5.1%，市场空间庞大。从流通渠道看，快消品的流通渠道总共可以分为三大类：一是现代流通渠道；二是电商渠道；三是传统通路。

（三）赞助相关研究

1. 赞助

赞助起源于西方，由资助演化而来，在英文中，赞助一词为 sponsorship，德语和法语均为 sponsoring，中文意思为"赞同并给予帮助"。国外学者大多把赞助视为谋求商业回报的营销手段和投资手段，Meenaghan 在 1983 年发表的《商业赞助》中提出，赞助是指商业组织为商业目的进行单向活动的融资或类似援助；Gardner 在 1987 年提出商业赞助是对事件或者活动的投资，用来提升公司形象或者提升品牌认知水平。而国内学者有两种不同的看法：一种是梁慧星提出的,赞助是免费为公益和文化事业提供物质、技术、财力和人力资源,这种观念主要是在早期,人们时常将赞助和捐助等慈善活动混为一谈,随着商业化快速发展;另一种由许春珍提出的观点慢慢被人们接受,赞助是一种营销传播手段,在赞助商和赞助商之间具有平等的合作和互利,以换取支持和回报。

本文旨在研究快消企业赞助大型赛事的效果,研究更侧重商业价值,所以本文中的赞助定义为:赞助是企业谋求商业回报的营销手段和投资手段。

2. 体育赞助

体育赞助是指"国内外社会团体、企业单位及知名人士自愿为办竞赛、办运动队或以奖励等形式给予的赞助"。Sleight 认为"体育赞助是指存在于赞助企业和体育组织或运动员个人之间的一种商业关系,赞助企业提供资金、物资、服务等资源,体育组织或运动员个人便授予赞助企业同体育活动相联系的某些权力,以及可作为商业效益的相关利益作为回报"。体育赞助不仅是体育事业发展的重要组成部分,也是体育产业发展的主要资金来源。国内有学者指出体育赞助的重点在于争取体育赞助权,是赞助企业取得的"身份",争取"现实的权力和可能的利益"的行为过程,是一个用吸引人的赞助计划、良好的公司业绩和企业形象以及足够的资本尽可能地从体育组织中拿到体育赞助权。

3. 体育营销

关于体育营销的概念,不同的学者有不同的观点。Shannon(1999)指出,参与体育营销的产品的范围可以从体育赛事门票到体育彩票。虽然产品类别有很多,但这个概念仅限于体育产品。这个局限性在 Mullin,Hardy 和 Sutton(2000)的研究中被弥补了。他们发现体育营销包括两部分:体育产品和服务营销,以及通过体育促销营销非体育产品和服务。同样,Shank(2005)也将体育营销定义为"体育产品营销原则和流程的具体应用,以及通过与体育相关联的非体育产品营销"。根据体育营销的这些描述,包括体育产品的营销和通过体育营销的非体育产品营销似乎更全面,更适用于当今的商业世界。

4. 体育赞助营销

在各类文献中被引用得较多的体育赞助营销的定义是 Meenaghan(1983)的定义,他定义体育赞助营销为"商业企业以资金或实物方式向某种体育活动或与体育相关的个人提供支持,以达到其商业目标的行为",体育赞助营销是在拿到体育赞助权之后利用这种"身份"推广品牌、提升品牌知名度或者实现品牌形象重塑,将"潜在的利益"转变成"现实的利益"。这个过程的重点在于企业通过各种将赞助项目与企业产品紧密联系的活动,加上媒体的宣传推广,让更多消费者了解这个品牌,提升品牌形象,扩大市场占有率。

(四)主流赞助效果评估方法

国内外学者一致认为对体育赞助效果的评估的研究不仅是体育赞助领域的重点也是难点,难度在于企业对体育赞助所制定的目标各不一致,评估方法也层出不穷,并且赞助商在赞助过程中还会结合其他传播手段,在评价时很难将广告、公关、媒体等其他传播手段造成的效果从中剥离。

目前主流的赞助效果评估方法主要有以下五种:曝光度测量法、实验法、企业自评法、追踪法、财务报表法。曝光度测量法主要是测量体育赞助所实现的媒体覆盖率的质量和性质,并预测直接与间接的受众来评估体育赞助效果。这种方法存在着缺陷,比如:赞助刺激出现在媒介上并不代表消费者接受到了刺激;或者媒体上同时出现多家赞助刺激,并且他们曝光时间相同,缺乏排他性。实验法是指在特定的条件下,有效控制外在的变量干扰而进行试验,但是体育赞助只有在和其他传播手段共同使用时才会发挥其重要作用,在实验法中可以得出一些具有启示意义的结论,但缺乏现实意义。企业自评法是指赞助商通过检测其所设置的体育赞助目标是否得到了实现来评价体育赞助效果。但是这种方法的目标是各种企业自我设定的,有可能同一种赞助效果在A 企业的标准中可以达到效果优秀,在B 企业中就变为效果不佳,这种标准的主观性较强。追踪法是通过消费者调查来测量由体育赞助所带来的消费者对品牌知名度、熟悉度和偏好的变化,这种变化需要通过一段时长的跟踪调查并得出结果。虽然有学者指出这种追踪无法明确说明体育赞助的效果,很多实证调查显示体育赞助效果模糊,但这种方法在体育赞助效果评估中使用的最多。财务报表法指通过分析企业的财务情况来反映企业一定时期的资金、利润状况,这是反映赞助效果转换率最直观的方法。

综上所述,虽然众多学者对体育赞助的效果评估进行了多方面的研究,但目前为止还没有建立可以有效评估体育赞助活动的标准理论框架。追踪法是从消费者角度入手的,但由于追踪法需要大量人力、物力、财力来长期调查,本文同样选取消费者的角度运用比较简易的调查问卷法,并且结合曝光度测量法与结合企业采访法(采访作为赞助商的喜力公司的一些现场工作人员以及承办赛事的上海久事赛事公司的一些现场工作人员而总结归纳这两个企业对于喜力赞助上海大师赛的想法作为研究的辅助)作为研究方法来研究喜力赞助 ATP1000 上海大师赛的效果。

三、研究对象与研究方法

（一）研究对象

本文的研究对象为 2018 喜力赞助上海 ATP1000 网球大师赛的赞助效果，通过消费者、员工、媒体曝光三个不同的角度来对这个效果进行测量，如果最终三个角度得出的结果不同，那将从中找到原因并进行分析。

本文提出以下假设：

H1 从消费者角度入手，喜力赞助上海 ATP1000 大师赛有积极作用；

H2 从企业内部主观角度（员工）入手，喜力赞助上海 ATP1000 大师赛有积极作用；

H3 从媒体曝光角度入手，喜力赞助上海 ATP1000 大师赛有积极作用。

（二）研究方法

本文的问卷是根据参考有关消费者购买意愿、品牌认知度、赞助效果评估的相关研究问卷后，再根据笔者的研究需要进行重新设计的。问卷分为六个部分，第 1 题至第 4 题的第一部分主要为了了解被调者的基本信息。第二部分从第 5 题开始至第 7 题，旨在了解被调者关于啤酒购买的情况，在第 7 题中列举的是世界十大啤酒品牌中的八项，因啤酒品牌繁多，如果选项中没有被调者最偏爱的品牌，会请被调者在八个选项中做出最优选择。第三部分的第 8 题至第 11 题为了了解被调者对于喜力品牌的了解以及对于喜力赞助大师赛的知晓情况。问卷的后三个部分是建立在 Meenaghan 2005 年提出的赞助评估理论上的，他提出评估赞助效果的三个因变量：销售量（sales）、亲和力（affinity）和品牌形象（brand image），问卷后三部分就从这三个点入手，并结合量表题，有利于后期数据处理。

本问卷于 2018 年 10 月 6 日至 2018 年 10 月 14 日上海 ATP1000 大师赛期间在赛事现场随机寻找观赛者发放并回收，本问卷采用电子问卷的形式，发出问卷 157 份，收回问卷 143 份，问卷回收率 91.08%。在收回的 143 份问卷中，有效问卷为 143 份，有效率 100%。

在进行问卷分析之前，首先应当验证问卷题目的设置是否能够有效地反映本文想要研究的问题，以及通过问卷采集到的数据是否值得信任，因此要先通过

Cronbach's Alpha 系数(即信度系数)的大小来判断问卷的数据是否可信,这一过程也叫作信度分析。一般来说,该系数愈高,问卷的信度愈高。在基础研究中,信度至少应达到 0.80 才可接受,在探索性研究中,信度只要达到 0.70 就可接受,介于 0.70~0.98 均属高信度,而低于 0.35 则为低信度,必须予以拒绝。

本问卷在 17~24 题涉及量表题,对这 6 项进行信度分析,在信度分析前对有效问卷进行标准化处理,得到的 Cronbach's Alpha 系数为 0.746>0.7,问卷信度可以接受,表明对问卷进行数据分析后能够反映本文想要研究的问题。

四、研究结果与分析

(一)从消费者视角分析喜力赞助大师赛效果

Meenaghan 在 2005 年的赞助评估理论中提出评估赞助效果的三个因变量:品牌形象(brand image)、亲和力(affinity)和销售量(sales)。本文将针对消费者进行问卷调查来追踪这三个因素。

1. 问卷样本描述性分析

在 143 份有效问卷中,年龄分层情况见图 1,其中参与调查的人群主要集中在 18~40 岁,其中 18~22 岁占 18.88%,23~30 岁占比 27.97%,31~40 岁占比最多,达到 33.57%。其余部分中,41~50 岁占比 12.59%,51 岁以上占比 6.99%。数据表明,前往大师赛现场的观赛人群还是年轻人为主,这个符合喜力公司定位的核心消费者年龄阶段在 25~35 岁。在被调者中,性别分布

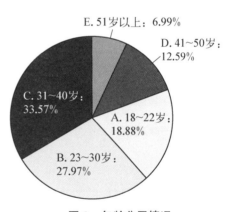

图 1 年龄分层情况

情况见图 2,其中男性占 53.15%、女性占 46.85%,男性比女性占比略多。

在调查中,超过八成的观众自认为是网球迷,表示自己会打网球或者在电视、网络上关注过网球比赛,有超过一成的观众表示自己不是网球迷,纯属跟着朋友来凑热闹,感受现场氛围,或者就是正好有朋友送的票,不看就浪费了(图 3)。虽说球迷占到八成以上,但大家的观赛频率各有不同,41.26% 的观众表示自己偶尔观看重要的比赛,毕竟很多网球比赛在欧洲、美洲进行,顶着时差每场

都看也是一项浩大的工程,这些球迷会选择自己认为精彩的或者是有自己喜欢的球星的比赛进行观看;27.27%的被调者表示基本大部分比赛都会看;12.59%的"死忠粉"表示只要有比赛就会看,这部分被调者对网球的热爱达到了巅峰;很少看网球比赛和基本不看网球比赛的被调者加起来达到两成左右(图4)。

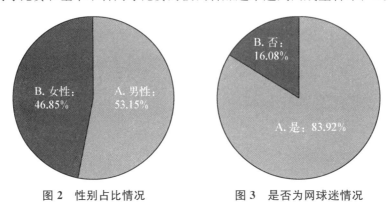

图2　性别占比情况　　　　图3　是否为网球迷情况

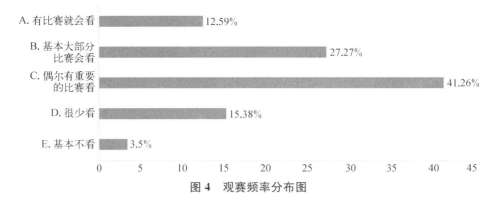

图4　观赛频率分布图

在调查中有七成的被调者表示曾经购买过啤酒,在最偏爱的啤酒品牌中,选择喜力为偏爱的啤酒品牌的人次占最多,为42.66%,其次是百威和科罗娜,都达到了33.57%,还有朝日也是观众比较喜爱的啤酒品牌,选择朝日的观众人次占比31.47%(图5)。

关于观众如何知晓喜力品牌的途径见图6,其中39.01%的观众通过网络、电视等媒体知道喜力品牌,29.08%的观众知道喜力品牌是因为喜力是ATP1000上海网球大师赛的赞助商,16.31%的观众是因为某次偶然的机会购买到了喜力啤酒而知道了这个品牌,7.09%的观众知道喜力品牌归因于朋友推

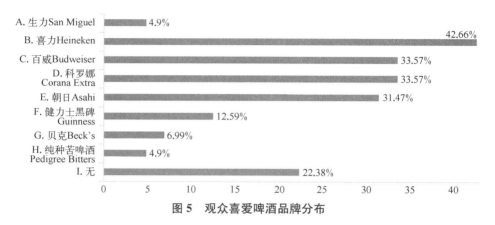

图 5 观众喜爱啤酒品牌分布

荐,还有 4.26% 的观众本身就是喜力的忠实粉丝,在其他的选择中有一位的留言值得关注,其表示喜力的很多赛事现场活动都很棒,愿意花代价去做小事。

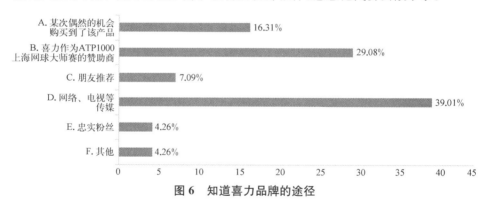

图 6 知道喜力品牌的途径

本研究让被调者对于观赛前与观赛后愿意购买喜力产品的意愿程度进行打分(非常不愿意为 1 分,非常愿意为 10 分),通过统计,观赛前愿意购买喜力产品的平均分值为 6.01,观赛后愿意购买喜力产品的平均分值为 7.15 分,通过观赛被调者的购买意愿增长了 19.0%。同时本研究让被调者对于观赛前与观赛后心中喜力的品牌形象进行打分(形象极其不良好为 1 分,形象极其良好为 10 分)。通过统计,赛前品牌形象的均分为 7.58 分,赛后品牌形象的均分为 8.53 分,被调者心目对于喜力品牌形象通过赛事提升了 12.5%。

2. 交叉分析

年龄和性别与是否为网球迷的交叉性分析见表 2,其中网球迷主要集中在 23～40 岁年龄阶段,与喜力公司核心消费者年龄在 25～35 岁的定位相符合。

男性中是网球迷的占比达到 57.5%,并且卡方检验 $p=0.017<0.05$,具有统计学意义,性别对是否为网球迷结果影响显著。

表 2 年龄和性别分别于是否为球迷交叉分析

选项		您是否为网球迷			
		是		否	
		计数	分层列有效 N%	计数	分层列有效 N%
您的年龄阶段	18～22 岁	20	16.7	7	30.4
	23～30 岁	33	27.5	7	30.4
	31～40 岁	43	35.8	5	21.7
	41～50 岁	14	11.7	4	17.4
	51 岁以上	10	8.3	0	0.0

选项		您是否为网球迷			
		是		否	
		计数	分层列有效 N%	计数	分层列有效 N%
您的性别	男性	69	57.5	7	30.4
	女性	51	42.5	16	69.6

	皮尔逊卡方检验	您是否为网球迷
您的性别	卡方	5.678
	自由度	1
	显著性	.017*

结果是基于每个最内子表的非空行和列
*.卡方统计信息在.05 级别显著。

关于观赛频率情况见图 7,其中球迷分布情况主要在于偶尔有重要的比赛看(41.26%)和基本大部分比赛看(27.27%),只要有比赛就看的"死忠粉"还是占少数,达到 12.59%。

关于是否知晓喜力这个品牌的调查中,知道了解喜力这个品牌的年龄层次主要分布在 23～40 岁且男性偏多,并且能明显看出,观赛频率在偶尔有重要的比赛会看和基本大部分比赛会看的人群对喜力的知晓程度较高,同时这部分观众知道喜力是上海 ATP1000 大师赛的赞助商的占比也是较高的,两者相加达到了七成(表 3、表 4)。

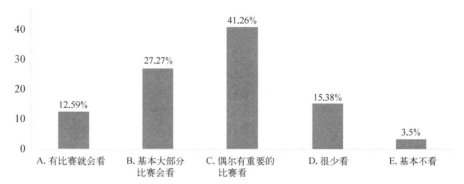

图 7 观赛频率分布

表 3 观赛频率交叉分析表

选项		是否知道喜力这个品牌					
		知道并了解		只是听说过		完全没听说过	
		计数	分层列有效 N%	计数	分层列有效 N%	计数	分层列有效 N%
您的年龄阶段	18~22岁	11	13.4	13	23.6	3	50.0
	23~30岁	21	25.6	17	30.9	2	33.3
	31~40岁	32	39.0	16	29.1	0	0.0
	41~50岁	11	13.45	6	10.9	1	16.7
	51岁以上	7	8.5	3	5.5	0	0.0

选项		是否知道喜力这个品牌					
		知道并了解		只是听说过		完全没听说过	
		计数	分层列有效 N%	计数	分层列有效 N%	计数	分层列有效 N%
您的性别	男性	51	62.2	23	41.8	2	33.3
	女性	31	37.8	32	58.2	4	66.7

选项		是否知道喜力这个品牌					
		知道并了解		只是听说过		完全没听说过	
		计数	分层列有效 N%	计数	分层列有效 N%	计数	分层列有效 N%
您观看上海ATP1000网球赛的频率	有比赛就会看	11	13.4	6	10.9	1	16.7
	基本大部分比赛会看	26	31.7	12	21.8	1	16.7

续 表

选 项		是否知道喜力这个品牌					
		知道并了解		只是听说过		完全没听说过	
		计 数	分层列有效 N%	计 数	分层列有效 N%	计 数	分层列有效 N%
您观看上海ATP1000网球赛的频率	偶尔有重要的比赛会看	36	43.9	21	38.2	2	33.3
	很少看	7	8.5	14	25.5	1	16.7
	基本不看	2	2.4	2	3.6	1	16.7

表 4 观赛频率与是否注意喜力为赞助商交叉分析

选 项		在看 ATP1000 上海大师赛的时候,是否注意到喜力这个赞助商			
		是		否	
		计 数	分层列有效 N%	计 数	分层列有效 N%
您观看上海ATP1000网球赛的频率	有比赛就会看	15	11.7	3	20.0
	基本大部分比赛会看	36	28.1	3	20.0
	偶尔有重要的比赛会看	55	43.0	4	26.7
	很少看	19	14.8	3	20.0
	基本不看	3	2.3	2	13.3

关于年龄对于购买啤酒因素的影响见表5、表6,从中可以看出不论哪个年龄层次购买啤酒最看重的都是口感因素,其次看重的是价格因素,31~40年龄阶段看重价格因素的比例在这几个年龄层次中是最高的,在现场访谈中了解到,这个年龄层次相比于别的层次有着更大的家庭责任并且已经有过很多人生体验,所以在消费上会更看重价格,希望产品物有所值。这几个年龄层次中,看重产品赞助项目比例最高的是41~50年龄层次段,根据我国现状,在这个年龄段还愿意到现场观看比赛的一定是对该项目有着比较浓厚兴趣的,所以这个年龄段的球迷消费看重赞助项目的占比较高也是事出有因的。

表5 年龄和影响购买啤酒因素交叉分析

选项		您的年龄阶段							
		18~22岁		23~30岁		31~40岁		41~50岁		51岁以上	
		计数	分层有效N%	计数	分层有效N%	计数	分层有效N%	计数	分层有效N%	计数	分层有效N%
最影响您购买啤酒的因素是什么(价格)	否	18	66.7	27	67.5	29	60.4	11	61.1	4	40.0
	是	9	33.3	13	32.5	19	39.6	7	38.9	6	60.0
最影响您购买啤酒的因素是什么(口感)	否	3	11.1	8	20.0	10	20.8	3	16.7	1	10.0
	是	24	88.9	32	80.0	38	79.2	15	83.3	9	90.0
最影响您购买啤酒的因素是什么(品牌形象)	否	20	74.1	27	67.5	30	62.5	8	44.4	8	80.0
	是	7	25.9	13	32.5	18	37.5	10	55.6	2	20.0
最影响您购买啤酒的因素是什么(赞助项目)	否	24	88.9	32	80.0	37	77.1	12	66.7	8	80.0
	是	3	11.1	8	20.0	11	22.9	6	33.3	2	20.0
最影响您购买啤酒的因素是什么(其他)	否	22	81.5	39	97.5	45	93.8	16	88.9	10	100.0
	是	5	18.5	1	2.5	3	6.3	2	11.1	0	0.0

表6 观赛频率与是否在现场购买喜力产品交叉分析

选项		您是否在本次上海ATP1000网球大师赛购买喜力产品			
		是		否	
		计数	分层列有效N%	计数	分层列有效N%
您观看上海ATP1000网球赛的频率	有比赛就会看	7	10.4	11	14.5
	基本大部分比赛会看	19	28.4	20	26.3
	偶尔有重要的比赛会看	27	40.3	32	42.1
	很少看	12	17.9	10	13.2
	基本不看	2	3.0	3	3.9

3. 回归分析

本部分的三个模型是建立在 Meenaghan(2005)提出的赞助评估理论上的,他提出评估赞助效果的三个因变量分别为:品牌形象(brand image)、亲和力(affinity)和销售量(sales)。

品牌形象是指公司或某个品牌在市场和公众心中的个性特征,它体现公众特别是消费者对品牌的评价与认知。品牌形象是品牌表现出来的特征,反映了品牌的实力与本质,所以品牌与品牌形象密不可分。品牌形象包括品名、包装、图案广告设计等。模型一将品牌形象定为因变量,对应问卷第7题——喜力是否是喜欢的啤酒品牌,研究调查品牌形象对消费者行为的影响,进而反映赞助效果。

亲和力是指消费者对于某品牌所产生的亲近感,并愿意购买使用的一种感情量度。当消费者视某种品牌为生活中一种必不可少的存在,对它产生熟悉感、亲切感和信赖感,认同其存在的社会地位和意义时,那么这个品牌已具备了品牌亲和力。培养品牌亲和力是挖掘潜在市场和维持顾客忠诚度的一个重要手段。模型二将亲和力作为因变量,在数据处理时将问卷中的第19和第20两题得分进行对比,在第20题中的得分大于第19题时认为喜力赞助了大师赛使得该观赛者更想购买喜力产品,以此来研究亲和力对消费者行为的影响,进而反映赞助效果。

销售量是指企业在一定时期内实际促销出去的产品数量,一般可以从销售额上反映出来。在数据方面与第 19 题对应,研究观赛频率对消费者行为的形象,以此来反映赞助效果。

(1) 品牌形象:

模型一(二元逻辑回归分析)

因变量:喜力是否是喜欢的啤酒品牌(Preference)

$$Preference = \beta_0 + \beta_1 (Age)_i + \beta_2 (Gender)_i + \beta_3 (Tennis\ Fan)_i + \beta_4 (Frequency\ of\ Watching\ SH\ ATP\ 1000)_i + \beta_5 (Noticing\ Heineken\ Brand)_i + \beta_6 (Brand\ Matching\ SH\ ATP\ 1000)_i + \varepsilon_i$$

在模型一中,主要研究喜力是否是观赛者偏爱的品牌从而了解喜力的品牌形象在观赛者心中如何。从表 7 中可见年龄每增加一个等级,喜爱喜力的概率是前一个年龄等级的 1.441 倍,且 $p=0.033<0.05$,具有统计学意义,说明年龄越大,越喜爱喜力。女性喜爱喜力的概率是男性的 0.629 倍,表示男性比女性更喜欢喜力。观赛频率每高一个等级对于喜力啤酒的喜爱程度是前一个等级的 1.225 倍,表明观赛频率越高的人群越有喜爱喜力啤酒的倾向,且 $p=0.035<0.05$,具有统计学意义。综上所述,喜力赞助 ATP1000 大师赛在品牌形象上效果是积极的。

表 7 模型一回归分析结果表

模型一 方程式中的变量

	问题	B	S.E.	Wald	自由度	显著性	Exp(B)	95%C.I.用于 EXP(B)	
								下限	上限
步骤1ª	Q1(年龄阶段)	.365	.171	4.539	1	.033	1.441	1.030	2.016
	Q2(性别)1 男 2 女	−463	.369	1.575	1	.210	.629	.305	1.297
	Q3(网球迷)1 是 2 否	−.630	.579	1.182	1	.277	.533	.171	1.658
	Q4(观赛频率)	.203	.211	.931	1	.035	1.225	.811	1.852
	Q5(赞助商)1 是 2 否	.077	.625	.015	1	.902	1.080	.317	3.678
	Q22(符合程度)	.142	.106	1.787	1	.181	1.152	.936	1.419
	常量	−1.648	1.428	1.333	1	.248	.192		

a. 步骤 1:[%1,1:

(2) 亲和力:

模型二(二元逻辑回归分析)

因变量:喜力赞助大师赛是否让你更想购买喜力产品(Motivation)

Motivation = $\beta_0 + \beta_1 (Age)_i + \beta_2 (Gender)_i + \beta_3 (Tennis\ Fan)_i + \beta_4 (Frequency\ of\ Watching\ SH\ ATP\ 1000)_i + \beta_5 (Noticing\ Heineken\ Brand)_i + \beta_6 (Brand\ Matching\ SH\ ATP\ 1000)_i + \varepsilon_i$

在模型二中,主要研究喜力赞助上海ATP1000大师赛是否让观赛者更想购买喜力产品。从表8中可见年龄层次每增加一个等级,喜力赞助大师赛让观赛者更想购买喜力产品的概率会增加1.664倍,说明年龄越大越容易通过喜力赞助大师赛的影响而去购买喜力啤酒,且$p=0.006<0.05$,具有统计学意义。女性观赛者通过喜力赞助大师赛而更想购买喜力啤酒的概率是男性观赛者的1.151倍,说明女性可能更容易受到现场气氛、现场宣传活动等因素影响而去购买喜力啤酒。值得关注的是非网球迷通过喜力赞助大师赛而更想购买喜力啤酒的概率是球迷的1.896倍,这可能归因于大师赛现场比赛主要采取连场不间断的方式,且多片场地同时进行,球迷前往现场主要关注点在于比赛,没有太多的时间去关注现场活动、赞助商展位等,所以导致更想购买喜力啤酒的概率低于非球迷,这一点有利于喜力拓展自己的消费者市场。观赛频率每增加一个等级,喜力赞助大师赛导致观赛者更想购买喜力啤酒的概率是前一个等级的2.036倍,且$p=0.002<0.05$,具有统计学意义。综上所述,喜力赞助ATP1000大师赛在亲和力上效果是积极的。

表8 模型二回归分析结果表

模型二	方程式中的变量								
	问题	B	S.E.	Wald	自由度	显著性	Exp(B)	95%C.I.用于EXP(B)	
								下限	上限
步骤1[a]	Q1(年龄阶段)	.509	.187	7.447	1	.006	1.664	1.154	2.399
	Q2(性别)1男2女	.141	.382	.136	1	.712	1.151	.545	2.434
	Q3(网球迷)1是2否	.640	.602	1.129	1	.288	1.896	.583	6.169
	Q4(观赛频率)	.711	.234	9.247	1	.002	2.036	1.288	3.220

续 表

问 题		B	S.E.	Wald	自由度	显著性	Exp(B)	95%C.I.用于 EXP(B)	
								下限	上限
步骤1[a]	Q5(赞助商)1是 2否	−.919	.660	1.936	1	.164	.399	.109	1.456
	Q22(符合程度)	.094	.105	.804	1	.370	1.098	.895	1.348
	常量	−3.888	1.528	6.476	1	.011	.020		

（3）销售量：

模型三（有序逻辑回归分析）

因变量：购买喜力产品的频率

Frequency of purchasing Heineken
$= \beta_0 + \beta_1 (\text{Age})_i + \beta_2 (\text{Gender})_i + \beta_3 (\text{Tennis Fan})_i + \beta_4 (\text{Frequency of Watching SH ATP 1000})_i + \beta_5 (\text{Noticing Heineken Brand})_i + \beta_6 (\text{Brand Matching SH ATP 1000})_i + \beta_7 (\text{Motivation})_i + \varepsilon_i$

不同于模型一和模型二的二元逻辑回归，模型三采取了有序逻辑回归的方法。在数据处理时，将Q14中六个选项人工分为三个组：高频组（包括几乎每天、一周3～5次、两周3～5次、一个月3～5次四个选项）、中频组（包括两个月3～5次）以及低频组（几乎从来不买），然后将高频组作为参照组，分别于低频组和中频组做回归分析。从表9中可以看出，男性比女性购买喜力啤酒的频率高，网球迷比非网球迷购买频率要高，观赛频率越高购买频率越高。将喜力列入自己喜爱的啤酒品牌的观赛者购买喜力啤酒的频率是高频的，且$p=0.000<0.05$，具有统计学意义。知道喜力品牌的观赛者购买喜力啤酒的频率是高频的，且$p=0.000<0.05$，具有统计学意义。喜力赞助大师赛中越想购买喜力产品的观赛者购买喜力啤酒频率越高频，且$p=0.000<0.005$，具有统计学意义。

（二）从企业员工视角分析喜力赞助大师赛效果

企业自评法一般需要用到一定数量的量表对企业各个层级进行调查，由于时间、精力、经费等限制，本文采用现场采访的方式，分别在现场找到喜力的工作人员和久事赛事的工作人员进行交谈，并穿插采访提纲中的问题，事后进

表 9 模型三回归分析结果表

模型三
参数估计

	问题	估算(E)	标准错误	Wald	df	显著性	95%的置信区间		EXP(B)	EXP(B)的95%的置信区间	
							下限	上限		下限	上限
Threshold	[Q14=1]低频组	.078	.985	.006	1	.937	−1.853	2.008			
	[Q14=2]中频组	1.936	1.003	3.724	1	.054	−.030	3.901			
位置	Q1(年龄阶段)	−.227	.163	1.927	1	.165	−.547	.093	.797	.579	1.098
	Q2(性别)1男2女	.468	.357	1.717	1	.190	−.232	1.167	1.596	.793	3.214
	Q3(网球迷)1是2否	.207	.571	.131	1	.717	−.912	1.326	1.230	.402	3.767
	Q4(观赛频率)几乎每天→几乎没有	.113	.261	.275	1	.600	−.310	.537	1.120	.733	1.711
	Q7(是否喜欢喜力)1是0否	−1.317	.362	13.260	1	.000	−2.026	−.608	.268	.132	.544
	Q8(是否知道喜力这个品牌)1是2否	1.368	.352	15.535	1	.000	.697	2.076	4.000	2.008	.971
	Q25(喜力赞助大师赛是否更想购买喜力啤酒)1是0否	−1.362	.383	12.627	1	.000	−2.114	−.611	.256	0.121	.543

联接函数:Logit。

行归纳总结,作为研究喜力赞助大师赛效果的一部分。

采访提纲如下:

Q1 您觉得今年喜力的现场活动做得怎么样?有什么亮点?

Q2 您是否参加过以往大师赛的喜力活动?相比今年如何?

Q3 您是否了解喜力也是F1的赞助商?相比F1的赞助活动,大师赛的赞助活动有什么做得好的或者做得不好的地方?

Q4 在您工作的过程中有没有可以让赞助活动做得更好的意见?

1. 喜力员工采访

"今年现场活动的亮点我觉得还是在于比较有科技含量的360度网球屋,因为别的像跟网球结合的活动我们这边有类似往规定目标打球看能否击中目标、手绘T恤、发球测速这样的,大家基本也都尝试过了,大同小异的,像今年这个360度摄像头环绕的拍摄还是第一次,还蛮受现场观众欢迎的,每天很多人排队,每次只能拍摄一个动作,挺多人还会反复排队拍不同的造型。"

"我作为工作人员其实参与了好几年的喜力大师赛活动,喜力大师赛的活动每年都有一个主题,做的还蛮用心的。比如2017年推出了全新'喜力星教练'活动,2017年正值真人秀节目比较受观众欢迎时期,于是活动将真人直播与大数据精准投放相结合,有三支来自运动、美食与时尚领域的达人组成的喜力星战队并且邀请球迷参与,亲临决赛现场与星教练一同为自己支持的球星加油助威。还通过《今日头条》的实时转播,三位星教练将球赛的乐趣从场上移到了场外,并与幸运球迷一同完成喜力星挑战,不在现场的消费者也可以通过《今日头条》的直播随时关注赛场动态。再像2015年我们推出了一个叫'ATP直通门'的线下体验活动,在上海五角场万达广场、瑞海路瑞安广场同步进行,在活动现场球迷们可以体验酷炫的游戏,比如回击大师发球、鹰眼挑战等,让球迷像置身于大师赛现场,与网球大师们同步竞技,同时还有机会赢得乘坐喜力ATP专车前往旗忠网球中心现场观赛的巨大惊喜。还有一年引用比较高科技的,像2012年,喜力作为第一家采用RFID技术在中国市场开展体验营销,当时引起了热烈的反响。现场观众可通过RFID社交媒体系统进入喜力绿室。在此之前,参观者需通过iPad完成注册并登记微博账号,获得喜力RFID手环。带上手环的球迷即可通过手环感应阅读器自拍留念,保留属于每个人独特的'喜力瞬间',并可将照片上传微博。在上海网球大师赛期间,超过千位观众注册获取RFID手环,使他们能够自拍留念并上传微博。上传微博的'喜力瞬间'被好友和粉丝粉粉转发,引发网民成千上万条评论。"

喜力公司的工作人员表达的观点总结归纳为：喜力赞助上海 ATP1000 大师赛已经有好多年头，但每年的现场活动都有创新点，深得观众的喜爱，现场反馈较好；不光在比赛现场有活动，在比赛期间的上海繁华商业街也有配套商业活动，对市场推广有不小的激励作用。

2. 久事员工采访

"2018 年是上海 ATP1000 大师赛落户上海的第 10 年，这次赞助商矩阵达到满额，共计有 30 家赞助商，分为四个等级：第一个等级是冠名赞助商劳力士，第二级包括两家，第三级有 10 家，第四级多达 17 家。喜力在第三级别的赞助行列。喜力虽然每年的赞助级别不高，但现场的效果每次都是给人印象深刻的，喜力比较擅长于渲染现场气氛，现场乐队这种的挺多的，还有每年喜力做的现场体验游戏也是比较有新颖度的，这个还是挺吸引观众的。"

"今年喜力做了一个新的赞助模式，他们运动潮流品牌 DOE 跨界合作，推出名为'喜力网球星潮店'的快闪店，主要做的是以网球元素为主的限量联名产品，大师赛期间在新天地销售。看了产品的照片，有衣服、背包之类的，网球的元素结合的还是很好的，也十分具有时尚感。据说是限量款，售完为止，蛮受欢迎的。"

"一般像赞助商在现场设置的活动都是为了要宣传自己产品，拓展客户人群，提升自己品牌形象和知名度，有很多现场活动都是让客户填信息然后送礼品的，一开始这种形式出来大家还觉得能拿礼品挺新鲜的，这几年这种活动已经太多了，所以观赛者一般不太愿意去参与这种活动了。反过来看喜力，每年的活动不是说去送什么礼品，而且让你参与到一种体验里面去，'神不知鬼不觉'地就把你的信息什么都拿到了，然后还让你觉得这次体验不错。比如像今年，喜力展台排长队的一款游戏体验是极具科技感的空间线条设计和互动性极强的 360 度网球屋，在这个展台喜力设置了 360 度镜头环绕的轨道，让每一位体验者有一种当球星的感觉，各种动作都可以被拍得很帅气。如何可以参加这个游戏呢？喜力展台的工作人员会让你先加喜力的微信公众号，这个一般观赛者都可以接受，然后因为涉及产品是啤酒，会需要年龄信息，所以在公众号里喜力又获取了各位参与游戏体验者的年龄，然后在体验过后，如何得到拍摄的作品，在公众号里面的相关活动链接里填写你的邮箱就可以收到。其实就这样短短一个过程，喜力获得了参与活动者的微信关注、年龄、邮箱这样的关键信息，而且并没有让体验者有不良的感觉，这是很高明的营销。"

"我们公司的 F1 赞助商里面也有喜力，相比大师赛的话，我觉得两个赛事在现场的活动都做得很好,但 F1 期间在赛场外的活动会比大师赛做得更有亮点,影响力很大。比如 2018 年 F1 期间喜力在静安嘉里中心举办了亚洲最大的 F1 上海嘉年华,很多 F1 现役车手亮相喜力×F1 上海嘉年华现场,与在场粉丝零距离互动,将 F1 的热血激情从上赛道带入城市中心。更有著名的唱跳全能歌手孔令奇也到场,每天都有来自全球各地的重量级大咖歌手及百大 DJ 轮番助阵,为观众带来精彩绝伦的表演,当时就给人气氛,仿佛整个上海沉浸在速度与激情之中。2017 年喜力安排乐队在圆明园路表演,在整个周末的狂欢派对中,来自中国、法国、德国的多个 DJ、电子乐队和爵士乐队,为现场粉丝献上精彩表演,整座城市都能与喜力一起,感受赛场之外的全新律动。在主舞台的非演出期间,大屏幕将实时播放 F1 赛事,将圆明园路变成 F1 赛场外的观景台,即使是不能观看比赛的粉丝也可以一起摇旗,共同享受 F1 赛事带来的紧张与刺激。活动现场还组织了定时抽奖活动,现场观众可以赢得 F1 主看台门票去现场观战。"

久事公司的工作人员表达的观点归纳为:在众多大师赛赞助商中,喜力每年的现场活动都很有新意,每年喜力展台的人气是众多赞助商中排在前三的;虽然也有外场活动,但相比 F1 的外场活动,大师赛期间的外场活动不够丰富。

(三)从媒体曝光角度来分析喜力赞助大师赛的效果

曝光度测量法是利用媒体等价原理,把体育赞助带来的媒体报道与同量广告成本进行对比换算的方法,通常用媒体覆盖率、曝光率或收视率等作为量化指标。媒体等价法能对产品曝光率进行很好的纵向和横向的对比。虽然有学者提到说媒体的曝光度并不等于消费者的接受度,但在实际操作中,对曝光率等简易化变量的使用最为普遍。研究报道显示,70%的公司依然利用媒体等价法作为体育赞助效果的主要评估工具。

1. 赛事媒体覆盖情况

2017 年 12 月 31 日至 2018 年 10 月 20 日,共监测到上海 ATP1000 网球大师赛相关新闻 9 173 篇。其中网站、微博、App 数据量最高,三者占数据总量的 87.4%。德约科维奇第四次夺得上海 ATP1000 网球大师赛冠军、吴易昺遭逆转遗憾出局获得了不少媒体的关注,上海 ATP1000 网球大师赛喜迎 10 周年、上海 ATP1000 网球大师赛浓情家庭日等策划亮点,都获得了媒体和球迷的广泛好评。

从媒体覆盖量来看,网站媒体覆盖最高,达 691 家,占传播媒体总量的

39.2%。基于网络媒体的即时性、海量性,网媒覆盖量较高,提高了用户的参与度。与此同时,微博、微信、App 也有相当数量的覆盖。平面、广播电视媒体的专业性更强,广告价值更高,为上海 ATP1000 网球大师赛带来不少忠实受众,提高了用户的好评度。

监测期内,网媒新闻媒体报道合计 691 家,共发布 4 540 篇相关新闻。其中,搜狐网的报道量排名第一,共计 465 篇;今日头条的报道量排名第二,共计 317 篇;新浪网的报道量排名第六,共计 182 篇。东方网作为本地综合门户,对该赛事较为关注并大量转发报道赛事信息,总量居第七,共计 167 篇。合作网站关于 2018 上海 ATP1000 网球大师赛的专题板块主要分为:体育频道、滚动新闻、网球、体育新闻、运动、上海、SPORTS、综合体育等。

微信公众号有 401 个,共报道 702 篇新闻,其中上海 ATP1000 网球大师赛、上海网球之窗、上海市网球协会占据微信公众号新闻量排名前三位,对此次赛事报道声量较高。

微博账号有 559 个,共报道 1 827 篇新闻,其中上海 ATP1000 网球大师赛、ATP 世界巡回赛、全网球 All Tennis 占据微博账号新闻量排名前三位,对此次赛事报道声量贡献较大。大数据服务商 Questmobile 发布的《2017 年中国移动互联网年度报告》显示,微博名列中国移动互联网 TOP 10 独立 App,月活跃用户达 3.81 亿户,占据社交媒体龙头地位。在微博话题中"上海劳力士大师赛"的阅读量达到了 1.4 亿人次,讨论量达到了 25.4 万人次。这个数值是十分可观的。

App 媒体有 25 家,共报道 1 648 篇新闻,其中新浪新闻 App 报道量最高,对此次赛事报道声量达到 304 篇。除此之外,腾讯新闻 App、天天快报 App、网易新闻 App 等知名 App 对劳力士大师赛关注度也较高。

报道上海 ATP1000 网球大师赛相关新闻的平面媒体有 68 家,共报道 201 篇新闻,主要以上海、广东、北京三地平面媒报道为主。平面媒体排名前三的分别是《新民晚报》《青年报》《羊城晚报》,特别是《新民晚报》发布了近 20 篇的新闻量。

上海 ATP1000 网球大师赛相关新闻的广播电视媒体合计 21 家,共计 255 篇新闻,其中上海五星体育广播相关传播远多于其他各家,共 156 篇相关报道,其次为上海电视台新闻综合频道和中央电视台体育频道。在赛事各阶段电视媒体跟进报道中,主要涉及信息有票务信息、赛事时间、参赛阵容、赛事直播等。随着网球赛事的走热,收视率大大提高,上海 ATP1000 网球大师赛收获了超高的人气和关注度。

综上所述,不论是从网络报道、微信公众号、微博账号还是App媒体、平面媒体、广播电视媒体,关于整个赛事的媒体曝光率都是喜人的。

2. 国际电视转播曝光价值

从赞助回报价值表中将赞助回报分为四类,分别是国际电视转播价值、实物回报价值、赛场广告价值和赛事形象使用价值,其中国际电视转播为喜力带来达到7 113.27万元Logo曝光价值,占比最多,达到92.25%。各类转播地区中,喜力Logo在欧洲地区获得的曝光价值最高,为3 093.39万元,该曝光价值占总比重的43.49%;喜力Logo出现在一层LED、冰桶和二层广告等四个位置,其中一层LED位置的曝光价值最高,为4 326.55万元,占总价值的60.82%(表10、表11、表12)。

表10 赞助回报价值(定量)

序 号	回 报 类 型	价值(万元)	比重(%)
1	国际电视转播	7 113.27	92.25
2	实物回报	241.93	3.14
3	赛场广告	231.76	3.01
4	赛事形象使用价值	123.81	1.61
总 计		7 710.77	100

表11 国际电视转播曝光价值(按转播地区分)

序号	转播地区	转播时长 (小时:分钟:秒)	曝光时长 (小时:分钟:秒)	喜力曝光价值	
				万 元	比重(%)
1	欧洲	3 742:48:09	188:04:33	3 093.39	43.49
2	亚太	987:29:07	49:37:16	2 042.89	28.72
3	非洲及中东	597:06:30	30:00:17	1 147.01	16.12
4	中南美	132:00:00	6:37:59	511.47	7.19
5	北美	276:16:00	13:52:57	301.02	4.23
6	数字	/	0:53:00	17.49	0.25
总计		5 735:39:46	289:06:02	7 113.27	100.00

注:SMG Insight Limited提供国际电视曝光价值评估数据。

表 12　国际电视转播曝光价值（按曝光位置分）

序号	转播地区	转播时长 （小时∶分钟∶秒）	曝光时长 （小时∶分钟∶秒）	喜力曝光价值	
				万元	比重(%)
1	一层 LED	5 735∶39∶46	188∶04∶33	3 093.39	43.49
2	冰桶	5 735∶39∶46	49∶37∶16	2 042.89	28.72
3	二层广告	5 735∶39∶46	30∶00∶17	1 147.01	16.12
4	观众席	5 735∶39∶46	6∶37∶59	511.47	7.19

注：SMG Insight Limited 提供国际电视曝光价值评估数据。

上海 ATP1000 网球大师赛第三级别赞助商的赞助金额在 400 万元左右，喜力通过国际电视转播曝光获得的价值达到了赞助金额的 17 倍左右。目前没有对于赞助回报率这个词的标准评估，但如果按投资回报率的标准比较，"17 倍"的投资回报率可以说是相当高了。

综上，从媒体曝光角度，喜力赞助大师赛效果是积极的。

（四）赞助营销优化

喜力在大师赛的赞助级别只在第三梯队中，但它的赞助效果从以上研究结论中来看是积极的，喜力所做的突出点在于它的赞助营销，可以说一个快消品企业赞助一个大型体育赛事的效果不取决于投了多少资金，而取决于赞助后配套营销做得怎么样。以下总结的喜力赞助上海 ATP1000 大师赛赞助营销做得值得学习的地方，可以给将来有意向赞助大型体育赛事的快消品企业提供借鉴。

1. 选择适合自己品牌的体育赛事

喜力选择了 ATP1000 网球大师赛是因为这两者之间是非常匹配的。除了足球，网球是全球第二大球类运动，它代表着优雅、阳光、高端，从事这项运动的也是比较富裕的阶层，这个阶层正好是喜力的目标客户群。而在喜力的品牌价值中，一直贯彻着世界一家、魅力共享和为品质生活付诸热情的品牌文化真谛，面向的同样是苛求品质、有理想、有冲劲、有目标的年轻人，他们热爱运动、享受生活。通过这个平台，喜力能够将其品质、高端、国际化等品牌信息非常有效地传达给消费者，并且与消费者建立一个紧密的联系。在现场的问卷中，第 22 题提及喜力品牌形象与上海 ATP1000 大师赛符合程度的均分达到了 8.06 分，并且在调查中有 98.6% 的被调者认为喜力品牌给人一种阳光积极、充满活力的形象。

2. 办赛需要创新并要考虑消费者的心意

从对喜力公司和久事公司现场的工作人员的采访中可以看出,喜力作为大师赛元老级别的赞助商,每年依然在赞助营销上在想新点子,出新创意。而且从各种现场的细节中可以感觉喜力是用心在为消费者考虑,给予消费者更好的消费体验,这也是喜力的心意。在这两点上做好了是有利于品牌认知度和品牌忠诚度的发展的。在143位被调者中,选择喜力是偏好的啤酒的人次最多,达到42.66%。根据全程实地监测结果,喜力在美食天地展区的展台9天累计总人流量为41 103人次(表13),在顶级赞助商展区的喜力舞台9天累计总人流量为44 189人次。根据官方现场问卷调查(表14),有39.5%的现场观众明确表示喜力的现场展位最具吸引力,该比例在所有被评估赞助商中排名第三。

3. 与其他品牌联名打造赞助产品

近年来,越来越多的品牌走上了联名这条路,联名款存在的意义都不只是两个品牌或者设计师之间的简单交际,而是更多地增加了跨行业沟通和合作的意义,不同风格的品牌通过合作,擦出火花,提升品牌新鲜感,带来的效益以及引人眼球的噱头都是巨大的。2018年喜力和DOE的联名就得到了广大球迷和时尚人士的热烈欢迎。在品牌联名的同时,也可以考虑与赛事明星打造联名产品,比如费德勒的Vapor系列与Jordan Brand合作推出的NikeCourt Zoom Vapor RF X AJ3,这双球鞋受到了广大球迷和篮球鞋迷热烈反响。由此可见,联名可以做到粉丝效应1+1>2,并且可以扩宽自己本身的消费者范围。

4. 防范埋伏营销

赛事对于赞助商的资质和质量都是有要求的,不是所有企业都可以作为赞助商的,但是有很多非官方赞助商也试图从赞助效益中蹭一下热度、分一杯羹。埋伏营销是指在体育赛事中,企业并未支付赞助费用,但开展各种营销活动与该赛事产生联系,让受众误以为他是赞助商,以达到自己的宣传效果。埋伏营销的现象在奥运会中比较多见,但也不代表其他比赛没有这种现象的存在。埋伏营销会转移公众的关注度、减弱官方赞助商的赞助效果。防范埋伏营销不仅需要法律的制约和赛事主办方创造抵制埋伏营销的良好氛围,也需要各个赞助商有这个意识,比如对外宣传时强调自己是"赛事指定官方赞助商",策划赞助活动时不要留给其他竞品有插一脚的余地等。

表 13 喜力现场展区人流量（美食天地展区）

时间	10月6日	10月7日	10月8日	10月9日	10月10日	10月11日	10月12日	10月13日	10月14日	合计（人次）	均值（人次）
累计总人次（人次）	4 307	7 094	3 730	3 514	2 730	6 408	3 004	4 731	5 587	41 103	4 567
高峰人次（人次/5分钟）	125	138	106	170	106	452	80	130	303	/	/
高峰时段	12:20~12:35	14:00~14:15	18:00~18:15	18:00~18:15	18:00~18:15	16:40~16:55	18:00~18:15	18:00~18:15	15:40~15:55	/	/
高峰时段对应的比赛时段	赛中	赛中	赛中	赛中	赛中	赛间	赛中	赛间	赛间	/	/
平均人流量（人次/分钟）	10	15	8	8	6	13	6	11	15	/	10
累计总人次的人均停留时间（分钟/人次）	1.23	1.56	0.59	0.92	0.92	0.48	1.64	1.08	1.16	/	1.07
停留人群的人均停留时间（分钟/人次）	2.31	3.41	0.8	1.03	1.03	0.81	1.82	1.57	1.9	/	1.69

表 14 喜力现场展区人流量（顶级赞助商展示区）

时间	10月6日	10月7日	10月8日	10月9日	10月10日	10月11日	10月12日	10月13日	10月14日	合计（人次）	均值（人次）
累计总人次（人次）	4 672	4 429	3 018	2 776	2 616	4 408	3 567	12 557	6 148	44 189	4 910
高峰人次（人次/5分钟）	167	120	60	72	79	296	166	282	450	/	/
高峰时段	16:20~16:35	16:20~16:35	14:00~14:15	16:40~16:55	12:40~12:55	16:40~16:55	16:40~16:55	18:20~18:35	15:20~15:35	/	/
高峰时段对应的比赛时段	赛间	赛中	赛中	赛间	赛前	赛间	赛间	赛间	赛中	/	/
平均人流量（人次/分钟）	11	9	7	6	5	7	7	30	16	/	11
累计总人次的人均停留时间（分钟/人次）	2.49	2.97	2.29	2.82	2.46	1.82	3.02	1.62	1.72	/	2.36
停留人群的人均停留时间（分钟/人次）	3.05	5.01	3.53	3.87	4.31	2.92	3.6	2.72	2.66	/	3.52

5. 完善配套营销组合宣传

体育赞助是一个复杂的系统活动。要使赞助项目发挥出最好的赞助效益,必须具备完善的配套执行能力。而国内很多企业往往以为企业出了赞助费用,有了广告方面等的权益后就完成赞助了。比如根据可口可乐公司统计,可口可乐公司每投入1美元的赞助费就要在外围和各目标市场投入11美元进行传播配合和巩固业绩。这点喜力公司做得也是亮点突出,根据上文中对企业员工的采访,喜力除了在活动现场,配套活动还包括酒吧现场乐队、繁华地段表演等,将赞助的影响范围扩大。

五、结论

(一)总结

从消费者角度看,模型一的数据证明观赛频率每高一个等级对于喜力啤酒的喜爱程度是前一个等级的1.225倍,观赛频率越高的人群越有喜爱喜力啤酒的倾向;模型二的数据证明观赛频率每增加一个等级,喜力赞助大师赛导致观赛者更想购买喜力啤酒的概率是前一个等级的2.036倍,观赛频率越高的人群越会想购买喜力啤酒;模型三的数据证明将喜力列入自己喜爱的啤酒品牌的观赛者购买喜力啤酒的频率是高频的,知道喜力品牌的观赛者购买喜力啤酒的频率是高频的,喜力赞助大师赛中越想购买喜力产品的观赛者购买喜力啤酒频率越高频。综合三个模型得出的结论为:从消费者角度来看,喜力赞助上海ATP1000大师赛有积极效果。

从企业内部主观角度(员工)看,喜力公司的工作人员表达的观点有:喜力赞助上海ATP1000大师赛已经有好多年头,但每年的现场活动都有创新点,深得观众的喜爱,现场反馈较好;不光在比赛现场有活动,比赛期间在上海繁华商业街也有配套的商业活动,对市场推广有不小的激励作用。久事公司的工作人员表达的观点有:在众多大师赛赞助商中,喜力每年的现场活动都很有新意,每年喜力展台的人气是众多赞助商中排在前三的;虽然也有外场活动,但相比F1的外场活动,大师赛期间的外场活动不够丰富。归纳总结两家公司的现场工作人员的采访可以得出结论:从企业内部主观角度,也就是员工方面看,由喜力赞助上海ATP1000大师赛有积极效果。

从媒体曝光角度来看,不仅是赛事整体的媒体曝光率喜人,喜力品牌通过媒体曝光获得的价值也相当可观,可以得出结论:从媒体曝光角度看,喜力赞助上海 ATP1000 大师赛的效果是积极的。

综上所述,喜力通过赞助上海 ATP1000 大师赛得到的效果是积极的。

(二)评估方法评价

本文结合常用的三种赞助效果评估方法,即问卷调查法、企业访谈法和媒体曝光率法,相比使用单一的评估方法更为全面。每个评估方法都有各自的缺陷,而将三个方法结合起来运用,可以弥补三者之间的缺陷,使结果更有信服力。

本文运用的问卷调查法追踪的主要对象就是赛事现场的观众,也就是喜力品牌的潜在消费者。品牌最看重的应该就是消费者的意愿,品牌的价值很大程度上是由消费者来决定的,消费者对品牌的情感决定了品牌在市场上的地位和价值。对消费者心理需求和情感体验把握得好,消费者就对品牌认可度就越高。在消费者眼里,从熟悉一个品牌到认可一个品牌是需要一个过程或者是一个契机的,体育赞助就是一个容易形成品牌正面形象的契机,在体育赛事中直接对潜在消费者进行调查的结果是值得参考的。

本文运用的企业访谈法的主要对象是赞助商喜力公司和大师赛主办方上海久事体育赛事运营管理有限公司的现场工作人员。从喜力公司的工作人员的采访中可以了解到喜力现场展台的情况,相比以往几年活动有没有创新、观众的热情程度等,这些喜力的工作人员是最为清楚的。久事每年在上海承办的国际大赛从 F1、马术冠军赛到斯诺克大师赛、网球大师赛等,从久事公司的工作人员采访中可以知道除了大师赛其他这些国际大赛的赞助商的活动情况。喜力正好也赞助了久事承办的 F1,两个赛事的赞助活动、赞助营销的情况,久事的工作人员也是心知肚明的。

不同于前两个方法都是在赛事现场进行的,本文运用的另一种媒体曝光度法则是跳出赛场,来测量喜力赞助大师赛在全球范围造成的影响。媒体其实就是一个赞助效应的放大器,让赞助的范围不仅仅局限于赛事现场,还扩大到有电视转播的世界各地。文章中标志使用权价值采用 2008 北京奥运会组委会发布的数据标准,并根据赞助费用和现场观众人数进行推算,该方法是目前国内唯一的顶级赛事标志使用权的核算标准;国际电视转播中产生的赞助价值主要看赛事转播中赞助商标志的曝光,这部分数据来源于 SMG Insight Limited 提供的国际电视曝光价值评估报告,再根据电视广告出现的时长、频道、时段进行核算,这种方法相比于另两种方法更具有客观性,有官方数据作为依据,有横向和纵向的参考价值。

本文之所以没有采用财务报表法,是因为赞助效果既有短期的也有长期的,并且喜力在全球赞助的大型比赛有很多,仅仅是在上海地区就有 F1 喜力也参与了赞助,这就很难剥离各项赛事之间的赞助效果。

以往评估赛事效果的文献通常只采用一种方法,而且每种方法又具有局限性,本文的创新点在于结合了赛事评估常用的三种方法,从三个不同角度来评估赛事,让结果更让人可信。

参考文献

[1] 国家统计局官网 http://www.stats.gov.cn/.
[2] 2016 年中国体育赛事运营投资报告.
[3] ATP 官网 https://www.atpworldtour.com/en/masters-1000.
[4] 2017 上海 ATP1000 网球大师赛企业赞助评估报告.
[5] 数据来源于 SMG Insight Limited 提供的国际电视报告.
[6] 喜力官网 https://www.heineken.com/cn.
[7] 王守恒,叶庆晖.体育赛事的界定及分类[J].首都体育学院学报,2005(17).
[8] 黄海燕,张林.体育赛事的基本理论研究——论体育赛事的历史沿革、定义、分类及特征[J].武汉体育学院学报,2011(2).
[9] 张业安,肖焕禹,冉强辉.大型体育赛事媒介传播的相关利益主体分析[J].体育科学,2013(33).
[10] 臧巨鹏荟.新媒体时代下大型体育赛事转播权的开发研究——以乐视体育为例[D].北京体育大学,2017.
[11] 陶思言.大型体育赛事对提升传播武汉城市形象的策略研究[D].武汉体育学院,2017.
[12] 2017 年中国快消品行业发展现状分析报告.
[13] 梁慧星.中国是否需要体育产业法[N],市场报,2001-11-15(8).
[14] 许春珍.试论企业赞助的目标与效果[J],财贸研究,1998(3).
[15] 1989 年 6 月 12 日原国家体育委员会发布的《关于国家体委各直属事业单位、单项体育协会通过广告、社会赞助所得资金、物品管理暂行规定》第 2 条.
[16] 李屹松.体育赞助效果评价体系研究——基于企业视角的实证研究[J],武汉体育学报,2014(1).

[17] 李宝茹,马广烁.浅谈企业财务报表分析方法[J].云南农业大学学报(社会科学版),2013(4).
[18] 2018上海ATP1000网球大师赛企业赞助评估报告——喜力.
[19] 尔雨田.中国网球公开赛市场开发研究[J].体育文化导刊,2015(7).
[20] 李屹峰,仇雅琦.中国网球公开赛现状及发展对策研究[J].湖北体育科技,2013(5).
[21] 李静.我国网球运动发展现状对策分析[J].体育文化导刊,2013(4).
[22] 高守东.中外顶级网球赛事赞助市场比较分析——以中网、澳网为例[J].体育与科学,2013(2).
[23] 肖锋,王娟.我国体育赛事赞助方式及影响因素研究[J].体育文化导刊,2018(4).
[24] 苏睿.营销与推广:体育赞助营销的致胜之本——体育赞助营销概念新解[J].西安体育学院学报,2017(2).
[25] 朴勇慧.赛事赞助对企业品牌形象影响的实证研究——竞争赞助行为的调节作用[J].体育科学,2011(10).
[26] 吴延年,万翠琳.从态度的构成预测赞助效益的实证分析——以中国体育品牌赞助广州亚运会为例[J].体育科学,2011(9).
[27] 刘志民,丁燕华.大型体育赛事赞助对品牌的影响研究[J].南京体育学院学报(社会科学版),2010(3).
[28] 李建军.活动影响力与赞助品牌的关系——以联想和安踏为例[J].体育科学,2009(1).
[29] 柴俊武,赵广志,何伟.解释水平对品牌联想和品牌延伸评估的影响[J].心理学报,2011(2).
[30] 卢长宝.匹配与体育赞助事件的选择:基于品牌资产的实证研究[J].体育科学,2009(8).
[31] 邹鹤峰.体育赞助对我国体育用品生产企业品牌资产的影响研究[D].西南财经大学,2010.
[32] 李建军,万翠琳.体育赞助匹配度对品牌形象塑造的影响——基于事件偏好度的调节作用[J].沈阳体育学院学报,2016(1).
[33] Christoph Breuer,Christopher Rumpf,席驰.体育赞助效果评估[J].北京体育大学学报,2015(4).
[34] 杨洋,方正,江明华.消费者调节聚焦对赛事赞助效果的影响研究[J].体育科学,2015(1).
[35] 包春成.基于消费者品牌信任的体育赛事赞助效果方法研究[D].上海体育学院,2011.
[36] 王欣.后奥运时代赛事赞助如何价值最大化——运动品牌赛事赞助网誉案例分析[J].广告大观(综合版),2009(12).

[37] 赵宝椿,李田.体育赞助埋伏营销现象及规避策略分析[J].体育文化导刊,2009(2).

[38] 徐玖平,朱洪军.赛事赞助对企业品牌资产影响的实证研究[J].体育科学,2008(9).

[39] 李秀东,张大庆.我国企业体育赞助的缺陷及其改进策略[J].内蒙古体育科技,2008(2).

[40] 刘晓薇,刘晓云.美国体育赞助与体育人才培养机制对我国的启示[J].中国学校体育,2010(S1).

[41] 赵倩.我国电视观众对体育赛事赞助认同度的比较研究[J].沈阳体育学院学报,2013(2).

[42] 蒋家珍,钟秉枢.长春亚冬会品牌传播价值与招商价值评估报告与应用效果[J].北京体育大学学报,2009(12).

[43] 肖珑,李建军.赞助传播度对赞助品牌的影响——基于中国企业赞助的实证研究[J].当代财经,2008(10).

[44] 李文雄,唐知.浅谈我国体育与企业赞助的互动与发展[J].长沙大学学报,2010(5).

[45] 余涛,崔琼.企业赞助体育的目标和策略初探[J].解放军体育学院学报,2004(3).

[46] 彭军.我国企业赞助体育赛事存在问题及对策研究[J].商场现代化,2009(9).

[47] 沈仁孟.体育赞助类型与效益研究[J].中国商贸,2009(11).

[48] 白海鹏.关于企业赞助体育若干问题的思考[J].中国外资,2013(11).

[49] 李亚莉,杨红怡.我国体育赞助市场存在的问题及对策研究[J].湖南工业大学学报(社会科学版),2009(2).

[50] 李振艳,刘文燕.我国企业赞助大型综合性体育赛事的行为研究[J].常州工学院学报,2009(6).

[51] 邓毅.赞助大型体育赛事对企业树立品牌的影响及策略分析[J].考试周刊,2012(43).

[52] 庞晓洁,李向宇.企业实施体育赞助的障碍与对策研究[J].企业经济,2009(6).

[53] 刘宁.浅析体育赞助中整合营销策略的运用[J].中国商贸,2009(16).

[54] 张鑫.浅谈体育赞助对我国企业发展的影响[J].金融经济,2007(4).

[55] 姜铁汉.从赞助商的视角看体育赞助[J].商场现代化,2007(27).

[56] 池深,李先长.企业体育赞助实施策略探讨[J].商场现代化,2006(35).

[57] 李强.体育赞助提案设计[J].天津职业院校联合学报,2011(12).

[58] 刘波,于华.体育赞助评估体系的构建[J].首都体育学院学报,2007(2).

[59] 赵长杰,蔡俊五.体育赞助的体系[J].武汉体育学院学报,2001(5).

[60] 沈佳,魏光.基于品牌信任理论的体育赛事赞助评估体系研究[J].首都体育学院学报,2010(2).

[61] 刘胜兵.浅谈我国企业进行体育赞助存在的问题及应对措施[J].体育科技文献通报,2008(4).

［62］ 崔琼,余涛. 我国体育赞助商所面临的若干问题与对策研究［J］. 四川体育科学,2004(3).

［63］ 吴亚娟. 2008奥运对我国体育赞助商权益保护的启示［J］. 体育与科学,2010(1).

［64］ MEENAGHAN T. Sponsorship-legitimising the medium［J］. European Journal of Marketing, 1991, 25(11).

［65］ Sponsorship Spending Forecast：Continued Growth Around The World［EB/OL］［2017-10-01］Shannon, J. R. (1999) "Sports marketing：An examination of academic marketing publication," The Journal of Services Marketing, Vol. 13/6, pp. 517-534.

［66］ Mullin, B., S. Hardy, and W. Sutton (2000) Sport marketing, Champaign, IL：Human Kinetics.

［67］ Shank, M. (2005) Sports marketing：A strategic perspective, Upper Saddle River, NJ：Pearson Education, Inc.

［68］ Meenaghan, T. (1991 a) "The role of sponsorship in the marketing communication mix," International Journal of Advertising, Vol. 10/1, pp. 35-47.

［69］ Witcher, B., J. G. Craigen, D. Culligan, and A. Harvey (1991) "The links between objectives and function in organizational sponsorship," International Journal of Advertising, Vol. 10, pp. 13-33.

［70］ Mintel (1994) Sports Sponsorship, London：Mintel International Group Limited.

［71］ Masterman, G. (2007) Sponsorship for a return on investment, Oxford：Elsevier.

［72］ Barker, R. and G. C. Angelopulo (2007) Integrated Organisational Communication, Lansdowne, Cape Town：Juta & Co. (Pty) L.

第4篇

体育法治

上海打造国际电竞之都的法治保障研究

徐士韦　李　强　王克阳[*]

一、前言

（一）问题的提出及研究的现状分析

电子竞技（electronic sports）是进入21世纪后快速崛起并获得飞速发展的世界性文化现象,有着广泛的受众群体。2022年杭州亚运会中电子竞技将成为正式比赛项目。电子竞技作为经济社会发展的新事物,纵观国内学术界基于电子竞技的研究尚且处于起步阶段,且在这些研究中关于电子竞技法律问题的研究更加稀缺。现有的电子竞技相关的研究主要集中在以下几个方面：一是关于电子竞技是不是体育的探讨与争论（易剑东,2018）；二是对电子竞技的存在维度与价值的讨论（路云亭,2018）；三是关于电子竞技、电子竞技产业（杨越,2018）、电子竞技俱乐部的研究（朱东普、黄亚玲,2016）；四是对电子竞技发展趋势的研究,认为电子竞技的未来发展有被现代体育接纳、发展成为亚文化现象、成为未来体育的主流形式的三种可能（赵军,2014）；五是基于电子竞技与青少年健康关系的研究,如有学者认为中国电子竞技发展处于中国青少年体育尚未成型和国民（特别是青少年）近视率世界最高、慢性病流行、健身风气不彰、生育率严重偏低等特殊背景下,必须得到理性的政策规制；六是关于中国电子竞技行业政策的相关研究（蔡润芳,2018）；七是学校开设电子

---

[*] 本文作者单位：上海政法学院体育法治研究院。徐士韦,副教授、博士,主要研究方向为体育政策法规；李强,讲师、博士,主要研究方向为体育政策；王克阳,讲师、硕士,主要研究方向体育法学。

竞技课程的探讨、争论的研究。

电子竞技和体育一样，都属于舶来品，欧美和日、韩等国家的电子竞技发展相对较为成熟，类似当前我们所面临的电子竞技发展问题，都可以在法律上找到解决问题的依据。韩国学者 LeeYeonjung（2005）在《文化产业政策十年评价和展望》研究中认为，韩国政府为电子竞技的发展给予政策上的保障，且当时韩国政府已经为电子竞技的发展建立法律规范。Ryu Sungil 在《韩国游戏产业的昨天与今日》中认为，韩国学术界对电子竞技的研究主要关注电子竞技产业所带来的整体经济效益、电子游戏的制作与流通、参与者的水平和等级、违规行为的处罚细则等。随着电子竞技的普及，广大儿童青少年成为电子竞技的受众群体，韩国针对可能的负面影响，经过专家调研和论证，于 2011 年制定并通过的 shutDown 制度（辛德瑞拉法）规定 16 岁以下的儿童青少年禁止在凌晨 0~6 点的时间段玩电子游戏，以保证广大儿童青少年的睡眠与学习精力（陈映蓉，2016）。还制定了电子竞技产业振兴法。相对于 shutDown 制度，电子竞技产业振兴法对电子竞技的管理更加严格，在对游戏的不良内容进行严格监管的同时还对游戏广告也进行了明确规制，修订后的电子竞技产业振兴法还规定游戏广告上线前要进行审批等。美国哈佛大学经济法学者 Lawrence Katz 认为，可以在"适当的范围内"进行电子竞技游戏，这是为年轻人提供释放生活压力的途径，有利于减少青少年犯罪。

综上所述，从学术界对电子竞技的研究现状来看，可以清晰地发现：第一，整体来看电子竞技在国外无论是学术界的理论研究还是实践中的法律保障都相对较为完善，特别是当我们还在争论电子竞技为何物时，电竞发达国家已经在致力于完善法制保障了。第二，近三年是国内学术界对电子竞技研究的集中时期。第三，学术界对电子竞技的研究更多的集中在电子竞技的内涵、性质归属、发展现状、学校开设电子竞技课程的争论等层面。第四，缺乏电子竞技相关的政策、法律领域的研究。虽有学者（易剑东，2018）提出在当前的中国现实背景下，电子竞技的发展必须受到政策的规制，但缺乏进一步细化研究。第五，电子竞技立法缺位。从作为产业的电子竞技的发展视角来看，还缺乏相应的法律保障和法律规范。如电竞运动员的权利保障、电竞产业发展的纠纷解决制度、电竞发展过程中的法律监督等问题。基于此，课题组以为对电子竞技的法律问题的研究还有广阔的发展空间和创新领域。

（二）本课题研究的目的和意义

上海作为国际化大都市，正在为建设全球著名体育城市而努力，而打造国际电竞之都是上海建设全球著名体育城市的重要内涵。电子竞技作为新型项目的发展还存在诸多法律上的问题，如法律依据不健全、纠纷解决机制缺失、监督机制缺位、电竞运动员的权利保障薄弱等。基于此，本课题旨在通过对电子竞技发展中的法律问题进行深入研究，为上海打造国际电竞之都的法治保障提供智力支持。

电子竞技是文化和电子信息技术深度融合的产物，近年来围绕电子竞技产生了多样化的商业运作，电子竞技不仅成为一种重要的文化现象，更成为一种新兴的产业现象。而且随着电子竞技的快速发展现已形成了一套产业链，展现了作为朝阳产业的良好发展势头，但是同所有新事物的诞生和发展一样还有漫长的路要走，电子竞技还需要从内涵、制度、运行机制等层面进行完善和架构。随着电子竞技市场化运作的不断推进，市场机制会在电子竞技发展中的作用将进一步凸显，但是从整个国家层面来看，我国对电子竞技的立法基本处于空白阶段，法治保障缺失，导致了电子竞技产业发展过程中一系列多样化、复杂化的问题，越来越多的行业弊端不断暴露，立法保障缺位、纠纷解决机制不健全、监管机制缺失、电子竞技的合法性及法律依据等薄弱等问题频现。基于此，将上海打造国际电竞之都的法治保障作为选题进行研究，无论是从国家层面来树立标杆、发挥引领示范效应，还是从促进上海市电子竞技的健康发展来考察，都具有深厚的理论意义和极强的现实价值。

（三）本课题的研究方法及其适用

本课题通过文献资料、逻辑分析、专家专题调研、历史研究等方法对电子竞技的内涵、特征及发展现状等问题进行梳理和研究。

本课题通过文献资料、文本分析、历史研究等方法，对上海市电子竞技产业发展的政策背景及产业现状进行考察和追溯。

本课题通过文献资料、比较研究的方法，对国外电子竞技的相关法律问题进行考察，寻找有益参考价值。

本课题通过文献资料、专家访谈（理论界、实务界、行者管理部门）、案例研究等方法，对上海打造国际电竞之都进程中和电子竞技发展中存在的法律问题进行聚焦、对法治保障进行探讨。

二、对研究对象的综合评价和具体分析

(一) 上海积极打造国际电竞之都的政策背景

文化是城市发展的灵魂。丰富多元的城市文化是提升城市吸引力、竞争力、影响力、传播力、软实力等的核心要素。党的十九大将"激发全民族文化创新创造活力"放在十分重要的位置,并且明确提出要积极推动文化事业和文化产业的发展。中共上海市委、市政府为了深入贯彻落实党的十九大会议精神,积极落实《国家"十三五"时期文化发展改革规划纲要》并深入贯彻上海市委、市政府关于《上海市"十三五"时期文化改革发展规划》,积极践行文化强市,加快建设国际化大都市,大力打造和提升上海城市文化软实力,在此基础上中共上海市委、上海市人民政府于2017年12月印发了《关于加快本市文化创意产业创新发展的若干意见》(以下简称《意见》),并在《意见》中明确提出上海要加快国际电竞之都的部署建设。《意见》对专业电竞场馆建设、特色电竞体验馆、电竞产业集聚区、打造并做强本土电竞赛事品牌、引进国际顶级电子竞技赛事、为电竞企业落户营造良好环境等几个方面进行了明确的规定。为了深入贯彻上海市委、市政府《全力打响"上海文化"品牌加快建成国际文化大都市三年行动计划(2018—2020年)》和《关于加快本市文化创意产业创新发展的若干意见》的实施,2019年,中共上海市委宣传部、上海市文化和旅游局、上海市体育局联合出台了《关于促进上海电子竞技产业健康发展的若干意见》,提出了20条旨在促进上海电子竞技健康发展的政策条款,为上海打造国际电竞之都持续赋能。

(二) 上海电子竞技产业现状 [①]

电子竞技产业作为近年来在我国兴起的文化产业新形态,呈现迅猛发展势头,用"野蛮生长""井喷式发展"来形容其发展态势一点也不为过。依据上海市新闻出版局发布的《2019上海电子竞技产业发展评估报告》数据可以很好地诠释上海电子竞技产业发展的现状。

从电子竞技全球市场收入的份额来看,北美地区目前仍然占有全球电子

[①] 本部分所有数据均来源于《2019上海电子竞技产业发展评估报告》。

竞技市场收入的最大份额,我国后发优势明显,在全球电子竞技市场收入占有份额中仅次于北美地区,成为全球电子竞技产业市场收入三甲(北美、中国、韩国)中的第二位,且18%的全球市场收入占有份额领先于韩国6%的全球市场收入占有份额,领先优势较为明显。而且凭借国内电子竞技产业市场的良好发展势头,2019年的全球市场收入占有份额预计将会从2018年的18%上升到2019年的19%(图1、图2)。

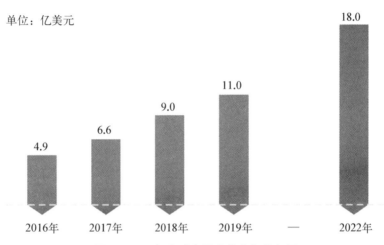

图1　2019年全球电子竞技市场收入图

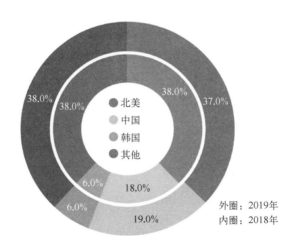

图2　2018年全球电子市场收入分布图

目前国内电子竞技产业整体发展态势良好,电子竞技产业增长速度维持在较高水平,年市场收入从 2016 年的 532.2 亿元增长到 2017 年的 772.8 亿元,到 2018 年的时候市场收入达到 922.1 亿元,2019 年将达到 1 151.2 亿元,增长率将达到 24.9%(图 3)。

图 3　近年来我国电子竞技产业收入状况

从上海来看,近年来电子竞技市场的收入也是持续增长,从 2016 年的 70.2 亿元增长到 2017 年的 142.2 亿元,2018 年,上海电子竞技市场收入规模达到 146.4 亿元,虽然收入规模较 2017 年有所增长,但是增长幅度却较 2017 年下降明显(图 4)。从市场实践来看,随着近年来上海电子竞技市场的火爆发展,收入的基数也随之增加,未来上海电子竞技市场收入的增速总体上也将趋于平稳。

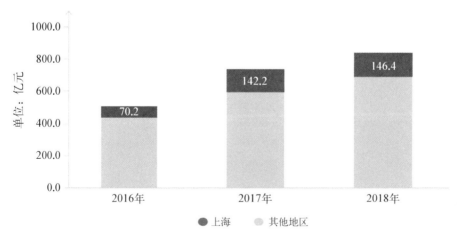

图 4　近 3 年上海市电子竞技产业市场收入及全国占比情况

从上海电子竞技产业链的构成来看,上海电子竞技企业类型内部结构上更多地集中在电竞游戏研发、电竞媒体、电竞赛事服务、电竞俱乐部四大领域,四大领域的企业类型占比近80%,且这些电子竞技产业链各个环节都存在代表性的电子竞技企业,这也保障了上海电子竞技产业的整体规模的地位(图5)。

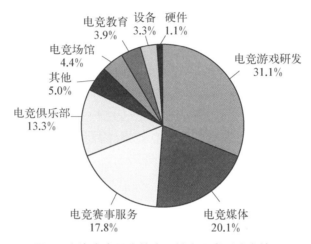

图5 上海市电子竞技产业链企业类型分布情况

2019年1~5月,全国电子竞技游戏前20名客户端中上海占比45%,并且上海也是全国客户端电子竞技游戏新品最为活跃的地区(图6、图7)。

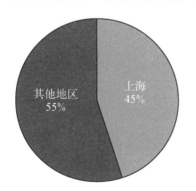 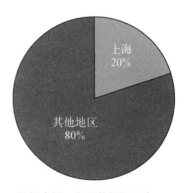

数据来源:伽马数据(CNG)　　　　　数据来源:伽马数据(CNG)

图6　2019年1~5月上海电子竞技游戏前20名客户端数量全国占比情况　　**图7　2019年1~5月上海电子竞技移动游戏前20名数量全国占比情况**

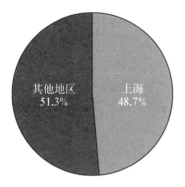

图8 全国知名电子竞技俱乐部数量所在地上海占比情况

上海电子竞技俱乐部的数量全国占比保持着巨大的领先优势,电子竞技俱乐部是电子竞技产业向正规化发展的重要的推动力量,也是电子竞技粉丝经济的重要载体,又是电子竞技产业发展的基本单元结构,是电子竞技产业人才的集聚载体。依据《2019上海电子竞技产业发展评估报告》中的数据显示,全国知名的电子竞技俱乐部中有近一半的电子竞技俱乐部总部设立于上海这座国际化城市,如IG电子竞技俱乐部、EDG电子竞技俱乐部等,充分说明了上海电子竞技产业在全国电子竞技产业结构中的优势地位(图8)。

从全国电子竞技产业拥有的电子竞技媒体数量来看,上海拥有的电子竞技媒体数量也是具有明显的领先优势(图9)。

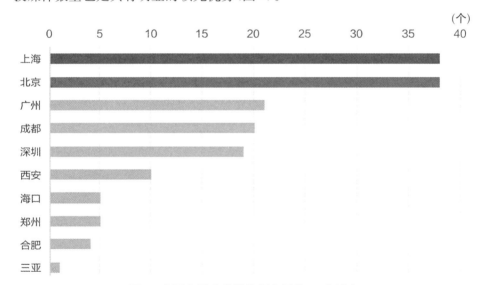

图9 全国电子竞技媒体拥有量前10名城市

致力于打造国际电竞之都的上海,近年来在上海市委、市政府的支持下,获得了一系列促进电子竞技产业快速发展的促进政策。上海电子竞技产业在快速发展的同时,也对新时代上海电子竞技产业高质量发展提出了人才要求。《2019上海电子竞技产业发展评估报告》中的数据显示,上海电子竞技产业面临的最大问题就是电子竞技人才的匮乏,上海对电子竞技人才的需求也是全国之最(图10、图11)。

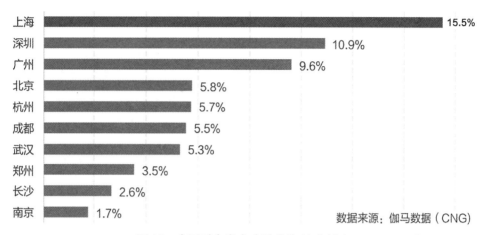

图 10　全国对电竞人才需求前 10 名城市

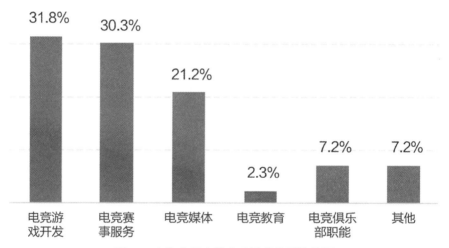

图 11　上海电子竞技人才需求类型结构图

（三）存在的问题聚焦

1. 电子竞技纠纷解决办法不够完善

根据 2018 年底颁布实施的《上海市电子竞技运动员注册管理办法（试行）》中对电子竞技争议纠纷解决的规定来看，存在以下问题：一是对电子竞技争议纠纷的界定缺位。二是从电子竞技法律解决制度的完整性来看，《上海市电子竞技运动员注册管理办法（试行）》中对电子竞技争议纠纷的解决途径的规定过于单一化,主要是当事人的协商和上海市电竞协会内设的仲裁委员会裁决。随着电子竞技产业发展的逐步规范化、正规化,可以预想的是电子竞技的利益相关主题也必将会逐步多元化,正是利益主体的多元化,也必将导致电子竞技争议纠纷的复杂化。而面对电子竞技未来复杂多元的争议纠纷,将会更加凸显上海电子竞技争议解决制度的缺位。三是《上海市电子竞技运动员注册管理办法(试行)》中对争议纠纷的解决规定,否认了"司法终局"的法治精神。习近平总书记曾指出司法是维护社会公平正义的最后一道防线,但是《上海市电子竞技运动员注册管理办法(试行)》中并未有体现(图12)。

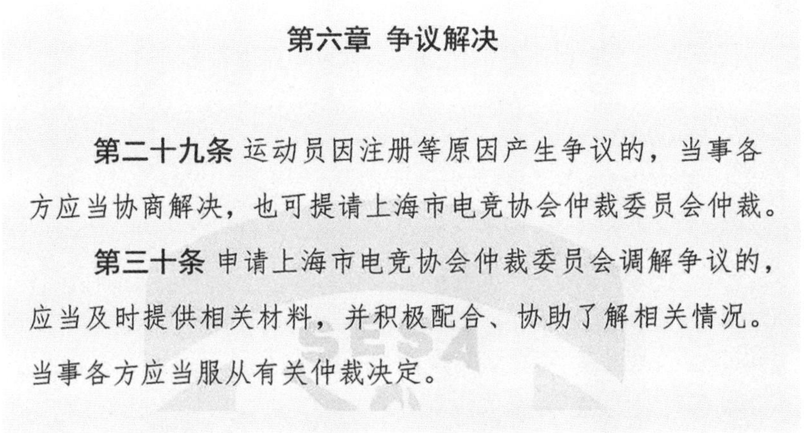

> **第六章 争议解决**
>
> **第二十九条** 运动员因注册等原因产生争议的,当事各方应当协商解决,也可提请上海市电竞协会仲裁委员会仲裁。
>
> **第三十条** 申请上海市电竞协会仲裁委员会调解争议的,应当及时提供相关材料,并积极配合、协助了解相关情况。当事各方应当服从有关仲裁决定。

图12 《上海市电子竞技运动员注册管理办法(试行)》中争议解决条款

2. 电子竞技专业人才的保障制度缺乏

虽然早在2003年时,国家体育总局就已经将电子竞技官方认定为第99个体育运动项目,到了2008年的时候,又将电子竞技认定为第78个正式的体育竞赛项目。从2014年开始,我国的电子竞技产业市场开始逐渐火爆,在政策红利的推动下,至今保持着迅猛的发展势头。但是作为新兴的产业现象,电子竞技在整个中国的发展面临最大的问题是人才的缺乏。不仅仅是电子竞技运动员的缺乏,还表现在电子竞技产业专业人才的缺失,《2019上海电子竞技产业发展评估报告》中的数据就是最直观的说明。无论是电子竞技专业运动员,还是电子竞技产业相关专业人才的缺乏,都将会影响电子竞技的可持续发展。很难想象,火爆的电竞市场的背后存在最大的问题居然是专业人才的缺乏，而且很多二线电竞俱乐部战队因为打不出好成绩就面临被解散的命运。如曾经多次担任WCG竞赛裁判长的Hunter先生就曾指出，导致电子竞技战队解散的最大和最深层的原因往往不是因为战绩不够好或者是资金缺乏，而最根本的是由于专业人才的缺乏所致。Hunter还明确指出，当前中国的电子竞技俱乐部的管理人员的专业水平相对低下，基本上都来自退役的电子竞技运动员、电子竞技爱好者等，但是无论是哪一类，基本上都是年轻人，心理上、社会化程度及文化水平程度等方面都存在很多客观上的局限性。而专业人才的缺乏正表明了专业人才培养保障制度的缺位。

3. 电子竞技行业规范的法律保障亟须健全

电子竞技的快速发展，促使其逐渐向主流文化方向发展，甚至成为某些国家与地区推崇的项目，但真正推动电子竞技被官方认可的则是它们在互补性跨国市场（例如国际电竞赛事、博彩市场）发挥的巨大作用。然而电子竞技所衍生出的电竞博彩问题预示着这项新生项目也可能隐藏着黑暗的一面。如在美国，电子竞技博彩市场已经超过了所有合法体育博彩市场总和，这些催生出的电竞博彩行业既有被监管的，也有许多是非法的。随着2013年 CS: GO 发布了装备皮肤之后，潜在的电竞非法赌博市场便开始迅速崛起，截至2016年7月，整个电竞赌博产业便产生74亿美元的经济价值。而在此之前的2015年，超过60%的体育博彩投注都发生在亚洲市场，这也预示着美国电竞博彩市场的崛起。从电竞装备皮肤的实际效果上看，大部分游戏皮肤仅仅是美化外观，而不是竞技能力的提升。但仅是外观的美化，却也吸引着许多玩家（未成年人居多）不惜大量资金的投入，甚至"将青少年变为真正的赌徒"，造成"皮肤上瘾儿童"的出现。大群体的围观，也造成了围绕虚拟皮肤交易的电竞博彩成为所有电竞赌博的聚宝盆。

表面上看，电竞项目中的游戏皮肤仅仅是游戏人物或装备的美化，其实质是一种虚拟货币的象征，即"赌博筹码"。当用户在游戏中购置、保存皮肤，会获得站点信用积分，使他们能够参与各种赌博竞赛，包括体育博彩、虚拟货币、虚拟骰子、轮盘赌博和其他形式的娱乐游戏。如果用户在电竞游戏中获胜，可以选择用游戏皮肤获取支付，同时也可以出售皮肤获得信用积分，以便参与后续的赌博。美国的电竞博彩集中于游戏 CS: GO 和 DOTA 2，因为这两款游戏是允许玩家在游戏之外进行虚拟皮肤交易的，但这种交易是否涉及套取现金还有待进一步深入考察。值得注意的是这两款游戏正是上海市电子竞技协会首批试点的电竞运动员注册项目，也是目前我国大部分电竞比赛的项目内容。

4. 电子竞技产业中虚拟货币规制的法律漏洞亟须填补

在人们试图对电子竞技进行监管、治理电竞赌博或腐败之时,我们首先要明确的是法院是如何定性电竞游戏中的虚拟博彩问题的。从美国的实践来看,自在线游戏开发以来,美国的法院就不断地有虚拟纠纷案件出现。尽管像比特币这样的虚拟货币每天的交易额超过5.75亿美元,但是类似于游戏皮肤这种代表虚拟货币的虚拟物品却给银行和监管系统带来了很大的挑战,最显著的一点体现在银行和监管机构的技术水准落后,各个国家也缺少明确的法律法规。美国财政部曾将虚拟货币定义为"在某些环境中发挥作用的交换媒介,其运作类似于一种货币,但并不具有真实货币的所有属性。"也就是说由虚拟货币引发的纠纷是不适用于美元相关的法律,根据美国现行的法律,虚拟货币实际上是一个法律监管上的黑洞。

虚拟货币是电竞赌博中的主要形式,但电竞赌博中强大资本的注入则进一步催生了虚拟货币的使用。像其他的体育组织一样,电子竞技也在寻求与可口可乐、麦当劳、红牛、英特尔、微软等大型企业的赞助与合作,也因此催生了一个利润丰厚的电子竞技博彩市场。强大的赞助商加之庞大的用户基数,电竞赛事中的奖金池也呈现数以千万计的规模。2018年《刀塔》国际邀请赛(温哥华)总奖金超过2 487万美元,远超出美国职业篮球联赛(NBA)2017～2018赛季2 000万美元的总奖金额,2018年TGA(腾讯游戏竞技平台)大奖赛总奖金池高达1 800万元。如此数额巨大的电竞奖金,很难确定其资金来源是经过详细审查的,虽然Nevada等人通过奖金池研究分析发现电竞赛事支出具有合法性,但这些资金的来源问题是否涉及电竞赌博,是否存在虚拟货币置换,都有待进一步深入研究。

5. 电子竞技赛事中操纵问题亟须积极的法律规制

从国际视野来看,电子竞技领域中的操纵赛事的问题越来越突出。2015年10月发生了电子竞技中最大的丑闻,韩国当时逮捕了12名与《星际争霸2》赛事相关的人员,他们通过贿赂3名玩家操纵赛事而进行非法电竞赌博,并赢得了37 000美元。同一年的CS: GO赛事中也出现21名被指控操纵赛事的嫌疑人。这些事件都具有国际惊动性,影响了电竞赛事的健康发展。在电竞腐败行为中,当提到电竞赛事操纵的问题时,就必须要提及数字"322",2013年俄罗斯一位玩家通过赛事操纵在下注DOTA 2赛事中赢得322美元,自那时起,"322"就成为操纵电竞赛事的代名词。电竞赛事操纵事件的不断发生,一方面显示出电竞赌博业的发达,另一方面也暴露出了电竞赛事存在的弊端,特别是涉及电竞博彩透明度的问题。

6. 电子竞技产业市场主体权益保障缺少制度安排

2017年上海市委、市政府《关于加快本市文化创意产业创新发展的若干意见》在要素集聚部分中提出要发挥财政资金引导和杠杆作用、通过企业税费负担等方式来增强市场主体的活力,并推进"放管服"改革,构建"补、贷、投、保"相联动的文创投融资体系。2019年为贯彻落实上海市《关于加快本市文化创意产业创新发展的若干意见》,中共上海市委宣传部、上海市文化和旅游局、上海市体育局联合出台了《关于促进上海电子竞技产业健康发展的若干意见》,在强化综合保障支持中提出"推进'放管服'改革。创新市场监管方式,构建以信用监管为核心的事中事后监管体系……加强各方资源支持。鼓励各级政府从产业布局、政策引导、赛事保障、人才引进、场馆建设、场地租赁等多方面为产业发展提供支持。发挥各类文创产业领域投资基金的撬动引导作用,鼓励社会资本加大电竞产业的投资力度"(图13)。

> **九、强化综合保障支持**
>
> **17.** 推进"放管服"改革。创新市场监管方式,构建以信用监管为核心的事中事后监管体系。完善上海网络游戏出版申报管理服务平台建设,提供"一体化、一站化"便捷服务。定期发布电竞产业白皮书,加强电竞产业研究。
>
> **18.** 加强各方资源支持。鼓励各级政府从产业布局、政策引导、赛事保障、人才引进、场馆建设、场地租赁等多方面为产业发展提供支持。发挥各类文创产业领域投资基金的撬动引导作用,鼓励社会资本加大电竞产业的投资力度。完善电竞产业"投、贷、保"联动机制,鼓励金融机构创新电竞金融产品和服务。

图13 《关于加快本市文化创意产业创新发展的若干意见》中保障条款

不难发现,无论是"文创50条"还是"电竞20条",都有推进"放管服"改革,激发市场和社会资本进入的积极性和活力。研究以为,鼓励和激发社会资本进入的关键在于投资主体权益的保障问题。因此如何通过法律的途径对电子竞技投资人的权益进行保障是上海电子竞技未来实现高质量发展需要继续解决的问题。

三、对策建议

(一)机制完善：健全电子竞技的纠纷解决进路

习近平总书记曾在党的十八届四中全会就《中共中央关于全面推进依法治国若干重大问题的决定》起草情况向全会作情况说明时指出："司法是维护社会公平正义的最后一道防线。"依法治国是全面的法治中国，电子竞技纠纷和常规的体育纠纷一样，都不是法外之地，都必须接受司法的考察，而不能像《上海市电子竞技运动员注册管理办法(试行)》中规定的那样，电子竞技纠纷只能由上海市电子竞技协会的仲裁委员会来解决，从而排除了司法管辖，如此，当电子竞技纠纷当事人对仲裁委员会的裁决不满的话，将会出现求助无门的尴尬现象，这不是新时代依法治国、法治中国该有的情境，就如同《中华人民共和国体育法》第32条规定竞技体育领域产生的体育纠纷由调解、仲裁来解决一样饱受社会各界诟病，我们不能在同样的问题面前出现同样的决策失误。研究以为多元化的电子竞技纠纷的解决机制建议包括纠纷当事人之间的和解、中立第三方的调解或者仲裁、国家司法部门的诉讼。当然，结合电子竞技纠纷的一些特殊性，在多元化的电子竞技纠纷解决机制中，纠纷解决程序的适用上可以有先后的顺序，参照体育纠纷解决的国际惯例，遵循用尽行业协会内部救济制度的原则，将司法程序作为解决电子竞技纠纷的最后一道防线。实践中也许电子竞技纠纷的解决到了不诉讼的层面，但是法理上进一步的纠纷解决制度一定要有。

(二)制度创新：制定多元化的电子竞技人才培养和选拔通道

中华人民共和国成立后，特别是改革开放以来，我国竞技体育发展的经验和启示表明，在加快推进体育强国建设进程的新时代，竞技体育后备人才不足导致竞技体育可持续发展的困境。新时代我国竞技体育人才的培养和选拔模式必须进行制度层面的创新。近年来致力于打造国际电竞之都的上海电子竞技在一系列政策红利的推动下，以迅猛的发展势头引领着国内电子竞技产业的发展，为国内其他城市电子竞技产业的发展发挥了榜样和示范的标杆作用。电子竞技作为文化创意产业发展的新形态，正是由于上海电子竞技的发展速度过快，反而更加凸显了电子竞技专业人才的匮乏。电子竞技产业从业人员、运动员等专业人才的匮乏,将影响上海国际电竞之都的建设进程,也必将倒逼上海电子竞技人才培养和选拔制度的创新。研究以为,在现有电子竞技人才来源的基础上,一是要充分发挥上海市电子竞技协会在专业人才培养中的专业性和权威性;二是要有效规避电子竞技对青少年的成长的负面效应,充分发挥教育系统在电子竞技人才培养中的重大资源优势,深入推进电子竞技人才培养的院校化;三是可以通过政策引导和权益保障,积极推进社会力量参与电子竞技人才培养的实践;四是要充分发挥电子竞技产业从业人员、运动员主观能动性,通过自我规划、自主学习、自主进修等途径实现自主成才模式。如此,形成上海市电子竞技协、教育系统、社会力量、个体自主学习"四位一体"的电子竞技人才培养新格局。同时,实现充足的人才培养供给后,建立不拘一格选拔人才的配套制度,实现电子竞技人才培养和选拔的"4+1"制度模式。

(三)立法监督:预防和遏制电竞赌博

针对电竞市场中虚拟皮肤博彩的问题,许多专家也提出了相应的解决方案。比如关闭电竞游戏中的皮肤赌博网站,但是这一建议实践中很难具有操作性:首先,方案涉及网站要向用户退款的问题;其次,皮肤网站的关闭是否会导致部分电竞游戏玩家的流失,从而影响到整个电竞产业的发展,这些都是值得探讨的问题。在美国还出现第三方支付平台对电竞赛事运营商的约束监管现象,如 PayPal 支付平台就制定了一项政策,要求各种电子竞技比赛运营商确认其未作为赌博网站运营,否则 PayPal 有权撤回其服务,从而造成客户无法存入或提取资金,而使整个竞赛系统陷入瘫痪。当然这些方案的施行能否有效预防和遏制美国非法电竞赌博的迅猛势头,还需要时间考验。

作为近几年兴起并迅猛发展的上海电子竞技产业中是否有类似电竞赌博的现象,我们目前还无法确定,但是可确定的是我们可以从制度设计上对其进行预防和法律规制。

任何形式的赌博都是不被准许的。我国《刑法》第 303 条规定"以赚钱为目的,聚众赌博、开设赌场或以赌博为业的行为构成赌博罪",我国《治安管理处罚法》第七十条规定"以营利为目的,为赌博提供条件的,或者参与赌博赌资较大的,处五日以下拘留或者五百元以下罚款;情节严重的,处十日以上十五日以下拘留,并处五百元以上三千元以下罚款"。虽然从法律实体上具有遏制电竞赌博的可能,但是在监管机构方面,还是需要向韩国那样,设立专门的电子竞技赌博监管机构,保障电竞产业的健康发展,以防止出现韩国式的地下赌博。

我国现行的博彩行业有中国福利彩票和中国体育彩票,为能及时有效地预防和遏制非法电竞赌博的形成与发展,除了立法与监管之外,还可以借鉴加拿大的实践做法,将电竞博彩合规合法化,比如将电竞纳入到体育彩票,从而形成一种对电竞赌博的疏导,避免地下电竞赌博的恶性滋生。

(四)法律规制:预防和遏制电竞产业中虚拟货币现象

尽管电竞游戏中皮肤市场的虚拟货币可能造成潜在的法律障碍,但电子竞技的法律责任在很大程度上取决于电子竞技是否被视为一项体育运动。如果电子竞技被视为一项体育活动,在美国则有《电汇法》和《体育贿赂法》等法律法规,可以针对性地约束电子竞技非法博彩市场的持续增长。美国 1964 年通过了《体育贿赂法》,1992 年通过了《职业与业余体育运动保护法案》(PASPA),这些法律条款对于限制电竞博彩的无序发展具有一定的约束力,比如 PASPA 中规定某些体育组织具有和司法部平行的权力,以阻止非法体育赌博的传播。在我国也面临同样的问题,如果将电子竞技认定为一项体育运动的话,则依据《中华人民共和国体育法》第四十九条,利用竞技体育从事赌博活动的,由体育行政部门协助公安机关责令停止违法活动,并由公安机关依照治安管理处罚条例的有关规定给予处罚。在竞技体育活动中,有贿赂、诈骗、组织赌博行为,构成犯罪的,依法追究刑事责任。当然如果将电子竞技认定为体育运动的时机还不成熟,可以以《体育法》为参照,制定针对电子竞技赌博的专门性法律法规。

(五)公平公正:规制电子竞技赛事中操纵比赛的虚假行为

电子竞技比赛中的操纵比赛和其他体育项目的操纵比赛具有相同的性质,即为了追求利益的最大化,在电竞比赛中弄虚作假,违反纪律和规则。在正常的赛事博彩中,玩家能够以具有吸引力的价格下注,他们相信庄家的专业知识和能力能够增加他们赢的概率,即庄家的知识信息决定了下注的价格。但是赛事操纵者利用非公开信息或比庄家更可靠的知识进行博彩,从而抬高下注价格。这样不仅破坏了比赛的公平性,也让电竞博彩失去了公平性和透明性。其次,操纵比赛也是部分电竞运动员、战队或俱乐部为了赢得名次而采取的不正当竞争手段。也有研究表明,电竞选手短暂的职业生涯也是导致操纵比赛问题的主要原因。比起职业足球运动员,电竞运动员的职业生涯非常短暂,电竞职业选手崭露头角要更早,很多有天赋的选手在13、14岁时就已经成为最顶尖的选手之一,大部分电竞运动员在19岁就达到退役年龄。这种短暂的职业生涯逼迫电竞选手铤而走险,试图获取更大的利益回报。

我国现行《体育法》条款中有类似的表述,如第三十三条规定:"体育竞赛实行公平竞争的原则。体育竞赛的组织者和运动员、教练员、裁判员应当遵守体育道德,不得弄虚作假、营私舞弊。"第四十七条进而规定:"在竞技体育中从事弄虚作假等违反纪律和体育规则的行为,由体育社会团体按照章程规定给予处罚;对国家工作人员中的直接责任人员,依法给予行政处分。"上海相关部门可以充分参考《体育法》中这些相似的规定,制定上海电子竞技条例,促进上海电子竞技产业的健康发展,为上海打造国际电竞之都赋能。

(六)简政放权:推进电子竞技产业市场主体权益保障制度建设

长期以来,由于受到传统行政管理体制惯性的影响,政府在权力高度集中的行政管理模式中,在市场经济发展过程中充当了既当运动员又当裁判员的双重角色,对市场进行了过多的干预行为,导致了市场经济活动中市场化、社会化程度普遍低下,市场主体的活力不足,社会资本谨慎进入的尴尬境地。2016年国务院召开全国推进放管服改革电视电话会议,李克强在《政府工作报告》中提出要持续推进简政放权、放管结合、优化服务,不断提高政府效能,实质上就是政府自我革命、自我削权、自我让利的过程,政府部门通过削权、限权、创新监管、优化服务的方式来换取市场的活跃和社会资本的参与活力。

《关于促进上海电子竞技产业健康发展的若干意见》中明确提出推进电子竞技发展过程中的"放—管—服"改革,完善电子竞技产业发展过程中市场主体、社会资本权益保护的制度建设,促进上海电子竞技产业的高质量发展。

(七)明确责任:理清各个责任主体的法律职责边界

在2019年上半年出台的《关于促进上海电子竞技产业健康发展的若干意见》中在电子竞技赛事体系方面,明确提出了要发挥上海综合资源优势,着眼构建完整的电竞产业体系,推动电竞与演艺、旅游、教育、设计、医疗等领域的融合发展;在加强组织领导及顶层设计方面,要健全组织领导机制。要发挥上海文化创意产业推进领导小组的统筹推进作用,由市委宣传部牵头,市文化旅游局、市发展改革委、市教委、市经济信息化委、市财政局、市人力资源社会保障局、市规划资源局、市体育局等配合,建立联席工作机制。

不难发现,电子竞技的融合发展涉及宣传、出版、文化、体育、旅游、网络信息化等众多职能部门的联动机制,涉及这么多职能部门,到底由谁来主管? 如何管理? 社会各界还比较模糊,电子竞技业务界明确吗? 研究以为,在此情势下,必须要理顺电子竞技与其他业态融合发展中的关系,才能形成促进上海市电子竞技健康发展的合力。

参考文献

[1] 易剑东. 中国电子竞技十大问题辨识[J]. 体育学研究,2018(4).
[2] 路云亭. 从颠覆到再造:电子竞技在中国的存在维度[J]. 体育学研究,2018(4).
[3] 张丽军. 电竞不是"体育"质疑[J]. 山东体育学院学报. 2018(6).
[4] 赵军. 电子竞技发展趋势研判[J]. 体育文化导刊,2014(1).
[5] 谭青山,陈旺. 我国电竞热背后的冷思考[J]. 体育文化导刊,2014(1).
[6] 黄亚玲等. 我国职业电子竞技俱乐部发展探析[J]. 体育文化导刊,2016(10).
[7] 宗争. 电子竞技的名与实——电子竞技与体育关系的比较研究[J]. 成体学报,2018(4).
[8] DIChristopher, TporGamersStory:GetBig, BurnOut, RetireYoung. CNBC2O1402/02/03.
[9] TheHankyoerh[Editoral]Rating System for Video Games Inadequate. Hankyoreh 2006/08/07.
[10] winkie, LRetierdat20:AproGamer'5LiefAfteres-Ports. KOTAKU2015/12/08.
[11] Joss Wood. New Report:Esports Audience Could Almost Double to 600 Million by 2020, With Big Growth for Esports Betting[J]. LEGAL SPORTS REP. 2017,(2)(Feb. 22, 2017 11:44 AM).
[12] John T. Holden, Ryan M. Rodenberg, Anastasios Kaburakis. Esports Corruption:Gambling, Doping, and Global Governance[J]. Maryland Journal of International Law,2017,32(1):236-273.
[13] Robert Silverman. Video Game Gambling Just Took A Huge Hit, VOCATIV (July 14, 2016, 12:23 PM).
[14] Katie Barlowe. Skins-Betting Rocked by New Controversy, Rigged Games Alleged, CASINO. ORG (July 19, 2016), p8.
[15] Joshua Brustein, Eben Novy-Williams. Virtual Weapons Are Turning Teen Gamers Into Serious Gamblers [J]. BLOOMBERG BUSINESSWEEK, 2016(4).

[16] Colin Campbell. The True Cost of Counter-Strike Skin Gambling, POLYGON (July 18,2016).

[17] Chris Grove. Understanding Skin Gambling, NARUS ADVISORS (2016).

[18] For a background discussion of Bitcoin, see Kevin V. Tu & Michael W. Meredith, Rethinking Virtual Currency Regulation in the Bitcoin Age, 90 WASH. L REV. 277 (2015).

[19] Blake Robins, The Esports Landscape[J]. MEDIUM, 2016(7).

[20] NEV. ATT'Y GEN. MEMO., LEGALITY OF DAILY FANTASY SPORTS UNDER NEVADA LAW at 1 (Oct. 16, 2015).

[21] Aurangzeb Durrani, Match-Fixing Comes to the World of E-Sports, TECHCRUNCH (Apr. 23, 2016).

[22] Chris Grove, Where ESports Betting Goes Following Valve's Crackdown on Skin Gambling, ESPORTS BETTING REP. (July 14, 2016, 12:32PM).

[23] See Dustin Steiner, Paypal Lays Down the Law on ESports Payments, PVPLIVE (July 29, 2016).

[24] See, e.g., Transmission of Wagering Information, 18 U.S.C. § 1084 (1961). See also Bribery in Sporting Contests, 18 U.S.C. § 224 (1964).

[25] Ben Richmond, When It Comes to Gambling Scandals, Esports Are Just Like Regular Sports, VICE MOTHERBOARD (Jan. 28, 2015).

[26] 戴焱淼.电竞简史——从游戏到体育[M].上海人民体育出版社,2019.

黄浦区建设世界级滨江健身休闲带的路径研究

潘敏虹 李 皑 由会贞[*]

一、前言

(一) 研究背景

"统筹建设全民健身场地设施,方便群众就近就便健身"是《全民健身计划(2016—2020)》提出的发展要求。大型全民健身设施占地面积较大,建设周期较长,相比较,在寸土寸金的核心城区,黄浦滨江健身休闲带因其服务的人群更为多元,不需额外规划新的体育用地并与城市的总体规划相契合,因此有必要成为重点打造的市民健身活动功能区。

进入21世纪,上海以"百年大计、世纪精品"为宗旨启动了对黄浦江两岸的综合开发项目。2016年,时任上海市委书记韩正对滨江规划建设提出了明确的指导意见:"两岸开发,不是大开发而是大开放,开放成群众健身休闲、观光旅游的公共空间,开放成市民的生活岸线。"在顶层设计层面,其核心目标是滨水空间要向市民开放、为市民服务,其首要功能是"健身休闲"。着眼国际,滨水空间是全球城市的重要发展资源,巴黎、纽约、伦敦等地滨水区的转型不仅使自身变得更富有活力,而且使这些国际大都市更独特、更吸引眼球。《上海市城市总体规划(2016—2040)》提出将文化作为城市的核心竞争力,打造黄浦江世界级滨水文化带,而黄浦段正是滨水文化带的核心区。如何让黄浦滨江的健身休闲价值得到最大化的挖掘,让体育文化与地域文化及城市精神相

---

[*] 本文作者单位:潘敏虹,黄浦区体育局;李皑,黄浦区体育事业发展指导中心;由会贞,黄浦区体育指导员协会。

结合,使体育成为具有"城市界面识别度"的文化元素之一,是建设世界级滨江健身休闲带要思考的重要内容。

(二)研究方法

本文主要采用文献资料、实地调研和专家访谈的研究方法。首先,在中国知网检索了关于"城市健身休闲空间""滨水休闲空间""体育休闲城市"等方面的文献资料 70 余篇,为本研究奠定了理论基础;另外,在黄浦区滨江综合开发领导小组办公室(以下简称滨江办)、黄浦区外滩风景区管理办公室、黄浦区绿化管理所的支持下,本研究团队实地走访调研了黄浦滨江健身休闲带的发展现状,并得到了一手研究资料;最后,本研究还对 4 位专家进行了半结构式访谈,访谈结果成为本研究的重要论述依据,专家名单如表 1 所示。

表 1 专家访谈名单

姓　名	职　务
沈　云	黄浦区体育局局长
姜澳米	黄浦区滨江办副主任
顾　芳	黄浦区绿化所所长
黄海燕	上海体育学院运动与健康产业协同创新中心副主任

二、城市健身休闲空间优化的理论基础

(一)相关概念和内涵

健身休闲是指人们在自由支配的时间里,通过体育健身或者其他与运动相关的休闲方式,以直接或者间接的体验,满足身心需求的一种自给自足的社会文化活动。城市健身休闲空间则是城市中具备进行健身休闲活动功能的场所。狭义的健身休闲空间是指城市居民在闲暇时间进行休闲健身、观赏竞赛、娱乐、郊游等活动的空间,而广义的健身休闲空间还包括城市中人的行为空间,也就是除了健身休闲活动场所意义之外,还包括到达活动场所过程中人的行为空间。而本文所指的黄浦滨江健身休闲带则是依托黄浦滨江水域资源形

成的具有体锻、竞技、观赛等健身休闲功能的活动场所、健身设施、自然文化景观等所组成的带状空间结构,它超过了一般概念层面的健身休闲空间,更是一种具有特定含义的社会实体。

(二)关于城市健身休闲空间的优化研究

城市健身休闲空间的优化就是基于城市休闲体育空间现有资源和存在的问题,调整城市健身休闲空间发展过程中的不平衡、不和谐因素,以期提供解决问题的途径与方法。学者金银日基于整合优化的思路,为上海提出了体育中心地、与城市 RBD 结合、与居住区空间结合、与城市绿地结合、与滨水空间结合以及与交通环境结合的六种城市健身休闲空间整合优化模式。其中,与滨水空间结合的整合模式指出,滨水空间在拥挤的城市中是难得的具备天然景观的开阔地,滨水空间的开发利用和功能塑造对改善城市生态环境、提升城市品位、建造绿色开敞空间、提升城市形象等都具有很重要的意义。滨水空间的整合是打造城市景观型体育休闲带,满足人们生活服务、休闲娱乐需求的重要环节,可以拉动城市休闲体育的内需,提升上海休闲体育产业的整体效益。学者郭修金以杭州、上海、成都三城市为研究案例,提出了结合自然生态整合、结合传统文化整合以及结合市场营销整合三方面关于休闲城市休闲体育空间的规划整合策略。研究指出,城市要充分挖掘区域生态环境优势,整合生态资源,开发一系列的休闲体育项目,拓展休闲体育空间;城市休闲体育空间要符合当时、当地人们的生活方式、审美观点、文化背景、历史文脉与传统风貌,创造有"灵魂"的休闲体育空间,使其空间宜人,体现人性化,以满足休闲游憩者的需求;要利用好休闲体育市场的巨大潜力,以赛事促进休闲体育的发展,以市场需求为导向,拓展休闲体育的城市空间。

三、黄浦滨江健身休闲带的发展概况

(一)黄浦滨江健身休闲带的构成与总体规划

黄浦滨江北起苏州河,南至日晖港,东临黄浦江,西至中山路,岸线总长约 8.3 公里,陆域面积约 3 平方公里,黄浦滨江健身休闲带也就是由本区域形成的带状式健身休闲空间,自北向南分为五段,分别为:外滩滨水区、十六铺地区、南外滩滨水区、世博浦西园区和南园商务区(如表 2 所示)。2017 年 6 月底,黄浦滨江率先打通了 11 处断点,基本实现岸线公共空间的贯通与开放。近两年来,黄浦滨江岸线景观得到持续提升,经典滨江打造全新慢生活,这只是"万里长征第一步"。黄浦区发布的《黄浦区滨江公共空间实施优化规划设计》指出,到 2040 年,黄浦滨江将呈现"五大主题"(如表 2 所示)。后期将拓展人行道和非机动车道宽度,逐步完善水陆一体化的综合交通系统,实现休闲步行道、健身慢跑道、自行车骑行道、陆上观光车道、水上游览船道"五道"融合,成为一条集观光、休闲、健身等功能的公共生活岸线。浦西世博园区是黄浦滨江的重点规划建设区域,截至 2019 年 9 月,该区域已主要建成"一馆、一园、三道",即国际乒联博物馆和中国乒乓球博物馆(简称"乒博馆")、世博黄浦体育园、步行道、跑步道与骑行道,以及一条滨江岸线绿化带和七个主题公园。如今,从北至南(外白渡桥至南园滨江绿地),依次呈现黄浦滨江第一立面建筑风采,包括 22 处上海市优秀历史建筑和"十六铺、老码头 AAA 级景区、南浦大桥、当代艺术博物馆、儿童艺术剧场、世博会博物馆、世博黄浦体育园、卢浦大桥"等建筑群,黄浦滨江岸线景致一气呵成却各有风情,现代与历史在这里交融共生(图 1)。

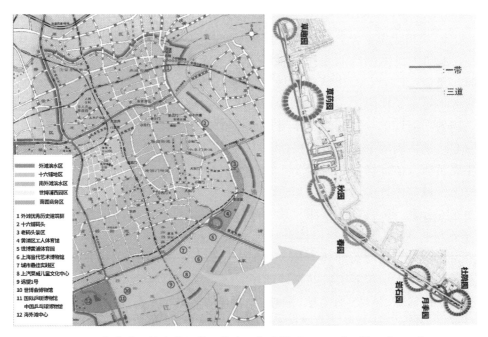

图 1　黄浦滨江健身休闲带总体布局与世博浦西园区"一带三道七园"

表 2 黄浦滨江五大主题区

区　段	主　题	发　展　定　位
外滩滨水区 1.5 公里	世界窗口	打造经典的世界级滨江空间,主要面向外来游客观光,兼顾市民休闲,旨在展示陆家嘴金融区风貌及万国建筑博览群
十六铺地区 1.1 公里	城市远航	水陆游憩衔接,主要集聚游艇游船、浦江观光功能,是连接老外滩与南外滩的世界级游艇游船码头
南外滩滨水区 2.2 公里	创意水岸	彰显时尚休闲生活、怀旧文化体验,主要关注附近就业商务人群,兼顾外来游客与市民休闲活动,是集聚董家渡地区、中山南路地区大量现代商业建筑群,展示豫园、老码头、复兴一至五库保留建筑的区段
世博浦西园区 3 公里	城市博览	文化游览、体育健身、城市节庆,主要面向市民休憩、健身、观光、交往,兼顾外来游客观光
南园商务区 0.5 公里	慢生活港湾	提供本市居民健身、休闲、文化、活动、老年慢生活的重要岸线

(二)滨江健身休闲带的价值功能

1. 有助于完善全民健身公共服务体系

城市健身休闲空间是市民能够参与充分享受休闲生活方式的基本保障。黄浦区作为上海市的核心城区,土地资源"寸土寸金"。体育场地设施资源不足是长期阻碍市民参与全民健身的重要因素。此外,传统健身休闲设施的功能性单一以及健身休闲空间的整体布局不均衡也是制约城市人群参与运动休闲的主要障碍。根据 2019 年体育场地统计调查数据,截至 2018 年底黄浦区体育场地总面积 805 087 平方米(含上海可利用体育场地),黄浦滨江区域的体育场地面积超 15 万平方米,全区可供市民参与健身活动的场地有五分之一来自黄浦滨江。其中,符合国家统计标准的体育场地面积近 5 万平方米,列入上海可利用体育场地的面积超 10 万平方米。亲水平台、步道、自行车道、世博黄浦体育园、黄浦区工人体育馆、台地花园足球场、卢浦大桥和南浦大桥智能市民共享篮球场等体育场地设施为市民提供了参与跑步、骑行、篮球、足球、羽毛球、网球、乒乓球、游泳等各类大众热衷参与的健身项目场地,充分发挥了自身的健身休闲功能,有助于完善该区域的全民健身公共服务体系(表 3)。

表3 黄浦滨江区域主要体育场地汇总

类　别	体育场地名称	体育场地面积（平方米）	项　目
国家体育场地	世博黄浦体育园	12 064	足　球
			网　球
			羽毛球
			篮　球
			健　身
			飞　镖
	黄浦区工人体育馆	3 916	羽毛球
			保龄球
			台　球
			乒乓球
			壁　球
			游　泳
			健　身
	台地花园市民球场	3 100	足　球
	河畔球场	2 100	足　球
	卢浦大桥市民球场	688	篮　球
	南浦大桥市民球场	450	篮　球
	南浦大桥-卢浦大桥三道	26 000	自行车
			跑　步
	南园绿地滨江步道	1 320	跑　步
上海市可利用体育场地	苏州河—南浦大桥亲水平台	70 600	—
	公园、绿化、张拉幕广场等其他可利用场地	32 324	—

2. 有助于培养市民对城市文化的认同感

黄浦滨江健身休闲带主要为广大市民提供了进行康体健身活动、体育娱乐活动、竞赛活动、放松消遣活动、交际活动等行为的场地空间，成为培养市民对本城市文化认同感的重要场所。与生硬宣教的培养方式不同,市民在蕴藏文化意蕴的空间中经过长期的健身休闲实践活动,悄然将健身休闲文化与区域特色文化结合在一起,形成内心与外部环境的共鸣,对城市文化逐渐从无知到潜识再到深入意会。本研究了解到,自2017年7月1日黄浦滨江基本贯通到2018年底,在黄浦区滨江办备案过的竞赛活动约60场,活动类型主要以健康跑、健步走、马拉松、定向赛等路跑类赛事为主,共计46场,还包括骑行赛事活动4场,其他类型活动10场(如表4所示)。体育是民生,是文化,也是一种精神,市民在本空间内参加各个主题的健身活动,必然会对城市文化模式有了更大程度上的认同感,更进一步激发了对这个城市的自豪感和归属感。

表4 在黄浦滨江举办的部分重要赛事活动汇总

类　型	名　　　称
路跑类	2017畅行浦江健身跑
	上海市第36、第37届庆"八一"军民长跑
	2017、2018上海国际马拉松赛
	2017、2018全国高校百英里接力赛总决赛
	2018"健身迎新年美好新起点"元旦迎新跑
	"万步有约"健走活动
	2018上海浦江城市定向赛
	2018年上海国际马拉松少儿跑
骑行类	2018五里桥党建骑行活动
	2018公益伙伴日"城市益行"骑行活动骑游活动
	2018"凤凰杯"骑游黄浦江活动
	2017青年风尚节益骑跑活动
其他类	2017"跃动中国梦　幸福耀滨江"跳绳挑战赛
	2018半淞园路街道企业家滨江嘉年华
	2018上海市第四届广场舞大赛黄浦区社区广场舞复赛
	2018"爱在黄浦　残健融合"体育嘉年华

3. 有助于塑造城市自然和人文特色景观

城市健身休闲空间归根到底是一种空间景观,国内外有很多城市依托独特的自然和人文地理条件,把健身休闲元素与城市空间相结合,形成了具有高度辨识力的城市景观,甚至成为城市营销宣传的亮丽名片。例如,美国芝加哥市密执安湖畔的带状健身休闲公园、黑龙江冰雪健身大世界、西安古城墙体育文化公园等。滨江黄浦段是黄浦江两岸的核心滨水区,汇聚了城市的形象、城市的文化以及城市的核心功能,城市名片不仅仅是追求高楼大厦的"天际线",自然和人文景观的塑造是一种更具内涵的形式。伴随着黄浦滨江的贯通,一带(滨江岸线绿化带)、三道(步行道、跑步道、骑行道)、七园(杜鹃园、月季园、岩石园、琴键春园、秋园、药草园、草趣园)形成的美丽画轴在黄浦江畔铺开;集展示收藏、教育研究、体验互动、国际交流四大功能于一体的"乒博馆"成为新的体育文化地标;世博浦西园区内象征着我国 56 个名族的 56 盏世博火焰灯被重新点亮;用于举办户外文娱活动的一座座张拉幕广场相继落成投入使用;被装扮上景观灯的"远望 1 号"测量船未来将被打造成为爱国主义教育和科普教育基地,黄浦滨江健身休闲带聚集、塑造了一批优秀的城市自然和人文特色景观。

4. 有助于改善城市生态环境

黄浦滨江健身休闲空间具有自然特性,它依托 8.3 公里的滨水岸线,向大众提供生态健身休闲空间。北有黄浦公园,南有南园滨江绿地,中间区段在持续扩大绿化面积。截至 2019 年初,沿线已建成 10 座主题小花园,绿化总面积约 12 万平方米,到 2021 年将增至 18 座。不断进行城市修补和生态修复的过程促进了城市生活空间的延展、人居环境的改善。在黄浦区这个人口高度密集化和土地高度集约化利用的区域,黄浦滨江的绿化部分发挥了调节生态环境质量的功能,能使城市居民生活在一个清洁优美的生活环境和生态环境之中,同时满足了大众渴望回归自然的休闲需要,达到身心放松与调节的目的。

四、国外滨水健身休闲带建设案例分析

(一) 巴黎塞纳河滨水区

自 2010 年起,巴黎市政府开始拓展塞纳河畔的人群活动空间,将部分机动车道规划成行人活动区。市政府甚至在 2013 年宣布,塞纳河左岸奥赛博物馆至阿尔玛桥之间的滨河快速道将不再通行机动车辆,而是改造成为接纳游

人的"塞纳河畔"景观大道。围绕塞纳河的生态可持续发展,不断整治岸线,进一步丰富河畔功能。改造后的塞纳河畔中心两岸游人络绎不绝,成为市民茶余饭后野餐、休闲、运动、会友的绝佳场所。畅行在景观大道可以发现这里有儿童游乐场所、巨幅涂鸦黑板、体育设施专区、创新水上花园等专门为市民量身打造的休闲娱乐专区,而且还非常有远见地预留出大型活动区域,未来可供放映露天电影以及举办大型户外活动,塞纳河畔中心两岸已变成巴黎市中心最具活力的空间。另外从数据方面也可以看出改造取得的成果,预期景观大道每年接待游客 100 万人次,事实上数量翻了一番,每年还举办 2 000 余场活动。改造地段的空气质量、噪声污染以及所涉河段的生物多样性都得到了改善。在后期运营方面,巴黎也给各国滨水城市提供了非常好的经验。市政府与企业合作,为市民提供活动空间,还联合民间团体、志愿者、艺术家等组织每天的免费运动培训、教育培训、音乐会、儿童庆生、公众聚会等。相关企业专门开发了官方网站和手机 App,可供游客在线查阅活动项目和预定场所。塞纳河更新项目不仅证明了对周边交通较小的负面影响,也让市民切实感受到更慢行友好的城市环境、更多的滨水公共空间对提高城市环境品质的重要意义。

(二) 纽约曼哈顿滨水区

纽约城市滨水区的设计规划主要考虑了公众的可达性、既有资源的使用、环境资源的保护,这为开发设计手段、基地配置以及建筑体量都做了详尽的规定。曼哈顿滨水绿道在原有的自然廊道的基础上,规划开发了人行道、自行车道以及非机动车道。绿道主要是沿着滨海岸线而建,即便是在不具备滨水条件的区域,路线也会选择开拓一些景色宜人的小路径、公园或者广场等可供市民休闲的开阔地。绿道与大路的连接点不多,在连接处会采取必要的隔离措施使人车分流,保证非机动车道的安全。贯穿滨水区的自行车道形成一道美丽的风景线,把曾经的工业区变成了今天的"滨海公园"。曼哈顿滨水绿道的修建丰富了滨水区的交通网络,提升了该区域的可达性,缓解了该地区的日常通行压力,并且使这里的工业污染问题得到很好的治理,改善了市民的生活环境,为曼哈顿的市民提供一处休闲、娱乐的绿道系统。我们观察到,美国在绿道建设方面不断创新,并积极修建各种功能的城市绿道,这成为一种有效的社会治理方式,一方面可以控制城市向外的无限扩张,另一方面还为市民开辟了更多的休闲、健身场所。

(三) 伦敦泰晤士河滨水区

伦敦市将泰晤士河作为城市中轴,沿河两岸形成了历史古城保护区、宗教与历史建筑保护区、南岸近代建筑文化区、科技文化功能区和码头现代滨水景观开发区五个主题鲜明的滨水区。泰晤士河将每个主题区风格有别的标志性公共空间或景观节点串联起来,呈现一个完整、系统、极具魅力的滨水公共空间。泰晤士河滨水区非常注重人性化设计,主要体现在四个方面:一是系统性。全长4.8公里的伦敦中心城区泰晤士河滨水岸线就像一条"纽带"将沿岸的步行道、公园绿地、建筑物、广场以及码头等各类功能空间连接在一起,圣保罗大教堂、伦敦塔、议会大厦、伦敦市政厅广场、泰特艺术馆以及莎士比亚环球剧场等历史文化名胜分布在沿岸,与整个滨水系统融为一体。二是开放性。在泰晤士河两岸有非常多的私人土地空间,沿河规划改建时就把这些空间列为重点打通区域,保证了整个滨水空间体系的高度公共开放度。三是可达性。泰晤士河滨水区实行人车分流,让漫步者可以尽情享受宝贵的滨水空间资源,布局便捷的地铁站点与自行车道,确保公交系统和慢行网络能有效连接滨水空间。四是舒适性。两岸还增设了休憩座椅、景观眺望点和口袋公园绿地,体现了公共空间的人性化设计,提升了公众休闲舒适度。

通过对以上案例进行分析,不难发现当今滨水健身休闲空间的开发建设原则主要表现为"四个坚持":一是坚持空间开放为第一位。国际滨水城市以实现滨水空间的有效贯通为基本点,不断提升滨水空间的开放效率和活力,着力实现全域开放。二是坚持布局城市慢行系统。把步行道、骑行道作为滨水空间的主要交通方式,实现人车分流,保证宝贵的滨水岸线资源留给步行者。三是坚持保护性开发。以尊重自然环境、重塑历史风貌作为开发理念,对滨水资源进行合理的规划开发,对滨水空间的历史街区、历史建筑进行保护性更新改造,成为宝贵的健身休闲资源。四是坚持丰富空间功能。建设公共服务设施,实现休闲、健身、娱乐、商业、文化等功能综合发展。

五、黄浦区建设世界级滨江健身休闲带面临的挑战

(一) 如何实现自然资源的合理规划与有效开发

对自然资源的合理规划和有效开发是实现滨江健身休闲带升级发展的必经之路。工业文明彻底颠覆了人类生活和工作的方式和环境,由置身于大自

然中的"日出而作，日落而息"转变为在钢筋混凝土大楼里的"日夜奋战"。高强度的工作和"文明病"的压力使得人们非常渴望身心健康，渴望回归自然，以寻求身心的释放与调节。黄浦滨江因水而生，因水而兴，得天独厚的滨水资源禀赋，造就了其滨水文化特质。自黄浦滨江8.3公里岸线贯通以来，遮挡视线的防洪堤不见了，亲水性得到了大大的提升。但与国外的滨水健身休闲空间相比较，本区域似乎仅仅实现了观水，而不能称作完全意义上的亲水。例如，截至2018年，巴黎利用塞纳河的河道资源举办立式桨板比赛（Nautic SUP Paris Crossing）已经有9年，既有专业赛也有休闲赛，让更多的业余爱好者参与到这项运动中。自2002年起每年的7月至9月，塞纳河边会建起人工沙滩，孩子们戏水玩乐，对于夏天前来巴黎游玩的旅客，沙滩节也成为一个特别的体验。巴黎市长甚至还在申办2024夏奥会时提到他的愿景是2024年能够完全安全地在塞纳河中举行三项铁人比赛（跑步、脚踏车、游泳）和其他自由式游泳比赛，并于2024年以后，在塞纳河上长期设立公众游泳水域。对自然资源的规划虽不能完全照搬国外案例，但应该意识到黄浦滨江的自然资源禀赋未得到有效开发，仍有较大的提升和发展空间。

（二）如何实现健身休闲与文化资源的有机结合

首先，黄浦滨江的亮点在于深厚的历史文化底蕴集中承载和反映了上海开埠后城市发展的历史和文化，涵盖了上海多个租界的滨江空间，包括英租界、法租界，上海老县城等码头区域集中反映了老上海的码头文化和仓储文化。其中，有许多待保护的历史建筑与重要历史事件，例如外马路1162号、1164号及丰记码头街83号区域等十六铺及其周边的码头文化和仓储文化。但由于历史建筑保护利用的难度和投资较大，如单纯以经济回报来衡量，则功能业态只能以金融、高端餐饮等高回报率的商业办公等业态为主，这与"还江于民"的公益性、共享性、文化性目标相悖。因此，以优质的社会文化资源提升黄浦滨江的品质绝不仅仅是停留在工业建筑遗产和艺术文化魅力的肤浅认知上，如何从深度上和广度上提炼其特质内涵，处理好保护与利用的关系，使更加丰富多样、文化共享的功能业态可以融入滨江健身休闲带的建设之中是管理者需要思考的。

另外，当健身休闲理念成为广泛认同的价值观念并作为一种集体性格烙印于黄浦滨江时，该空间的健身休闲文化也就上升为一种城市精神，进一步提升了城市的品位，同时也成就、塑造了健身休闲参与者。重大体育赛事是重要的文化符号，是市民的节日，也是最好的休闲方式之一。上海通过一系列国际品牌赛事及重大国际体育活动,全面提升了上海的国际影响力,增加了城市休闲指数。目前已基本形成的品牌赛事有:ATP1000 网球大师赛、F1 上海站大奖赛、上海国际马拉松、国际田联钻石联赛上海站、上海浪琴环球马术冠军赛等。2019 年上海举办 181 次国际国内重大体育赛事〔国际性比赛 40 个项目 88 次,全国性(含埠际)41 个项目 93 次,合计 55 个项目 181 次比赛〕,有 11 次比赛落户黄浦区(如表 5 所示),其中仅有 2019 年上海国际马拉松以及 2019 年中国壁球公开赛于黄浦滨江区域举办,该区域开展国际级竞赛表演的潜力未得到良好挖掘。同时,本研究分析在黄浦区滨江办备案过的活动也发现,目前在该区域组织开展的还是以松散型、低级别、小规模的趣味健身赛事活动为主(见表 4),这与建设国际级健身休闲带的内在要求还存在差距。

表 5　2019 年在上海市黄浦区举办的国际国内重大体育赛事

序号	名　　称	地　　点
1	2019 上海国际马拉松(黄浦赛段)	黄浦重要街区
2	2019 年美式九球世界杯	卢湾体育馆
3	中国国际青少年保龄球公开赛	卢湾体育馆
4	2019 年上海国际自由式轮滑公开赛	黄浦轮滑馆
5	2019 年中国壁球公开赛	上海半岛酒店
6	2019 年 WDSF 大奖赛总决赛暨第八届中国体育舞蹈精英赛	卢湾体育馆
7	2019 年中国体育舞蹈公开赛(上海站)	卢湾体育馆
8	2019 年全国中小学保龄球邀请赛	卢湾体育馆
9	中国男子排球超级联赛	卢湾体育馆
10	中国女子排球超级联赛	卢湾体育馆
11	中国保龄球公开赛	卢湾体育馆

(三)如何实现公共服务设施的均衡布局

设施环境因素是影响黄浦滨江健身休闲带升级发展重要的硬件条件。整体来看,黄浦滨江公共服务设施布局表现出不均衡的矛盾现状。首先,在旅游业的催生下,外滩与十六铺区域经过多次改建已经具备了较为成熟完善的公共设施。吃、住、行、游、购、娱等休闲要素一应俱全,而此段也正是经典黄浦的典型代表,吸引了无数国内外游客驻足观光。由于南外滩与浦西世博滨江区域是新开发区域,这些公共配套设施与之相比则存在较大不足,缺乏较为完备的旅游咨询服务、公共卫生间、应急卫生医疗点、母婴室、零售餐饮等服务设施。任何事物都是有两面性的,虽然当前北部区域的受关注度要优于南部区域,但正因为是人群的高集中区域,所以造成了人均健身休闲资源的稀缺。外滩和十六铺区域的公共体育设施资源稀缺,市民参与健身休闲的方式主要以亲水平台漫步和在黄浦公园开展拳操项目为主,相对而言市民在南部区域的健身休闲方式则显得更加丰富多彩一些。另外,由于中山东一路至中山东二路(南苏州路至新开河路段)禁行自行车,所以本区域的慢行系统的发展也受到了限制。市民、游客若想骑行黄浦滨江,在本区域只能被迫放弃经典外滩风景选择绕行外滩"第二立面"(非临江区域),无形中拉开了人与滨水的距离。其次,虽然黄浦滨江周边有广泛的地铁、公交和轮渡服务,但却呈现"北多南少、北近南远"的局面,南部区域的交通站点大多位于腹地,部分区域的可达性不足甚至限制了人们前往的意愿。

(四) 如何实现相关管理部门间的高效协作

黄浦区是上海的心脏、窗口和名片,而黄浦滨江则是这些标签的点睛之笔,也正因为其特殊的城市地位,本区域有着严格、规范的管理制度以及明确的责任主体。根据《黄浦滨江公共空间综合管理试行办法》(黄建管〔2017〕128号)的明确要求,外滩滨水区(1.5公里)、十六铺地区岸线(1.1公里)由外滩风景办根据《上海市外滩风景区综合管理暂行规定》进行管理,南园商务区岸线(0.5公里)由区绿化所根据公园管理标准进行管理。南起卢浦大桥(南园北侧),北至复兴东路(十六铺二期南侧)范围内的陆域及水域范围(5.2公里)由黄浦区滨江办具体落实黄浦滨江区域内建设项目,对投入使用后各类公共管理事务的组织协调,治安、环境卫生、绿化养护、商业经营、市容景观、防汛等公共事务则分别由公安、绿容、城管、建委等部门依法履行管理职能。在本区域的许可管理方面,一般性活动审批要严格依法开展申报和备案工作;大型活动须由活动主办方、区滨江办、区公安分局、区消防支队及其他涉及职能部门共同参与,按照相关法律法规,规范操作流程,加强风险评估,强化活动监管,确保安全。精细化的管理制度保障了市民、游客的人身安全,提供了舒适的休闲环境,但与之矛盾的是黄浦滨江的活力受到了抑制。一场贯穿黄浦滨江的徒步、跑步健身活动至少需要通过外滩风景办、滨江办、绿化所三个部门同意方能行得通,颇具规模的赛事活动还需要进一步通过公安审批。但一般由社会力量组织、举办的赛事活动由于缺乏政府背书很难通过属地主管部门的审批。此外,由于体育部门不直接参与黄浦滨江的规划、建设与管理,所以在推动黄浦滨江体育事业进一步繁荣发展的过程中稍显力量不足。

六、黄浦区建设世界级滨江健身休闲带的路径选择

(一)健全管理制度和协调机制

在滨江健身休闲带的管理方面,各政府部门之间应该首先建立起更为完善的管理制度和协调机制。一是发挥好联席会议制度机制。黄浦区现有的全民健身工作联席会议由区政府分管副区长负责各相关委、办、局按期参加全民健身工作联席会议,今后要把如何进一步发挥好黄浦滨江的健身休闲功能作为重要讨论议题,不断加强部门间的协调沟通,打破部门业务壁垒。推动建立起由黄浦滨江主管部门、公安部门与体育部门等共同参与的协同办公机制,协调处理好黄浦滨江的公共安全保障与体育赛事活力释放的关系,建立年度赛事活动名录库,针对赛事活动的参与规模、人群特点、赛事属性研究实施的可行性,并由各部门提出具体的实施要求,保证更多优品质的赛事活动可在黄浦滨江落地生根。二是不断强化政策引领。要加强调研,把黄浦滨江健身休闲带的建设和发展写入黄浦区"十四五"、黄浦区全民健身实施计划(2021—2025年)等新周期规划。在资源配置方面,应体现全局性、综合性、战略性和前瞻性,深度挖掘健身休闲与旅游、文创等其他业态相融合的可行性路径,逐步建立地方政府主导规划、滨江主管部门总揽协调、体育部门组织资源保障、其他单位分工负责的工作机制。

(二)打造特色健身休闲区域

根据黄浦滨江岸线五大主题公共空间的特色和发展需要,引导各个区域合理定位,打造各具特色的健身休闲区域,提升滨江健身休闲带多元化活力。围绕黄浦滨江外滩段作为面向外来游客观光、展示城市风貌的"世界窗口"段功能区域,要进一步发挥好上海国际马拉松的城市宣传作用,做优做强在上海半岛酒店举办的中国壁球公开赛的营销策划,提升赛事影响力,引进、培育多项适合在外滩区域落地的顶尖赛事,不断聚焦全球目光。发挥十六铺"城市远

航"段水陆游憩的衔接功能,结合水上运动特点和运动大众需求,以帆船、赛艇、皮划艇项目为引领,开发大众服务市场,尝试建设便民利民的水上运动设施,开发水上竞赛艺术表演活动、运动体验活动和定制主题节庆活动,营造广泛参与的社会氛围。以南外滩"创意水岸"段彰显时尚休闲生活、怀旧文化体验,展示豫园、老码头、复兴一至五库保留建筑,发挥好传统体育健身团队、体育类社会组织的传承作用,挖掘海派体育文化特色,展现海派体育项目内涵。坚持浦西世博园区"城市博览"段为文化游览、体育健身、城市节庆的滨江空间的定位,加快推进规划建设,拓展延伸公共空间开放范围,不断丰富该区域的城市文化元素,加快布局城市健身休闲配套服务设施。南园商务区段作为"慢生活港湾",虽仅有短短500米,但却可以依托海外滩中心打造成为集餐饮、购物、亲子、娱乐、社交和旅游于一体的健身休闲综合空间。同时要利用好南园公园的绿地空间,布局益智健身点、智慧健康屋,突显慢健身、慢休闲的特点,服务好中老年人群。

(三)完善便民服务功能体系

完善黄浦滨江健身休闲带建设标准,优化便民服务设施布点。围绕健身、游憩、居住、办公等各类人群在黄浦滨江的不同活动需求,完善配套便民服务设施,提升人性化程度,设置集合式公共服务站点,合理布局增设休息座椅、指示牌、遮阳设施、饮水点、自动售卖机、共享单车停车区、冲淋房、公共卫生设施等。提升智慧化程度,围绕健身休闲活动,提供便民设施,推进无线网络、虚拟场景、智能技术等运用,创造智慧化的滨江健身休闲设施环境,逐步实现人与空间环境的互动,提升设施服务的便捷度与舒适感,使黄浦滨江健身休闲带真正成为市民生活的一部分。以提高滨江地区可达性和整体交通服务水平为目标,加快黄浦滨江区域的交通基础设施建设,提升交通出行的通达性、便捷性和人性化,并合理定位各道路不同类型交通方式优先性,加强城市腹地与黄浦滨江的联系。明确骑行交通在健身空间中的重要意义,积极协调相关部门,努力缓解外滩至十六铺区域的自行车禁行现状,推动黄浦滨江全域骑行。

(四)聚焦塑造健身休闲文化

深厚浓郁的健身休闲文化氛围的形成是建设世界级滨江健身休闲带的重要任务目标。创新文化发展方式,围绕特色体育赛事文化、特色健身项目文化、特色健身活动文化、特色休闲产业文化及特色体育建筑文化,不断加强体育和旅游文化的深度交流和融合,形成内涵更为丰富、形式更加多元的特色体育文化内容。一是要加强国际级体育赛事的规划和布局,积极引进和培育符合黄浦区特质的国际高水平品牌赛事落户黄浦滨江,积极推动轮滑、体育舞蹈等黄浦区传统优秀品牌赛事系列活动向滨江转移,不断繁荣本区域的竞赛表演业,打造更具影响力的体育旅游目的地。二是要加强本土特色健身休闲文化资源的保护开发,在科学评估健身休闲文化资源的基础上实施"全面兼顾、突出重点"的保护开发措施,以充分挖掘内源性特色体育文化资源的价值,推动特色体育文化资源的传承与发展。例如,充分利用国际乒联博物馆和中国乒乓球博物馆在黄浦滨江落成和开放的契机,借助世界乒乓球智库基地、乒乓技术技能体验基地、"一带一路"文化共享基地和青少年教育与社会实践基地这一新平台,大力发展特色的乒乓球文化。三是要充分结合城市特色的自然与环境,打造突出地域环境特色的健身休闲文化元素,培育水上运动、极限运动、路跑运动等新兴文化消费业态,推动文化创意产业发展,提升本区域健身休闲文化的影响力。

参考文献

[1] 杨博,郑思俊,李晓策.城市滨水空间运动景观的系统构建——以美国纽约和上海市黄浦江滨水空间规划建设为例[J].园林,2018(8).

[2] 崔佳琦,张志刚,王松.社会治理视域下城市休闲健身空间发展研究[J].中国学校体育(高等教育),2018(7).

[3] 金银日.上海市休闲体育空间整合与优化研究[J].体育科研,2015(5).

[4] 郭修金.休闲城市建设中休闲体育时空的调控设计与规划整合——以杭州、上海、成都为例[J].上海体育学院学报,2013(2).

[5] 季靖.浊清塞纳河[J].环境,2018(6).

[6] 陈晶,李海燕.中国城市绿道景观设计初探[J].艺术科技,2014(2).

[7] 杨震,于丹阳,蒋笛.精细化城市设计与公共空间更新:伦敦案例及其镜鉴[J].规划师,2017(10).

[8] 上海市体育局竞赛处.2019年本市拟举办的国际国内重大体育赛事[EB/OL]. http://tyj.sh.gov.cn/General/Convenience Information Detail/48b9a38b-fa34-48e3-bb69-d5f5c15432c5,2019-04-04.

[9] 黄浦区建设管理委员会.黄浦滨江公共空间综合管理试行办法[Z].2017-10-22.

学校体育伤害事故的法理分析及保障机制研究

范 威[*]

"大数法则"表明,就学校(尤其是学生人数众多的学校)而言,校园体育运动意外伤害事故的发生几乎成为必然。可以称为一个小型社会的学校,聚集了成千上万名学生和教职工。学生在体育教学、代表学校参加体育竞赛等的过程中发生的体育伤害事故是本课题研究的对象。

课题组收集了一百多个与我国学校体育伤害事故相关的案例,并对这些案例进行分类研究。研究发现,在这些案例中,法院按照甘冒风险原则审理的只有一件;在意外事故类型学校体育伤害事故案例中,即使学校没有过错,法院按照公平责任原则审理案件判定学校承担补偿责任的案件比例很高。还有很多学校担心学生受害者家属前来闹事、怕诉心理且考虑到诉讼的时间成本过高,迫于无奈选择支付高额的补偿金。现实是很多学校是非营利机构,没有收入来源,完全依靠政府财政拨款,学校承担补偿金的资金来源渠道模糊。由于体育教学、体育竞技比赛中的学生伤害事故发生的风险较高,很多学校为了降低风险,不得不减少具有较高伤害风险的体育活动。学校保险的额度较低,学校体育事故发生时,现有的赔偿额度不能满足实际需要。

一、研究综述

教育部于 2002 年 9 月颁布《学生伤害事故处理办法》,对学生伤害事故作了如下定义:学生伤害事故是在学校实施的教育教学活动或者学校组织的校外活动中,以及在学校负有管理责任的校舍、场地、其他教育教学设施、生活设

---

[*] 本文作者单位:范威,上海政法学院,教研室主任、副教授、硕士,研究方向为体育法学。

施内发生的,造成在校学生人身损害后果的事故。地方省市也有相关规定和处理办法。总体来说,认识到了问题的严重性和迫切性,但存在覆盖范围不够全、执行困难等问题。

北师大劳凯声老师认为:认为学生与学校之间是一种特殊的教育法律的关系。韩勇提出,学校体育伤害是指中小学校在校学生在学校体育课教学、课外体育活动、课余体育训练、体育竞赛等各类体育活动中发生的人身伤害或者死亡事故。

学校体育伤害事故问题研究主要集中在事故的原因、责任认定、归责原则、赔偿制度以及防范对策等方面。向会英教授在她发表的《学校体育伤害赔偿制度研究》一文中表示只有从立法层面建立健全相关制度才可能从根本上解决好问题,同时与之配套的保险制度的建立、主管机构的设立也都应该从立法层面跟进。谭小勇认为不宜采用无过错原则,多考虑过错责任原则,有条件地适用公平责任原则,严格适用过错推定原则,还指出,要把学校教师从事故的担忧中解放出来,真正投入到教学和训练中。

美、日等国家喜欢体育,尊重体育工作者,懂得体育的价值和风险,有崇尚体育的社会文化。美国学校伤害事故的理论和实践有以下特点:第一,时间维度上,学生在学校里的时间段、前往学校途中以及放学离开校园过程,都被纳入;第二,并不局限于校园内部的教学活动;第三,从责任主体方面分析,不仅仅局限于学校及其教师,相应的学区也有可能成为适合的责任主体;第四,从法律定性上来看,美国的司法机关大多将学校伤害事故责任问题归属为侵权行为法方面的内容,法官采用侵权行为法的相关理论和视角来解决这一问题。

日本已经逐步发展成比较完善的补偿制度。学校在事故发生之后,会采取一系列紧急措施,此外,社会保险机构也会加入事故的善后工作中,事故中受害的学生还将获得一定的补偿。补偿主要体现在社会险、损害险、生命险等保险中。

二、学校体育伤害事故法理分析

(一)学校体育伤害事故的界定

根据《学生伤害事故处理办法》等条例,可以将学校伤害事故概括出两个要件:一是学校的相关性,即校内场地宿舍设施、教学训练安排及校外组织的活动;二是造成在校学生的人身损害。

(二)学校体育伤害事故的分类

当前学校体育伤害事故的分类较为多样,但都不够全面,不利于系统深入地研究。课题梳理和划分了不同种类的事故:一是按主观过错的形式,分为故意伤害侵权行为和过失伤害侵权行为两类;二是按是否免责,分为可以免责的学校体育伤害事故和不可免责的事故两类;三是按受害主体,分为学生自己人身伤害、学生之间的人身伤害、他人造成学生的人身伤害和对他人造成的伤害四类;四是按轻重程度,分为轻微体育伤害事故、轻度体育伤害事故和重度体育伤害事故三类;五是按责任主体,分为教师责任事故、学生及监护人责任事故、第三人责任事故和混合型责任事故四类;六是按起因,分为因器材引起、因体育场地引起、因举办方组织者引起、因其他主体行为引起四类。

(三)学校体育伤害事故中的权利、义务

权利和义务是随着人类社会的产生发展而来的,并非从来就有的。权利是应该受到法律保障的利益、索取或要求;义务是应该受到法律保障的服务、贡献或付出。学校的权利和义务是体育伤害事故研究的重要基础,下面就此问题进行厘清。

1. 学校的权利和义务

(1)学校的权利。可以将学校的权利分为一般权利和事故中的权利两种:

学校的一般权利在现行法律法规中都有明确规定,如《中华人民共和国高等教育法》规定学校有依法享有民事权,承担民事责任;根据教学需要,自主制定教学计划、选编教材、组织实施教学活动;自主开展科学研究、技术开发和社会服务;自主确定教学、科学研究、行政职能部门等内部组织机构的设置和人员配备等。

根据《学生伤害事故处理办法》,学校在体育伤害事故中有以下权利:一是要求学校主管部门协助处理工作;二是体育事故纠纷处理的选择权,可以通过协商解决、申请教育行政部门调解等;三是伤残鉴定异议申请权;四是追偿权;五是处分权;六是基本诉讼权。

(2)学校的义务。学校的义务可分为一般义务和注意义务两种:

学校的一般义务由法律赋予,《中华人民共和国教育法》规定学校"贯彻国家的教育方针,执行国家教育教学标准,保证教育教学质量;维护受教育者、教

师及其他职工的合法权益"。《中华人民共和国高等教育法》规定高等学校应当以培养人才为中心,开展教学、科学研究和社会服务,保证教育教学质量达到国家规定的标准。

学校的注意义务是学校体育伤害事故中重要的影响因素,实践中,有无尽到注意义务是判定法律责任的重要标准。注意义务源于英美,分为普通注意义务、分内注意义务和善良人注意义务。三种义务要求不同,对于不同层级的学生,学校的注意义务有所不同,幼儿及儿童无完全行为能力,学校承担的注意义务最大;初中、高中阶段的学生大部分为限制民事行为能力人,学校承担的注意义务中等;大学生都已成年,有完全的认识能力,学校承担的注意义务最小。

在学校伤害事故中,学校承担着法定义务以及酌定义务。法定义务主要分为场地设施的维护和管理、体育活动的安全措施、适宜的运动方式和运动量、伤残的照顾、医疗救助及禁止体罚等。学校的酌定义务主要是体育教学中的事前提醒、事中监督和事后救助义务和校外体育竞赛的酌定义务。

2. 体育教师的权利和义务

(1) 体育教师的权利。《宪法》《教育法》《高等教育法》《学校体育工作条例》等都对体育教师的权利进行了法律赋予,是国家保证学生体育权利的必要保障。体育教师的权利包括一般权利和特殊权利两种:

体育教师的一般权利有工资报酬、福利待遇权;《教师法》规定的教学、学术交流、进修等权利;同工同酬与工作服装补贴;教师编制权等。

体育教师的特殊权主要是教学中的知识传授、纠错、安全讲解等公职权,进行的是公职行为,体育教师因公职行为且无过错的,不应承担体育事故的责任。

"惩戒权"是最近热议的话题,"跪着的老师教不出站着的学生",由于家长、学校及社会对学生的过度保护,导致现在的学生越来越脆弱,禁不起批评和惩罚,这明显不利于教育的发展,不利于学生的成长。教师不能做出侮辱人格的言行,但适当的惩戒还是有必要的,应该赋予一定范围的合理的"惩戒权"。体育教师也应当有"惩戒权",但要考虑学生身体和心理的承受能力,不能故意刁难学生,善意的增加适宜的运动量只会提高学生身体素质和意志品质。相关执行标准可参照国家体质标准及体育教学大纲等,并作为抗辩依据,同时请同行专家进行评议和调解。

(2) 体育教师的义务。权利与义务是对等的。体育教师的义务包括一般义务和特殊义务。体育教师的一般义务有：纲领性义务；《教师法》中规定的为人师表、履行教学任务、传授知识、关爱学生、不断提高业务水平等义务。

体育教师的特殊义务是：传授体育知识和技能、保护学生不受重大伤害、安全告知和风险提示、事后救助等义务。

3. 学生的权利和义务

学生享有《宪法》第二十一条、《教育法》第四十四条等法律赋予的受教育权、正当程序权、民主参与权、救济权以及体育参与权等权利。在学校体育伤害事故中，学生涉及以下权利：健康权、生命权、身体权和救济权。学校体育伤害事故必须满足三个要素：对在校学生的侵害、对人身权的侵害、学校设施与学校组织的校内外活动。其中，学生的人身权主要就是学生的身体权、健康权和生命权。

学生的义务在法律层面都有规定，主要是受教育义务、遵守国家法律法规、尊敬师长、努力学习等。应该尽到的体育教育义务主要可包括遵守国家宪法、法律及学校管理制度，遵守学生行为守则，听从教师安排，接受安全教育的义务，告知身体异样的义务及作证义务等。

对于高校大学生群体，由于他们具备完全行为能力，能做到《学生伤害事故处理办法》第6条规定的"避免和消除相应的危险"义务，对体育运动的风险应有相应的认知，在处理此类纠纷时，适用"自甘风险"原则，当然，他可以因为种种原因，放弃他的体育权，但是，课题组认为，学生必须履行"接受安全教育"的义务，不能放弃受安全教育权，因为体育安全教育对避免学生伤害有着重要作用，所以，有必要将"接受安全教育"上升到义务的层次。

三、学校体育伤害事故免责制度

在我国，当伤害事故发生后，受害人及其家长往往把学校告上法庭以求对伤害损失得到补偿。而国外则不是这样的程序，家长们是直接找到社会保险及开启救济机制。他们已经建立起以社会保障制度为根基的学校伤害赔偿免责制度。我国学校体育伤害事故民事免责制度的立法状况怎样，如何完善我国的学校民事免责制度才能在保证学校、教师、学生的正常权益并推进学校体育的积极发展，都是需要进一步探讨研究的问题。

免责制度是欧美等发达国家较为流行的保护工作者积极性，发展公共事业的一项保护性制度。免责就是完全或部分免去责任主体的责任。

（一）欧美等发达国家对于学校伤害事故免责制度的基本思路

在处理体育运动事故伤害问题上，国外发达国家的共同做法是追求最合理的办法、公正的责任分担、政府兜底赔偿及激励教职工积极性等。主要包括政府赔偿为主，社会保险为辅；设立专门的法律，如《教职员赔偿免除法》等；再就是设立专业的社会组织或团体处理相关事务，让学校从烦琐的纠纷中解放出来，也不用担心赔偿问题，从而更专注于本职工作。

（二）我国学校体育伤害事故民事责任免责制度的分析

1. 我国学校体育伤害事故民事责任主体

《学生伤害事故处理办法》第九至第十四条详细规定了各种学生伤害事故以及造成事故的相关责任人。而实际案件中的责任主体是多元的。相关法律法规却没有把国家、政府或者教育主管部门作为赔偿责任的主体。我国公立学校的性质属于全民事业的教育机构，国家或政府是学校的举办者，校长仅仅是学校举办者委托的管理者，举办者的责任和管理者的责任全部由经营者来承担显然有失公平。同时，学校作为教育机构，其经费是由国家财政拨款的，主要用于教育事业。如果发生事故的责任由学校承担必然导致教育经费的缩减，损害的是教育事业的发展。

2. 我国学校体育伤害事故民事责任免责制度的缺失

我国学校体育伤害事故相关立法对免责事由的规定不足，从《侵权责任法》到《学校伤害事故处理办法》对免责的规定都过于简单和笼统；在处理学校体育伤害事故时，缺少行政赔偿责任相关规定，一方面《国家赔偿法》照顾不到，另一方面学校较难适用行政赔偿；我国还缺少对学校体育伤害事故赔偿责任免除的有针对性的立法。

3. 我国学校体育伤害事故民事责任免责制度的完善

我国应该尽快建立学校、教职工在学校体育伤害事故中民事赔偿责任的免除法规，最大限度免除体育工作者的后顾之忧；教育行政部门要提起责任，不能将错误、问责与压力下放给学校，建立学校免除制度，适当进行行政赔偿；在司法实践中要支持甘冒风险原则。

四、体育伤害事故的保障

体育运动有风险，但不能因噎废食，除了做好事前风险防控之外，更重要的是做好事后托底和保障,从而使体育相关从业者能够放开手脚设立和开展体育活动,激发一线人员的积极性及创新动力。

(一)上海智慧:摆脱责任划分的困扰,设立学校体育运动伤害专项保障基金

由于政府相关部门没有给学校下拨校园体育运动意外伤害事故的风险补偿金,所以很多学校的相关资金来源模糊。以往,上海学校出现类似事故后会先行垫付,年底再从教育局下属的安全管理中心所设置的安全基金中划转。这种做法弊端很多,只是暂时缓解存在问题。2016年3月1日,上海向中国贡献了上海智慧,首创"学校体育运动伤害专项保障基金"(下称"基金")。该基金由上海市教委在前期充分调研和专家论证基础上提出设想、由中国人寿公司研究制定的公益性基金,采取以支定收、"保底垫付"的方式进行管理,增值运行,保证筹集到的资金全部用于学生体育运动伤害。已参加中国人寿校园意外险的学校并不需要额外缴纳费用,未参加的学校则按每生每年2元的标准自愿筹集资金并加入。"基金"覆盖所有学校组织与安排的课外体育活动、体育课教学、体育竞赛和课余体育训练以及过程中出现的交通意外。保障范围涵盖意外身故、猝死、伤残、医疗费用等各项内容(身故20万元、伤残50万元、医疗费用10万元并含医保外5万元)。据悉,试运行以来,该基金经营情况较好。

不进行责任认定,提供免责保障是该基金的最大特点,且覆盖范围全面。体育运动意外伤害的发生存在很大的偶然性,基金的保障以意外运动伤害事故的发生为依据,不涉及对学校及学生的责任认定,这样就跳出了较难理清的责任问题,节省了学校的时间和人力成本,保护学校开展体育运动的积极性。"基金"补偿金的支付并不豁免加害人对受害学生的赔偿责任。如果因学校的过错(如因运动场地、器材、设施设备的缺陷)或因第三人的过错(如因体育课上第三人打闹)而造成伤残或死亡事故的,受害人除有权获得来自学校方面的赔偿外,还有权获得中国人寿上海市分公司无偿给付。

该基金的另一积极意义在于,向社会传达正确的法治理念,即"补偿"与"赔偿"是不同的,有责任、有侵权行为的,则需要赔偿,没有的就不需要赔偿,只是道义上的补偿。过去侵权法中无过错也要赔偿的公平原则已经不再适用当下。

但该基金也存在本体功能的局限性:

首先,"基金"是一种事后救济措施,且仅仅是一种财产补救措施,因此,它并不担保体育运动没有风险。与其补救于事后,不如防患于未然。只有提高安全意识、增强安全措施、规范体育运动,才能防止体育锻炼中损害的发生。

其次,"基金"的主要对象为中小学,忽视高校。上海的中小学生数量庞大,问题多,因此该基金主要侧重中小学的体育伤害事故保障,高校关注较少。但高校发生的体育伤害事故并不少,而且大学生作为天之骄子如果没有好身体,是很难面对将来工作的(近年来频繁发生的猝死和过劳死可以证明),更重要的是,如果高校体育伤害保障机制不完善,同样会打击高校开展体育工作的积极性,进而影响大学生的体质健康。

最后,此类基金的建立需要政府财力支持,复制性不强,较难大范围推广。"基金"基于保险原理而创设。其"大数法则"中的"大数"建立在全上海市中小学生的基础之上。如果缺乏足够的学生数量,则必须运用再保险的原理建立专项保障基金。此外,需要保险企业有一定社会责任及奉献精神。

(二)学校体育伤害事故的保障机制

要想切实解决学校体育伤害问题,必须在人、财、物以及法律、制度等方面形成系统的、全方位的保障机制,上到国家层面,中到教育行政部门及全社会,下到体育工作者,都需要形成共识,认识到问题的严重性,并形成合力推动此事。

1. 尽快将"基金"模式全面覆盖

就上海而言,无论是中小学还是高校,当务之急是尽快被"基金"覆盖到,给学校体育提供保障。还没加入的中小学幼要尽快完成。资金来源可以多元化,由政府教育部门专项投入、学校、学生个人、社会捐赠及保险公司等共同分担。

2. 把发展"学校体育"事业作为国家战略,设立"国家体育伤害保障基金",形成国家保障

现在法律规定学校体育伤害事故的责任主体是学校,第一责任人是校长,但面对复杂的责任纠纷、赔偿解决,校方在时间和精力方面是很难顾全的。学校的教育是公务行为,是为政府做事、为社会服务,所以,国家和政府应该首先担起责任,在政策、责任及机制等方面,做好政策制定和服务工作。将"学校体育"上升为与"健康中国"和"体育强国"等相同的战略高度,从国家层面设立专项经费或在现有教育经费中设立专项基金。

3. 将上海经验向全国分类推进

由于基金金额庞大,我国地域之间发展不平衡,所以不能"一刀切"地做事情。首先要分出三种类型,即发达城市、欠发达城市及全国。发达城市可凭借发达的 GDP 率先建起适合自己的学校体育运动伤害专项基金,可借鉴上海经验。欠发达地区,则需要帮扶,建议就是最终要设立全国性学校体育伤害事故专项保障基金,在全国范围内进行统筹安排,解决"大数"不够大的问题,将发达地区的资金优势覆盖保障到欠发达地区。同时,欠发达地区在缴金方面可以给予优惠,但保障相同。

4. 落实和完善学校教育的评估标准,正确处理体育教育与安全管理之间的关系,形成评价保障

尽管国家和上海市对包括体育在内的学校教育有着综合性评价体系与标准,但在实践中往往因体育伤害事故的出现而形成安全管理上的一票否决,出现许多对组织学校体育活动的过分苛求,使难以完全避免的体育伤害阻滞着学校体育的正常开展且久治不果,以牺牲学校体育和学生体质的代价来确保安全却酿成更大的全民健康与民族素质风险。必须依法落实和进一步完善学校教育质量的综合评价标准,客观对待体育伤害风险,保证学校体育健康发展,给予"容错空间",扭转在体育教育和安全管理关系上的偏颇倾向,加强对学校体育的科学评估、依法监督与问责追责,并在全社会做好相应的法治宣传工作。

5. 借鉴《医疗纠纷预防和处理条例》的模式,将学校伤害事故进行国务院层次的专门立法,提供法律保障

贯彻执行现有的法律法规规定的同时,还需要进一步完善学校体育伤害事故预防处理的法律依据。在我国现行法律中,多部教育法、未成年人保护法、侵权责任法和有关司法解释,以及国家教育部门关于处理学校体育伤害事故、运动风险防控的规章等,对规范学校体育关系和处理体育伤害事故有着诸多的规定。要切实执行相关的法律法规,依法落实方面的法定职责,理清体育伤害事故中的法律关系和责任。同时,建议借鉴《医疗纠纷预防和处理条例》的模式,将学校伤害事故进行国务院层次的专门立法,为学校体育伤害纠纷的依法处理提供更加明确的行政法规依据,有效制止"校闹"现象,并期待上海市研究制定富有地方特色的相关规范以适应需要。

6. 全社会支持,提供资金保障及智力保障

青少年的健康成长不是学校一个部门的事,而是全社会的事。首先,社会

保险必须全面覆盖,险种丰富,设立体育运动伤害险等,公益保险与商业保险相结合,发挥企业的社会服务力,宣传和鼓励通过社会捐赠形成专门基金;其次,要形成专门从事体育伤害服务的社会组织、机构或团体,形成专家团及律师团等,为学校及学生提供智力保障。

五、结论与建议

现实中家长的法律意识淡薄,过度维权。法院的判例过多运用了公平原则,这不利于学校体育工作的开展。大学生为完全行为能力人,学校的义务相比中小学要低,大学生的义务相应提高,并应该知晓体育运动的风险,更适合运用"甘冒风险"原则审理案件。美、日等国家喜欢体育,尊重体育工作者,懂得体育的价值和风险;我国法律层面对学校体育的保护和促进还不够;相应的保障机制不健全,相关的社会保险发展滞后。

提倡学校体育伤害事故的纠纷主体应当手持法律的武器,依法维护各自的权利,克服怕诉的传统,借助诉讼、仲裁、调解等方式公正解决纠纷;在崇尚法律治理学校体育伤害事故的原则下,我们提倡建立第三方的学校体育伤害事故的鉴定机构;修订《学生伤害事故处理办法》,明确学校伤害事故的处理流程,在法律法规的层面上明确第三方机构的地位;对全社会尤其是家长进行侵权法的普法教育,认识到公平责任原则已经不再适用,有纠纷采取正确途径维权。并且在文化上形成崇尚体育、尊重体育工作者的社会氛围。

要保护学校及体育教师工作积极性,无过错,不担责;明确各主体的责任及义务;教育评估中给予"容错空间";《侵权责任法》实施后,作为过渡性的公平原则已经不再适用,法院审理案件时不应再运用此原则,以免打击学校积极性,助长"校闹"现象;建立多元的纠纷解决机制,公平、高效地解决纠纷;学校体育要从国家战略高度及全社会层面进行保障;学习上海设立的"学校体育运动伤害专项保障基金"制度,跳出责任划分问题,有伤害、就补偿,并分类地在全国推广;借鉴《医疗纠纷预防和处理条例》等模式,将学校伤害事故进行国务院层次的专门立法;形成基金、保险、制度、国家、法律、智力等全方位的保障机制。

关于学校体育伤害事故的保障,能够跳出责任划分而进行公益性的社会化补偿是具有创新思维的提法,在理论与实务上都具有积极意义,无论在体育界、法律界还是教育部门,以及家长层面都会有良好的社会影响。如能像本课题所期望的,法律法规层面更加健全、国家重视并作为国家战略、社会保险全面覆盖,保障机制健全,文化上崇尚体育,家长法治意识增强并无后顾之忧的话,学校体育工作一定会更加健康地发展,学校可以放开手脚,法院有良法可依,学生的身体素质也一定会逐步改善。

参考文献

[1] 韩勇.侵权法视角下的学校体育伤害[J].体育学刊,2010(11).
[2] 王海明.论权利与义务的关系[J].伦理学研究,2005(6).
[3] 凌馨.上海首创"学校体育运动伤害专项保障基金"[J].中国学校体育(基础教育),2016(3).
[4] 刘焜.我国中小学新兴体育类保险发展情况[J].当代体育科技,2018(7).
[5] 段荣芳.体育运动伤害侵权责任研究[D].山东大学,2011.
[6] 史硕.高校竞技体育伤害事故民事法律责任分析[D].北京交通大学,2013.
[7] 张志.校园体育中人身损害责任及救济研究[D].西南财经大学,2012.
[8] 陈莉,余君,胡启林.解析日本学校体育事故补偿制度[J].武汉体育学报,2008(10).
[9] 周爱光.日本学校体育保险的法律基础[J].体育学刊,2005(1).
[10] 李磊.江西省普通高校学生体育伤害事故的处理现状及对策研究[D].南昌大学,2009.
[11] 肖万福.学校体育伤害事故责任及赔偿的研究[D].华中科技大学,2009.
[12] 王保金,邱宏军.高校体育伤害事故的法律责任问题研究[J].西安体育学院学报,2008(3).
[13] 王登春.论校园伤害事故与学校的过错责任[J].淮南师范学院学报,2002(4).
[14] 卢祖元,陆岸.论高校与学生的双重法律关系[J].苏州大学学报,2001(4).
[15] 马怀德.学校或公务法人与行政诉讼法[M].法律出版社,2000.
[16] 汤卫东.学校在学校体育伤害事故中的归责原则及法律责任[J].体育学刊,2002(3).
[17] 王运福,陈通海,韩坤.校园体育伤害事故的二元探析[J].体育学刊,2004(4).
[18] 张厚福,张新生,李福田.学校体育中伤害事故的法律责任探析[J].武汉体育学院学报,2001(1).
[19] 罗安元.对学校体育伤害事故门责及赔偿问题的几点建议[J].重庆教育学院学报,2008(6).
[20] 张林中.学校体育运动中意外伤害事故的界定与解决[J].黑龙江教育学院学报,

2009(8).

[21] 杨立新.侵权责任法[M].中国人民大学出版社,2005.

[22] 庄静.学校体育伤害事故的法律归责及预防措施研究[J].武汉体育学院学报,2014(1).

[23] 傅鼎生.化解校园体育运动意外伤害事故责任认定的困境——上海市设立"专项保障基金"的社会意义[J].人民教育,2016(6).

[24] Robert J Romano. Can Coaches Be Liable for Injuries to Student-Athletes[EB/OL]. http://ct sports law.com/2009/04/06/can-coaches-be-liable-for-uries-to-student-athletes,2009.

[25] 段力弓.校园足球伤害事故相关法律制度的完善研究[D].华中师范大学,2017.

[26] 钱国海.我国高校大学生体育伤害事故法律问题研究[D].华东师范大学,2015.

[27] 韦颖颖.学校体育伤害事故法律责任研究[D].苏州大学,2014.

"两育深融"有效推进区域体育项目发展的实证研究

李松皓　顾辉军　沈　军　季　军　张春峰　沈兰蓉
吴金林　贾志娟　张　洪　王晓梅　赵栋辉[*]

一、问题提出

(一)研究现状述评

从20世纪90年代开始,"两育融合"(体教结合、教体结合、体教融合、教体融合)便逐渐成为社会热议话题,经过近30年的发展,学界对其相关理论研究从整体性、多样性和阶段性上取得丰富的成果。但迄今为止,竞技体育"生源危机"、学训矛盾、高水平运动队建设等方面仍存在诸多问题。如何把教育和体育部门的资源整合,最大化地发挥"两育融合"的溢出效应,是新时期加快我国体育强国建设,培养全面发展的后备人才梯队亟待研究的课题。

(二)国外"两育融合"研究进展

1. 美国"两育融合"研究

《业余体育法》明确指出美国是典型的"学校体制",是以普通学校为中心,

---

[*] 本文作者单位:李松皓,金山区体育局副局长;顾辉军,金山区体育局科长,本科,运动管理;沈军,金山区青体办主任,本科,运动管理;季军,金山区体育局副科长,大专,训练管理;张春峰,金山区体育中心副主任,本科,运动管理;沈兰蓉,金山区教育局综合负责人,本科,运动管理;吴金林,金山区教育学院教研员,中学高级,学士,体育教学;贾志娟,金山区青少年业余体育学校副校长,中学高级,学士,教学与管理;张洪,金山区青少年业余体育学校教师,中学一级,硕士,运动训练;王晓梅,金山区青少年业余体育学校教师,中学一级,硕士,体育教学与训练;赵栋辉,金山区青少年业余体育学校教师,中学二级,硕士,运动训练。

通过学校的业余体育训练,进行体育后备人才的选拔与培养,即"中小学—大学—俱乐部或职业队"的培养模式。美国政府没有设立专门负责体育的部门,体育后备人才的培养、体育竞赛的开展等事务均由国家奥林匹克委员会、全国大学体育协会(NCAA)负责,各学校有严格的学籍管理制度,以保证学生文化成绩与运动成绩的全面提升。例如,NCAA章程规定每个运动员每周训练时间不能多于20个小时,并对每个学生每赛季的上场次数做出限制以保证学生运动员的学习时间。学校健全的教育与训练管理、学生对体育运动的强烈兴趣,共同推动着美国竞技体育的发展和提高。学校运动队与社会俱乐部互为补充,为后备人才的培养提供了保障。

2. 俄罗斯"两育融合"研究

俄罗斯"体教结合"的实施多为"少体校—专项少体校、寄宿体育学校、专项训练中心—高级运动技术学校—国家训练基地"的模式。少体校通过与教育部门合作,安排运动员在普通学校的体育特长班接受文化教育,在课余时间进行专项体育训练。寄宿制体校采用的是"三集中"的办学模式,即集中学习、集中训练、集中住宿。高级运动技术学校,每天都对参训学生发放生活补贴。1999年,《俄罗斯体育与竞技运动的保护政策》与《俄罗斯联邦体育和竞技运动法》的相继颁布,共同支撑起竞技体育发展和全民体育运动参与的法律保障体系。随着体校地位的日渐巩固,俄罗斯政府加大对体校的财政投入,并逐渐改变单一的拨款政策,积极探索市场化机制,寻求社会资源的合法融入。同时,政府还注重体校管理人员的培养、教练员待遇的提高和退休人员养老金制度的完善等问题。

3. 日本"两育融合"研究

日本采用的是综合型管理体制,即政府和体育社会组织共同参与体育工作,且主要采用"民办官助"的开展形式。政府设有专门的体育管理机构,但主要进行宏观调控,负责有关部门的协调运作,各级体育社会组织在政府部门的管理下,制定相关的规章制度,举办各级各类体育活动,组织运动员日常训练和竞赛等。日本文部省(2001年与科学技术厅合并,更名为日本文部科学省)制定的《关于面向21世纪的体育振兴策略》(1989年)和《体育振兴基本计划》(2000年),要求平等看待体育运动的普及与竞技体育运动的提高。日本对学校体育工作的开展非常重视,学校体育主要包括课外体育活动和体育教学,并对体育场地器材、体育活动安排有特别要求。对竞技体育后备人才的培养主要以学校体育教学和俱乐部体育训练为主,大部分学校设有体育俱乐部,在课余时间安排体育训练。此外,日本贯彻实施以短期集训为主的业余训练体制。

(三)国内"两育融合"研究进展

1. "两育融合"政策研究

1978年,教育部颁布《关于部分普通高等学校试行招收高水平体育后备人才工作的通知》,首次将培养高水平运动人才的任务落实到了学校体育的日程上,提出普通高校开始招收部分优秀体育后备人才政策。1995年,国家教委下发《关于部分普通高等院校试办高水平运动队的通知》提出高校试办高水平运动队是努力提高我国大学生的体育运动水平,为国家培养全面发展的体育人才,以逐步实现由国家教委组队参加世界大学生运动会的目标。2003年1月7日,国家体育总局、教育部发布《关于进一步加强运动员文化教育工作的意见》,提出共建、调整、合作、合并的方式,促进"体教结合"和"教体结合"。综上所述,随着社会的发展国家有关部门越来越重视"体教结合"和"教体结合",在不同时期出台相对应的相关政策,就是为保证"体教结合"和"教体结合"的顺利进行,对后备体育人才的全面发展起保驾护航作用。可见高水平体育后备运动员正走入学校,一条以"体教结合"和"教体结合"学校培养高水平体育后备人才之路正在我国渐渐铺开。

2. "两育融合"概念研究

随着竞技运动的发展和认知水平的提高,人们对"体教结合"概念的理解也由片面到全面、从单纯的为解决高水平运动员文化学习问题到如何培养出优秀的德智体全面发展的学生型运动员。起初"体教结合"的提出仅是为了解决高水平竞技运动员的受教育问题,如今是为了培养出优秀的竞技体育后备人才。何为"体教结合"?众多学者给出了不同层面的解释。

郑捷、陈志伟(2006)在《"体教结合"的内涵解释》一文中提出"体教结合"有三层内涵:一是微观层面,"体教结合"是要求运动员在进行训练的同时兼顾学业;二是中观层面,"体教结合"主要针对各级学校如何与竞技运动相结合;三是宏观层面,"体教结合"是要求各级教育、体育部门共同努力,坚持"以人为本"指导思想,为培养优秀竞技体育人才和促进竞技体育可持续发展的目标而奋斗。同年,虞重干、张军献在《"体教结合"与高校高水平运动队建设》一文中提出"体教结合"是指教育与体育两个系统,通过整合资源,提高合作效能,共同培养出优秀的竞技体育后备人才。更深层次地可理解为：以教育系统为主导，利用资源优势，加强与体育系统的合作，培养出学习成绩和运动成绩兼优的学生运动员。周映春（2008）在《基于科学发展观的"体教结合"问题研究》一文中指出，"体教结合"是通过在学校教育中开展竞技体育，从而实现人的全面发展的一种不可缺少的教育方式。伍娟（2009）在《体教结合的意义及现状》一文中讲道，体育是教育的下位概念，是教育的重要组成部分，体育活动是教育活动形式之一，认为"体教结合"是一种新型的业余训练体制，是教育、体育两系统以培养优秀体育后备人才和适应社会发展需要的全面发展人才为目标，遵循训练规律和教育规律的一种新型业余训练体制，是新时期少儿训练的一条新路。户帆、毛隆坤（2015）在《"体教结合"的理性审视》一文中指出，"体教结合"是指在教育的大环境下，教育部门为主协同体育部门充分利用优势资源，合理安排竞技体育运动，为国家培养出复合型竞技体育后备人才。

3."两育融合"开展模式研究

由上述内容可知，当今"体教结合"的开展模式多种多样，尤其是在普通大中小学的开展已成为趋势。中小学"体教结合"的模式包括体育传统项目学校、体育特色学校和体育后备人才试点校，目前以体育传统项目学校最为普遍。

黄香伯、周建梅指出"体教结合"的开展符合发展现状的形式有三种：校体联合模式、一条龙模式和社会化模式。具体包括：通过教育与体育部门加强合作、资源共享，创办体育运动学校和体育特色学校、成立体育特长生班、依托社会力量成立单项体育俱乐部。虞重干、张军献提出应用科学、发展的眼光重新审视"体教结合"，人的全面成长过程要同时接受文化教育和体育训练，同时指出在高校办队有资源优势，因此"体教结合"的最佳形式为高校创办高水平运动队，但这与体育部门提出的"体教结合"还有本质上的区别。华洪兴对"南体模式"进行解析，指出其特点为在教育方面有小学—中学—大专—本科—研究生"一条龙"的贯彻，训练方面形成从业余训练到专业训练的一、二、三线队伍衔接，科研方面有江苏省体育科研所、南京体育学院科研和医疗机构、江苏省优秀运动队的三者的有机结合。陈建华、王浩等指出"体教结合"培养模式包括：运动队"一条龙"的运行模式、三位一体模式、普通高校办运动队模式、校体联合模式、普通高校与体育部门联合办队模式等。贺新奇、倪向丽等提出开展"体教结合"的最佳模式为遴选、创办体育后备人才试点学校。竞技体育的发展终究是国民教育发展的一部分，而完善我国"举国体制"的首要任务是改变以专业运动队为中心的三级训练体制,以大—中—小学代表队为中心的"一条龙"教育训练体制将是举国体制的改革方向。

4. 中小学"两育融合"研究

我国中小学"体教结合"的发展缺失有效的管理机制,学校体育工作的开展缺乏健全的政策、制度保障,导致"学训矛盾"依然突出。如何利用教育特色与体育传统项目特色相结合来发展地区学校体育,如何推动体育传统项目学校与体育运动学校、体育俱乐部之间的合作等方面的研究匮乏。

郑婕在《"体教结合"培养高水平竞技体育人才的研究》一文中指出,"体教结合"的培养体系具有多样性、阶段性、适度性、整体性等特点,如何保障基础教育阶段运动员的文化教育问题是关键所在,如何推进教育和体育部门的有效合作是"体教结合"实施的难点。同时指出,目前中小学没有形成有效的管理、运行机制来保障"体教结合"的贯彻实施。于洋在《我国乒乓球后备人才"体教结合"培养模式的构建与评价研究》一文中指出,虽然教育系统存在多种办队形式,但办队目标不明确、高考制度不完善,教育、体育部门无法形成资源共用、利益共享的局面,体教竞赛制度不健全,观念、认识不足造成后备人才短缺等因素,共同阻碍着"体教结合"在中小学的落实。黄太斌、罗敏等在《普通中小学贯彻"体教结合"亟待解决的若干问题研究》一文中讲道,教育部门仍以学生的学习成绩为主要评价依据,大多本着"健康第一"的思想对中小学校体育工作进行监督、管理,忽视了以竞赛为目的的竞技运动发展。强调在当前的人才选拔制度下,"学训矛盾"难以解决。陈小华、黄莉芹在《由中国乒乓球队第三次创业计划引发的思考》一文中指出,我国要加快体育事业改革步伐,狠抓学校体育,大力发展中小学传统项目学校和体育运动学校,兼顾文化教育和专项体育训练,走由学校体育到职业俱乐部,普及与提高两条并行又相互交叉的道路。

由上述内容可知,国外"体教结合"的发展主要是以普及带动提高,法制化程度较高,体系成熟,内容完善。我国中小学"体教结合"在运动员全面发展、学校教练员培养、资金投入等方面缺乏相应制度保障。经文献搜索发现,我国关于"体教结合"研究多数是针对高校创办高水平运动队、业余体校未来发展等方面,对中小学"体教结合"现状的研究资料较少。上海市金山区竞技体育人才辈出,在文献查阅的过程中却没有找到上海市金山区中小学"体教结合"相关研究。因此,本研究对上海市金山区中小学体育传统项目学校"体教结合"进行实地调研,显得更有研究意义和研究价值。

二、结果与分析

(一)上海市金山区"两育融合"发展现状分析

1. 金山区业训项目布局及竞技水平分析

金山区中小学现有高中 7 所、十五年一贯制学校 2 所、初中 19 所、九年一贯制学校 3 所(公办 2 所、民办 1 所)、小学 25 所(公办 22 所、民办 3 所)、少体校 1 所、辅读学校 1 所。在校学生 48 928 人。本次金山区调研采用随机抽样调查,其中参与学校高中 3 所、初中 15 所、小学 13 所以及金山区少体校,共 22 家教育单位。这些学校从纵向分布看涉及全年龄段,从横向分布看涉及所有精英运动队,从地域分布看涉及金山区各个乡镇城区学校。

完成业余训练布局项目 30 个,布点学校 48 个,注册运动员 1 770 人;上海体育传统项目学校 10 所,区级体育传统项目学校 40 所,全国足球特色学校 20 所,上海校园足球联盟学校 24 所,金山区校园足球联盟学校 35 所,上海校园排球联盟学校 18 所,上海校园篮球联盟学校 8 所,上海校园田径联盟学校 10 所等(体育项目分布如图 1 所示)。

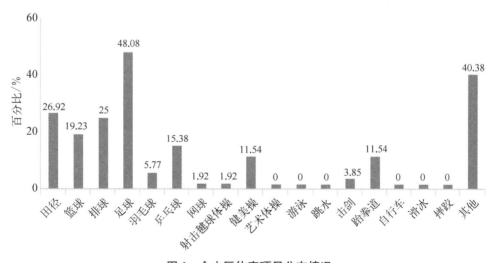

图 1 金山区体育项目分布情况

2017 年,输送二线运动员 10 名(女足 7 人、跆拳道 1 人、拳击 1 人、散打 1 人),一线运动员 2 名(OP 帆船);在市级以上各类体育赛事中获得前三名的奖项共计316个,其中国际比赛中获2个冠军、2个亚军;国家级比赛获14个冠军、12个亚军、14个季军;2018年,十六届市运会取得历史性突破,获得61.75枚金牌、11.125枚银牌、12.5枚铜牌,积1357.875分。市运会奖牌榜比上届上升了3个名次,创区市运会历史最好成绩,并获得本届市运会最快进步奖、体育道德风尚奖、优秀赛区奖、优秀组队奖等多个奖项,未出现任何兴奋剂、赛风赛纪等问题,取得了运动成绩和精神文明双丰收。同时,阳光体育大联赛质量不断提高,学生体质健康水平不断提升,抽测合格率、优良率、优秀率均创历史新高;学生阳光大联赛质量不断提高,区级田径比赛打破12项区运动会记录,市级一等奖获奖数量80个,增加20%;区中小学足球辐射面不断扩大,新增全国特色学校5所、联盟校12所,校园足球辐射面不断扩大,区足球精英队进步显著,市运会获得10枚金牌,全年共获得国际级奖项3项(均为第1名)、国家级45项、市级比赛392项,向市级一线、二线运动队输送23名运动员等。

2. 金山区竞技体育队伍情况

区教育局高度重视体育教师专业发展,目前,在编在岗体育教师429人,其中高级职称32人、中级职称236人、初级及未评级161人,区第二届拔尖教师2名,区体育学科导师7名、骨干教师17名。在编在岗体育教练员20人,外聘教练员30人,兼职教练员89人(体育教师兼职)。在年龄、职称、学历结构分布上相对合理,逐步形成了具有较高发展潜力的师资队伍。

区体育局充分发挥教练员资源的优势,派出教练18名,"双证"教师(即在教师证的基础上同时持有教练员或社会体育指导员资格证)26名,引进训练教练员30名,引进外籍教练、社会体育俱乐部专业人才等进校执教,再加上学校原有的100多位体育教师,形成专业教练、体育教师、文化教师以及社会志愿者优势互补、共同参与的培训模式。逐步推行体育教师"双证"制度,教育局通过绩效奖励等措施,鼓励体育教师申报体育教练员(社会体育指导员)系列专业技术职称任职资格。积极推选派遣体育教师、教练员参加国际、国内、市级培训,组织开展区级教练员培训10次,内容涉及排球、足球、篮球选才育才等,共计1200人次参加,不断提升学校体育教师专业化水平(教练员分布如图2所示)。

截至2018年1月,金山区已成立"一条龙"课余训练体系建设足球联盟联盟精英队30家单位、篮球联盟联盟精英队9家单位、排球联盟联盟精英队17家单位、毽球联盟联盟精英队10家单位以及曲棍球、田径、跆拳道、击剑、帆板、举重等精英队,共计1700多名学生及教练员参加到业余训练中。

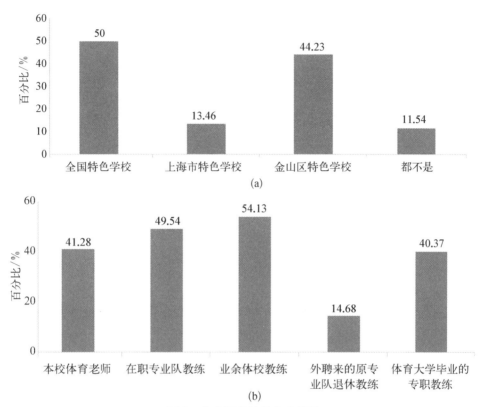

图 2　金山区教练员分布情况

强化育德效能是运动员成才必参之项。体育运动的训练,是一项很艰辛的劳动,需要良好的心理素质和人体生理承受能力才能完成的。这就要求被训对象既要有坚强的意志品质、勇敢顽强,又要有坚忍不拔的斗志,敢于克服困难和吃苦耐劳的精神,还要有良好的道德品质。在大强度、大运动量的训练下能够经受考验,坚定信心,勇往直前。要在平时训练中培养他们吃苦耐劳的精神、敢于拼搏的气质,更为重要的是要教育少年运动员热爱祖国、热爱人民、敢于拼搏、为国争光的崇高思想,做一个有益于国家和人民的优秀运动员。

创新业训模式是竞技体育成功必选之道。目前,各联盟精英队及精英队集训时间主要安排在周六、周日及寒暑假,集训期间多以训练、自修、观看电影、补课为主,现行的业训管理主要以运动队的主教练负责制管理为主体,存在三大弊端不利于对学生进行有针对性的教育。

3. 金山区学校体育发展情况

协助教育部门,组织实施体育教学大纲,督促指导学校开设体育课、开足学时,确保不以任何形式削减或挤占体育课时;落实青少年每天锻炼1小时的规定,提高"三课两操两活动"的质量,保证学生课间休息及大课间活动,让学生有更多的时间在阳光下、到大自然中进行户外运动;鼓励引导学校根据区业余训练项目布局或学校传统体育项目建设要求,创建"一校一品"体育特色项目,组建体育单项运动联盟;建成区学生体质健康监测中心,做好学生体质测试、分析、公告工作,强化监测、指导、干预和服务功能;抓好体育教师队伍培养培训,不断提高其专项技能、科研能力、理论水平和综合素质。

联合教育部门,组织举办综合性学生运动会及各类体育特色活动,进一步营造浓厚的校园体育氛围,真正做到人人有项目、班班有团队、校校有特色、月月有比赛;广泛开展适合青少年学生特点的阳光体育大联赛、青少年十项系列赛、体育单项运动联盟活动、"新民晚报杯"暑期青少年足球比赛、"新闻晨报杯"中学生篮球联赛、"肯德基"三对三篮球比赛、"东方体育日报杯"中小学生乒乓球比赛等体育竞赛活动,组织学生观看世界沙排巡回赛、中超足球联赛等高水平体育赛事,积极构建满足不同需求的青少年体育赛事平台,吸引更多学生主动参与体育运动、养成良好的体育锻炼习惯及科学文明的生活方式。

(二)上海市金山区体育与教育融合推进项目发展情况

1. 形成"四种模式""十项结合"体教结合模式

(1)深入探索实践"四种模式":项目以学校和社会相结合的布局模式、学校以集中和分散相结合的办训模式、学生以驻训和走训相结合的业训模式、教练以在编和委派相结合的聘任模式。

(2)不断推进深化"十项结合":组织机构结合、政策机制结合、体育设施结合、训练工作结合、竞赛工作结合、教学工作结合、工作经费结合、考核激励机制结合、体育文化传播结合和与社会各项资源结合,加快形成教育、体育部门为主导,街镇、工业区为主力,中小学校为主体,体育协会、俱乐部等社会力量为补充的体教结合工作新模式。

2. 深化合作工作机制,成立首家青少年体育工作办公室

区教育局和体育局创新体教结合工作模式,成立了全市首家青少年体育工作办公室,将原先分布在两局的相关职能、人员进行全面梳理,合署办公。体教一家实现资源共享,责任共担,人才共育,特色共建,建立了一整套行之有效的深化合作工作机制,部门协调合作流畅,取得一些突破性成效。

青少年体育工作办公室下设足球事业部、校级联赛部、项目管理部、体质

监测部、管理保障部,全面统筹协调指导和组织开展全区青少年体育工作,实行计划同制定、政策同研究、问题同解决、经费同承担、成果同享用。在应对提升学生体质健康水平、阳光体育大联赛运行、学校业余体训对接等具体问题中进行跨部门探讨和协调,两局在目标同向、理念一致、工作同步、行动一致、资源同享、利益一致等方面有了很好的开局。如将阳光体育大联赛成绩、学生体质健康水平、每天锻炼一小时、参加区级以上各类体育项目比赛成绩等一并纳入学校体育工作考核,并绑定学校绩效考核,实现体制创新,理念先进,在推进工作中见成效。

3. 存在不足与改进

与教育、体育事业发展的形势相比,与上级对体教结合工作的要求相比,与我市一些兄弟区县体教结合工作的水平相比,与全区广大学生的需求相比,金山区体教结合工作仍存在不少问题、面临许多挑战,突出表现在三个方面:一是对"体教结合"工作需要深化认识,社会对学生的评价标准仍比较单一,重教育、轻体育的现象还比较严重,认为教育、体育结合没多大意义;二是学生课业负担依然比较重,学生主动从事体育锻炼的时间明显偏少,我区中小学生体质不容乐观,改善学生体质的任务非常繁重;三是体育部门参与学校体育工作还显不足,学校开展体育工作缺乏动力和压力,学校体育工作和办训质量还不高,体校硬件环境和文化教育仍有差距。这些,都对我区新时期加强体教结合工作提出了新的更高要求。

(三)上海市金山区"两育融合"影响因素分析

1. 金山区各项目精英队的影响因素描述性统计

通过对金山区教育局、体育局领导、专家和各中小学校体育管理负责人进行问卷调查,发现影响金山区各个体育项目精英队发展满意度为基本满意(如图3所示),主要影响因素有:国家相关政策、中小学校办学理念、中小学校办学自主权、中小学校办学体制、经费来源渠道、经费投入总量、体育社会化和专业化、奥运争光战略、全民健身计划纲要、体育表演市场、体育俱乐部、训练及竞赛体制、运动队目标定位、高水平教练、高水平的生源、精英运动员的输送、场地器材条件、训练时间、科研跟踪服务、医疗条件、队员伙食待遇、社会影响与支持程度、领导关心、管理水平、参赛机会、体育人口、体育信息服务、运动项目结构与布局以及其他影响因素(其他影响因素:学生课业负担过重、学校教育和运动员训练时间上有冲突、运动员今后出路没有保障、沟通不够、高水平教练太少、家长支持、教练的收益、运动队对学校体育水平的整体带动作用有限和学生学习压力大、教师压力大、学生要出成绩十分困难等)满意度总平均分为4.46分。金山区自"两育融合"以来以信息共享、资源共享、学生共育为原则,为打造金山体育强区,不断在政策引导、资金支持、师资配备、场地管理、学生文化知识学习、精英运动员输送、教练员考评等方面进行完善。同时,金山区立足校园足球,打造金山足球品牌,将深化改革,创新管理体制,为足球项目发展提供广阔平台。

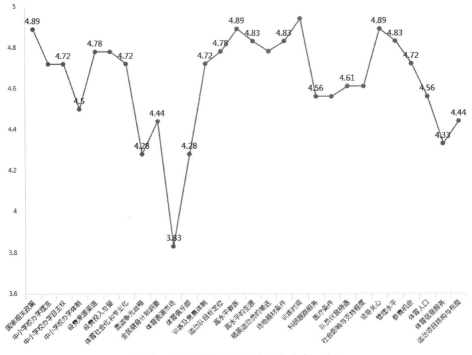

图 3　金山区精英队影响因素满意调查

2. 目前"两育融合"培养精英运动队存在问题的严重性描述性统计

通过实地调研发现(图4),学校培养竞技体育人才体系不健全、小初高竞技人才培养衔接不顺、没有系统培养人才的组织运行机构、没有系统的人才培养档案、高素质学生运动员生源不足、精英运动员的学生文化素质太差、非精英运动员学生运动水平太低、特招运动员动机不纯(只为升学)、训练不科学、没有科研人员跟踪、招聘高水平教练困难等方面存在严重问题,培养目标不明确、指定试办校、打击了众多学校的积极性、与体育部门结合只限于形式、发挥体育部门现有优势不够和训练消极怠工、学训矛盾处理不好、运动员营养条件差、后勤保障不利、教练员水平低、管理不科学、奖罚不分明、管理制度不够健全、经费投入不足、经费来源渠道单一、项目选择不合理、竞赛体制不健全、竞赛次数偏少、培养体系封闭与社企交往不够、社会影响力不大、媒体宣传与炒作不够等方面也存在问题,亟待解决,总体严重程度平均分为 2.92 分。

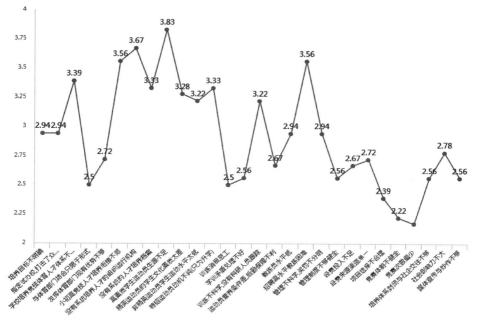

图 4　金山区"两育融合"精英队存在问题的严重程度

3. "两育融合"下金山区体育发展的影响因素

对问卷调查内容进行编码(如表 1),通过因子分析"两育融合"下满意程度发现,KMO 检验统计量为 0.87,Bartlett 的球形度检验 Sig 为 0.001,可以做因子分析(图 5)。

表 1　影响金山区精英运动队的因素编码

学校自主权	X1	体育人口	X5
经费来源渠道	X2	精英运动员的输送	X6
全民健身计划纲要	X3	高水平教练	X7
经费投入总量	X4	学校办学理念	X8

续 表

体育市场	X9	训练时间	X19
场地器材条件	X10	体育俱乐部	X20
学校教育体制	X11	训练及竞赛体制	X21
运动项目结构与布局	X12	医疗条件	X22
奥运争光战略	X13	体育信息服务	X23
高水平的生源	X14	队员伙食待遇	X24
国家相关政策	X15	参赛机会	X25
科研跟踪服务	X16	领导关心	X26
社会影响与支持程度	X17	管理水平	X27
体育社会化、专业化	X18	运动队目标定位	X28

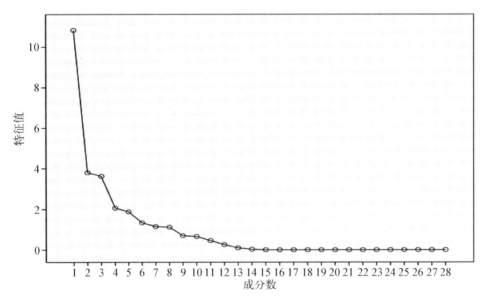

图5 "两育融合"下金山区体育发展影响因素碎石图

通过因子作主成分分析,可以看出因子载荷是变量与公因子的相关系数,对一个变量载荷绝对值较大的因子与它的关系更为密切,也更能代表这个变量。由此可以发现,第一个公因子主要反映了"两育融合"下政策引导和顶层设计(学校自主权、学校办学理念、学校体制、运动项目结构与布局、奥运争光战略、国家相关政策、训练及竞赛体制、领导关心、管理水平、运动队目标定位);第二个公因子则代表了经费支持和后勤保障(经费来源渠道、经费投入总量、场地器材条件、训练时间、医疗条件、队员伙食待遇);第三个公因子代表了社会体育力量的支持力度(全民健身计划纲要、体育市场、社会影响与支持程度、体育社会化和专业化、体育俱乐部);第四个公因子反映了竞技运动员后备人才情况(体育人口、精英运动员的输送、高水平的生源、参赛机会);第五个公因子较好地反映了科研选材和科学监控的重要性(科研跟踪服务、体育信息服务);第六个公因子展现了师资专业业务能力的重要性(高水平教练)(表2)。

表2 旋转成分矩阵[a]

	元件					
	1	2	3	4	5	6
X1	0.957	−0.114	0.193	0.122	−0.109	0.032
X8	0.944	0.267	−0.015	0.051	−0.138	0.169
X11	0.937	0.274	−0.228	0.186	0.333	0.003
X12	0.909	0.401	0.255	0.211	−0.052	0.398
X13	0.858	−0.129	0.321	−0.290	−0.151	0.145
X15	−0.800	0.032	0.053	−0.006	0.218	−0.066
X21	0.792	0.169	0.080	0.459	0.067	−0.049
X26	0.778	0.003	0.084	0.323	0.003	0.101
X27	0.761	0.398	−0.063	−0.059	0.138	0.178
X28	0.734	0.032	0.247	0.345	0.089	0.277
X2	0.024	0.950	0.169	0.168	0.527	0.459
X4	0.182	0.891	0.245	0.104	−0.015	0.175
X10	−0.017	0.878	0.053	0.170	−0.049	0.034
X19	0.253	0.827	0.141	0.206	−0.090	0.436
X22	−0.312	0.808	0.392	0.209	0.145	−0.341
X24	0.072	0.792	0.151	0.073	−0.004	0.145
X3	0.147	0.280	0.931	−0.072	0.002	0.181
X9	0.280	0.149	0.930	0.105	0.217	0.270
X17	−0.007	0.137	−0.919	−0.152	0.037	0.037
X18	−0.217	0.299	0.823	0.413	0.143	0.352
X20	0.577	0.118	0.802	0.325	0.156	0.167

续 表

	元 件					
	1	2	3	4	5	6
X5	0.387	0.021	0.420	0.927	0.300	0.269
X6	0.091	−0.172	0.279	0.922	0.157	0.182
X14	0.245	0.268	−0.074	0.884	0.150	0.099
X25	0.056	0.207	0.198	0.876	0.149	0.178
X16	−0.241	0.517	0.166	0.244	0.937	−0.083
X23	0.188	0.073	0.323	0.254	0.842	0.245
X7	−0.117	0.304	0.325	0.324	0.176	0.831

提取方法：主成分。
旋转法：具有 Kaiser 标准化的正交旋转法。
a. 旋转在 13 次迭代后收敛。

4. "两育融合"下金山区体育发展存在的问题

对问卷调查内容进行编码(如表3)，通过因子分析"两育融合"下满意程度发现，KMO 检验统计量为 0.79，Bartlett 的球形度检验 Sig 为 0.031，可以作因子分析(图6)。

表3 影响金山区精英运动队的因素编码

增量经费投入不足	Y1	发挥体育部门现有优势不够	Y13
经费来源渠道单一	Y2	小初高竞技人才培养衔接不顺	Y14
运动员营养不均衡	Y3	管理不科学，奖罚不分明	Y15
高素质学生运动员生源不足	Y4	与体育部门结合只限于形式	Y16
精英运动员的学生文化素质太差	Y5	指定试办校，打击了众多学校的积极性	Y17
竞赛体制不健全	Y6		
学训矛盾处理不好	Y7	训练不科学，没有科研人员跟踪	Y18
非精英运动员学生运动水平太低	Y8	项目选择不合理	Y19
培养目标不明确	Y9	没有系统培养人才的组织运行机构	Y20
管理制度不够健全	Y10		
训练消极怠工	Y11	培养体系封闭与社企交往不够	Y21
学校培养竞技体育人才体系不健全	Y12	社会影响力不大	Y22

续 表

媒体宣传与炒作不够	Y23	特招运动员动机不纯	Y26
竞赛次数偏少	Y24	招聘高水平教练困难	Y27
没有系统的人才培养档案	Y25	教练员水平低	Y28

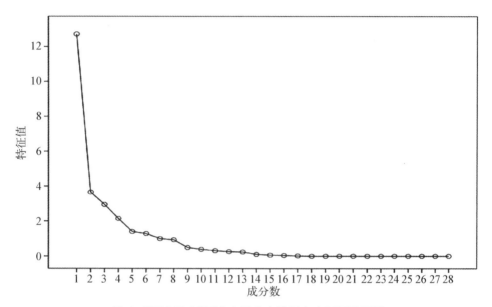

图 6 "两育融合"下金山区体育发展存在问题碎石图

通过因子作主成分分析,可以看出因子载荷是变量与公因子的相关系数,对一个变量载荷绝对值较大的因子与它的关系更为密切,也更能代表这个变量。由此可以发现,第一个公因子主要反映了精英运动员后备人才体系仍需完善(高素质学生运动员生源不足、精英运动员的学生文化素质太差、非精英运动员学生运动水平太低、学校培养竞技体育人才体系不健全、小初高竞技人才培养衔接不顺、没有系统培养人才的组织运行机构、竞赛次数偏少、没有系统的人才培养档案、特招运动员动机不纯);第二个公因子则代表了后勤保障不够完善和经费资金不足(增量经费投入不足、经费来源渠道单一、运动员营养不均衡);第三个公因子代表了仍需优化区域体育体制(竞赛体制不健全、发挥体育部门现有优势不够、与体育部门结合只限于形式、指定试办校,打击了众多学校的积极性、项目选择不合理、培养目标不明确、管理制度不够健全、训练消极怠工、管理不科学、奖罚不分明、学训矛盾处理不好);第四个公因子反映了师资配备不足(招聘高水平教练困难、教练员水平低);第五个公因子较好地反映了社会体育利用不充分(培养体系封闭与社企交往不够、社会影响力不大、媒体宣传与炒作不够);第六个公因子展现了相关科研配置不足(训练不科学,没有科研人员跟踪)(表 4)。

表 4 旋转成分矩阵^a

	元 件					
	1	2	3	4	5	6
Y4	0.940	0.142	0.383	0.030	0.249	0.026
Y5	0.933	−0.149	−0.156	0.209	0.103	0.315
Y8	0.925	0.253	−0.083	0.010	0.200	−0.063
Y12	0.893	0.111	0.384	0.306	0.020	−0.054
Y14	0.883	0.043	0.134	0.213	0.126	0.461
Y20	0.867	0.313	0.150	0.561	0.035	−0.232
Y24	0.802	0.142	0.421	−0.160	0.117	0.507
Y25	0.777	0.420	0.452	0.135	0.241	0.134
Y26	0.753	0.434	0.149	0.269	0.507	−0.216
Y1	0.042	0.881	0.095	0.222	0.060	0.149
Y2	−0.056	0.836	−0.139	0.189	0.137	0.087
Y3	0.302	0.831	0.206	0.171	0.274	−0.067
Y7	0.118	0.190	0.927	0.133	0.180	0.154
Y27	0.267	0.286	0.891	−0.003	0.112	−0.083
Y28	0.046	0.212	0.840	0.192	0.284	−0.062
Y21	0.146	0.236	0.139	0.989	0.233	0.252
Y22	0.273	−0.045	0.422	0.941	0.063	0.354
Y23	0.194	0.210	0.379	0.844	0.145	0.232
Y18	0.285	0.123	0.259	0.135	0.907	−0.376
Y6	0.356	0.142	0.052	0.021	0.379	−0.926
Y9	0.045	0.475	−0.045	0.262	0.469	0.919
Y10	−0.119	0.301	0.492	0.410	−0.017	0.891
Y11	0.310	0.510	0.356	0.572	0.332	−0.868
Y13	0.177	0.129	0.298	0.197	0.433	0.845
Y15	0.218	0.352	0.347	−0.006	0.081	−0.823
Y16	0.298	0.306	0.097	0.458	0.380	−0.796
Y17	−0.044	−0.092	0.338	0.023	0.116	0.776
Y19	0.390	0.138	0.098	−0.331	−0.148	0.750

提取方法:主成分。
旋转法:具有 Kaiser 标准化的正交旋转法。
a. 旋转在 13 次迭代后收敛。

(四)上海金山区"两育融合"影响因素分析

1. 金山区体育项目发展稳态的强劲动能

为贯彻落实中共中央、国务院《关于加强青少年体育增强青少年体质的意见》和《上海市中长期教育改革和发展规划纲要(2010—2020年)》文件精神,金山区进一步深化和拓展了体教结合,推动学校体育科学发展,促进学生健康成长,由教育局和体育局联合成立金山区青少年体育工作办公室,负责统筹、协调、指导和组织开展全区青少年体育工作。为解决已形成雏形的体教一家、学体并重的实际工作,加之青少年体育工作越来越受到重视,工作任务也越来越繁重,且条线纷繁、人员分散、资金无法统一监管和统筹使用,体制已难以适应金山区体育项目发展,在2016年进行了改革。为顺应时代的发展,经教育局、体育局研究,成立金山区青少年体育工作办公室,负责统筹、协调、指导和组织开展全区青少年体育工作,让金山区青少年体育工作进一步提高成效,体教结合工作跨出了新的一步。

新成立的青少年体育工作办公室与少体校合一,将少体校职能并入办公室,以全面负责金山区青少年体育工作各项事务的组织实施:严格执行国家和上级有关政策;组织举办区内、外各级各类体育赛事;负责全区中小学校体育工作的日常检查指导和考核评估;负责全区中小学体质健康水平的监测、分析和干预;负责全区体育中考;负责校外体育活动中心建设和开放管理;负责青少年足球精英训练营、训练基地的建设和日常管理;负责少体校和普通学校体育传统项目布点和日常训练;负责各项目专业教练的选派、考核和训练评估;负责体育项目资金的合理、有效使用和管理;发挥学生体育协会功能和作用;加强与体育俱乐部等社会团体和机构的合作;开展体育对外交流;完成市、区布置的其他各项工作任务。

金山区青少年体育工作办公室(青体办)下设足球事业部、校际联赛部、项目管理部、体质监测部、管理保障部五个部,足球事业部,主要负责校园足球精英训练营、训练基地的日常管理,负责区级校园足球联盟的日常指导,组织开展足球夏令营、冬令营及区内、外比赛等。校际联赛部,主要负责区阳光体育大联赛全年活动的组织实施,区校外体育活动中心的建设和日常管理,排球、篮球、毽球联盟的建设和管理等。项目管理部,主要负责体育传统项目在学校布点和日常指导,教练员的选聘选派和考核评估等。体质监测部,主要负责体质监测中心(组织年度全员监测、部分项目抽测、开放学生自测),学校每天锻炼 1 小时的日常监督检查,学生健康促进工程相关干预项目的组织实施,体育中考等。管理保障部,主要负责办公室日常管理、大型赛事和重大活动的协调、宣传、财务、档案、后勤管理和内部考核;牵头组织学校体育工作年度考核;学生体育协会管理等。金山区少体校(少体校)是金山区业训龙头,以国家高水平后备人才培养为主要工作和任务。主要以竞训组为主体,科研选材为辅,分设田径、排球、击剑、帆板等 13 个项目的精英训练基地(图 7)。

2. 新时代"两育融合"中金山区体育项目生态不稳定因素的萌芽

在习近平新时代中国特色社会主义思想指导下,人民生活水平日益提升,更向往美好生活,新时代、新形势、新环境,青少年体育的发展也成为人民提高生活质量的必要途径。青少年体育项目发展也来越受到社会各界的广泛关注。金山区青少年体育项目发展立足于"两育融合"的强劲动能,面向新时代改革开放的大潮中,深层剖析"两育融合"下青少年体育项目发展存在的掣肘问题,深入基层青少年体育工作一线调研发现,精英运动员后备人才体系不完善、体育项目拓宽发展经费资金不足和庞大后勤保障体系滞后、金山区青少年体育体制仍需细化完善、师资配备不足尤其是高水平教练员引进困难、社会体育力量利用不够充分未形成体育项目发展的合力、青少年科学化运动训练资源配置不健全六个方面的问题与当前"体育强国""体育强市""体育强区"的发展目标不相适应,需要以"刮骨疗毒"的魄力解决横亘于体育项目发展新道路上的障碍(图 8)。

从人口学角度看,金山区中小学校学生体育人口基数大,但高素质运动员十分稀少,横向主要表现为:精英队运动员文化课太差和非精英队运动员运动技能水平太差;纵向主要表现为小升初衔接不合理,造成大量优秀运动员苗子流失(例如非户籍在校运动员返回原籍读书的;升入初中放弃训练的;升入初中更换体育项目的等)。初升高升学条件苛刻,则会流失全部的非户籍运动员;高中招生更侧重学业成绩,体育成绩仅作为参考的次要条件,精英运动员成才渠道受阻,输送途径越来越单一。学校培养竞技体育人才体系不健全、没有系统培养人才的组织运行机构、竞赛次数偏少、没有系统的人才培养档案、特招运动员动机不纯等问题也日益凸显。

金山区青少年体育体制仍需优化,"两育融合"尽管已经卓有成效,但是在竞赛体制不健全、发挥体育部门现有优势不够、与体育部门结合只限于形式、指定试办校,打击了众多学校的积极性、项目选择不合理等方面仍然处于"两层皮"的现状,没有融合在一起,影响体制效能的充分发挥。在青少年体育训

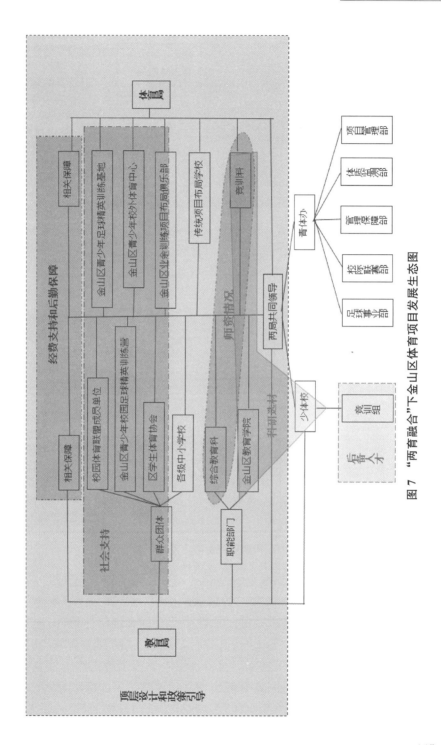

图7 "两育融合"下金山区体育项目发展生态图

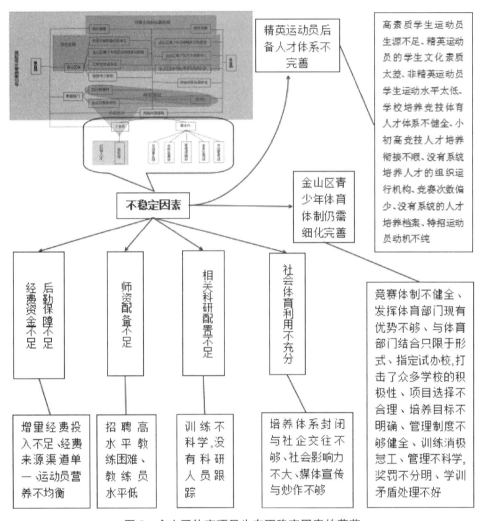

图8 金山区体育项目生态不稳定因素的萌芽

练的基层一线,管理制度不够健全、管理不科学,奖罚不分明,造成许多教练员与体育教师在训练时出现消极怠工的现象。同时,小、初、高"一条龙"的培养体制下,没有形成统一的、递进式的阶梯性培养目标和训练体系,出现"运动员运动技能发展断层"现象和"各人自扫门前雪"现象。"两育融合"后,虽然许多体育项目布点到基层学校,但在实际执行过程中学训矛盾仍然十分尖锐(训练时间不能保障、训练人数短缺、寒暑假集训文化课学习不能保障等)。

"两育融合"后,金山区青少年体育运动员数量明显增加,带来骄人成绩的背后需要强大的后勤保障和经费支撑。加之物质保障的不足,同样制约了金山区高水平教练的引入,不完善、不系统的继续教育培训,使教练员整体业务能力的提升受到局限。随着更多体育项目的开展,也会使教育局、体育局编制份额超限,更不利于优质体育人才的引进,最终出现"学生多带训教练少"的尴尬局面和社会资源利用不充分(如体制内外信息共享、服务共享、运动员共育、教练员互通不足;社会媒体宣传与炒作不够,社会对体育认知不足)、相关科研配置不足(训练不科学,没有科研人员跟踪)等问题。

目前,金山区学生健康促进工程暨体教结合工作中取得了一定的成绩,在某些方面甚至实现了历史性突破,但相关工作仍然存在许多不足,需要在深化融合工作中进一步加以改进和提高。

(五)上海金山区"两育深融"发展对策(图9)

1. 优化项目布局结构,打造金山体育品牌

(1)设立金山区"体教结合"工作专项经费。区财政每年根据"体教结合"实际需要及上级相关工作要求,安排专项经费,保证师资培训、人才引进、体育特色项目建设、体育赛事活动开展、运动队专项训练与集训、考核评估与奖励以及体育科研等,设立社会力量参与体教结合工作专项经费,鼓励与吸引社会力量兴办青少年体育实体,对工作成效显著的体育俱乐部、协会等社会力量予以资金扶持与奖励。

(2)做强足球、排球、毽球等品牌项目。构建以校园足球为引领的校园运动队联盟体系,巩固我区足球、排球、毽球项目水平在本市领先地位。积极构建普及与提高相辅相成的发展体系,形成2~3项立足上海、面向长三角、辐射全国的学生体育精品赛事(青少年国际足球邀请赛、全国青少年女子排球邀请赛和上海市中小学毽球锦标赛),做强、做大品牌项目。

(3)做实田径、游泳、拳击、射击等重点项目。大力建设和完善相关重点项目的专业训练场所与设施,遵循青少年生长发育和项目训练竞赛规律,理顺管理体制,共享竞赛信息资源,完善竞赛体系设计,优化发展环境,提升重点项目在校园的发展水平。

(4)发展曲棍球、棋牌、龙文化等特色项目。根据"一条龙"培养训练体系的要求,对全区体育特色项目学校进行规划布局,做到有层次、有对口、相衔接。因地制宜地开展体育活动课教学内容,形成跳踢、毽球、打连湘、抖空竹、龙文化(龙舟、舞龙舞狮、风筝)、武术等具有金山民间特色项目和传统体育项

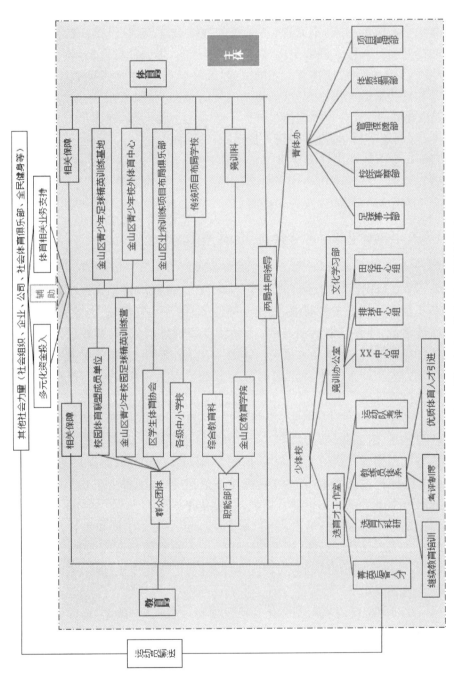

图9 "两育深融"下金山区体育项目发展新生态

目相结合的体育活动系列和"一校一品"体育特色。

(5) 充分利用公共绿地、公园和闲置商业设施、厂房等,新建、改建新型小型多样的青少年体育场地设施,市民健身中心逐步设置青少年体育活动功能区。鼓励社会力量投资兴建青少年体育设施。鼓励公共体育设施免费或者低收费向青少年开放,免费或者低收费开放率达到100%。推进青少年校外体育活动中心建设,积极推动普通学生参加体育实践活动。

(6) 财政部门要加大对体教结合工作的投入力度,逐年提高青少年体育工作各项经费预算,为"体教结合"工作提供强有力的物质保障。对体育特色学校、体育传统项目学校给予经费补助,并有计划地加大对农村中、小学校的体育经费投入。进一步加强区青少年体育业余学校(少体校)的软硬件建设,理顺少体校的运行管理体制,完成区少体校的上海市标准化达标建设。

2. 固化体教结合亮点,完善两育顶层设计

(1) 区级建立由相关部门参加的"体教结合"工作联席会议制度,定期研究解决"体教结合"工作中的重要问题,制定有关政策和实施办法。依托体教结合联席会议制度,促进多部门协同行动,做好总体设计、统筹规划,强化资源共享、责任共担、人才共育、特色共建、多元共治。

(2) 进一步发挥区青少年体育工作办公室在"体教结合"工作中的统筹、协调、指导、服务作用。区"青体办"要负责全区青少年体育工作年度计划制定、实施、检查和评估。对"体教结合"工作进行统一规划、统一部署、统一检查评估、统一表彰奖励。

(3) 各中、小学校要加强领导,把"体教结合"工作放到重要位置,成立由校长任组长、体育教研组和相关部门组成的"体教结合"工作领导机构,负责领导和协调本校的"体教结合"工作。社会体育俱乐部要各尽其责、各司其职、密切配合,对"体教结合"工作给予更多的关心和支持,为推进金山区"体教结合"工作创造良好的条件和环境。

3. 拓宽少体校功能,构建区域体育项目中心

(1) 根据上海青少年业余体校要求的标准场馆和设施要求、历届市运会青少年组项目的设置要求以及少体校业余训练项目设置及运行实际,少体校应调整新一轮青少年业余训练项目布局,扩大业余训练规模,办"无围栏"体校,利用寒暑假进行各体育项目的通识培训,选拔各项目精英队,成立各项目教练中心组,做到普及与提高全面抓。以"精英教育"为学校发展的核心,建设一个品牌(水上项目)、两个重点(田径、足球)、三个特色(排球、橄榄球、跆拳

道)的项目发展规划,注重推行"双兼"模式,各项目精英队员入住体校进行系统训练,大力提高学生输送率、成才率。

(2)在班额配置方面,为更好地保障学校招生质量,增强运动员训练的有效性和持久性、加大成才率,学校增设小学学段(四、五年级)和高中学段各一个寒暑假走训班,逐步将学生总人数扩展到350人左右(四年级1个班、五年级1个班,预备2个班、初一2个班、初二2个班、初三2个班,高一1个班、高二1个班、高三1个班,共计13个班级),建议成立一套体校独立的教师队伍和管理团队,加强学生晚自修、寒暑假拉差补缺工作,确保每一位学生能通过"体育+文化"双轨并行成为新时代高素质的学生运动员。

4. 完善教练员体系,加大优质人才引进

(1)配齐配足学校体育教师。逐步建立体教两家教练员、体育教师双向交流制度,专业教练员进校园带训、优秀体育教师到运动队带训。建立社会办训力量优秀教练员到学校运动队带训制度。加强体育教师、教练员培训制度,进行系统培训。完善体育教师、教练员从事业余训练教练工作上岗及等级认定制度。

(2)开展体育学科名师基地和教学训练项目团队建设。建设一批体育学科名师基地,发挥"传、帮、带"作用,培养一批体育骨干教师队伍,扶持一批体育教学训练项目团队,建立项目中心组、优秀教练员工作室、体育教科研工作小组等网络,探索创新科学训练的方法和手段,打造一批具有金山特色和竞争力的体育项目。

(3)加强体育教师的专业化建设。体育部门要发挥教练员资源的优势,安排专业教练员到基层学校带队训练,指导、帮助学校体育教师提高训练水平。提升学校体育教师专业化水平,逐步推行体育教师"双证"制度,教育部门要通过绩效奖励等措施,鼓励体育教师申报体育教练员(社会体育指导员)系列专业技术职称任职资格。

5. 细化队伍考评,优化多级运动员输送

(1)制定本区体育特长生的招生、升学优惠政策。"体教结合"相关学校可按计划面向全区招收与本校体教结合项目相关的体育特长生。体育特长生的招生计划和具体实施办法由区体教结合办公室会同区招生工作办公室制定。

(2)建立考核奖励制度。制定"体教结合"考核意见和奖励办法,将学生体质健康状况、一校一品体育特色项目等内容作为评价学校教育工作的重要依据。对认真落实中小学生每天1小时校园体育活动、学生体质健康明显提升、输送体育人才有贡献、开展体育专项训练取得成绩、开展"一校一品"体育特色项目有成效的学校、运动队、相关体育教师和教练员进行奖励,对学校体育工作领导不力、学生健康体质状况下降的学校实行评优评先一票否决。

(3)确立体育教师权益保障。科学核定体育教师工作量,将体育活动课、课间操(早操)、体育竞赛、课外体育活动组织、运动队训练和管理等折算成课时,计入体育教师工作量。按照相关规定标准为体育教师户外工作统一购买服装及防护用品。

(4)落实国家和上海现有的激励政策。区体育局、区教育局统筹有关专项经费,加大物质奖励的力度。对坚持参加系统训练并取得优异运动成绩的优秀运动员,在就读、升学等方面给予特殊政策,切实解决他们的出路问题,消除学生和家长的后顾之忧。对积极开展"体教结合"工作并取得优异成绩的学校和教师、教练员要给予奖励。要把学校运动队参加各类竞赛的成绩作为对学校工作综合考核的重要内容,以调动学校开展青少年体育训练的积极性,鼓励学校培养更多的优秀体育后备人才。

6. 加强选育才科研的力度,从普及到精英训练的提升

(1)以备战市运会为重点和抓手,大力培养优秀体育后备人才工作。推进学校业余训练体系建设,在中小幼学校合理布局田径、花样游泳、排球(沙滩排球)、篮球、足球、乒乓球、羽毛球、曲棍球、拳击、举重、毽球、跳踢、围棋、中国象棋、国际象棋、帆船、轮滑等项目,扶持有条件的学校开设游泳、马术、网球、武术、跆拳道、射击、射箭等项目,基本完成新一轮业余训练项目布局,加快构建"一条龙"业余训练体系。初步建立运动员信息库,加强运动测试、样本采集、数据分析等科学选材工作,加强专业训练、文化教育、服务保障等综合管理工作。积极组织参加各级各类体育比赛,发挥竞赛杠杆作用,培养、锻炼、输送一批优秀体育后备人才。

(2)体育、教育部门要根据金山区体育发展的总体目标和学校体育发展的需要,结合全区中、小学校的实际情况,使全区青少年训练在项目设置、年龄结构、选材标准、训练内容和训练上统一规划、统一布局、统一要求,使体育系统和教育系统的青少年体育训练体系相融合,形成从幼儿园、小学、初中到高中相衔接的"一条龙"的优秀体育后备人才培养训练体系。深入实施"小学兴趣化、初中多样化、高中专项化"体育课程改革,开发学校体育传统项目与优势项目的校本课程。逐步实现义务教育阶段,每一个学生至少掌握2项体育运

动技能。

（3）各中、小学校要在教育行政部门核定的教师编制数内，按照教学计划中体育课授课时数和开展课余体育活动的需要配备体育老师，按照国家制定的各类学校体育场地、器材、设备标准，逐步配齐体育设施；开足体育课时，组织学生积极参加"三课两操两活动"，保证每个学生每天锻炼 1 小时；根据区青体办的统一布局和学校实际组建若干支运动队和体育社团，开展有针对性的体育训练和竞赛活动，为培养和发现优秀体育后备人才打好基础。

（4）加强运动员的德育教育培养，打造精英运动队队会文化。通过校园体育的教学设计的干预发现，"两育融合"的教学设计促进中学生对自己身心活动的觉察，充分认识自己的生理状况、心理状况以及自己与他人的关系。"两育融合"课程可以很好地融合校园文化的发展，在教学设计中"两育融合"的自助模式和互助模式相互作用下，使中学生通过"两育融合"运动，可以直接领悟到自我认识、自我体验、自我控制，使自我意识不断强化和完善，从而促进形成健全积极的人格。研究通过积极人格的自我效能、希望、韧性、乐观四个维度的监控，可以发现中学生可以由浅入深、由感性到理性地层层推进，全方位地审视自己，通过自我认识、自我体验、自我控制，帮助激发积极的人格，将潜在的人格魅力充分显性化。不断强化中学生的心理资本"烙印"，使中学生在今后的中认真尽责、诚实礼貌、合作交往、自主进取、自尊自信、情绪适应的和谐发展。

三、结论与建议

第一，以推进素质教育为目的，强化学校体育工作。要整合资源、优势互补，充分发挥学校体育人才培养功能，建立从幼儿园、小学、初中到高中的"一条龙"体育人才培养新体系。

第二，以优化体教结合环境为保障，创新推进举措。要创新投入机制，建立灵活高效的管理体制和运行机制，营造关心、支持体教结合发展的社会氛围。

第三，以"多元投入、和谐共享"为抓手，要创建"体教结合"金山模式，坚持普惠性、保基本、均等化、可持续方向，提高公共服务共建能力和共享水平，促进青少年基本公共体育服务均等化，鼓励部门协同、社会参与、家庭自助等多种方式参与青少年体育人才培养。

第四,以"发展性目标"为依据,完善评估激励机制。要加强对体育工作的评估和激励,将体育工作纳入发展性督导评估,定期开展学校体育综合评估和绩效评价,实施学校体育年度报告工作制度。

参考文献

[1] 刘鹏局长在贯彻落实《关于进一步加强运动员文化教育和运动员保障工作的指导意见》座谈会上的讲话[EB/OL]. http：//www. sport. gov. cn.
[2] 2013 年全国体育局长会议[EB/OL]. http：//www. sports. cn.
[3] 2015 年全国体育局长会议[EB/OL]. http：//sports. people. com. cn.
[4] 教育部办公厅关于做好全国青少年校园足球特色学校及试点县（区）遴选工作的通知[EB/OL]. http：//www. pdsedu. gov. cn.
[5] 郑婕,陈志伟."体教结合"的内涵解析[J].成都体育学院学报,2006(1).
[6] 虞重干,张军献."体教结合"与高校高水平运动队建设[J].体育科学,2006(6).
[7] 周映春.基于科学发展观的"体教结合"问题研究[J].北京体育大学学报,2008(1).
[8] 伍娟.体教结合的意义与现状[J].当代教育论坛,2009(2).
[9] 户帆,毛隆坤."体教结合"的理性审视[J].当代体育科技,2015(5).
[10] 李江涛,汪涌."体教结合"模式培养优秀体育人才[N].人民日报,2003-03-20.
[11] 黄香伯,周建梅.体教结合培养体育后备人才模式研究[J].武汉体育学院学报,2004(1).
[12] 华洪兴.超越"路径依赖",谋求全面发展——"体教结合"的探索与思考[J].体育科学,2006(6).
[13] 陈建华,王浩,李锂.人文体育观视野下"体教结合"体育人才培养模式研究[J].体育科技文献通报,2009(9).
[14] 贺新奇,倪向丽,张廷安.推行体教结合策略与完善举国体制的关系[J].西安体育学院学报,2010(1).
[15] 王向宏,董建锋,张锡庆."体教结合"模式培养我国竞技后备人才运行状况的研究[J].广州体育学院学报,2011(1).
[16] 郑婕."体教结合"培养高水平竞技体育人才的研究[D].北京体育大学,2006.
[17] 于洋.我国乒乓球后备人才"体教结合"培养模式的构建与评价研究[D].北京体育大学,2009.
[18] 黄太斌,罗敏,朱生根.普通中小学贯彻"体教结合"亟需解决的若干问题研究[J].信息科技,2012(34).

[19] 陈小华,黄莉芹.由中国乒乓球队第三次创业计划引发的思考[J].成都体育学院学报,2014(9).
[20] 体育总局,教育部.体育传统项目学校管理办法.体青字〔2013〕10号.
[21] 李相如.中国体育传统项目学校发展现状与管理机制研究[J].体育科学,2006(6).
[22] 王献福,崔伟,李晓斌.河南省体育传统项目学校现状与发展对策[J].辽宁体育科技,2006(6).
[23] 范清惠,李相如.关于北京市体育传统项目学校的调研报告[J].广州体育学院学报,2007(3).
[24] 胡用岗.四川省体育传统项目学校发展现状及特征分析[J].四川体育科学,2015(3).
[25] 田云飞,董继.山西省国家级体育传统项目学校管理现状分析[J].当代体育科技,2012(2).
[26] 张红松,张锡庆.中美竞技体育后备人才培养的比较[J].广州体育学院学报,2003(6).
[27] 王飞,张加军.国内外竞技体育后备人才培养模式的研究[J].赤峰学院学报,2013(5).
[28] 董佳华.国外竞技体育后备人才培养法制化对我国的启示[J].沈阳体育学院学报,2015(5).
[29] Kenji Saito. Sports law in Japan[J]. International Sports Law Review,2002(2).

体育消费新空间拓展背景下上海"金角银边"区域利用的路径研究

孙铭珠　侯士瑞　李璐雯　尹志华
葛耀君　邹　薇　王　佳[*]

一、研究背景与意义

（一）研究背景

近年来,我国体育产业快速发展,全民健身成为一股热潮,城市体育消费空间供应不足与居民体育需求增长之间的矛盾日渐突出,拓展体育消费新空间已经成为亟待解决的问题。早在 2014 年,国务院《关于加快发展体育产业促进体育消费的若干意见》(国发〔2014〕46 号)就提出：2025 年人均体育场地面积达到 2 平方米的目标。但从目前的实际情况看,全国体育活动空间的情况并不乐观。据第六次全国体育场地普查数据显示,我国人均体育场地面积不到美国(16 平方米)、日本(19 平方米)的十分之一,这些数据反映了我国体育活动空间的严重不足。为了解决体育活动空间不足的问题,国家各部委发布的多项文件中对于体育空间的建设提出了要求,如国家体育总局和发改委于 2019 年 1 月联合印发了《进一步促进体育消费的行动

---

[*] 本文作者单位：孙铭珠,上海工程技术大学体育教学部,讲师,硕士,主要从事体育产业管理研究；侯士瑞,华东师范大学体育与健康学院,在读本科生,主要从事体育产业管理研究；李璐雯,华东师范大学体育与健康学院,在读本科生,主要从事体育产业管理研究；尹志华,华东师范大学体育与健康学院,副教授,博士,主要从事体育人文社会学研究；葛耀君,上海工程技术大学体育教学部,副教授,博士,主要从事体育产业管理研究；邹薇,上海工程技术大学体育教学部,副教授,硕士,主要从事体育产业管理研究；王佳,上海工程技术大学体育教学部,讲师,硕士,主要从事体育产业管理研究。

计划(2019—2020年)》(以下简称《行动计划》)。《行动计划》指出:"要充分合理利用公园绿地、城市空置场所、建筑物屋顶、地下室等金角银边区域,建设便民利民的健身休闲设施,不断拓展体育消费新空间。"2019年9月,国务院办公厅印发《体育强国建设纲要》(以下简称《纲要》)。《纲要》中提出:"统筹建设全民健身场地设施。加强城市绿道、健身步道、自行车道、全民健身中心、体育健身公园、社区文体广场以及足球、冰雪运动等场地设施建设,与住宅、商业、文化、娱乐等建设项目综合开发和改造相结合,合理利用城市空置场所、地下空间、公园绿地、建筑屋顶、权属单位物业附属空间。"由此可见,促进"金角银边"区域的利用,是我国"拓展体育消费新空间"的主战场,是党中央和国务院的重要战略部署,是提升城市软实力、增强全民身体素质和健康水平的重要举措。因此,合理利用"金角银边"区域来拓展体育消费新空间,不仅十分必要,也是势在必行,尤其对于上海等超大型城市而言更加迫切。

上海是我国最大的经济中心,是集国际经济、金融、贸易、航运、科技创新和文化等一体的国际大都市。随着城市进程的不断加快,上海城市人口持续增长、空间资源严重匮乏,人们只能与拥挤、闭塞为伍,与焦虑、压力共生。随着居民对健康的关注,加上国家政策对体育消费的促进和支持,居民对体育消费需求迅速上升,体育消费空间供应不足与居民体育需求增长之间的矛盾日渐突显:一方面,城市体育空间资源总量不足;另一方面城市体育空间分配不均、闲置浪费,"大城市病"现象严重。因此,上海急需利用"金角银边"区域来拓展体育消费空间,在满足人们健康生活方式需求的同时,应对城市空间缺乏的问题,积极探索高密度超大城市发展路径,推动上海城市健康可持续发展。

(二)研究意义

一是上海通过利用"金角银边"来拓展体育消费空间,有助于立足上海发展实际,主动服务国务院关于"体育消费行动计划"、体育强国和健康中国建设以及上海2035卓越全球城市建设等重大战略,聚焦现实问题,积极探索超大城市发展模式的转型途径,为国务院的精神在上海落实提供参考;二是在面对上海人口持续增长、土地资源日趋紧张的困境下,通过利用"金角银边"强化资源高效利用,有利于积极应对体育消费空间不足,为拓展上海市体育消费空间提供咨询意见和建议。

二、文献综述

（一）核心概念界定

1. 体育消费新空间

体育消费新空间一词首次出现是在国家体育总局和发改委于2019年1月联合印发的《进一步促进体育消费的行动计划（2019—2020年）》（以下简称《行动计划》）中。《行动计划》中将"体育消费新空间"具体界定为体育综合体，体育综合体区分为六类：废旧厂房等现有设施，改造而成的健身休闲与商业服务融合发展的体育综合体；由公共体育场馆"改造功能、改革机制"而成的体育综合体；将体育资源引入旅游景区，升级成体育与旅游高度融合的体育综合体；生产、生态、生活"三生融合"的运动休闲特色小镇规划建设的体育综合体；由航空飞行营地、汽车自驾运动营地、山地户外营地等建设，打造成的体育综合体；把美丽乡村串联成集文化、旅游、休闲、观光于一体的体育综合体。

因此体育消费新空间虽没有明确定义，但根据《行动计划》中的相关阐述，本研究将体育消费新空间界定为：体育与旅游、商业、健康等产业高度融合，可以供人们游览、娱乐的区域空间。

2."金角银边"区域

"金角银边"一词起于围棋术语"金角银边草肚皮"，其含义是：棋子放置的位置不同，其效率也相应不同，角上围得最多，边上次之，中腹最不易围空。目前也被广泛用于商业地产领域，指拐角位置最佳，临街次之。

在体育领域中，"金角银边"区域首次出现是在体育总局和发改委于2019年1月联合印发的《进一步促进体育消费的行动计划（2019—2020年）》。《行动计划》中将公园绿地、城市空置场所、建筑物屋顶、地下室等称为"金角银边"区域。研究其此类区域特点，可以将"金角银边"区域的含义界定为：在城市发展空间中，稀有的、尚未被广发开发利用的闲置或空置区域空间。因此除了《行动计划》提到的四类"金角银边"区域，本研究还将《体育强国建设纲要》中提及的商场内外空置场地、权属单位物业附属空间列为"金角银边"区域。

（二）国内外研究现状

当前，快速城市化与人口高密度化并行，人地矛盾及空间需求增加。城市公园绿地、空置场所建筑屋顶、地下室等"金角银边"区域开发利用在缓解城市矛盾、拓展体育消费空间方面的贡献得到高度重视。蔡玉军（2015）在我国城市公共体育空间集约化发展模式的构建策略研究中就指出，目前我国将有限的体育建设用地大量运用在大型体育场馆的建设上。他认为，对城市公共体育空间匮乏的问题，应当采用将公共体育空间集约化发展，即通过与城市中的学校、公园绿地、文化设施、楼宇建筑、道路、山水和广场等空间形态相结合，可以大幅增加城市现有公共体育空间的服务能力。陈昆仑（2016）在体育与地理空间的国内研究综述中指出，关于体育活动与地理空间的存在正式体育和非正式体育活动两种，而非正式体育开展的最佳场所就是社区公园、空闲停车场以及江河湖畔等开放空间。隔超（2018）对体育空间开发与利用的调查研究中指出，屋顶、地下、外立墙面开发是日本国家解决土地供应紧张、改善居民生活、提供优质健身服务，促进体育消费的重要举措。例如，大阪的森之宫QsMall 在屋顶建造了 300 m 的跑道成为全球第一个可以跑步的购物中心；代代木体育馆利用地下空间开发公共辅助设施和比赛练习场地，实现了多功能的竞技体育场馆；昭岛户外主题购物中心则利用商场外立面墙，开发建设攀岩运动项目。商谦等（2012）研究指出，地下空间在北京城市发展进程中担当着越来越重要的角色，是城市发展不可或缺的部分。例如，北京利用商场地下空间，创造出绝佳的地下体育活动场所——北京国贸地下滑冰场、西单地下滑冰场和世纪金源地下滑冰场等。蒋方等（2018）研究指出，科学合理地利用和开发建筑屋顶空间是有效解决室外体育活动场地不足问题的主要途径之一。例如，浙江天台第二小学屋顶跑道、北京史家小学屋顶足球场等。郑洁平（2013）研究指出，每天在写字楼内部的办公族，工作之余的健身活动场所显得尤为重要，将屋顶设计成公共健身娱乐场所非常必要，而屋顶健身场所空间要求较小，对排水、供电等其他要求较低，比较容易实现。由此可见，国内已有一些学者对"金角银边"区域利用进行了初步探索。

（三）小结

根据文献资料的查阅研究可以看出，在正式提出"体育消费新空间"和"金角银边"区域之前，已经有学者对于利用非常规运动场地开展体育活动，在有限的城市公共体育空间中如何拓展体育空间，满足日益增长的运动需求展开了研究。得出的结论也符合《纲要》中所倡导的"充分合理利用公园绿地、城市空置场所、建筑物屋顶、地下室等'金角银边'区域，建设便民利民的健身休闲设施,不断拓展体育消费新空间。"这充分地佐证了体育消费空间拓展下的"金角银边"区域利用的必要性和可行性,也为"金角银边"区域的规范合理利用,提出了理论框架。

三、研究结果与分析

通过前期走访调研与文献查阅,选取"利用的必要性和可行性、利用的具体途径、利用的具体建议"作为调查内容的具体维度,设置相关问题,对调查到的内容进行描述与分析。

(一)体育消费新空间拓展下"金角银边"区域利用的必要性与可行性

1. "金角银边"区域利用的必要性

通过表1可知,4/5的选项被超过50%的调查对象认为是体育消费空间拓展下的"金角银边"区域利用的必要性之一;其中,选项C"满足上海市各层次居民体育锻炼空间的强烈需求"比例最高,被选率达67.2%;选项E为"推动上海市居民形成健康生活方式奠定基础"仅有45.4%的人选择。

表1 关于"金角银边"区域利用必要性的调查结果(N=500)

选项	小计(人)	比例(%)
A. 推动《进一步促进体育消费的行动计划(2019—2020年)》等文件精神在上海市的落实	298	59.6
B. 提升城市土地与空间规划的利用效率	300	60
C. 满足上海市各层次居民体育锻炼空间的强烈需求	336	67.2
D. 缓解上海市居民锻炼需求与空间紧张之间的矛盾	278	55.6
E. 为推动上海市居民形成健康生活方式奠定基础	227	45.4
F. 其他,如	0	0
本题有效填写人次	500	

进一步的卡方检验表明,调查对象对该问题认识的差异性主要集中在不

同民族($p<0.05$)和不同职业($p<0.05$)。分析可知,不同职业、年龄、学历的调查对象,对于利用"金角银边"区域的必要性,出于自身需求来考虑最多。同时也从侧面反映出居民锻炼需求和锻炼空间中存在矛盾,与选项 D"缓解上海市居民锻炼需求与空间紧张之间的矛盾"55.6%的被选率相呼应。但是,从选项 E 不足 50%的被选率来看,大部分的调查对象仅注重目前的锻炼空间需求,没有长久地考虑到日后健康生活方式的形成。

因此,上海相关部门在利用"金角银边"区域拓展体育消费空间时,要充分考虑居民的需求,将居民的切实需求摆在第一位。在此基础之上,再结合"城市土地与空间规划的利用效率"和有关国家文件来开发"金角银边"区域。同时,也着眼于未来,为居民打造可持续的适应健康生活方式的体育锻炼生态空间。

2."金角银边"区域利用的可行性

根据表 2 可知,调查对象最认可"金角银边"区域利用可行性标准是"作为大城市人口众多,对体育消费空间的需求巨大",66.6%的调查对象选择了这条可行性标准。选项 C"城市用地紧张,正规体育场馆难以满足居民体育需求"的被选率也达到了 60.2%,其他三个可行性标准的被选率均低于 60%。其中,"城市金角银边区域较多,有较大利用潜力"被选率最低,仅有 40.4%,且进一步的卡方检验表明该选项与其他 4 个选项的被选率均存在非常显著的差异($p<0.01$)。

表 2　关于"金角银边"区域利用可行性的调查结果(N=500)

选　　项	小计(人)	比例(%)
A. 上海作为国际大都市易于借鉴国外"金角银边"区域利用的经验	282	56.4
B. 作为大城市人口众多,对体育消费空间的需求巨大	333	66.6
C. 城市用地紧张,正规体育场馆难以满足居民体育需求	301	60.2
D. 国家政策文件为"金角银边"区域利用提供了政策保障	236	47.2
E. 城市"金角银边"区域较多,有较大的利用潜力	202	40.4
F. 其他,如	0	0
本题有效填写人次	500	

由此可知,对于"金角银边"区域利用的可行性,有超半数的调查对象认为巨大的市场空间和居民的自身需求是开发"金角银边"的有力支撑。并且从选项 E 的较低被选率来看,目前社会对于"金角银边"区域的发现探索和利用价值认识存在不足。现在,国家大力提倡环保举措,对于"金角银边"区域的大力探索和利用就是不浪费城市空间,将有限的空间创造出巨大的价值。

当然对于社会中不同身份的人而言,对可行性的认识存在差异。如图 1 所示,对于企业职工和自由职业而言"作为大城市人口众多,对体育消费空间的需求巨大"被选率最高,他们更多地看重"金角银边"区域利用所带来的市场价值。而对于公务员来说,城市用地紧张,满足居民的体育锻炼空间需求才是支持"金角银边"区域利用的最要可行性标准。而在完整经历上海改革发展的已退休职工看来,上海作为大都市的自身学习能力为推进"金角银边"区域利用奠定了较好的可行性。总之,调查对象中不论出于何种角度,但对于"金角银边"区域利用的实施前景都十分认可,充分肯定了"金角银边"区域的利用价值。

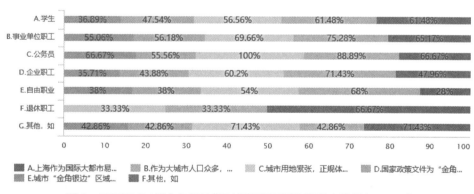

图 1　不同职业对"金角银边"区域利用可行性的调查结果(N=500)

(二) 上海市"金角银边"区域利用的具体途径

1. 当前"公园绿地"利用的具体途径

由图 2 可知,当前上海市各区对公园绿地的具体利用都集中在"保留空地以供居民群众自由活动"和"铺设健身步道和自行车道",这两种利用途径在各区所占比例都名列前二,尤其是铺设健身步道在黄浦区(83.33%)、徐汇区(84.63%)、长宁区(77.78%)等市中心被采用最多。当然也有少数行政区,如

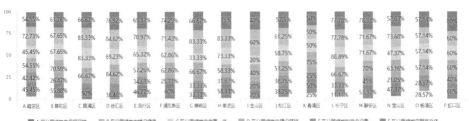

图 2　目前上海各行政区对公园绿地利用的具体途径（N=500）

杨浦区（28.57%）、青浦区（25%）会将公园绿地用作于非体育用途。

从实际层面考虑，"预留空地"和"铺设步道"是对公园绿地等最有效的利用方式，无需添购大量器材，且公园绿地具有环境好、占地面积广、环境封闭、交通安全性高等特点。此外，自由活动场地可以提供居民自主多样的健身选择，健身步道提供了最便捷的锻炼方式，因而使用率高。在实地考察的过程中，许多开放式的公园绿地都铺设了专门的塑胶跑道，如静安公园、虹桥公园等身处市中心的公园；在闵行、嘉定等郊区，不仅在公园绿地中铺设了健身步道，在较为宽广的人行道也增设了专门的塑胶跑道，以方便居民随时随地在专业场地上跑步锻炼。

2. 当前"空置场所"利用的具体途径

由图 3 可知，当前上海市各区在空置场所的利用途径上各有侧重。如闵行区利用空置场地的主要方式是"铺设健身步道、自行车道"（72.58%）和"放置健身器材"（68.55%）；松江区则相对比较综合，对于"铺设健身步道、自行车道""放置一些健身器材""建设运动场""定期举办体育活动"四种不同的利用途径被选率均在 50% 左右；黄浦区更多采用"在空置场所中建设运动场"和"将空置场所改造成综合体育馆"这两种较为直接的方式；静安区的"在空置场所中建设运动场"利用途径被选率也达 71.67%。进一步的卡方检验表明，在是

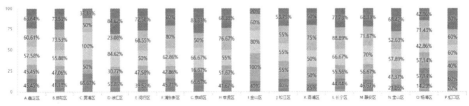

图 3　目前上海各行政区对空置场所利用的具体途径（N=500）

否要在空置场所放置运动器材上,各区之间的选择存在显著性差异($p=0.016<0.05$)。

虽然各区对于空置场所的具体利用途径各有不同,但综合分析来看各区均结合了自身建设规划和硬件条件。比如,黄浦区、静安区等作为城市中心,本身已是寸土寸金,缺乏足够的城市空间和土地用于建设体育空间,因此当有空置场所出现时,首选是将他们建设为专业的运动场所或场馆。但是对于闵行区、松江区等而言,本身土地规划上就已经充分考虑了体育用地,因此他们在利用空置场所时所要考虑的是如何优化,如何提供更加符合群众需求,为居民体育锻炼提供方便的体育空间。

3. 当前"建筑屋顶"利用的具体途径

由图4可知,"铺设健身步道"这一利用途径在建筑屋顶的利用率相较于公园绿地和空置场所有所降低,且卡方检验表明均存在非常显著的差异($p<0.01$)。"定期举办体育活动"则在建筑屋顶领域中被广泛利用,与公园绿地和空置场所的利用率上也存在非常显著的差异($p<0.01$)。除此之外"建设篮球场、网球场等各类运动场"成为较为重要的利用途径,尤其在普陀区、长宁区、黄浦区、静安区等市中心非常明显。

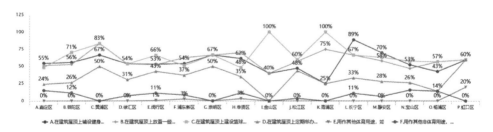

图4 目前上海各行政区对建筑屋顶利用的具体途径(N=500)

4. 当前"地下空间"利用的具体途径

由表3可知,目前对地下空间的利用率较高的途径是"放置乒乓球台、健身器械等供居民使用"(70.2%)和"建设羽毛球场、网球场等运动场供居民使用"(60.4%),而"保留空地供居民跑步、散步等自由活动"和"保留空地供居民跳广场舞、健身操、打太极拳等"利用途径分别是51.6%和55.8%的被选率。除此之外,值得注意的是地下室空间被用作其他非体育用途的占比接近10%,是所有的六类"金角银边"区域用作非体育途径比例最高的。

表3 关于对地下空间具体利用途径的调查结果（N=500）

选 项	小计（人）	比例（%）
A. 在地下空间放置乒乓球台、健身器械等供居民使用	351	70.2
B. 在地下空间保留空地供居民跑步、散步等自由活动	258	51.6
C. 在地下空间保留空地供居民跳广场舞、健身操、打太极拳等	279	55.8
D. 在地下空间建设羽毛球场、网球场等运动场供居民使用	302	60.4
E. 用作其他体育用途，如	1	0.2
F. 用作其他非体育用途，如堆放建筑垃圾等	46	9.2
本题有效填写人次	500	

由此可知，地下空间的利用途径主要是建设运动场地，并且是乒羽等小球的运动场地或活动范围较小的健身器械场地。在实地考察的过程中，也发现地下空间建设主要为运动场地，如普陀区管弄地区的岚皋路桥下，就被建设成了网球场地和足球场地。而保留地下空间空地，提供给居民自由活动的利用率相对较低，造成这种现象的原因可能是因为地下室空间相对封闭，不利于聚集大量居民，因此不好开展广场舞、健身操、太极拳等活动；同样地下室空间有限，跑步等活动需要在较为广阔的场地进行。

5. 当前"商场空间"利用的具体途径

商场作为庞大的城市商业综合体兼具衣、食、住、办公等多种功能，拥有较大人流量，同时也占据了较大的面积。因此商场空间的"金角银边"区域与其他五类"金角银边"区域有所不同，它并非是闲置的无用空间，相反他们是具有高流动性、高商业价值的真正意义上的"金角银边"。并且他们的管理和利用多被掌握在专业的物业管理公司手中，因此将这些区域利用到体育空间拓展需要考虑成本问题且不具备长久性。

（1）商场内部空间利用的具体途径。由图5可知，商场内部空间主要用于"建设儿童运动乐园（攀岩、闯关挑战、海洋球等）"和"开展体育趣味活动（投篮机、足球射门、乒乓球对战等）"，分别占79.4%和70.6%。用于"体育用品展销"和"体育文化展示（武术、空竹、跆拳道等）"的被选率相比低很多，分别是

45.5%和53%。研究表明,身体活动性更强的体育类活动更加受到商场的青睐。商场希望通过将内部空间变为体育锻炼空间,以此来吸引更大的人流量,同时促进客人在商场内的消费,也更加重视空间所带来的趣味性和娱乐性。

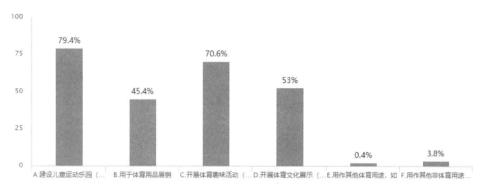

图5 关于"商场内部"具体利用途径的调查结果(N=500)

(2)商场外部空间利用的具体途径。由图6可知,在商场外部,"布置为篮球场、足球场等供使用"被选率为64.2%,"保留空地供居民进行自由的体育活动"被选率为63.8%,"布置为儿童运动乐园(如游乐器械等)"被选率为61.2%,"布置为旱冰场、滑板场等"被选率为52.5%。由于商场外部空间相较于内部空间具有广阔,更加开放的特点,所以在具体的利用途径的可选项上也有所不同。

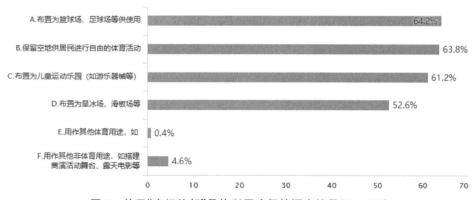

图6 关于"商场外部"具体利用途径的调查结果(N=500)

分析数据发现,在对于商场外部空间的利用上,各途径所占的百分比相近。结合实地考察可以发现,商场的外部空间主要为混合式利用途径,即白天和晚上的利用途径差别较大。以宝山区的大华商圈为例,下午至傍晚间主要布置为儿童运动乐园(如游乐器械等),而在晚间7点到9点时间段,则预留给居民进行自由的体育活动。

6. 当前"权属单位物业空间"利用的具体途径

由图7可知,目前权属物业空间的具体利用途径中,"建设小型运动场"的利用率高达69.4%,"放置一些健身器材"方式的采用率达65.8%,"定期举办体育活动"和"举办社区体育知识讲座"的被选率分别是56.8%和43.8%。

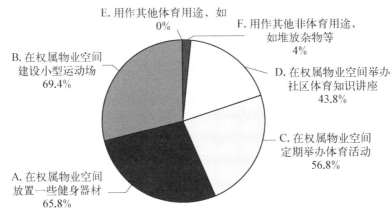

图7 关于"权属物业空间"具体利用途径的调查结果(N=500)

权属物业空间的管理权限在物业公司手中,政府等行政部门无法干涉,物业公司在体育空间拓展方面缺乏经验和体育人才,在开发利用闲置空间上手段单一,因此多采用较为简单的添置器材的方式来丰富社区体育空间。但是权属物业空间的优势在于距离居民更近,物业公司和居民生活往来密切可以充分了解居民体育消费需求。因此,权属物业空间是未来拓展居民体育消费空间的宝地。

(三)上海市未来推进"金角银边"区域利用的建议

1. 政策法规层面建议

由表4可知,对于上海市未来推进"金角银边"区域利用政策法规层面建议中,其中有三项被选率多达65%及以上。分别是"大力推进国家颁布的有关体育消费空间政策文件在上海的落实"(66.8%)、"制定专门的上海体育消费空间政策法规"(66.6%)、"定期根据体育消费空间利用情况进行相关政策法规的修订"(65%),"政府加大体育消费空间政策支持力度"的也超过半数的被选率(50.6%)。同时,在其他意见中有调查对象提出要了解关于体育运动伤害事故的相关法规,以避免在"金角银边"区域利用时因运动伤害而引发矛盾。

表4 对上海市"金角银边"区域利用政策法规层面建议的调查结果(N=500)

选 项	小 计	比 例
A. 大力推进国家颁布的有关体育消费空间政策文件在上海的落实	334	66.8%
B. 制定专门的上海体育消费空间政策法规	333	66.6%
C. 定期根据体育消费空间利用情况进行相关政策法规的修订	325	65%
D. 政府加大体育消费空间政策支持力度	253	50.6%
E. 其他,如	3	0.6%
本题有效填写人次	500	

健全的政策法规是利用"金角银边"区域拓展体育空间的保障基础,不论是国家层面还是地方层面都要制订相应政策,并且要督促地方政府加大政策的落实力度,要行动起来做到实处,同时还要根据时间、环境等影响因素的变化进行积极主动的调整。

2. 行政领导层面建议

由图8可知,在对行政领导的建议中,调查对象选择最多的是"分管领导要重视体育消费空间拓展工作的开展"(62.4%)。而"要对金角银边区域利用

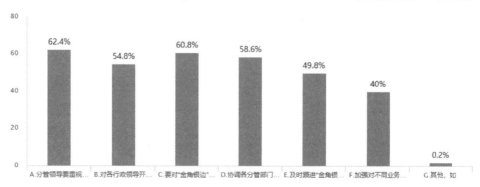

图8 对上海市"金角银边"区域利用行政领导层面建议的调查结果(N=500)

情况进行专题调研"(60.8%),"对各行政领导开展金角银边区域利用专题报告"(54.8%),"协调各分管部门进行金角银边区域利用工作"(58.6%)的被选率也都超过了50%,接近50%的人选择"及时跟进金角银边区域利用工作项目进度"(49.8%),仅有40%的调查对象选择了"加强对不同业务主管部门在金角银边区域利用推进工作中的协调"。

由上述数据表明,群众更加关注领导对"金角银边"区域利用的重视程度。虽然"金角银边"区域利用的推进需要各部门相互协调,但领导重视才是群众心中做好此项工作的关键。

3. 业务主管层面建议

由图9可知,64.4%的调查对象建议"市建设管理局研究制定金角银边区域利用方案并起草规范性文件",62.8%的调查对象建议"体育局及时召开会议部署金角银边区域利用项目工作任务",56.8%的调查对象建议"国土局对所用金角银边区域进行地质勘查""国土局组织编制和实施全市金角银边区域利用总体规划",46%的调查对象建议"城管执法局负责金角银边区域利用工作的监督和考核",36%的调查对象建议"城管执法局研究提出完善金角银边区域管理执法体制的意见和措施"。

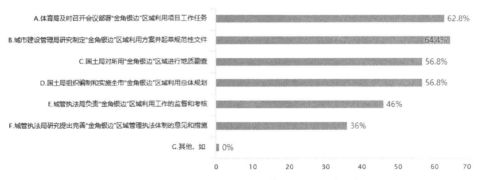

图9 对上海市"金角银边"区域利用职务主管层面建议的调查结果(N=500)

上述数据表明,群众能够认识到推进"金角银边"区域利用的工作需要多方协调,从"金角银边"区域的勘查规划,到"金角银边"区域的利用方案起草与实施,最后推进"金角银边"区域利用的工作监督与考核,都需要不同部门的共同努力。虽然不同职能部门承担不同角色,但在推进"金角银边"区域利用工作中缺一不可。基于此,建议上级行政主管部门在顶层要做好整体设计工作。

4. 居民层面建议

由图 10 可知,在推进"金角银边"区域利用的工作中,71.4%的调查对象认为居民要"充分利用政府提供的便利运动途径",62.2%的调查对象认为居民应该"自主寻求更多金角银边区域并加以利用",59%的调查对象认为居民要"带动身边的人充分利用城市的金角银边区域",50.2%的调查对象认为居民应该"密切关注文件下发及项目实施进度"。由此可知,在居民层面推动"金角银边"区域利用工作,关键在于居民要主动和充分利用"金角银边"区域,要有主动意识,在此基础之上带动身边的人共同享受"金角银边"区域利用带来的益处,同时也主动寻找利用"金角银边"区域的机会。因为"金角银边"区域的利用最终是面向居民的,希望能够对居民产生实际的利益。也就是说,即使政府在"金角银边"区域利用方面做了大量工作,但如果居民没有真正使用,则很难产生实际的效果。

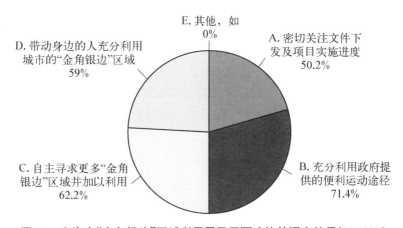

图 10 上海市"金角银边"区域利用居民层面建议的调查结果(N=500)

四、研究结论与建议

(一) 结论

第一,在国家大力推进体育消费空间拓展的背景下,上海在"金角银边"区域利用方面既很必要,又具有很强的可行性。必要性依次体现在上海居民对锻炼空间的强烈需求、国家文件需要在上海落实、锻炼空间供需矛盾、提升土地利用率和居民健康生活方式形成等方面;可行性依次体现在上海作为大城市对体育消费空间需求量大、居民体育需求难以满足、国外经验容易借鉴、国家政策提供的保障和"金角银边"区域较多等方面。

第二,当前上海各区县在"金角银边"区域利用方面已在逐步开展,主要途径包括:"公园绿地"的利用途径主要是铺设健身步道和自行车道、保留体育活动空地、放置健身器材、建设运动场等;"空置场所"的利用途径主要是放置健身器材、铺设建设步道和自行车道、建设运动场和举办各类体育活动等;"建筑屋顶"的利用途径主要是在屋顶建设运动场、放置健身器材和设置健身步道;"地下空间"的利用途径主要是放置运动器材和建设运动场,供居民进行体育锻炼和自由活动等;"商场内部"主要利用途径是儿童运动乐园、开展趣味体育活动、体育文化展示等;"商场外部"主要利用途径是布置运动场和儿童运动乐园、供居民自由活动等;"权属物业空间"的主要利用途径是建设小型运动场、放置健身器材和举办体育活动与知识讲座等。由此可知,当前上海市"金角银边"区域利用的途径主要集中于器材和场地等"硬件"建设,在"金角银边"区域利用途径的内涵开发方面还有很大空间。

第三,未来推进上海"金角银边"区域利用途径的建议主要包括:政策法规层面主要是推动国家文件在上海的落实以及制定专门文件;行政领导层面主要是加大领导的重视并做好专题工作与协调;业务主管层面主要是建议体育局、城建局、国土局、城管执法局等各部门要从专业的角度承担各自的责任,且相互之间要做好协调;居民层面主要是要关注国家政策并主动和他人一起利用"金角银边"区域进行体育空间消费。

(二)建议

第一,根据上海目前"金角银边"区域利用情况,建立"金角银边"区域利用的规则制度。市级有关部门应当考察目前各下属政府和民营企业对于"金角银边"区域利用现状,尽快出台"金角银边"区域利用的市政规划和法律法规,树立上海市内"金角银边"区域利用的模范典型并加以推广。

第二,督促上海各级政府积极利用社会资源,促进体育产业市场、体育空间消费的发展。有关部门应该尽快整合市场资源,扬长避短。把推进"金角银边"区域利用当作根本目的,积极地与各类物业管理企业、体育发展企业、建筑工程企业展开合作。改变当前"粗放式"的利用现状,加大对"金角银边"预期的内涵开发。

第三,根据"金角银边"区域特征、所处环境特点,开展针对性的"金角银边"区域利用。推动"金角银边"区域利用的过程中,既要遵守上级部门的政策法规,也要结合事实情况平稳落地。要具体考虑群众需求,环境保护,城市规划来落实"金角银边"区域的利用。

第四,"金角银边"区域多种多样,对于上海不同"金角银边"区域的利用,要根据区域所处位置、面积大小、人流量、安全问题、所在环境等特点,同时也要充分考虑周边居民需求,综合选择具体利用途径。合适的利用途径,将最大程度地发挥"金角银边"区域对体育消费新空间的拓展作用。

参考文献

[1] 陈昆仑,刘小琼,陈庆玲,李军.体育与地理空间的国内研究进展[J].热带地理,2016(5).
[2] 蔡玉军,邵斌.问题与策略:我国城市公共体育空间集约化发展模式研究[J].天津体育学院学报,2015(6).
[3] 隔超.旧城区体育活动空间集约开发与利用[J].体育科学研究,2018(5).
[4] 蒋方.城市中小学校教学楼屋顶体育活动场地设计研究设计与研究[J].建筑技艺,2018(3).
[5] 郑洁平.谈建筑屋顶空间的利用与开发[J].山西建筑,2013(34).
[6] 巴艳芳.城市体育设施空间布局与体育产业发展对策研究[D].华中师范大学,2006.
[7] 徐毅松.迈向全球城市的规划思考——上海城市空间发展战略研究[D].同济大学,2006.
[8] 王卓然,罗杰威,陈阳.城市建筑屋顶改造与再利用探析[J].建筑节能,2016(9).
[9] 查春华,陈金龙,杨灿,朱徵,林晨健.生态文明视域下健身休闲空间建设布局与实现路径——基于浙中生态廊道的调研[J].浙江师范大学学报(自然科学版),2019(3).
[10] 许帅.上海市黄浦区城市公共体育空间分布及利用情况研究[D].上海师范大学,2018.
[11] 刘忠举.我国城市体育规划现状、问题与对策[J].西安体育学院学报,2017(5).
[12] 张峰筠,肖毅,吴殷.城市社区公共体育设施场地的空间布局——以上海市杨浦区为例[J].上海体育学院学报,2014(1).

全民健身视域下中心城区
体育场馆供需矛盾研究

阎 珏[*]

一、为什么以超级猩猩为代表的体育健身模式会发展迅速?

(一)互联网时代消课模式

1. 课程

超级猩猩没有App,所以一般在小程序约课。没有月卡和年卡,单次团课69元起步,主要有89元、129元、159元几种课。大众点评、美团上新用户都可以团购价59元体验。课程种类全面涵盖有氧、骑行、杠铃、塑形、搏击、瑜伽、普拉提等。热门课程为BODY COMBAT有氧搏击、BODY PUMP有氧杠铃操、BATTLE WAVE战绳。并不断开设一些新的课程如古代泰拳,多种趣味小器材功能性训练课程,及针对不同年龄阶段青少年的体能训练课程。大部分课程版权购买自莱美,并一个月更新一次主题内容,一月举行一次新套路发布。因为课程套路所有教授的老师都要统一培训,因此即使是新的老师也能兼顾运动强度与运动密度。互联网的消课模式是检验课程质量和老师受欢迎程度的直接方式。

2. 环境

一般开在商场或办公楼宇附楼,面积约200平方米,主色调为橘黄色。进门处有一条长板凳供人休息。只有一个团操教室,设置一个舞台,整个教室可

---

[*] 本文作者单位:阎珏,华东理工大学副教授,硕士,研究方向:体育人文社会学。

以模仿舞台灯光效果,很能带动运动气氛。五六个更衣室,20个储物柜无锁,无卫生间,没有淋浴间。每次教室最多可容纳20人上课。教室里有杠铃片、瑜伽垫、壶铃球、战绳等轻便设备,大部分来自莱美定制,手感使用感相对较好,无大型器材。

3. 教练

店里只有一个带团操的教练。超级猩猩的教练全国有几百个,分全职和兼职,门店之间的教练是共享的,就近上课。超级猩猩的教练提成模式与普通运动店只拿固定课费有所区别,全职的教练可以达到每节课签到人次整体40%课费的收入。远远超过目前上海市固定团操课平均水平。每节星探课(教练开设新的课程)都会有线下反馈调查,满意率未达到要求的不能开课。如果一个新教练进入,将会有一节9.9元单价的体验课,供所有App用户抢购,教练会在上课时自己安排三脚架手机摄像,这种课由于单价低往往秒杀。

同时每个教练都有自己的经纪人,经纪人的作用主要是挖掘新的老师和排课。课后信息反馈及时,保证了老师的授课动态实时受质量监控。老师还会组成自己的课后群,和会员有一些频繁的互动。

4. 体验

在小程序自助约课到店,输入门禁密码进入教室,没有前台接待,不办年卡,没有推销,微信预约,按次付费,到店后所有需求全程自助解决。

5. 人数

一天累计约150人次左右,目前超级猩猩有门店32个,一天累计4 800人次。

6. 预约与取消

从相关咨询中我们了解到,超级猩猩在约课取消的模式中也有过变化,从最初开课3个小时可以免费,到现在开课6小时可免费,取消经过了不断测试,也不断地调整,在方便的前提下保证每节课的上座率。

7. 零售

所有的零售水、食物、健身周边小物品都是通过二维码扫码支付。

8. 单店收入

月销售额约31万元(图1)。

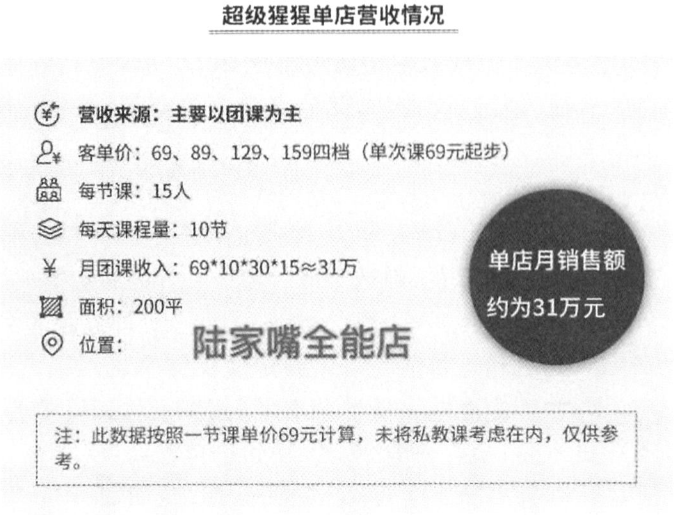

超级猩猩单店营收情况

- 营收来源：主要以团课为主
- 客单价：69、89、129、159四档（单次课69元起步）
- 每节课：15人
- 每天课程量：10节
- 月团课收入：69*10*30*15≈31万
- 面积：200平
- 位置：陆家嘴全能店

单店月销售额约为31万元

注：此数据按照一节课单价69元计算，未将私教课考虑在内，仅供参考。

图 1　超级猩猩陆家嘴全能店单店月收入测算

（二）超级猩猩对传统体育预付费模式的冲击

2019年上海市体育局召开了上海体育行业单用途预付消费卡监管工作动员会，市、区两级体育行政部门和相关单位共同学习领会《上海市单用途预付消费卡管理规定》《上海市单用途预付消费卡管理实施办法》和《上海市体育健身行业单用途预付消费卡存量预收资金余额管理实施办法》精神。体育预付费卡多年来存在诸多隐患，有关部门也引起了相当的重视

1. 预付费模式所造成的高负债率影响了传统体育经营模式的发展

简单来说传统体育经营模式就是"负债"，健身房收来的年卡会费，按照会计准则，应该按每个月或季度计为收益。以一张年卡3 000元为例，分摊到每个月只有250元的收益。当一个4 000元的会员费到了健身房的账户时，多数业主的私账就成了当月收入，但实际上，这4 000元是企业的负债，每过一个月，你的负债会少。因此一般会设立最晚开卡时间。

2. 警惕高负债率在体育健身领域的隐患

从经营层面来讲，就是你未来服务会员，每天都只有支出没有收入。比如说，一个1 500平方米的健身房，年卡1 500元，那么就算这个人不健身只是每天来洗澡，健身房都会赔钱。

从资本层面来讲,高负债率是导致经营权无法转让的主要原因。2016年12月,贵人鸟拟100%收购威尔士时,公布的财务数据显示威尔士2016年负债率高达92%,2015年更是达到94%,最终收购失败。

急于回笼资金,消费者成了收割的最后一茬韭菜。一般情况下,长期坚持做直营连锁的品牌,突然放开加盟,很多时候都是希望通过加盟模式回笼一笔资金。有的时候我们经常听到1 000元能买健身游泳瑜伽什么都有的项目卡,往往都是商家为了缓解资金压力。

3. 消课率水平与收益的关系

健身房负债来自不同时间长度的会员卡,但会员卡的价格却不是按年数成倍增加,比如一年卡4 000元,两年卡可能只需要6 000元;二是私教课,健身房私教课从不单卖,都是打包销售,至少10节课起卖(按常规健身频率一周三次,10节是一个月的课程量),最高能达到几百节。

所以为减少负债可以从减少预收费周期方面考虑,这方面美国的经验或可借鉴,提高消课率入手,比如实行月卡制。

美国健身房主流是月卡制,国内像PURE这样的健身房也开始采取年卡月收费制,即一月一缴但必须缴满一年的方式。美国一般健身房月卡50~60美元,高端的100美元/月,俱乐部最多的上市公司Plant Fitness月费仅需要10美元。这是一种比较极端的情况,当然也有一些折中的做法,比如多推季卡、半年卡等。最近,威尔士进行改革,逐步放弃十年卡的销售,并开始减少长期卡的比重。但这种方式也会增大现金流压力,对经营提出更高的要求。威尔士近三年开始了差异化经营,把瑜伽这部分单出拆开课程出售成立了W yoga,在品牌线上也分了高端和中端两条线,成立了W威尔士,卡并不通用。我们在市场调研中发现,很多瑜伽会所已逐渐开始由年转向次卡经营,因为瑜伽团课的特殊性,对老师依赖程度较高,次卡的收益比年卡高,因此商家倾向于这种收费模式。

综合这三方面的情况,在现有的店面形态下,如果不改变目标用户和产品形态,传统健身房很难做到低负债率。如果强行采用月卡、季卡,私教单次付费,可能连现金流都无法保证,健身房根本经营不下去。

(三)互联网+体育模式影响了健身行业发展趋势

1. 互联网与科技介入,促进了健身需求

自2013年起,全民健身纲要发布,互联网与科技介入,健身房需求被激发,重拾升势(图2)。我们在实际调研中也发现,以互联网为媒介的体育类课程、约课、付费、用户反馈已成为大趋势。中国市场上如超级猩猩超级猩猩、Keepland(是 Keep 的线下运动空间)这类有团操课程品牌的目标用户。各种月卡制、次卡操课为主的新型健身房兴起,定位健身小白准确,用户基数巨大,且解决了用户的核心诉求,是超级猩猩这类型团操课程能做起来的第一个原因。同时对于传统健身俱乐部而言传统健身房靠卖年卡、打包私教课盈利,这使得企业负债率非常高,面临很大的经营风险。在以往竞争不那么激烈时,俱乐部有足够的新增用户来滚动现金流。新增用户骤减,经营压力陡增。这种行业大背景下艰难维持,同时又遭资本市场狙击,倒闭可能随时发生。

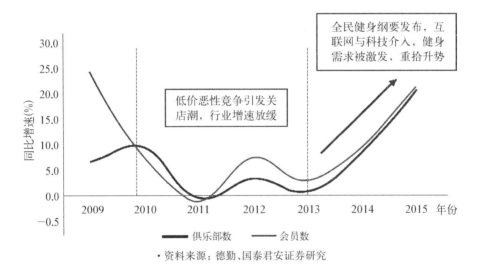

图2　2009~2015年中国健身行业发展曲线

2. 互联网对提高健身指导水平的促进作用

我们在对传统健身房进行调查时发现,如威尔士这样比较好的健身房私教消课率较高,但是我们做了一个简单测算,一名教练每天也就能上 3~5 节课,一家 3 000 平方米的健身房大约 15 个私教,一个月最好的情况也就能上 1 350~2 250 节课。而健身的实际消课量会因为一些消极怠工而变低。如上海的一些俱乐部私教月均上课量只有 67.3 节,15 人算下来月均约 1 010 节。而超级猩猩这种线上约课的课程,基本是 100%,而且因为传统健身房的信息不对称,消费陷阱很多,健身初级人士很难判别。

私教也是健身房收益很大来源,在这部分的健身投诉比率也居高不下,健身教练水平参差不齐,由于公共服务领域的社会体育指导员工作性质和涵盖面的问题,无法与社会接轨,但是我们认为这部分的消费需求占比还是很高的,特别是一些健身刚起步的人完全可以通过一些社会指导来进入,避免由于无法正确判断私教水平和自己所需而有所损失。政府在这方面也可以加大一定的健身指导水平,来解决一些社会体育需求。

互联网+体育模式,从消课率就可以看出一个俱乐部或者一个教练的教授水平,自然地优胜劣汰,对健身需求是一种互相促进的过程,激发了健身行业的发展。

我们发现超级猩猩、Keepland这两家新兴互联网消课体育门店在大众点评上的好评率达到92%,差评率为0%,主要是针对授课老师满意度较高,用户黏性显性。而对威尔士、W威尔士(威尔士高端系列)、一兆韦德门店的用户满意度进行测算,发现以互联网为消课手段的公司比传统预付费模式企业或高端系列好评度都高很多,传统预付费模式健身卡好评率,一兆韦德为71.7%,威尔士为76.5%,W威尔士为80%,中评和差评主要集中在对课程设置不满意或私教、制度等问题(图3)。

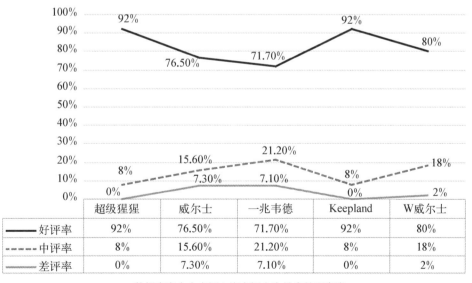

	超级猩猩	威尔士	一兆韦德	Keepland	W威尔士
好评率	92%	76.50%	71.70%	92%	80%
中评率	8%	15.60%	21.20%	8%	18%
差评率	0%	7.30%	7.10%	0%	2%

＊数据来自大众点评上海点评人次最多的两家店

图3 超级猩猩、威尔士、一兆韦德、Keepland、W威尔士用户满意度测评

(四) 打造一个体育朋友圈

超级猩猩 2014 年成立,最早在深圳地区打造集装箱形式的 24 小时健身舱。2015 年开始转型,采用单次付费模式主打团课。比起枯燥的有氧项目以及难度较大的力量器械,团操课更符合大众口味,我们在调研中发现,BODY COMBAT 有氧搏击、BODY PUMP 有氧杠铃操等课常常爆满,符合入门级小白健身用户需求,有趣有效单次付费无销售推销卡的烦恼,还是一种新的交友方式。

来自 2018 年健身行业报告数据,国内健身教练 84.4% 背负着销售 KPI 考核,而超级猩猩的考核指标主要来自网上完课学员的满意度,满意度高用户黏度自然就高。没有销售指标的教练,只有以提高教学质量、提升学员黏度为目标,往往能形成很好的凝聚力(图 4)。我们在调查中发现每次上课都会有教练的二维码,用户可以扫码签到并选择是否要加这个教练的微信并进入这个教练所组的健身群分享课后照片,及在这个群里让猩友互相认识、互相勉励加卡,教练一般会在每周发布下周课表时提前发在群里,让各位猩友提前抢课。值得一提的是本来超猩猩在 2016 年前的抢课时间是周日 24 点开始抢下周一至周四的课,但是有人反映因为第二天还要上班便把抢课时间改到了晚上 22 点 30 分。

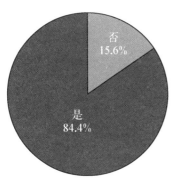

* 资料来源:2018 健身行业数据报告

图 4 教练是否以销售业绩为主要考核 KPI

(五) 资本推动了体育产业快速发展

前不久,超级猩猩宣布获得 3.6 亿元人民币 D 轮融资。在互联网+体育模式中推波助澜下,只有体育大数据才能让更多的人接触体育运动,开辟新的体育人口。在互联网的体育消费时代,新注册用户代表资金流及潜在客户的发掘,这是传统体育模式无法企及的。而只有资本的注入才有这种巨大的推动力,这是不可逆的。因此不需要加强监管力度,因为今后体育将不但是体育,而且还是金融,体育产业孕育的消费力相当客观(表 1)。

表 1　超级猩猩融资历程图

序号	日期	交易金额	融资轮次	投资方
1	2015-02-10	数百万元人民币	天使轮融资	荷多资本
2	2015-10-18	1 000 万元人民币	Pre-A 轮	动域资本
3	2016-03-28	数千万元人民币	A 轮融资	复星锐正资本、动域资本
4	2017-02-21	5 000 万元人民币	B 轮融资	Ventech China 领投，复星锐正资本、动域资本、喔赢资本跟投
5	2017-12-11	数亿元人民币	C 轮融资	红杉资本中国、CMC 资本、Ventech China、复星锐正资本、动域资本跟投，东方证券
6	2019-02-20	3.6 亿元人民币	D 轮融资	星界资本、曜为资本领投，东方弘泰跟投

注：数据来自网络资料整理，可能存在小范围误差。

同样发展势头迅猛的 Keepland 是 Keep 的线下运动空间，主打线上大流量＋线下客户黏性转型，与超级猩猩一样，一样主打单次付费，提供不同种类的精品团操课，将 Keep 优质内容延伸至线下。目前上海开设了三家门店，分别是静安大悦城（静安）、金桥国际（浦东新区）、长风大悦城（普陀区），相对超级猩猩它的门店偏少且不集中，Keepland 北京有 12 家。2015 年上线，作为一个健身课程学习和运动打卡软件，截至 2018 年 7 月，Keep 已完成 D 轮 1.27 亿美元融资，线上用户达 1.6 亿人。线上流量是 Keepland 的绝对核心竞争力，垂直电商模式来实现盈利，在互联网时代新注册用户代表现金流，现金意味着低负债和高消课率。Keep 月超过 3 000 万用户新注册量蕴藏巨大商机。

二、超级猩猩在中心区域迅速辐射与传统中心城区体育场馆（地）发展模式中的瓶颈问题

（一）传统中心城区体育模式

1. 运营成本过高，面积大难转型

中心城区租金成本高、运营成本居高不下。市中心的健身房等年费一般普遍居高不下。包括政府直属部门在内的大型体育场馆，由于占地面积大等

原因使得场馆开放费用居高不下。例如草坪维护费、人员管理费用和维护费用,为预防场馆内民众意外的发生,还需要配备相关的医疗救护人员。长此以往,场馆运营在前期需要投入大量的成本,在中期运营过程中也需要持续且大量的人力、物力、财力消耗。但是与场馆消耗的费用相比,场馆只能通过其他营利能力高的经济性产品来维持运营。这样一来,大型体育场馆提供的公共产品和准公共产品以成本低的为主,经济性产品是以利润高的为主,主体供给产品的多样性大打折扣,大型体育场馆供给产品的差异化过程就格外艰难。

一般大型健身房面积都在 3 000 平方米左右,而超级猩猩这种门店只有 200 平方米。很多中心城区的商场及办公楼附楼都有这样的区域,有些常年空置,因为有了超级猩猩的进入而盘活了周边的商业配套,打造成了集餐饮、休闲健身于一体的休闲中心。

2. 依赖政府投入及运营的模式依赖补贴和租赁业务维持收支,不同场馆、不同服务主体产品供给多样化水平较低

我国大型体育场馆提供的产品,因主体性质的不同,存在场馆不同服务主体供给产品不够多样、主体职责落实不够自主、主体法规政策执行不够到位、社会监督体系不够健全等问题。经营方式不同在经济效益和社会效益的偏向方面有所差异。首先是政府直属部门,需实现政府需要的社会效益,当有一些全民健身政策、条例出台时,负责提供公共产品和准公共产品。这类大型体育场馆的收入来源主要是政府补贴和自身经营产品收入,进而也会兼顾经济效益,以使场馆自身能够得以维持运营。其次体育系统事业单位经营的大型体育场馆作为政府直属部门和租赁承包企业两者之间的主体,在向民众提供体育产品时要考虑到自身运营所需费用要求及应承担的社会义务,补贴比政府直属部门经营的大型体育场馆拿到少,因此加大一定比例的经济性产品来维持收支。

3. 租赁经营模式与非体经营

租赁承包企业作为市场链条中以营利为目的的经营主体,在提供服务的过程中,在利润最大化目标实现的前提下,会大比例地供给经济性产品,其次才会注重社会效益与责任的承担。

很多中心城区由于健身房的高负债率问题及政府经营补贴杯水车薪的问题,很多经营面积被用作非体经营。

(二)超级猩猩有效实行楼宇健身及同享体育模式

中心城区公共体育场地早已满负荷运转,传统的健身模式如以任何一个

线下门店为例,只能覆盖周边3~5公里,竞争激烈时也就2公里左右,这小小范围内居住的人群和流动人口有限,3年左右也就开发得差不多了。

超级猩猩在中心城区的分布,以人民广场为中心点,周边步行5~15分钟范围内有3个门店,而以新天地太平湖为中心点步行5~15分钟范围内也有3个门店,更像一个以人民广场、太平湖等为社区单位打造的15分钟运动圈模型,以黄浦区为例,大型场馆包围下的6个超级猩猩门店实现了30分钟内自由切换的模式。目前超猩猩全市有34个门店。同一区域内,考虑到大型公共服务空间配置,让居民享受个性化、高品质体育生活的圈层必须利用商业开发的体育模式。

（三）让居民享受个性化、高品质30分钟体育生活的圈层

政府打造的15分钟也是社区体育生活圈,由社区构成的体育活动和体育公共服务地域空间,社区居民提供较为全面和完善的体育活动和体育公共服务,使居民享受生活化的核心圈,超级猩猩这样的门店在政府公共服务主导的模式里,可以纳入一个30分钟体育生活圈模式,即区县体育生活圈由多个相邻社区构成的体育活动和体育公共服务地域空间,其职能是为居民提供更广泛、更高品质体育活动和体育公共服务。同时让居民享受个性化、高品质体育生活的圈层(图5)。城市空间模型的构建中,可以把商业服务和公共服务融合,政府应该尝试"放管服",尝试不同的互补模式。

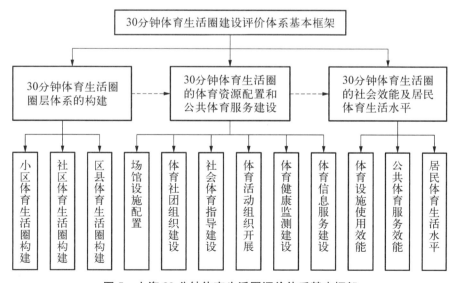

图5 上海30分钟体育生活圈评价体系基本框架

如以上海城市中心区域黄浦区为例,自 2015 年开始楼宇运动、白领楼宇运动会就经常被提到,这种现象被认为城市公共体育空间的需求。

我们统计的黄浦区的超级猩猩门店有 6 个;大型场馆有 6 个,分别是黄浦区工人体育馆、黄浦区体育馆、黄浦市民健身中心、世博黄浦体育公园、沪南体育中心、卢湾体育馆;公园 21 个:延福绿地、人民公园、古城公园、淮海公园、黄浦公园、延中广场公园、司马秤、太平桥公园、外滩幻影公园、广场公园、玉兰园、复兴公园、九子公园、复典公园、蓬莱公园、绍兴公园、活水公园、寻丰公园、世博林绿地、南园滨江绿地、丽园公园,其中有健身设施的有 11 个;公立中小学 46 个。学校场地的固有模式、中小学外开放目前是受限制比较多的区域,仅针对一些少年儿童的免费培训课程可以开放,对于人口密集区域来说并没有多余的可利用公共资源(图 6)。

图 6　黄浦区体育场馆健身点中小学及超级猩猩门店分布

同时在市中心的区域,往往有很多景观公园,但是真正能服务于社区运动的很少,当然这与市中心区域拆迁等原因居住人口逐步向中心城区以外转移有关。因此我们可以推测,真正在市中心区域的运动人口主要为附近工作人群,或因为交通便利等原因从周边区域转移过来的。我们在调研中也发现,中心城区的楼宇相对密集、楼宇的健身文化也已受到认可,有些大型办公楼都有自己健身运动场地(表2、图7)。

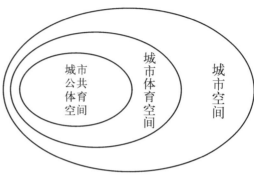

图7 城市体育空间模型

表2 黄浦区公园健身设施

序号	公园名称	位置	有无健身设施
1	广场公园	延安东路—延安中路	有
2	玉兰园	瑞金二路	无
3	复兴公园	复兴中路516号	无
4	九子公园	黄浦区北路1018号	有
5	复典公园	雁荡路52号	无
6	蓬莱公园	南车站路350号	有
7	绍兴公园	绍兴路62号	有
8	活水公园	南车站路564号	无
9	寻丰公园	经六路—高雄路	无
10	世博林绿地	内环高架—鲁班路	有
11	南园滨江绿地	龙华东路800号	无
12	丽园公园	丽园路565号	无
13	延福绿地	金陵东路	有
14	人民公园	南京西路75号	有
15	古城公园	人民路—福佑路	有
16	淮海公园	太仓路56号	有
17	黄浦公园	中山东一路	无
18	延中广场公园	延安东路	有

续 表

序号	公园名称	位　　置	有无健身设施
19	司马秤	小桃园街—河南南路	无
20	太平桥公园	淮海中路	无
21	外滩幻影公园	中山东二路	无

三、超级猩猩在城市中心区域如何辐射周边区域，优化 15 分钟运动圈

我们发现超级猩猩的选址一般集中在办公楼和居民区相交的地方，因为租金等原因不会在高端的办公场地，而是选择一些新开的办公楼宇招商未成熟或者一些热门商圈的周围 1.5 公里左右的地方。在选址上考虑配套的商业设施，要既有餐饮购物，又充分考虑周边居民的人群结构和消费特征，课程价格在一般白领一顿午餐的价格范围内。

如果政府在做健身设施是也考虑到周围商圈及居民的消费习惯，兼顾亲子娱乐、运动培训，这样就能吸引不同年龄段的居民带着全家来健身休闲娱乐，使场馆突破单一的健身功能，成为综合服务体，而高人气也会为场馆带来额外收益。

以浦东区域的店为例，基本是围绕着世纪大道两侧开设的已有六家，世纪大道贯穿着小陆家嘴金融贸易，靠近正大广场附近办公区域，世纪大道向张杨路方向逐渐是办公与居民区结合的商区，周边交通方便，蕴藏着较大的体育消费潜力。课题组进行实地考察发现，店与店之间的距离，如以地铁转换 7 分钟左右可达，步行在 15 分钟左右，滴滴出行在 10 分钟。方便教练共享及会员挑选自己同一时间段内喜欢的不同课程(图 8)。

这六家店分别是陆家嘴正大广场店、浦东中心渣打银行店、东昌路店、张杨路 MEE MORE 店、世纪大道百联广场店、浦电路店，其中三家是大型商场里的店铺、三家为办公楼宇店铺。如何找到一个 200 平方米的运动空间在陆家嘴区域是非常简单的，如渣打银行大厦、上海环球金融中心、金茂大厦、上海中心、正大广场、富士康大厦、时代金融中心。其中时代金融中心除了有固定健身房外，还有一块近 800 平方米的健身区域，可以开展一些额外的团操课程，我们在调研中也发现目前没有固定的团体课程开展，但是有些运动品牌如加拿大的 lululemon 等会做一些主题运动活动，如瑜伽、普拉提。

图 8　浦东世纪大道沿线超级猩猩门店分布

（一）针对特定用户发放补贴形式

我们在调研中发现，超级猩猩会和一些特定企业合作推出一些二维码优惠模式。利用互联网手段的推广比我们想象的更具渗透性。超级猩猩以操课切入健身行业，针对的人群运动小白，正是符合全民健身热潮中提高体育人口渗透率的需求。通过引入莱美以及自主研发操课内容，培养一批初级健身忠实用户，这成为超级猩猩的核心竞争力。之后再向私教、培训学院等业务延伸，抢占传统俱乐部的核心业务，这也是超级猩猩估值高的重要原因。

（二）针对新兴的互联网＋体育模式企业的发展探索政策支持将有利于体育中小企业的生存与发展

我们也在调研中发现，现有很多企业也在模仿单次消费模式和线上 App 预约销售模式，如悦橙，其在南京路弘一广场（商业广场）及静安寺商圈王子静品（商业广场）都开了门店，但实际走访中发现存在教练以兼职为主、课程新颖度不够、体验感不如超级猩猩和 Keepland 等问题。可能由于刚起步，很多企业都在寻求市场融资，以求资本的注入，以资本推动品牌的发展和用户体验感增加用户黏度、带动体育消费及其衍生产品的消费。在政策上可以相应扶持体育中小企业，并制定行业标准，加快推进体育公共服务供给和监管模式创新。加快推进移动互联网＋体育模式、体育大数据等新技术新模式在基本公共体育服务体系中的运用,提升体系的整体效率。

Keepland 是 Keep 的线下运动空间,主打线上大流量＋线下客户黏性转型,和超级猩猩一样,一样主打单次付费,提供不同种类的精品团操课,将 Keep 优质内容延伸至线下。目前上海开设了 2 家门店,而北京有 12 家。2015 年上线,作为一个健身课程学习和运动打卡软件,截至 2018 年 7 月,Keep 已完成 D 轮 1.27 亿美元的融资,线上用户达 1.6 亿。线上流量是 Keepland 的绝对核心竞争力,垂直电商模式来实现盈利,在互联网时代新注册用户代表资金流及潜在客户的发掘,这是传统体育模式无法企及的。Keep 月超过 3 000 万用户新注册量蕴藏着巨大商机。

四、如何增加城市空间利用

(一)打造中心城区体育面积 200 平方米运动模式优化 15 分钟体育生活圈

我们在超级猩猩及 Keepland 体育模式中不难发现,即使是中心城区只要 200 平方米的面积,即一间办公室大小的区域完全可以做到一天 150 人次左右的利用率。如在中心城区范围内附楼区域划辟出这样的区域,做到资源共享,完全可以在短时间内完成中心城区人均体育面积增加的目标。

可以先从城市社会体育组织管理体制入手,将部分非体经营转变。上海着力打造体育城市形象,城市体育场馆(地)的治理,还在不断的改进中,就如西方体育场馆的所有权与经营权是在 200 年的缓进过程中自然分离的,我国体育产业快速发展迅速,传统资源产权制度剥离、缺失存在于我国城市化进程中,要建立新的社会体育管理体制,弥补社会体育组织管理机构的缺位。《"健康中国 2030"规划纲要》提出"推动体育场馆资源所有权、经营权分离改革",要改变原先带有较强政府干预的"政策驱动"。

首先,今后在为增加公共体育场馆的有效供给,建议拟规划新建的场馆,应由政府主导,在项目设计环节就邀请若干运营方参与规划,推行场馆设计、运营管理一体化的委托经营管理模式,以降低场馆设计不合理对运营方造成的潜在风险。如对现有办公场进行改造,可以借鉴超级猩猩快闪店和迷你店模式,对老旧器材和非体经营场地进行置换。

其次,在现有体育场(馆)或者不同领域可用室内场地,特别是以国有制为主导的大型商业企业办公场地,探索建立跨部门、跨领域服务资源的共建共享机制。加强不同服务项目间各类资源共建共享,打破条线分割,促进体育融合发展。针对相近的服务设施和相同的服务对象,研究设施综合设置、共享使用的具体办法,理顺资源共用的体制机制,提高基本公共服务设施的使用效率。

（二）在基本公共服务领域推广实施政府和社会资本合作模式(PPP)

根据不同领域项目的特点,形成若干 PPP 模式操作样本,梳理一批已建、待建项目,吸引社会力量参与共同建设和运营。

在城市空间的利用上超级猩猩模式还是可以借鉴的,对将建的场馆在裙楼或有独立出入空间的区域,规划出 200 平方米的共享体育面积。

（三）老旧小区、公园露天健身器材改造

以市中心或人口密集区域为例,可用的公共空间明显不足,老旧小区露天健身器材简陋设计简单,纵观一些发达国家健身设置绝不是摆设,设计线条优美,使用更强调功能性并附有多种锻炼模式图解(图9)。

图 9 挪威沃丝健身设施

（四）打造200平方米城市运动空间路径分析（图10）

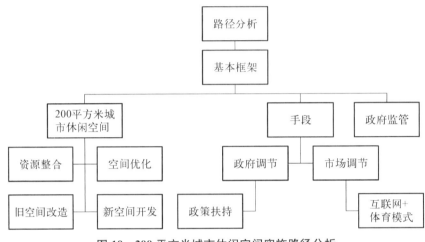

图10　200平方米城市休闲空间实施路径分析

五、政策与举措

（一）释放发展潜能,深化"放管服"

针对体育资源开放、场馆运营管理、公共资源利用等加大改革力度。随着生活方式的改变,体育锻炼已经成为人民群众日益增长的多样化体育需求,体育公共服务的模式应随着消费方式的改变而与时俱进。更多地关注在体制的建立、行业标准的制定,纳入一些体育组织或其企业参与提供体育服务。

满足人民健身需求、促进人的全面发展是体育工作的出发点和落脚点,这就要求我们在持续加强公共服务体系建设的同时,充分发挥市场机制的作用,引导社会力量发展体育产业,提供更加丰富、更加多样的体育产品和服务。特别是在积极扩大内需、培育经济发展新动能大背景下,体育的产业功能、经济价值日益显现,备受关注。

（二）要完善产业政策,优化发展环境,针对税费政策、无形资产评估、金融支持创新等明确了落实要求

吸引市场企业纳入提供体育服务范畴,按照有关法律法规,建立完善管理

细则，规范选择合作伙伴的程序和方法。按照"权责对等"的原则，合理分配项目风险，引入价格和补贴动态调整机制，充分考虑社会资本获得合理收益。注重改革创新，加快推进基本公共服务供给和监管模式创新，能够由政府购买服务提供的，政府不再直接承办；能够由政府和社会资本合作提供的，广泛吸引社会资本参与。政府职能逐步从直接提供服务为主向制定行业标准、组织服务供给、提供资金支持、加强事中事后监管转变。加快推进移动互联网、物联网、大数据等新技术新模式在基本公共服务体系中的运用，提升体系的整体。

（三）要促进体育消费，增强发展动力，针对规范体育市场秩序、丰富体育消费体验、开展体育消费试点、培养终生运动习惯等作出了政策安排

针对体育服务业利用互联网＋体育等明确了发展目标，丰富产品供给，试点小程序作为上海创新改善公共体育服务的代表项目。以静安区为例，部分区域市民可通过微信小程序领取公益配送券，定位身边的健身场所，进行自助结算消费。这是一个非常好的开始。2019年3月开始，静安区试点让区域内2.5万余名市民下载小程序，用券数量超过9万张，拉动体育消费200余万元，通过政府贴一点、场馆让一点、居民出一点等形式，构建起对市民自主健身消费进行补贴的新模式。

在不断创新"全民健身日"活动的同时，创新改善公共体育服务方式，让每天都成为"全民健身日"。整合出中心城区运动场地，以200平方米为划分。不局限传统羽毛球、乒乓球、游泳等需要硬件设施项目，而是发挥街道社区中心、社区健身场地、发挥午休1小时锻炼模式作用，以团操、小器械为主。市民用手机扫码即可入场，收费标准可与市场接轨，政府适当补贴。要促进体育消费，增强发展动力，针对规范体育市场秩序、丰富体育消费体验、开展体育消费试点、培养终身运动习惯等作出政策安排。在传统运动热门方式包括篮球场、羽毛球场、足球场和健身房，将共享模式深化。

针对消费力不强的老龄化群里，要从改造现有场地入手，改变部分老旧小区健身器材简易及安全隐患，可参照一些全民健身发达国家的方式，从整体改造、健身设施预留、健身指导员加强培训等方式入手，共享改革开放40年经济、体育文化成果。

(四)要建设场地设施,增加要素供给,针对优化供地政策,加大建设力度

推进新建学校体育设施相对独立建设,开展存量学校体育设施的分隔工程。针对老旧小区的健身治理要落到实处。

(五)以公建民营等模式,推行市场化商业运作,满足多层次健身消费需求

2016年国务院下发《关于加快发展健身休闲产业的指导意见》时指出,通过管办分离公建民营等模式,推行市场化商业运作,满足多层次健身消费需求,实行企业租赁经营方式提高体育场馆的对外开放利用率。利用社会资金和先进的管理经验来改善用户体验和维持高效运营,以获得理想的经济与社会效益。减轻了政府部门的财政负担,政府通过出租体育场馆的经营权,保证其国有资产的性质不变,吸引大量的社会资金和先进的管理经验及专业经营人员。

国内外反兴奋剂科研、宣传和管理现状及我市推进策略研究报告

王 磊 蔡玉军 孙晓姣 邹文华 张 烨[*]

从1952年进行首例兴奋剂检测至今，国际反兴奋剂工作已走过了67的历史。中国作为最早承认和支持《世界反兴奋剂条例》的国家之一，长期担任世界反兴奋剂机构理事。1989年北京兴奋剂检测实验室获国际奥委会认证，成为亚洲第三家兴奋剂检测实验室。2018年国家兴奋剂检测上海实验室筹建，我国将成为拥有两所兴奋剂检测实验室的国家，反兴奋剂工作成为支撑我国体育事业发展的重要力量。2019年7月上海市体育局反兴奋剂中心成立，开启了上海市反兴奋剂工作里程碑。面对反兴奋剂工作专业化、系统化、长效化的发展趋势和要求，本报告结合国内外反兴奋剂领域研究前沿、政策发展情况，对上海市未来反兴奋剂相关工作提出一些指导性建议。

一、国内外反兴奋剂科学研究经验

（一）兴奋剂检测方法研究进展

世界反兴奋剂机构（World Anti-Doping Agency，WADA）一直重视对兴奋剂检测方法的研究，根据最新研究成果定期更新检测技术文件，比如运动员

---

[*] 本文作者单位：王磊，上海体育学院发展规划处主管、副研究员、博士，主要研究方向：体育战略规划；蔡玉军，上海体育学院体育教育训练学院副院长、副教授、博士，主要研究方向：公共体育服务；孙晓姣，上海体育学院体育教育训练学院、讲师、硕士，主要研究方向：体育教育；邹文华，上海体育学院国际教育学院主管、讲师、硕士，主要研究方向：国际体育评估；张烨，上海体育科学研究所、科员、硕士，主要研究方向：反兴奋剂管理。

生物护照血液分析要求文件(TD2018BAR)。从 2001 年开始,WADA 从促生长化合物及方法、增强氧气传递化合物及方法、外源和内源合成代谢类固醇、基因和细胞技术、药理学等多方面开设科研项目,2018 年还新增了反兴奋剂人工智能的研发项目投入。

1. 生物护照研究进展

血红蛋白总容量指标被认为在监控血液兴奋剂方面具有较高的稳定性,国际自行车联盟 UCI 职业巡回赛中的实践,发现其可靠的稳定性,具有良好的反兴奋剂潜力。当不同实验室进行相同样本测试时,Hbmass 的分析变异系数会达到 2.4%,主要原因是血液流量计之间的差异,使用质量控制技术可以调整 Hbmass 值,实现 1.7% 的可比分析变异系数。

针对血液兴奋剂,WADA 于 2006 年在一些国际体育联合会的支持下聚集了大批专家,研制统一的纵向分析程序,形成对兴奋剂间接生物标志物的系列分析法,并保证其科学性和法律权威性。2009 年 WADA 发布运动员生物护照(ABP)操作指南和技术文件,其中血液学模块主要检测促红细胞生成素或血液回输法,类固醇模块主要鉴定外源性施用合成代谢雄性激素类固醇和其他间接类固醇,此外还包括内分泌学模块和组学模块。ABP 已成为反兴奋剂斗争的宝贵工具,它成功的关键是应对法律和科学挑战的强大实力。为确保 ABP 以最透明的方式实施,并在护照的计划、解释和结果管理上保持独立性,WADA 开发了运动员护照管理单位(APMU),并出台了技术文件,以承受来自科学和法律界的批评。生物护照对自体血回输的监测效果研究发现,回输前 1 天和回输后 6 次测量 Hbmr、Hb、Hbmass 和 OFF-hr 指标,Hbmass 是唯一具有检测急性回输的指标。血液学指标的稳定性对运动员生物护照模型产生较大的影响,系统分析发现,样品的制冷技术显著影响血液学参数稳定性,包括初始冷冻和冷藏温度,试管的运输和旋转,仪器的品牌和类型等,专家推荐的从血液采集到分析 36 小时的时间限制对于保证分析质量是合理的。类固醇模块实践中有多种因素可能影响尿液基质中类固醇的定量水平和比率,内源性原因主要是衰老、性别、昼夜、运动、代谢、基因等,外源性原因包括药物、医疗、酒精、茶、细菌感染等,WADA 实验室进行类固醇测写时,必须理解各项影响因素,通过 ABP 贝叶斯模型进行科学合理的解释时,不仅依靠统计数据,还必须咨询该领域的专家。WADA 每年新版内源性合成代谢雄激素类固醇检测和报告技术文件,以及新版运动员生物护照血液分析技术文件中对样本采集、仪器使用和报告都进行了详细说明。

2. 基因技术研究进展

世界反兴奋剂机构于 2003 年决定在其"世界反兴奋剂条例"中禁止使用基因兴奋剂。目前编码 EPO、IGF-1、VEGF-A 和 VEGF-D、hGH、FST 和转录因子调节因子的基因是可以被检测到的,可以直接检测 cDNA 序列。一些物质如肌肉生长抑制素阻滞剂或抗肌肉生长抑制素抗体,可以刺激肌肉生长增加肌肉质量,但动物实验显示并没有转化为运动能力的提高;一些分子例如 AICAR、GW1516 可能改善缺血条件下以及正常条件下的耐力运动能力;运动员试图利用这些分子来增加力量或耐力。研究发现过氧化物酶体增殖物激活受体-δ(PPARd)和胞质磷酸烯醇式丙酮酸羧激酶(PEPCK-C)具有很高的滥用潜力,基因靶组合产品会优于单个基因兴奋剂产品,但也使得检测技术更加复杂。筛选和检测基因生物标志物可以显著提高基因兴奋剂的分析性能,WADA 也在资助基因组学、转录组学、蛋白质组学和代谢组学等"基于组学"的检测方法研究。

(二)反兴奋剂研究进展

1. 反兴奋剂心理学研究进展

"加强以研究为主导的反兴奋剂教育"是世界反兴奋剂机构的战略重点之一。其中就包括衡量现有反兴奋剂战略和干预措施有效性的研究。心理学研究方法包含了众多衡量有效性的手段。该类别的研究主要集中在预测因子研究、动机研究、行为感知研究、态度和易感性研究等。

行为意图是运动员使用兴奋剂的主要预测因素,态度、主观规范、感知促进因素、感知道德义务和运动员随行人员的压力与运动员使用成绩增强药物的行为和意图有关,心理社会环境对年轻运动员使用的决定有重大影响。态度、规范信仰、情境诱惑和行为控制能够显著预测使用兴奋剂的意图,情境诱惑介导规范信仰对使用兴奋剂意图的影响。成就目标和道德取向被态度、规范和自我效能感显著调节。道德取向间接预测从未使用兴奋剂群体的使用意图,但不能预测一直以来使用兴奋剂群体的意图。成就目标和体育角色定位通过态度和自我效能感的影响间接影响使用兴奋剂的意图。运动员角色定位与从未使用兴奋剂群体的意图有关,而成就目标和情境诱惑与两类运动员的意图都有关。

总之,态度、对规范的感知和避免使用兴奋剂的自我效能感,可以预测运动员使用兴奋剂的意图,并间接预测运动员使用兴奋剂的行为。通过精确定时检测、改变体育运动中的激励结构、隐藏测试结果准确性和公开侮辱使用兴奋剂的运动员等心理策略可以改善目前反兴奋剂的效果。

运动员越来越熟悉反兴奋剂规则,但仍然缺乏适当的教育计划来弥补反兴奋剂知识,缺乏关于补剂和成绩提升药物的副作用信息。因此必须认真规划和制定反兴奋剂的社会心理方案,要包括中长期目标,例如改变运动员群体对兴奋剂和兴奋剂文化的现有态度。

2. 营养补剂调查进展

对世界顶级田径运动员(包括青少年、青年和成年)的处方药和营养补剂使用情况的大范围调查发现,最常用的药物是非甾体类抗炎药物(每人 0.27 克)、呼吸系统药物(每人 0.21 克)和替代镇痛药(每人 0.13 克);随着年龄的增加运动员药物的使用量增加,并且随着项目持续时间的增加,药物使用量也增加(短跑到耐力项目,每人 1.0~0.63 克)。世界反兴奋剂机构并未禁止使用非甾体类抗炎药,因此许多运动员在运动之前自我服用非甾体抗炎药,预防疼痛和炎症的发生。然而,没有科学证据证明其有预防效果,运动员应该意识到使用非甾体抗炎药作为预防药物的潜在风险。它的副作用包括胃肠和心血管疾病以及肌肉骨骼和肾脏副作用。

绝大多数运动员自述使用营养补剂,认为营养补剂与成绩提高、兴奋剂阳性结果有关,训练量越大,补剂需求越多。最常见的是矿物质、维生素、其他、铁、咖啡因、蛋白质、蛋白质碳水化合物混合物、肌酸和葡糖胺。大多数运动员不了解补剂的活性成分、副作用或作用机制,只有一半的运动员知道推荐的剂量。尽管超过一半的运动员认为均衡饮食不需要补剂,并且会增加兴奋剂阳性结果的可能,但提高成绩的想法仍支持大部分运动员使用补剂。咖啡因、肌酸和碳酸氢钠等已被证明对冲刺成绩有作用,但β-丙氨酸或初乳的增强效益证据并不明显,核糖、支链氨基酸或β-羟基-β-甲基丁酸没有任何证据。近年来β-丙氨酸、硝酸盐和精氨酸的使用率在增加,运动员很少等到有令人信服的证据才使用,而且经常多种补剂一起服用,且超剂量服用。

3. 治疗用药豁免研究进展

一些运动员为了治疗疾病必须使用一些药物或方法,巴塞罗那奥运会正式提出了治疗用药豁免 TUE 的概念,国际奥委会也予以支持,但出于滥用药物机制的考虑,TUE 概念一直未被收入到奥运会医疗法规中去。WADA 成立之后,积极推广 TUE 概念,所成立的治疗用药豁免委员会 TUEC 起到了关键作用。TUE 最常见的情况是 β2 受体激动剂和糖皮质激素的使用。

国际奥委会于2002年成立了运动哮喘委员会,指定肺功能检测实验室,对运动员申请使用吸入式β2受体激动剂(IBAs)的合理性进行测试。通过对吸入和口服β2受体激动剂对体能影响的比较研究发现,吸入β2受体激动剂对最大摄氧量、耐力力竭时间、峰值功率和30秒Wingate测试总功没有显著影响,但口服β2受体激动剂对80%~85% VO_2 max力竭运动时间、30秒Wingate测试峰值功率有显著影响。游泳运动员吸入多种β2受体激动剂(沙丁胺醇、福莫特罗和沙美特罗)对提高成绩没有显著影响。多项实验也证明了沙丁胺醇对肌肉耐力和神经肌肉疲劳均无显著影响。虽然大剂量吸入β2受体激动剂有可能增强肌肉力量和短时间冲刺能力,但WADA对允许使用β2受体激动剂的运动员有规定,其尿检样本浓度在24小时内不能超过1 600微克/毫升。对于耐力项目,在检测其比赛尿液样本时要进行尿比重校正。由于治疗用药豁免规定的变化,对哮喘运动员肺功能的强制性检测,相关调查研究发现,申请使用吸入剂的运动员减少了大约一半。

除了β2受体激动剂,糖皮质激素的治疗用药豁免也很常见,研究发现短期的地塞米松给药可以增加高强度运动持续时间和心肺功能。WADA禁止运动员在比赛期间全身使用糖皮质激素,由于其使用情况的复杂性,确定其治疗用药豁免资格与滥用之间的界限是目前WADA面临的挑战。

(三)反兴奋剂教育研究进展

世界反兴奋剂机构针对目标群体,开发了多种反兴奋剂教育工具。不仅针对运动员,还针对教练员、教师、官员和医生等,例如提供反兴奋剂信息的各种小册子、主题书籍和视频,甚至是纸牌游戏。

1. 精英运动员的教育

精英运动员是国外对运动员一种界定方式,主要是指国际或国内处于最好水平、具备在国内或国际赛场取得奖牌资格并有多年高水平运动经验的运动员。精英运动员的兴奋剂问题是国际奥委会和世界反兴奋剂机构最为关心的问题,精英运动员的兴奋剂丑闻往往对体育组织和体育项目的发展产生巨大影响。现代奥运会在创始初期遵从的是"业余原则",但体育的职业化逐步导致了"业余主义"的消失和精英运动员的出现,实施反兴奋剂规则,其实是为了继续遵循"业余主义"的道德原则。

自行车运动项目有系统化使用兴奋剂和轻视其副作用的文化环境,运动员不关心兴奋剂带来的长期健康后果，更关注短期的成绩提升。老运动员会教给年轻人使用的方法和种类，将其作为继续职业生涯的手段。新的反兴奋剂规则和测试方法在过去十年中减少了高水平竞技自行车运动中的兴奋剂使用率，新一代职业车手已经相信获胜不需要服用兴奋剂，但这种信念强度是有限的，年轻选手还是受到兴奋剂的诱惑；在打击有组织地使用兴奋剂工作后，医学监督减少导致车手面临更大的健康风险；随着媒体曝光度的增加，许多以前不了解兴奋剂的车手也增加了对兴奋剂的兴趣。国际自行车联盟在过去十年对反兴奋剂的策略已经从妥协转向控制，使用运动员生物护照后，有可能会检测出更多的阳性结果。

针对精英运动员的兴奋剂问题，一些学者提出了新的分析方法和干预措施。例如使用 Benoit 形象修复类型学研究阿姆斯特朗兴奋剂丑闻过程中的言论，运动员通过修复策略试图加强其拥护者的认同感，并引导媒体展开辩论；还有学者发明随机应答技术专门用于访谈调查运动员使用兴奋剂的情况；开发成绩提升态度量表（PEAS），用于预测运动员与兴奋剂有关的行为。通过对二十多年监控数据的分析发现目前监控系统的检出率不到实际使用人数的 10%。因此有必要建立更有效的干预网络，尤其是运动员周边支持人员（ASP）应当起到更积极的作用，学习和传达更多的反兴奋剂知识。对于精英运动员的干预，一方面需要增加培训教育，开放使用合法的营养补剂，另一方面推迟运动成绩奖励的获取时间。

2. 青少年运动员的教育

青少年运动员对蛋白质粉和营养补剂的使用率偏高已经引起学者的广泛关注，这些物质可能成为滥用成绩增强药物的基础。在巴西青少年学校运动会的问卷调查发现，营养补剂使用率为 39.1%，兴奋剂使用率 1.7%，违禁药物 2.2%，合成代谢类固醇 0.5%，激素及其他药物 1.7%，这些数据与成人相关调查结果非常类似，因此监测、预防和控制青少年运动员在比赛中使用药物势在必行。青少年运动员普遍反对使用兴奋剂来提高运动成绩，但男性对成绩增强药物和补剂的态度比女性更加宽容，对对手使用药物的假想和自身使用药物的意愿之间存在显著关联。研究表明，对身体形态不满、体重变化和使用补剂，显著影响着青少年男性对兴奋剂的态度。数据分析还表明，随着相信重要的他人会赞同使用兴奋剂、相信兴奋剂使用合理性的增加，青少年使用兴奋剂的意愿不断增加，随着抵制环境压力和抵制个人欲望能力的降低而进一步增加；强烈的使用意愿和道德脱离导致青少年更多地使用兴奋剂。

人际评估显示,兴奋剂相关信念系统影响着青少年的兴奋剂使用意向。有些青少年先发性地为他人(同学或队友)请求其使用兴奋剂的人际交往赋予一个积极的含义,从而提高了兴奋剂相关信念系统与使用意图之间的关联,这些重视他人对兴奋剂积极评价的青少年,抵制社会压力的自信心往往更弱,因此要纠正青少年对人际交往的认识偏差,例如开展特定情境干预(如果有人提供给我成绩增强药物,那么我会……)可能有助于削弱这种信念系统与意愿之间的关联,从而降低兴奋剂使用意向。青少年运动员与规范信息来源之间的社会距离处于一个系统中,分为四个不同层次(朋友、队友、大学运动员、职业运动员)。人际网络评价显示,青少年运动员评价的人际网络参照物的类固醇使用意图与其社会距离显著相关,针对青少年的反兴奋剂干预策略应当着重从队友和周围朋友入手。

表1 国内外反兴奋剂科学研究的主要观点

研究主题	主要观点
生物护照研究	血红蛋白总容量在监控血液兴奋剂方面具有较高的稳定性。Hbmass 是唯一具有检测急性回输的指标。 通过 ABP 贝叶斯模型进行科学合理的解释时,不仅依靠统计数据,还必须咨询该领域的专家。 WADA 每年新版内源性合成代谢雄激素类固醇检测和报告技术文件,以及新版运动员生物护照血液分析技术文件中对样本采集、仪器使用和报告都进行了详细说明。
基因技术研究	目前编码 EPO、IGF-1、VEGF-A 和 VEGF-D、hGH、FST 和转录因子调节因子的基因是可以被检测到的,可以直接检测 cDNA 序列。 过氧化物酶体增殖物激活受体-δ(PPARd)和胞质磷酸烯醇式丙酮酸羧激酶(PEPCK-C)具有很高的滥用潜力。 WADA 也在资助基因组学、转录组学、蛋白质组学和代谢组学等"基于组学"的检测方法研究。
心理学研究	态度、对规范的感知和避免使用兴奋剂的自我效能感,可以预测运动员使用兴奋剂的意图,并间接预测运动员使用兴奋剂的行为。通过精确定时检测、改变体育运动中的激励结构、隐藏测试结果准确性和公开侮辱使用兴奋剂的运动员等心理策略可以改善目前反兴奋剂的效果。 必须认真规划和制定反兴奋剂的社会心理方案,要包括中长期目标,例如改变运动员群体对兴奋剂和兴奋剂文化的现有态度。

续 表

研究主题	主 要 观 点
营养补剂调查	许多运动员在运动之前自我服用非甾体抗炎药,预防疼痛和炎症的发生。然而,没有科学证据证明其有预防效果,运动员应该意识到使用非甾体抗炎药作为预防药物的潜在风险。副作用包括胃肠和心血管疾病以及肌肉骨骼和肾脏副作用。 咖啡因、肌酸和碳酸氢钠等已被证明对冲刺成绩有作用,但β-丙氨酸或初乳增强效益证据并不明显,核糖、支链氨基酸或β-羟基-β-甲基丁酸没有任何证据。近年来β-丙氨酸、硝酸盐和精氨酸使用率增加,运动员很少等到有令人信服的证据才使用,而且经常多种补剂一起服用,且超剂量服用。
治疗用药豁免	吸入β2受体激动剂对最大摄氧量、耐力力竭时间、峰值功率和30秒Wingate测试总功没有显著影响,但口服β2受体激动剂对80%～85%VO_2max力竭运动时间、30秒Wingate测试峰值功率有显著影响。 WADA禁止运动员在比赛期间全身使用糖皮质激素药物。
精英运动员	有必要建立更有效的干预网络,尤其是运动员周边支持人员应当起到更积极的作用,学习和传达更多的反兴奋剂知识。对于精英运动员的干预,一方面需要增加培训教育,开放使用合法的营养补剂,另一方面推迟运动成绩奖励的获取时间。
青少年运动员	青少年使用兴奋剂的意愿不断增加,随着抵制环境压力和抵制个人欲望能力的降低而进一步增加;强烈的使用意愿和道德脱离导致青少年更多地使用兴奋剂。 青少年运动员评价的人际网络参照物的类固醇使用意图与其社会距离显著相关,针对青少年的反兴奋剂干预策略应当着重从队友和周围朋友入手。

二、国内外反兴奋剂政策环境及解读

(一)国际反兴奋剂法律法规

1. 世界反兴奋剂条例发展背景

2003年3月,世界反兴奋剂机构在哥本哈根召开世界反兴奋剂大会,通过了《世界反兴奋剂条例》(2003年版)。借力现代科技,违禁物质及违禁方法不断创新,实践中各种新问题不断涌现,在应对兴奋剂问题上该条例的不足之处逐渐显露。为了更有效地打击兴奋剂违规行为,实现对体育精神、体育道德及运动员合法权益等多元价值的保护，2007年底第3届世界反兴奋剂大会对2003年《世界反兴奋剂条例》进行了第1次修订，并于2009年开始实施。在2009年实施之后，因兴奋剂违规的隐蔽化和高科技化，世界反兴奋剂技术也有了新的发展，典型技术如生物护照技术，可以更实质地检测运动员是否存在兴奋剂违规行为；但2009年版条例在实施中也面临一些未决问题，如对未成年人运动员与成年运动员是否采取一致原则，有无必要进行区分及如何区分等问题。因此，世界反兴奋剂机构决定启动修改程序，对新出现的问题予以回应，同时吸收和固定兴奋剂检测新技术。2012年世界反兴奋剂机构向世界反兴奋剂大会提交了《世界反兴奋剂条例》（最终修订稿），并于2013年11月15日获得世界反兴奋剂大会表决通过。

2. 从条例看世界反兴奋剂工作框架

从《世界反兴奋剂条例》（2015年版）的框架结构可以看出，世界反兴奋剂工作由几个基本组成部分：兴奋剂控制，其中包括兴奋剂的内涵和定义、反兴奋剂规则的违反、使用兴奋剂的证据、兴奋剂药物及方法列表、样本的采集、测试和分析、结果管理、听证会权利、运动员和运动队的制裁措施、运动员上诉流程、信息保密、处理决定的申请和承认、限制条款等。第二部分为反兴奋剂相关教育和研究，第三部分为相关组织和个人的角色与责任，包括签名的其他作用和责任、运动员及相关人员其他作用和责任、政府的责任等。第四部分是接受、合规、修改和解释，内容包括接受、遵守和修订、条例的解释、过渡性条款。

第一部分是反兴奋剂工作的主要内容和重点内容，第二部分是反兴奋剂辅助性工作，借助教育手段预防兴奋剂的使用，借助科学研究提高反兴奋剂各项工作的效率。第三部分是明确体育组织、运动员、运动支持人员、政府在反兴奋剂工作中的角色与责任。第四部分是法律相关责权说明。

3. 世界反兴奋剂条例的主旨

2015年版的反兴奋剂条例体现出三个方面的主旨：

一是保护运动员合法权益。《世界反兴奋剂条例》序言中指出："本条例是在充分考虑了比例原则和人权保护原则的基础上制定的。"因此，比例原则和人权原则是《世界反兴奋剂条例》的两大基本原则，贯彻于新版条例全文。就对人权原则的贯彻来看，2015年《世界反兴奋剂条例》从实体权利和程序权利两方面加强运动员合法权益的保护。在实体权利方面，2015年《世界反兴奋剂条例》增加或修改的一系列条款，体现出对运动员合法权益的保护。在程序权利方面，新条例不再采取具体列示的方式设定运动员的程序权利，而是以概括和纳入的方式一般性地维护运动员的程序权利。从法理上说,个人是组织管理的主体而非客体,不能以过度牺牲个人利益来作为实现组织管理目的的手段;因此,应当将打击兴奋剂违规与人权保护结合起来。2015年《世界反兴奋剂条例》弘扬人权保护精神,切实保护运动员及其辅助人员的合法权益,是十分必要的确立慎罚观念。

二是广泛采用比例原则。比例原则对保障人权、控制公权力发挥着重要作用。《世界反兴奋剂条例》的许多规定都与运动员的人权保障及控制反兴奋剂组织的权力有关;因此,其对比例原则也不遗余力地予以贯彻,并通过两种抽象结合具体的方式予以确立。首先,序言明确提出该条例的制定充分考虑了比例原则,以抽象方式将其原则化;另一方面,各具体条文直接将比例原则明确化。就比例原则的具体化而言,主要体现为如下几个方面:故意违规者加重处罚;违规累犯者从重处罚;无过错或无重大过错、自首者,减轻处罚。这些减轻处罚的制度不但考虑相关人员兴奋剂违规行为的严重性,而且更加关注相关人员的主观态度或主观过错程度,以综合判断违规行为应予裁量的处罚标准。另一方面,新版条例对故意使用兴奋剂的行为加重处罚,将禁赛期由之前的2年延长至4年。此外,新条例还将违反"禁止合作"义务规定了新的违规行为,并加以处罚,并且禁止合作的期限以较长的处罚期限为准。实践中发现,运动员兴奋剂违规往往与教练员、医生等运动员辅助人员的唆使或密切配合相关。如果辅助人员被反兴奋剂组织给予了禁赛等处罚的,运动员再与他们合作,会增加运动员兴奋剂违规的风险。

(二) 国外主要国家反兴奋剂特点

以下主要通过对美国、加拿大、英国、澳大利亚、日本等国的反兴奋剂机构的法规和举措进行梳理,找寻主要国家在反兴奋剂策略方面的共同点和特点。

1. 美国反兴奋剂法规

美国2000年10月设立反兴奋剂机构(USADA),统一负责管理兴奋剂事务,该机构规定兴奋剂纠纷由美国仲裁协会(AAA)来进行仲裁。为配合这一规定,AAA专门制定了《美国仲裁协会奥运会兴奋剂纠纷补充程序规则》,应对兴奋剂纠纷,而其他体育纠纷案件,如参赛资格纠纷案件、转会案件等都适用《美国仲裁协会商事仲裁和调解程序规则》(简称《商事规则》)。可见,兴奋剂案件在美国是作为一类特别的案件,它区别于商业案件和其他体育纠纷案件,从形式上表现为一套独立的兴奋剂案件仲裁程序。2009年5月AAA对

《补充规则》进行了修改,新增了许多有特色的程序规则,使其与《商事规则》的差别更加明显,更加凸显该程序的独立性。

USADA负责参加奥运会、残奥会、泛美运动会和泛美残疾运动会美国运动员的反兴奋剂工作。USADA每年为数千名运动员提供广泛的反兴奋剂教育,重点是让他们了解药物测试过程中的权利和责任。教育主题包括:禁用物质、行踪要求、样品采集过程、膳食补充剂意识、治疗用药豁免、结果管理信息。USADA的反兴奋剂教育资源丰富,形式多种多样。USADA经常提供面对面的教育培训和演示;为一般和选定的受众举办网络研讨会;提供在线互动教程;并制作大量小册子和在线教育资源。USADA特别重视对阿片类药物的管理,这是由于美国人使用止痛片的情形较多,而许多止痛片含有阿片类药物,长期服用会导致成瘾和滥用,USADA也致力于推动将更多的阿片类药物添加到WADA的禁药列表中去。

2. 英国反兴奋剂法规

英国的反兴奋剂法规体系主要由《反兴奋剂规则》《保护隐私与个人信息的国际标准》《未成年人兴奋剂政策》组成。英国的政治体制是联邦制,因此其法律体系也体现出了集中和分散相结合的特点,对英联邦、英国体育理事会、英格兰、苏格兰、威尔士和北爱尔兰体育委员会的反兴奋剂职责进行了说明,各个机构责权明确,配合开展反兴奋剂工作。特别制定的未成年人反兴奋剂政策旨在针对未成年人运动员的兴奋剂违规情况,并保护未成年人的相关权益。英国的反兴奋剂法规未将使用兴奋剂列入刑法范围,不存在相应的刑事处罚。

英国的反兴奋剂法规对各分支机构的安排,以及未成年人反兴奋剂政策的制定都值得我们借鉴和学习。英国反兴奋剂机构主要推行的是纯洁体育(clean sport)。运动员需要为自己的行为负责,包括日常的饮食饮料要保证安全,包括营养补品等。同时要告知自己的医生、教练及其他支持人员,遵守反兴奋剂规则。同时UKAD还提出了"100%的我"的概念,"100%的我"是一个基于价值观的教育计划,其价值观是:"激情、尊重、诚信、决心和享受";该计划支持严格的责任原则,意味着运动员对其系统中发现的内容负全部责任,无论其如何做到,或者是否有任何欺骗意图。

UKAD还重视针对运动员支持人员开展的教育计划,包括针对队医、营养师、教练员、父母监护人的教育计划以及针对学校环境下的教育计划。UKAD强调了运动员支持人员也必须严格遵守反兴奋剂条例和法规,积极影响运动员参与纯洁体育,违反规则的话也会受到禁止参与体育等相关处罚。英国反兴奋剂的战略目标:主要战略任务是抓住作弊之人、提供信息和教育、与体育组织合作、影响国内外的反兴奋剂决策。并通过人员、资金、数据和技术以及管理确保战略目标的实现。

3. 澳大利亚反兴奋剂法规

澳大利亚成立专门的反兴奋剂管理局,负责反兴奋剂工作。其工作职责是进行兴奋剂检测的结果管理、向独立的反兴奋剂违规委员会报告有关可疑违规行为。《澳大利亚反兴奋剂机构法》规定了澳大利亚国家反兴奋剂计划等重要内容,明确了反兴奋剂机构的职责,规定了兴奋剂违规委员会的组成和职责等。可以说澳大利亚的反兴奋剂法规特点就是系统和详尽。对组织结构、人员配置、组织职能都进行了详细的说明。顾问组、违规委员会、医药咨询委员会的机构设置值得我国借鉴。

在澳大利亚反兴奋剂机构(ASADA)网站的工作说明中,也可以体现出澳大利亚反兴奋剂工作的细致。其中澳大利亚反兴奋剂机构对医疗豁免的说明相对其他国家来说尤其详尽,包括对医疗豁免的定义、回溯性医疗豁免、医疗豁免过程、医疗证据、哮喘药物、澳大利亚隐私政策等进行了详尽的说明。

此外 ASADA 全球首个推出运动员咨询服务,提供咨询服务的是一家独立的机构,Davidson Trahaire Corpsych,其目的是为运动员提供短期咨询和策略,帮助收到违反兴奋剂规则通知的运动员应对接下来的情况。

4. 加拿大反兴奋剂法规

加拿大推出 CADP 反兴奋剂计划,共分为管辖权、运动员服务、教育、测试、样品采集、结果管理、情报和调查七个部分。

加拿大针对符合反兴奋剂监测要求的顶级运动员建立了测试池,这批运动员是国家和国际水平的运动员,兴奋剂检测呈阳性的风险最高,加拿大针对这批运动员进行针对性的管理。

由于大麻使用在加拿大的合法化,因此加拿大 CADP 特别提醒运动员大麻属于禁用列表,大麻测试阳性将被禁赛。这个情况在美国反兴奋剂机构中也有提及。

5. 日本反兴奋剂法规

日本于 2003 年设立了日本体育仲裁机构,解决体育纠纷,同时还制定了《体育仲裁规则》和《基于特别仲裁协议的个案仲裁规则》,前者仅适用于日本奥委会、日本业余体育协会和日本残疾人体育协会所属各协会的运动员提起的仲裁,这类似于 CAS 的上诉仲裁,而后者适用于所有的体育纠纷,包括体育商业纠纷。在 2009 年日本又特别制定了《兴奋剂争端体育仲裁规则》用以解决兴奋剂案件,而该规则与之前的两个体育仲裁规则也有很大的不同。由于这一特别规则的制定,兴奋剂案件在日本也被视为一类独立的案件,有独立的程序予以处理。日本的反兴奋剂机构更近似于委员会式的管理模式,工作人员较少,一些具体工作以签订合同的方式实行外聘外包。

日本 JADA 定期提供详细的反兴奋剂报告,包括日本国内各年度的反兴奋剂检查统计报告、世界范围内的兴奋剂违规报告和世界反兴奋剂检查统计。

启蒙计划是特别针对青少年运动员、监护人、其他支持人员和体育迷的计划,促进对反兴奋剂理念的理解,对反兴奋剂活动产生积极印象。相对于启蒙计划,教育计划是针对体育核心人群:运动员、教练员、医务人员等开展的计划。

在人力资源方面,JADA 分三类员工:一是兴奋剂检查人员 DCP,DCP 需要认证和培训,以掌握兴奋剂检测所需的知识和技术;二是教育培训师,主要负责启蒙计划和教育计划的讲师,提供反兴奋剂理念和规则讲座,设立展位,主持研讨班等;三是实习员工。

针对 2020 年东京世界杯,JADA 推出"Play True 2020"计划,系统开发反兴奋剂教育材料,与其他国家和地区合作,开展国际反兴奋剂研讨会,分享 JADA 的经验和工具等。

日本在反兴奋剂科研部分还特别提出了社会科学研究,开展以"公平"和"反兴奋剂"为核心的研究,对不同层次和年龄的运动员的意识和行为模式进行调查。通过调查结果,开发教学材料和其他教育工具,并据此开展反兴奋剂活动。

6. 国外反兴奋剂实施框架及政策的经验解读

欧美及日本等主要国家的反兴奋剂措施基本按照国际反兴奋剂条例框架开展,集中在兴奋剂样本采集、检测和结果管理、反兴奋剂宣传和教育、反兴奋剂科研以及相关法律问题的处理等。在此基础上,各国在具体工作开展中也有各自的侧重点。

美国和日本的管理模式较为相似,以委员会的形式负责,很多技术工作以外包形式开展。兴奋剂案例归为独立的一类法律体系进行管理。

英国、澳大利亚等国的管理模式较为接近,对各级机构和组织的反兴奋剂职能以及相关人员的职责进行了详细的说明。并且开展各类反兴奋剂教育计划,并进行全程的跟踪报告。

(三) 我国反兴奋剂法律法规

我国反兴奋剂法律工作始于20世纪80年代,通过20年时间实现了反兴奋剂法律的从无到有,目前已经建立起日臻完善的反兴奋剂法律体系:以《体育法》中关于兴奋剂的规定为依据,以体育行政管理部门制定的法规性文件为主要内容,构成了我国纵横交错的反兴奋剂法律体系框架。除《体育法》外,我国还有包括《反兴奋剂条例》《关于严格禁止在体育运动中使用兴奋剂行为的规定(暂行)》《对使用兴奋剂运动员的教练员处罚暂行办法》《运动员守则》《运动员治疗用药豁免管理办法》等法律规范,这些法律法规是直接指导反兴奋剂工作的重要依据。其他一些横向的法律法规还包括:《药品管理法》《海关法》《执业医师法》等,这些法律法规中的一些与兴奋剂使用相关的规定也是我国开展反兴奋剂工作的有效法律支撑。这些法律规范为我国反兴奋剂工作提供了较为充分的法律依据。

1995年10月,经全国人大通过颁布实施《中华人民共和国体育法》,第一次将反对使用兴奋剂纳入国家法律范畴。《体育法》对禁止使用兴奋剂及其责任进行了规定。根据《体育法》的规定,在体育运动中严禁使用禁用的药物和方法,禁用药物检测机构应当对禁用的药物和方法进行严格检查;对于在体育运动中使用禁用药物和方法的,由体育社会团体按照章程规定给予处罚,对国家工作人员中的直接责任人员,依法给予行政处分。《体育法》为我国反兴奋剂斗争提供了充分的法律依据和有力的司法保障。1998年12月31日国家体育总局颁布《关于严格禁止在体育运动中使用兴奋剂行为的规定(暂行)》(国家体育总局第1号令发布,1999年1月实施,后被称为"一号令")。"一号令"对兴奋剂的控制、违规行为的处罚都作了明确规定,这成为我国处罚使用兴奋剂行为的基本法规。为规范兴奋剂检查工作人员的管理,1998年9月10日国家体育总局发布《兴奋剂检查工作人员管理暂行办法》。

2001年国家启动反兴奋剂法规制定工作,国家体育总局科教司专门成立"中国反兴奋剂立法研究"课题组,邀请20多个政府部门代表进行座谈,随后国务院法制办积极介入,最终我国《反兴奋剂条例》于2004年正式实施,对含禁用物质的药物生产、销售、进出口、使用、处罚等各方面都进行了明确规定。《反兴奋剂条例》的颁布与实施,标志着我国反兴奋剂工作纳入法制化、制度化和规范化的轨道,同时也是第一次把反兴奋剂从行业管理层面上升到国家管理层面,对保护运动员健康、维护公平竞争的体育道德产生了更加积极和深远的影响。中国奥委会反兴奋剂委员会于2007年3月制定了《运动员治疗用药豁免管理办法(试行)》,该办法在2009年被新颁布的《运动员治疗用药豁免管理办法》替代。2003年,我国签署《哥本哈根宣言》,承诺实施《世界反兴奋条例》。2006年,中国签署联合国教科文组织的《反对在体育运动中使用兴奋剂国际公约》,庄严承诺履行政府在反兴奋剂事务上的职责和义务,我国成为亚洲第一个签署公约的国家。2007年6月国家食品药品监督管理局下《发关于贯彻落实〈反兴奋剂条例〉进一步加强兴奋剂管理的通知》。2008年3月出台《国家队运动员兴奋剂违规处罚办法》,对发生兴奋剂违规的国家队运动员给以终身禁赛的处罚,对主管教练给以终身取消教练员资格的处罚。

2011年,国家体育总局依据《反兴奋剂条例》和其他相关规定,参照《世界反兴奋剂条例》,制定并颁发了《兴奋剂违规行为听证规则(暂行)》,需要进行听证的违法行为,可依据此规则由国家反兴奋剂中心举行。2012年,国家反兴奋剂中心制定《听证委员会工作规则》并成立听证委员会。2014年,国家体育总局颁布《反兴奋剂管理办法》和配套性规范性文件《体育运动中兴奋剂管制通则》,我国已建立起较为完善的反兴奋剂法律体系和法律制度,但随着反兴奋剂斗争的深入、科技的发展和国际反兴奋剂法律的加强,我国反兴奋剂法制工作还需要继续发展和完善。

(四)政策环境解读和预测

1. 法律监管体系的逐步完善

从1961年国际奥委会医学委员会出台禁药清单起,50多年来国际反兴奋剂法律法规一直处在不断地完善过程中。法律完善的过程就是形成更有力打击兴奋剂使用行为的过程。其中最明显的就是《禁药物质和方法清单》的不断修订,主要是结合当年的反兴奋剂数据、法律政策以及最近更新的医学科研成果进行的调整。

当前反兴奋剂法律比较完善或者新颁布了反兴奋剂法律的国家主要有挪威、法国、澳大利亚、日本、俄罗斯、美国等。由于这些国家的反兴奋剂法律比较完善或比较新,它们所形成的法律制度一般来说对反兴奋剂斗争是有效的,对我国反兴奋剂法律的完善具有借鉴价值。他们的反兴奋剂法律规则和《世界反兴奋剂条例》在修改和实施时间、体系和内容上都保持着高度的一致性。

一个突出的表现就是在《世界反兴奋剂条例》2009年和2015年两次新版本颁布之后,很多国家随之进行几乎同样的修改,并在其颁布文件中规定生效日期与《世界反兴奋剂条例》修订版同时生效。另外,很多国家的兴奋剂纠纷法律机制和国际体育仲裁院对接。

反观我国的反兴奋剂法律规范,尤其是《反兴奋剂条例》和《世界反兴奋剂条例》存在诸多不同。这样的不同和不对接给我国反兴奋剂法律的实现带来了极大的不便,也给运动员等当事人和国内反兴奋剂组织在掌握和运用国际反兴奋剂规则时增加了麻烦。

2. 检查队伍的专业化提升

WADA 对反兴奋剂检查队伍的要求逐年提高。采样程序和测试程序都有严格的规定,相应的认证和培训要求也在逐年提高。ABP 已成为反兴奋剂斗争的宝贵工具,它成功的关键是应对法律和科学挑战的强大实力。为确保 ABP 以最透明的方式实施,并在护照的计划、解释和结果管理上保持独立性,WADA 开发了运动员护照管理单位(APMU),并出台了技术文件,以承受来自科学和法律界的批评。ABP 的出现,是从常规的单一的指标监测向综合性监控的发展,从直接代谢物、标记物的检测向间接的生理生化指标监测的发展,而且是一种长期的频繁监控方案。不仅有样本间的比较还有纵向的个人波动比较,避免检测的假阳性和假阴性的出现。一方面生物护照能通过对运动员本人生物指标的纵向分析,在不需要检测出具体使用何种物质或方法的情况下,直接判定运动员兴奋剂违规;另一方面,生物护照可以锁定"嫌疑"运动员,帮助反兴奋剂机构制订更有针对性的检查计划,提高兴奋剂检查的针对性、科学性和有效性,增加兴奋剂检查的威慑力。当然技术的提高也相应地带来了法律问题的增多,一是长期的频繁采样对运动员的隐私权构成一定的影响,会出现许多不配合的问题;二是间接的证明方法会导致越来越多的争议性仲裁和听证会程序。如何保证反兴奋剂工作的"程序正义"将是未来各级反兴奋剂组织面对的重要课题。

反兴奋剂技术的提升对反兴奋剂各项事务提出了更高的要求,从领导层面需要重视学习和了解目前最新的国际反兴奋剂法律、法规和标准程序。需要领导重视实验室建设标准、实验室仪器要求、样本采集流程标准以及分析结果的处理和使用流程。当然对具体的兴奋剂检察官、取样员等要进行定期的培训,严格专业技术要求,每年开展检测技术培训和软件操作培训,参与国内外组织的各类交流会议。

3. 反兴奋剂教育的逐渐重视

各国的反兴奋剂工作中,反兴奋剂教育占据的比例越来越大,形式越来越多样。从素材层面,反兴奋剂的材料包括宣传手册、书籍、视频、扑克牌游戏等,从项目层面,各国开展了许多反兴奋剂计划。英国的"100%的我"项目只针对运动员,其核心教育是价值观教育:激情、尊重、诚信、决心和享受。运动员要应对系统中发现的内容并承担全部责任,要求运动员下载安装"纯洁体育"App,参加有关教育课程,确保自己明确反兴奋剂规则,关注英国反兴奋剂推特@ukantidoping。

日本推出"体育价值"学校项目,不仅针对学校运动员,也面向全体学生开展反兴奋剂教育,该项目的理念是基于体育价值的教育。基于体育价值的教育不仅基于体育经验,而且还包括多种体育实例,学生能够用语言表达体育的价值。项目目标是开发可以保护和创造体育价值,可以通过体育价值创造社会和未来的人力资源。体育的价值观包括卓越、友谊、尊重,这些价值观不仅存在体育领域而且也在我们日常生活中都受到重视。基于体育价值的教育中,不是关注反兴奋剂规则,而是关注"体育价值"的基本价值观,着眼于让所有学生具备独立思考的教育。围绕该项目开发出了教材、教案、案例,该项目在山形、福冈、札幌等地高中试点开展。

澳大利亚2011年实行的政府调查标准允许澳大利亚针对有可能存在兴奋剂可疑行为的运动员和辅助人员开展调查。相应的澳大利亚开展了"cobia行动",它是一种情报活动,主要针对两大国内联赛AFL和NRL进行情报收集,并鼓励体育界所有人员报告运动员和辅助人员的任何可疑行为,同时也保证举报人的隐私,确保机密性。该计划的执行对使用兴奋剂和试图使用的运动员及相关人员产生一定的威慑力。

美国在反兴奋剂教育方面开展了HealthPro Advantage项目,是和斯坦福大学联合开展的。主要针对医疗卫生人员,内容包括六个反兴奋剂的关键领域:反兴奋剂的角色和责任、世界反兴奋剂机构禁药清单、治疗用药豁免(TUEs)、膳食补充剂、样品采集流程、大型赛事反兴奋剂特定信息。专业的运动医疗卫生人员,在保持比赛完整性和真正的体育核心原则方面发挥着重要作用。运动员和支持人员都是依靠医疗卫生人员的指导做出正确的决定。因此,医疗卫生人员必须了解反兴奋剂规则,以确保合规并保护"纯洁体育"。HealthPro Advantage由斯坦福中心继续医学教育门户网站提供,对所有医疗卫生专业人员免费开放,参与后获得成功完成课程模块、测试和评估的证书。

三、上海反兴奋剂工作的推进策略建议

（一）紧扣初心使命，支撑体育强国梦

开展反兴奋剂工作需要高瞻远瞩，要继续学习和贯彻落实《体育强国建设纲要》，深刻把握新形势、新任务、新要求，深刻把握目前体育工作所处的历史方位、面临的机遇和挑战。2021年将参加东京奥运会、残奥会，2022年将举办北京冬奥会、冬残奥会，反兴奋剂工作将是重大赛事的后勤保障工作之一。因此要在服务国家体育战略和上海市各项体育事业任务的过程中强化责任担当，进一步推动把习近平总书记关于体育工作的重要论述贯彻落实到位，成为推动体育事业改革发展的重要力量。要结合党中央开展的"不忘初心牢记使命"主题教育，深入开展党风廉纪、赛风赛纪、反兴奋剂治理的宣传和教育。加强运动队党建和运动员、教练员思想政治工作，加强运动员职业道德教育和文明礼仪修养。各类体育协会要配合加强各单项"纯洁体育"环境的发展。

（二）认真配合国家体育总局完成各项工作任务

1. 重视信息收集，加强背景分析

情况调查和信息收集是开展反兴奋剂工作的重要前提，也是基础性工作。在这方面，可以借鉴日本反兴奋剂机构的相关工作，对上海市乃至全国的兴奋剂检查工作情况进行统计分析，对国际范围内公布的兴奋剂违规案例开展统计分析，以及对世界反兴奋剂机构WADA公布的兴奋剂监测年度报告进行统计分析。只有掌握基础情况才可以明确发展背景，也是未来制定政策和发展战略的基础。

除此以外，需要对基层运动队、运动员、教练员、队医开展定期的访谈和情况调研，借鉴国内外较为成熟的访谈法和调查量表，对运动员的膳食增补剂使用情况、兴奋剂相关心理指标等开展调查。通过调查可以深入了解和掌握运动队、运动员、教练员、辅助人员对反兴奋剂知识的了解和倾向，有利于进一步开展检测、宣传和教育等相关工作，同时也是开展反兴奋剂科研的重要内容。

2. 配合体育总局履职尽责

随着上海兴奋剂检测实验室的投入使用，反兴奋剂工作将成为上海体育的重要内容。具体工作包括上海地区兴奋剂检查官的招募、培训和管理工作。

兴奋剂检察官的招募管理工作是履行上海地区反兴奋剂检查任务的塔基，虽然技术含量不高，但其责任重大，任何纰漏都会对竞技体育工作产生广泛的影响，甚至对国家形象产生一定的影响，因此要加强检察官的责任感和使命感的教育。

国家反兴奋剂中心已经启动了三期国家级反兴奋剂教育讲师培训班和考核认证工作，国家级讲师队伍逐步扩大，省级讲师队伍早已突破千人。上海要积极参与讲师队伍的培训和考核工作，应积极加强上海市反兴奋剂讲师队伍建设，为我市反兴奋剂宣讲储备人才、奠定基础。教育讲师要对世界和国内反兴奋剂条例、法律法规和常规知识有充分的了解。要面向运动员、教练员、支持人员、学生等群体开展反兴奋剂讲座，要从不同类别群体的角度，从各类人群心理需求角度提供所需要的知识，也让受众明确参与兴奋剂事件所要承担的严重后果。

3. 加强部门机构间的联动管理

反兴奋剂工作是一项需要联动开展的工作，不仅仅是体育局的分内工作，需要各体育协会加强配合，教育宣传工作需要与上海市教委等部门开展合作，未来兴奋剂检测上海实验室认证成功后，也将会开展密切的合作工作。首先进一步明确各类各级组织机构在反兴奋剂工作中承担的任务和扮演的角色。上海市体育局承接总局委托的各项任务，做好我市反兴奋剂工作的整体规划和安排，上海反兴奋剂中心是对接总局各项反兴奋剂事务的中枢管理机构，需要进一步拓展职能，将检查、宣传、教育、法务、情报、科研等功能逐步开展和完善。宣传、教育、情报等功能需要各运动项目管理中心和体育协会配合，需要培养各中心和体育协会在反兴奋剂方面的职能和地位。在基层运动队和中心建立反兴奋剂联络员制度，负责与体育局反兴奋剂中心各项任务的对接。同时体育局可以尝试在法务、医疗等方面拓展第三方服务，聘请专业人士开展宣传、教育以及咨询服务。

（三）开拓创新性工作

1. 积极组织和承办国内外反兴奋剂研讨会

借助《体育科研》等学术期刊平台，组织以反兴奋剂为主题的科学研讨会和组稿反兴奋剂专刊。吸引国内外反兴奋剂各领域的专家到上海进行交流合作。

2. 开展反兴奋剂的科学研究工作

根据反兴奋剂日常工作开展科学研究，包括开展各类科研项目的申报，从各类科研立项中单列反兴奋剂专项。从目前研究现状来看,在反兴奋剂的社会学、心理学、教育学、法学等方面开展研究,产出成果相对便捷。

3. 借鉴国内外管理模式,创新引入第三方

在开展情报、法务等工作任务时,可以考虑引入第三方服务,应对兴奋剂情况收集、兴奋剂突发案件的处理等事务。

4. 开发移动端 App,建设反兴奋剂网站、微信微博平台

反兴奋剂工作已经全面进入网络时代,可以尝试开发有关的移动端 App,推送反兴奋剂知识、教育材料,让反兴奋剂教育成为唾手可得的内容。积极建设反兴奋剂相关网站,做好窗口。建设反兴奋剂微信微博平台,定期发布反兴奋剂工作情况和动态,增加社会互动。

(四) 筹建国内重要的反兴奋剂教育基地

2017 年辽宁省体育局建立国内首个反兴奋剂教育基地,山西省举办第二届全国青年运动会,也建立了反兴奋剂拓展基地。上海可以借鉴国内外反兴奋剂教育基地的成熟经验,筹建上海市反兴奋剂教育基地。教育基地的内容可以包括兴奋剂检测历史、兴奋剂重大案例、反兴奋剂条例和法规等,配合教材、手册和仪器器材、实物的展示,可以融入虚拟现实、人工智能等多种方式,以及开展实践拓展类的教育手段,让运动员、教练员群体和普通大众体会到"纯洁体育"的重要性、兴奋剂带来的重要危害,了解兴奋剂常识和反兴奋剂工作。

参考文献

[1] WADA. Anti-doping rule violations (ADRVS) report[EB/OL]. [2018 - 04 - 25]. http://www.wada-ama.org/en/resources/general-anti-doping-information/anti-doping-rule-violations-adrvs-report.

[2] WADA. WADA and FRQ invite applications for research projects in the field of artificial intelligence[EB/OL]. [2018 - 05 - 24]. http://www.wada-ama.org/en/media/news/2018 - 05/wada-and-frq-invite-applications-for-research-projects-in-the-field-of-artificial.

[3] BÖNING D, MAASSEN N, PRIES A. The Hematocrit Paradox — how does blood

doping really work? [J]. International Journal of Sports Medicine,2011(4).

[4] SCHMIDT W, PROMMER N. Impact of alterations in total hemoglobin mass on VO_2 max[J]. Exercise and Sport Sciences Reviews,2010(2).

[5] LAINE F, LAVIOLLE B, ROPERT M, et al. Early effects of erythropoietin on serum hepcidin and serum iron bioavailability in healthy volunteers[J]. European Journal of Applied Physiology, 2012(4).

[6] GARVICAN LA, EASTWOOD A, MARTIN D T, et al. Stability of hemoglobin mass during a 6‐day UCI ProTour cycling race[J]. Clinical Journal of Sport Medicine,2010(3).

[7] ALEXANDER AC, GARVICAN LA, BURGE CM, et al. Standardising analysis of carbon monoxide rebreathing for application in anti-doping[J]. Journal of Science and Medicine in Sport, 2011(2).

[8] GOUGH C E, SHARPE K, ASHENDEN MJ, et al. Quality control technique to reduce the variability of longitudinal measurement of hemoglobin mass [J]. Scandinavian Journal of Medicine & Science in Sports, 2011(6).

[9] VERNEC AR. The athlete biological passport: An integral element of innovative strategies in antidoping[J]. British Journal of Sports Medicine,2014(10).

[10] SAUGY M, LUNDBY C, ROBINSON A. Monitoring of biological markers indicative of doping: The athlete biological passport[J]. British Journal of Sports Medicine,2014(10).

[11] WOOLF J, RIMAL RN, SRIPAD P. Understanding the influence of proximal networks on high school athletes' intentions to use androgenic anabolic steroids[J]. Journal of Sport Management, 2014(1).

[12] 易剑东,余俊明.论兴奋剂产生和泛滥的社会心理根源[J].西安体育学院学报,2001(2).

[13] 陈佩辉.我国青少年使用兴奋剂的现状及应对策略[J].体育学刊,2008(8).

[14] 王磊.国际体育兴奋剂检测方法及相关领域研究进展[J].上海体育学院学报,2019(2).

[15] 陈书睿.反兴奋剂法律制度研究[J].西安体育学院学报,2017(2).

编　后　语

2019年，上海体育工作圆满完成全年目标任务，体育领域改革进一步深化，体育发展模式多元创新，体育治理能力不断提高，以人民为中心，办人民满意体育，围绕建设全球著名体育城市和健康上海的奋斗目标，为新时代上海发展贡献了体育智慧。这些成绩的取得，是全市体育工作者努力的结果，也离不开社会各界的大力支持。

2019年，上海体育社会科学研究工作取得积极成效，共收到申报课题249项，经组织专家评审，给予立项84项。审核确定符合要求的78项课题进入结题评审范围，共评出优秀课题25项，包括一等奖4项、二等奖9项、三等奖12项，合格课题53项。现将25项优秀课题成果汇编出版。

本书的顺利出版离不开有关各方的参与和支持。我们对课题评审专家、体育社会科学研究工作者以及上海大学出版社等各界人士对本书出版给予的支持，表示衷心感谢！

本书汇编课题有关文字内容、观点由作者负责。按照有关课题的规范化要求，我们对部分课题的内容和文字作了适当调整和编辑。

由于编辑水平有限，本书难免存在疏漏之处，敬请批评指正。

编　者

2020年9月